高等院校市场营销系列
精品规划教材

MARKETING

OUTPERFORMING COMPETITION IN THE E-ERA

市场营销

网络时代的超越竞争

第3版

杨洪涛 等编著

机械工业出版社
China Machine Press

图书在版编目（CIP）数据

市场营销：网络时代的超越竞争 / 杨洪涛等编著. —3 版. —北京：机械工业出版社，2019.8（2022.1 重印）
（高等院校市场营销系列精品规划教材）

ISBN 978-7-111-63363-1

I. 市… II. 杨… III. 市场营销学 - 高等学校 - 教材 IV. F713.50

中国版本图书馆 CIP 数据核字（2019）第 155866 号

本书不同于目前大多数教材“理论性与实践性均不突出”的定位模糊的特点，基于课程特点从全新的“超越竞争，为顾客创造价值”的网络时代营销实践性理念视角出发，是一本“实践性强”的市场营销教材。本书从营销工作者应该率先树立“科学营销理念”入手，厘清相关的营销基本知识、理念，在此基础上制定营销战略规划和营销计划，进而调研与分析营销环境，对消费者市场的购买行为进行分析，实施STP营销战略，塑造“超越竞争”的品牌定位，继而讲述如何制定产品决策，如何制定价格策略，如何构建渠道网络传递顾客价值，如何制定整合传播沟通策略。本书加入了慕课信息，这也是新版的一大热点。

本书既可作为经济管理类专业高职生、本科生、MBA 专业基础课、专业核心课、专业选修课的教材以及非经济管理类专业学生的公共选修课教材，还可作为营销实践人员的实战应用指导阅读书籍。

出版发行：机械工业出版社（北京市西城区百万庄大街 22 号 邮政编码：100037）
责任编辑：鲜梦思 杜 霜　　责任校对：殷 虹
印 刷：三河市宏图印务有限公司　　版 次：2022 年 1 月第 3 版第 5 次印刷
开 本：185mm×260mm 1/16　　印 张：22
书 号：ISBN 978-7-111-63363-1　　定 价：55.00 元

客服电话：（010）88361066 88379833 68326294　　投稿热线：（010）88379007
华章网站：www.hzbook.com　　读者信箱：hzjg@hzbook.com

PREFACE

前　言

本书自第 1 版、第 2 版出版以来，受到广大从事营销教学、培训的教师、学生和营销管理工作者的热情支持与厚爱，加印了数十次，在口碑和市场销量两方面都取得了理想的成绩。如今，网络已经成为企业营销的主要管理情景，线上线下营销相结合已经成为常态。在营销的教学与实践工作过程中，一些新的营销理论与营销实践经验又诞生了。在线慕课与翻转课堂也逐渐成为教师的授课趋势。于是，我的国家精品在线开放课程教学与企业培训团队又与时俱进地编著了本书的新版并做了配套视频录制，在全国三大慕课平台上线了同名在线开放课程“市场营销：网络时代的超越竞争”。另外，还进一步推出了同步课件，从而全方位满足各位教师、学生与营销工作者的需求。

本书基于课程“实践性强”的特点，以契合中国企业营销管理的网络时代为管理情景，以“创造顾客价值”为管理宗旨，以“超越竞争”为管理逻辑，以营销管理实务的四个模块与十步流程为逻辑框架，从营销工作者首先应该树立的“超越竞争，为顾客创造价值”的科学营销理念入手，厘清相关营销基本知识、理念并在此基础上规划企业战略和营销管理计划，然后调研分析营销环境并进行消费者购买行为分析，进而实施 STP 营销战略，从而塑造“超越竞争”的品牌定位，最后制定与实施营销组合策略——产品决策、有效的价格策略、构建传递顾客价值的渠道网络和整合传播沟通策略的流程、方法与技巧。本书的特点有以下几个方面。

1. “一章即一步流程”的营销实务编著框架。本书不同于目前大多数教材“理论性与实践性均不突出”的模糊定位，突出课程“实践性强”的特点，以“超越竞争，为顾客创造价值”的实践应用理念统领全文，按照营销管理实务的四个模块与十步流程为逻辑框架编排章节结构，整合成十章。

2. “一点见一个案例”的营销实务编著构思。本书的构思是为每个知识点提供一个案例，为了突出“案例讲解示例”功能，本书还设有开篇案例以及用于讲解、例举和进行作业测试的各种案例。

3. “一例现一张图片”的营销实务编著范式。本书的编著范式是尽可能地为每个案例提供一张图片，全书提供的图片与表格，极大地增强了其阐释功能，大大提高了学生的接受速度与记忆强度。

4.“一师一同步课件”的教师配套课件保证。本书为教师提供了方便备课、授课与考核的同步“立体化教材”——提供作者获得“全国优秀多媒体课件一等奖《市场营销》”并根据本书内容重新编辑与课程内容完全同步的新课件；该课件与本书完全同步，包括完整的知识点、案例、图片与图表、课堂讨论题，最大限度地节省教师备课时间，甚至可以让对该课程有丰富教学经验的教师有信心做到“零备课”；同时，课件中还提供包含各种题型的分章测试题和综合测试题，便于授课教师平时考核与期末考试命题，可以让有经验的教师有信心做到“零时间命题”。

5.“一书飨各层学生”的实战流程编著逻辑。本书以实战流程为逻辑，内容易于掌握，根据中国营销环境的特点，通过将理论、案例和讨论相结合，引导读者轻松、牢固地掌握市场营销实战流程。另外，本书具有广泛的适用性：经济管理类专业的本科生、高职生可将本书作为专业基础课、专业核心课、专业选修课教材；非经济管理类专业的学生可将本书作为公共选修课教材；MBA 可将本书选为教材；营销工作者可将本书选为实战应用指导阅读书籍。本书在每章的开篇都配有中英文对照的核心词汇，便于双语教学或研究生教学。本书适合作为对我国企业市场营销理论、策略、方法和技巧进行研究的参考。希望读者能够从本书中获益。

6.“一套保慕课教学”的全面慕课教学保障。同名在线开放课程“市场营销：网络时代的超越竞争”在全国三大慕课平台上线，课程内容、考试题库全部来自本书，同时采用本书与慕课的教师还可以联系杨洪涛教授进行网上直播见面课。

本书是国家精品在线开放课程教学团队 23 年教学与营销培训实践的结晶，广泛吸取国内外各高校教学同行的经验，从教师和学生的双重视角集体撰写而成。本书由华侨大学市场营销学科带头人杨洪涛教授（原哈尔滨工程大学教授），哈尔滨工程大学邓丽红副教授、张倩副教授，以及赵忠伟副教授编著而成，具体分工如下：杨洪涛进行总体设计，编著第一章、第二章，并提供其余各章的原始底稿，邓丽红编著第五章、第六章、第七章，合作编著第二章第三节，张倩编著第四章、第九章、第十章，赵忠伟编著第三章、第八章。加拿大的吴显英教授以及国内各高校的杨敏老师、刘晓静老师、沈华艳老师、李钊博士和实业界的郑操先生、余雅婷女士、葛庭均先生、高芬女士、白杨俊先生、刘佳林先生等为本书的编著工作提供了大量的学术与实践资料和建议，博士研究生陈靖函、李苏蕾、李海燕、胡承立、于丽、袁茄曾、刘浏、吕丹，硕士研究生李王丽、谢姝婷、史航宇、梁欢、隋钰莹、简潇婕等在资料收集和案例的整理方面做了大量的工作，并编著了部分内容，还做了文字校对工作，最后由杨洪涛对全文统稿，在此对所有为本书的最终出版付出辛勤努力的参与者一并表示感谢。

本书引用了许多学者的大量先进成果，在此一并致谢。书中的不当之处，也敬请读者批评指正。

教学建议

教学目的

本书以契合中国企业营销管理的网络时代为管理情境，以“创造顾客价值”为管理宗旨，以“超越竞争”为管理逻辑，根据课程“实践性强”的特点，以营销管理实务的四大模块与十步流程为框架（见图 0-1）。本课程的教学目的在于让学生掌握在当前网络时代的经济条件下企业营销管理工作者所必须具备的“超越竞争”的科学营销理念、营销战略与策略的规划意识与方法、营销战略制定方法与营销策略组合应用方法的具体营销管理实践流程，了解解决营销实践问题的方法与具有解决营销实践问题的能力。首先从“超越竞争，为顾客创造价值”的营销理念入手，厘清相关营销基本知识、理念，在此基础上规划企业战略和营销管理计划，然后调研分析营销环境和进行消费者购买行为分析，进而实施 STP 营销战略，继而塑造“超越竞争”的品牌定位，最后制定与实施营销组合策略——产品决策、有效的价格策略、构建传递顾客价值的渠道网络和整合营销传播沟通策略的流程、方法与技巧。

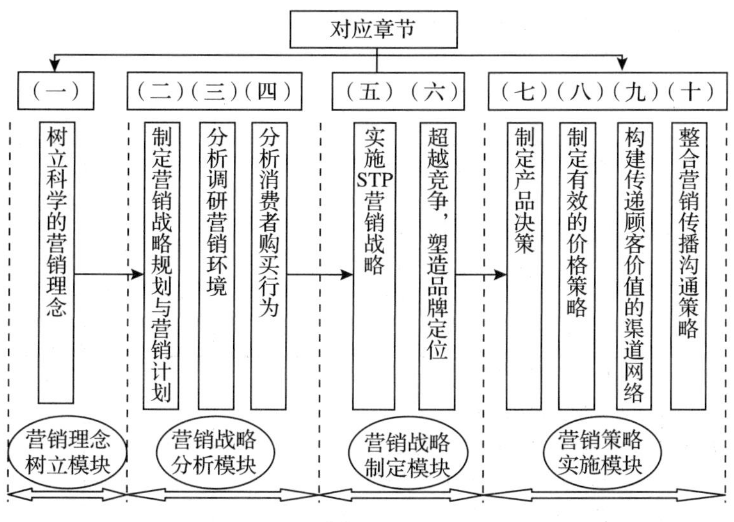

图 0-1

前期需要掌握的知识

管理学、经济学等课程相关知识。

课时分布建议

教学内容	学习要点	课时安排			
		MBA	经管专业本科 / 高职	非经管专业选修课	慕课翻转课堂
第一章 树立科学的营销理念	（1）理解市场与市场营销的相关理论 （2）明确树立“超越竞争，为顾客创造价值”的科学营销理念 （3）掌握如何构建关系营销网络	2	3 或 4	3	2
第二章 制定营销战略规划与营销计划	（1）实施企业战略规划的步骤和方法 （2）明确进行市场营销战略规划的步骤 （3）掌握进行营销管理与制订营销计划的步骤	2	3 或 4	3	2
第三章 分析调研营销环境	（1）了解市场营销环境的分析评价 （2）明确市场营销调研方法 （3）掌握市场需求预测方法	2	4 ～ 6	4	2
第四章 分析消费者购买行为	（1）理解和掌握消费者的购买行为 （2）明确影响消费者购买行为的因素 （3）能够熟练把握购买决策过程	4	4 ～ 6	4	2
第五章 实施 STP 营销战略	（1）掌握市场细分的方法 （2）熟悉实施目标市场选择的策略 （3）掌握开发和传播一个定位战略的步骤	2	2 ～ 4	2	2
第六章 超越竞争，塑造品牌定位	（1）理解市场竞争新思维：超越竞争 （2）熟悉如何实现超越竞争 （3）掌握如何进行品牌成功定位 （4）把握如何进行品牌战略决策和设计	4	4 ～ 6	4	2
第七章 制定产品决策	（1）明确产品整体概念 （2）掌握产品组合决策 （3）了解新产品决策 （4）熟悉产品的不同生命周期的营销策略的制定	4	4 ～ 6	4	2

（续）

教学内容	学习要点	课时安排			
		MBA	经管专业本科 / 高职	非经管专业选修课	慕课翻转课堂
第八章　制定有效的价格策略	（1）了解定价时需要考虑的因素 （2）掌握定价时可以采用的方法与策略 （3）熟悉如何应对价格调整	4	4 ～ 6	4	2
第九章　构建传递顾客价值的渠道网络	（1）理解营销渠道和价值网络 （2）掌握营销渠道策略的设计 （3）掌握如何构建网络营销渠道 （4）熟悉如何管理网络营销渠道	4	4 ～ 6	4	2
第十章　整合营销传播沟通策略	（1）了解整合营销传播沟通决策 （2）把握广告方案设计 （3）掌握销售促进 （4）了解公共关系 （5）理解人员推销	4	4 ～ 6	4	2
教学方法建议		案例分析＋情境模拟	案例讲授＋营销实践	讲授＋案例解析	案例解析＋情境模拟
考核方法建议		4 学时 团队自选营销项目，实地调研后进行营销计划书展示与答辩	4 学时 团队自选项目，撰写营销计划书（占 70%），辅以平时考核（占 30%）	2 学时 案例分析或团队自选项目营销计划书（占 70%），辅以平时考核（占 30%）	观看教学视频与网上讨论情况（占 30%）＋网上期末考试（占 30%）＋翻转课堂见面课表现（占 40%）
课时总计		32	36 ～ 54	36	翻转 20

说明

（1）本书配备了同名慕课“市场营销：网络时代的超越竞争”，以及全部的教学视频与网上考试，方便教师轻松采用来进行翻转课堂。另外，教师还可以联系国家精品在线开放课程主持人——杨洪涛教授进行网上直播见面课，进一步方便教学。

（2）在课时安排上，对于非经济管理专业学生的选修课可以根据学生的实际情况，选择标注课时的内容有选择性地讲解，其他内容不一定讲。

（3）市场调研实践、案例讨论等实践活动可以在课程中穿插进行。

（4）可以根据各学校对考试形式的管理规定选择建议的考核方式，也可以利用同步出版的课件中所包含的各种题型的综合试卷或分章测试题进行客观知识笔答，或将二者结合。

目　录

第一章
树立科学的营销理念

内容提示

作为一名营销经理，你所做的营销工作的第一步流程是什么？答案应该是树立科学的营销理念。科学的理念是从对市场和市场营销的科学理解开始的，网络时代尤其如此。本章我们将用一个个鲜活的网络时代的营销案例来分析市场的含义以及现代市场体系的演变。讲述什么是市场营销及现代市场营销学的发展趋势与任务。现代市场营销以顾客需求为导向，为顾客创造价值，提高顾客满意度成了重中之重。那么如何为顾客创造价值？诸如关系营销、价值共创等营销方式在网络时代的激烈竞争环境下应运而生，它们在经营活动中如何起作用？营销工作的流程又包括哪些？这些内容都将在本章中进行详细的阐述。

专业词汇

市场营销（Marketing）
寡头垄断市场（Oligopoly Market）
期货市场（Future Market）
生产观念（Production Concept）
产品观念（Product Concept）
营销观念（Marketing Concept）
整合营销（Integrated Marketing）
内部营销（Internal Marketing）
总顾客成本（Total Customer Cost）
顾客满意（Customer Satisfaction）
期望值（Expectation）
忠诚（Loyalty）
大规模定制（Mass Customization）
完全竞争市场（Perfect Contestable Market）
现货市场（Cash Market）
标杆超越（Benchmarking）
全球营销管理（Global Marketing Management）
推销观念（Selling Concept）
全面营销观念（Holistic Marketing Concept）
关系营销（Relationship Marketing）
顾客认知价值（Customer Perceived Value）
总顾客价值（Total Customer Value）
顾客让渡价值（Customer Delivered Value）
可感知的效果（Perceived Performance）
顾客终身价值（Customer Lifetime Value）
频繁营销计划（Frequency Marketing Program）

开篇案例

107分钟破1 000亿元，“双11”当晚2 135亿元收官屡创纪录

从第一秒开始，2018年天猫“双11”就在不断地刷新纪录，创造新的历史。时间定格在11月11日24点，2018年天猫“双11”完美收官，成交额远超2017年的1 682亿元，2018年的这一纪录是2 135亿元。

阿里巴巴集团CEO张勇说，天猫“双11”是商业领域的奥运会，成了全球商家与消费者的盛大节日。同时，天猫“双11”还是中国消费升级的侧影，也是数字经济崛起的见证。

消费热情高涨的背后，是全球品牌商业力量的大爆发。据不完全统计，在2018年天猫“双11”开售的30分钟内，已经有30家品牌的成交额超过亿元，105个品牌在两小时内成交额过亿元。

（1）选择在天猫“双11”首发的新品表现不俗。苹果iPhone XS Max、iPhone XR等新品手机，30分钟内销售额过亿元，通过天猫“双11”首发的小米MIX 3，6分钟销量超过万部。

（2）智能化趋势愈发显著。1分钟卖出4万台大屏智能电视，仅30分钟天猫精灵联合定制科沃斯DJ35扫地机器人单品过亿台，智能翻译机30分钟卖出的数量超过2017年“双11”全天，智能手表1小时破亿部，同比增长超100%。

（3）进口消费不断升温，越来越多的进口商品通过天猫“双11”走入更多消费者的日常生活。澳大利亚的Swisse，日本的城野医生、雅萌，德国的爱他美，英国的戴森等成为成交量最大的进口品牌。

（4）国货品牌也在2018年强势崛起。指针刚过零点，国货品牌就捷报频传，几分钟内，华为、荣耀、小米等国产手机品牌，与海尔、美的等家电品牌成交额纷纷破亿元；在家居领域，国产品牌顾家家居、好莱客、林氏木业的成交额也迅速破亿元；国产童装品牌巴拉巴拉、国民零食品牌三只松鼠也跻身亿元俱乐部。

网络时代，你不可能离开营销，它几乎充斥在你身边的任何活动中，不仅有街上戴

着熊头套的推销员，商场里声光电交相辉映的大型促销，报纸广播电视上各种花样广告，还有互联网大数据让你的隐私无处可藏的精准广告推送……营销无处不在。网络时代经济的爆发式发展，人们网络购物模式的日常化，使企业不得不将经营活动进行根本性的改变，由原来的公司主导转变为网络市场主导，这时候市场营销的作用也就日益凸显，重视营销、成功营销已经是企业生存和发展的核心要素，是企业生存的关键。

第一节　怎样认识市场与市场营销

成功营销的关键在于掌握什么是市场营销，如何进行市场营销，以及在顾客至上的商品社会为顾客创造价值的多少。顾客的满意度和忠诚度的高低成了衡量营销成功与否的重要指标，而随着网络时代的来临，网络营销、大数据营销、价值共创等新的营销方式应运而生，这些现代化的营销手段带来了更为广阔的市场。当然机遇与挑战并存，在以结果为导向的企业竞争中，企业所走的每一步都显得尤为重要。追溯营销的实质，我们应该关注两个问题：①为什么要进行交换？②交换是如何产生、完成和被避免的？我们先从市场和市场营销入手。

一、怎样认识市场

（一）市场的演变及其含义

市场是社会生产和社会分工的产物。随着生产力的发展和社会分工的扩大，人们对市场的认识是不断深化、充实和完善的。市场是商品经济的产物，哪里有社会分工和商品生产，哪里就有市场。在不同的历史时期、不同的场合，市场具有不同的含义，它是随着商品经济的发展而不断发生变化的。

“市场”最初的含义是指商品交易的场所，这是对市场最古老的定义。“市”就是买卖，“场”就是场所，“市场”即买卖双方在一定的时间聚集在一起进行交换的场所。由于当时的生产力水平低下，人类的交换仅限于物物交换，这样就要求双方必须在约定的时间和地点进行交换。约定的时间和地点为物物交换创造了条件，而这样的交换具有很大的局限性。

随着商品生产和商品交换的发展，市场的含义发生了变化。社会分工的发展使得生产者一方面为满足自己的需求而进行产品生产；另一方面也为满足他人的需求提供商品，从而出现了商品流通，这时的市场不仅是指具体的交易场所，而且是所有卖者和买者实现商品让渡的交换关系的总和。于是，市场演变为在一定时间、地点条件下商品交换关系的总和。

市场营销学从卖者的角度来认识和理解市场的含义，它要研究的是如何采取有效的措施来满足消费者现实的和潜在的需求。

市场的概念是随着商品经济的发展而不断丰富和充实的。在不同的时代背景下，不同的学者对市场有着不同的定义。

（1）从经济学的角度来讲，市场是商品交换的场所。市场是指买卖双方购买和出售商品，进行交易活动的场所。

作为商品交换场所的市场，对于每个企业来说都是非常重要的，因为企业必须了解自己的产品销往哪里，在哪里销售。如果联想把专卖店开到了一个连电视都无力购买的区域，KFC 在一个无力解决温饱问题的城镇开张了，那么结果是显而易见的。

（2）从营销学的角度来讲，当代著名的市场营销大师菲利普·科特勒教授对市场的定义是：市场是对某种商品或劳务具有需求、支付能力和希望进行某种交易的人或组织。因此“市场的大小，取决于那些有某种需要，并拥有别人感兴趣的资源，同时愿意以这种资源来换取所需要的东西的人数”。这说明市场是由多个因素组成的集合体，用公式表示就是：市场 = 人口 + 购买力 + 购买欲望。

人口是构成市场的基本因素，哪里有人，有消费者群，哪里就有市场。人口的多少是决定市场大小的前提。购买力是指人们支付货币购买商品或劳务的能力。购买者收入的多少决定了其购买力的高低。购买欲望是指消费者购买商品的动机、愿望和要求。它是消费者把潜在的购买愿望变为现实购买行为的重要条件，因而也是构成市场的基本要素。

如果有人口和购买力，而无购买欲望，或是有人口和购买欲望，而无购买力，对卖主来说，这些都无法形成现实有效的市场，只能构成潜在的市场。

（3）市场是商品和服务的所有现实与潜在的购买者。这里的市场，除了包括购买力和购买欲望的现实购买者外，还包括暂时没有购买力，或是暂时没有购买欲望的潜在购买者。这些潜在购买者，一旦其条件有了变化，是可以转化并形成现实有效的市场的。

案例 1-1

抖音就这样火了

在短视频领域，抖音异军突起。

从 2016 年 9 月上线开始，直到 2017 年 3 月，抖音 App 在 iOS 和 Android 系统应用商场中的下载量才突破 1 万次。而到了 2018 年 2 月底，抖音短视频的市场渗透率已达到 14.34%。也就是说，100 个玩短视频的手机中，就有超过 14 台安装了抖音 App。

在短短的一年里，抖音做对了什么，得以突破秒拍、快手、小咖秀等老牌短视频的包围圈，获得市场？答案可能是 4 个字——“创意营销”。

最简单粗暴地切入：酷炫

抖音的崛起是在 2017 年下半年，而飞升则是在 2018 年春节。

据资料显示，2018 年以来，抖音几乎一直盘踞在 App Store 的第一位，仅仅被《旅行青蛙》暂时超过，整个春节差不多增长了 3 000 多万个日活跃用户。据第三方统计，2 月抖音月活跃用户数量为 1.47 亿人，与老牌短视频应用的差距日渐缩小。

秀创意，15 秒的新奇特、实用和意外

在视频领域，平台一旦成熟就一定会形成风格固化，无论是长视频还是短视频。

抖音的切入点则介于快手、秒拍之间，偏重于创意，即更多地以创意性、趣味性，且不低俗，也不需要过多思考的内容进行传播，尤其是在潮流引导上，15 秒的快传播和时尚新颖的内容展示，更容易为追求个性的 30 岁以下的人群所青睐。

在营销上的简单分流，其结果是，在用户眼中，抖音就变得酷炫了。

抖音的营销空间有多大

纵观在抖音上一战成名的营销案例，不难发现它们有一个共同的特点——除了新奇特外，就是小众。

换言之，极具创意性的产品或创意性的搭配方式，会更容易在抖音这一以创意博眼球的生态中，获得足够多的关注。

对于大量走文创路线的产品来说，抖音的 15 秒视频展示，可以被视作是一个另类的众筹空间，尤其是其产品的调性符合创意、个性展示和消费升级这三个标签。

同时，随着移动流量的大涨，过去用图文表现的手法得以视频化。当然，这种聚集和抖音越来越鲜明的创意调性有极大的关联。

资料来源：《销售与市场》(杂志营销版，原渠道版)，2018 年 05 期。

（4）市场是商品交换关系的总和。交换关系主要包括商品在流通领域中进行交换时，买卖双方、卖方与卖方、买方与买方、买卖双方各自与中间商、中间商与中间商之间发生的关系，还包括商品在流通过程中促进或发挥辅助作用的一切机构、部门（如银行、保险公司、运输部门、海关等）与商品的买卖双方之间的关系。

总而言之，从市场营销的角度来看，卖方构成产业，买方构成市场，它们的关系如图 1-1 所示。

卖方和买方通过四个流程连接起来，卖方把商品服务和信息传送到市场，买方把服务及信息传送到产业。在现代经济中，市场的概念更加丰富。

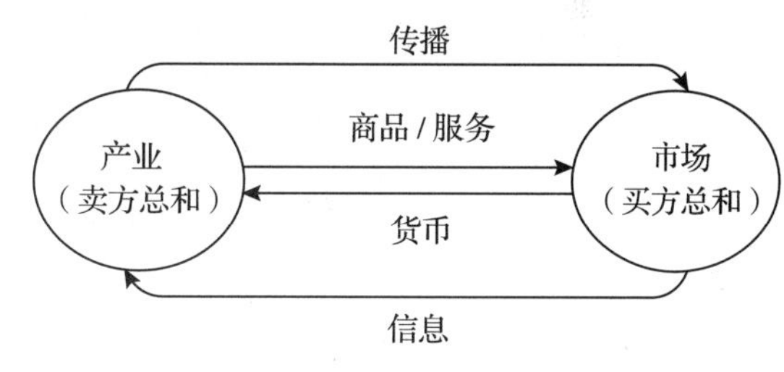

图 1-1 一种简单的营销系统

（二）现代市场体系及其类型

在市场经济条件下，构成市场的各种要素以各种方式组合在一起，形成若干个不同意义上的相对独立的市场，而各个独立的市场之间又在某种程度上相互关联、相互制约，这样就形成了功能较为齐全、联系纷繁复杂且多样化的现代市场体系（见图 1-2）。

随着互联网的发展，人们的交易活动开始通过网络进行，且日益频繁，市场的概念从传统的物理概念转变为数字概念，这也是现代市场体系中极其重要的一部分。

现代市场体系是多层次、多要素、全方位的有机系统，其实质是各种经济关系的具体体现和综合反映。为了更加全面地了解现代市场体系，我们从不同的角度对市场进行了分类。

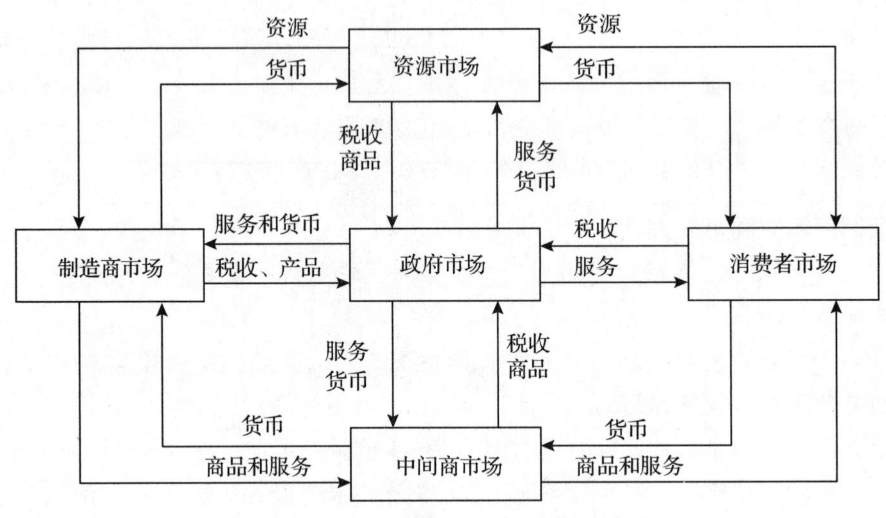

图 1-2 现代交换经济的流程结构

1. 按构成市场交易对象的商品形态分类

按构成市场交易对象的商品形态分类可以将市场分为商品、资金、技术、信息、房地产、服务、文化、旅游等市场（见图 1-3）。

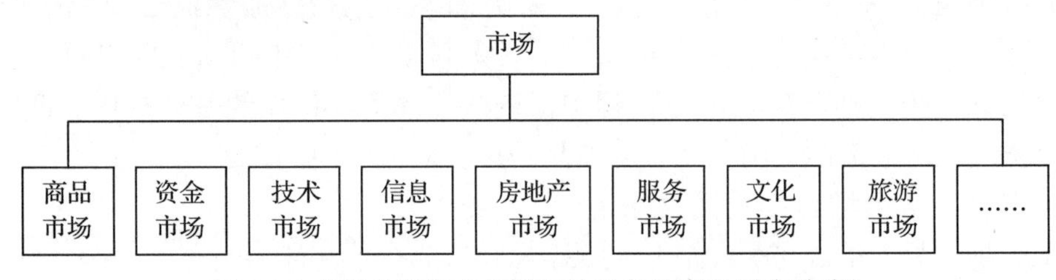

图 1-3 市场（按构成市场交易对象的商品形态分类）

（1）传统意义上的商品市场，通常是指生活消费品、生产资料等有形的物质产品市场。

（2）资金市场，是指由货币资金的借贷、有价证券的发行和交易，以及外汇和黄金的买卖活动所形成的市场。

（3）技术市场，是指将技术成果作为商品进行交换的场所。它是技术流通的领域，也是反映商品化的技术经济关系的总和。

（4）信息市场，是指进行信息商品交换的场所。它是促进信息产品在信息生产者、经营者和信息用户之间有偿交流的市场领域。

（5）房地产市场，是指进行房地产交易的场所。它由房产市场和土地市场两部分组成。

（6）服务市场，是指利用一定的场所、设备和工具，为消费者提供“在服务形式上存在的消费品”的一种特殊的商品市场。

2. 按竞争程度分类

按竞争程度可以将市场划分为不完全竞争市场、完全竞争市场、完全垄断市场和寡头垄断市场（见图 1-4）。

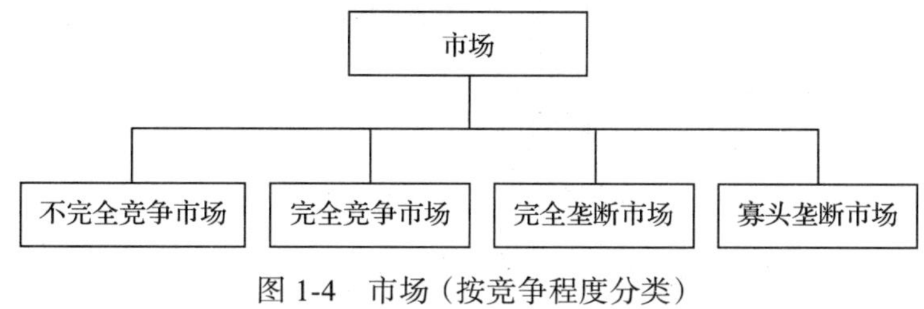

图 1-4　市场（按竞争程度分类）

（1）不完全竞争市场，又称“垄断竞争市场”，这样的市场上有着较多的彼此竞争的卖者，每个卖者的产品均具有自己的特色和优势，对价格起着影响作用，价值规律起着较大作用。

（2）完全竞争市场，是指市场价格由众多卖者和买者共同决定，任何单个的卖方和买方都只能是价格承受者的市场。

（3）完全垄断市场，是指只有一个买者或卖者，因而唯一的买者或卖者能完全控制价格的市场，所以这个垄断者又被称为“价格制定者”。

（4）寡头垄断市场，是指由为数不多却占有相当大份额的卖者所构成的市场。这些卖者对市场价格具有很大的影响力。

3. 按市场的地理位置或空间范围分类

按市场的地理位置或空间范围分类可以将市场分为区域市场、农村市场、城市市场等国内市场和国际市场（见图 1-5）。

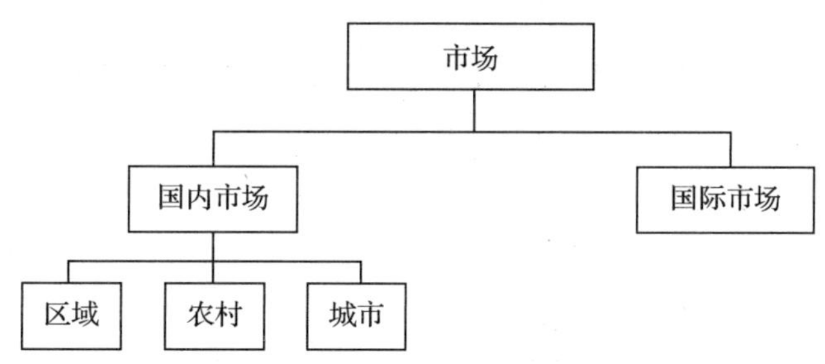

图 1-5　市场（按市场的地理位置或空间范围分类）

（1）国内市场，是指在一国范围内商品或劳务发生交换的场所，也是指在一定时期内国内商品交换关系的总和。

（2）国际市场，是指商品和劳务在国与国之间流通所达成的国际交易所构成的市场，国际市场是国际经济分工的产物与客观要求。

4. 按商品流通的交易形式分类

按商品流通的交易形式分类可以将市场分为现货市场（现货市场又分为批发市场、零售市场）、期货市场等（见图 1-6）。

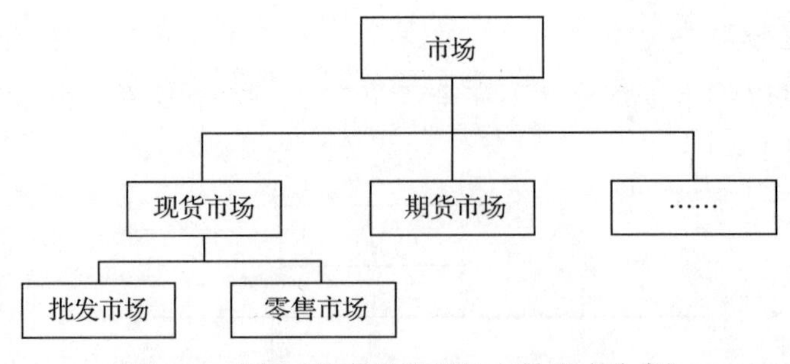

图 1-6　市场（按商品流通的交易形式分类）

（1）现货市场，是指买卖的商品、有价证券及外汇等实物均收取现金，并当即实现实物转移的交易市场。根据交易方式的不同，商品现货市场还可以进一步划分为批发市场和零售市场。

（2）期货市场，是指买卖商品或金融工具的期货或期权合约的场所。它主要由交易和清算场所、交易活动当事人及交易对象三部分构成。

5. 按市场主体地位分类

按市场主体地位分类可以将市场分为卖方市场和买方市场（见图 1-7）。

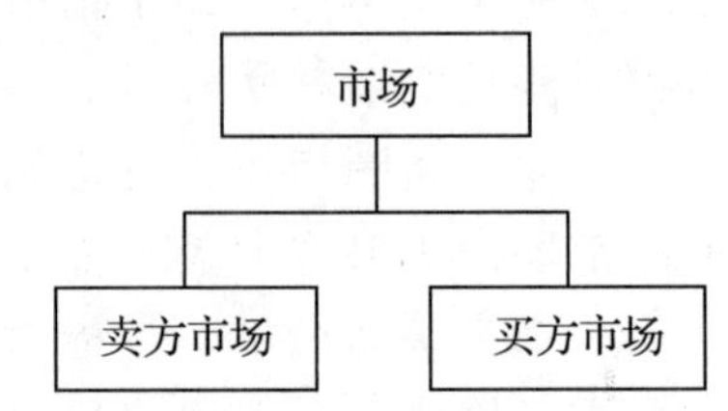

图 1-7　市场（按市场主体地位分类）

（1）卖方市场，是指卖方处于支配地位，由卖方左右的市场，即市场在具有压倒优势的卖方力量的支配下运行。

（2）买方市场，是指买方处于支配地位，由买方左右的市场，即市场在具有压倒优势的买方力量的控制下运行。

6. 按购买者需求内容和目的分类

按购买者需求内容和目的分类可以将市场分为消费者市场和生产者市场（见图 1-8）。

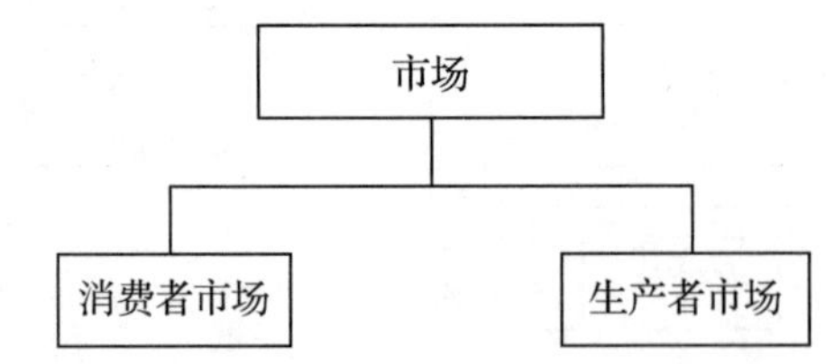

图 1-8　市场（按购买者需求内容和目的分类）

（1）消费者市场，是指消费者为满足个人或家庭生活消费需要而购买生活资料或劳务的市场，又称生活资料市场。

（2）生产者市场，是指生产者为满足生产活动需要而购买生产资料的市场，又称生产资料市场。

二、怎样认识市场营销

我们该怎样理解“市场营销”呢？我们先来看一个案例。

案例 1-2 **三只松鼠：极致营销你学会了吗**

2016 年 11 月 22 日，三只松鼠实现了年度销售目标 45 亿元，提前 40 天完成年度销售任务。相关统计数据显示：随着全品类零食的成熟，“三只松鼠旗舰店”和“三只松鼠”的搜索指数总和已超过“零食”搜索指数的两倍，这意味着三只松鼠已不仅仅是零食品牌，同时也是一个具有深度影响力的 IP。

三只松鼠爆发式增长的背后靠的是口碑的裂变——在顾客中通过极致体验建立口碑，并通过社交化媒体建立网络口碑。其核心是推己及人——站在消费者的角度，思考需求；利用主人文化，将弱关系变为强关系。

建立极致口碑，三只松鼠是如何将口碑做到极致的呢？

1. 品牌人格化：与消费者产生零距离

当客户第一次接触三只松鼠时，它会在第一时间给顾客留下难以磨灭的印象，想必就是那三只可爱的松鼠——鼠小贱、鼠小酷、鼠小美发挥的作用。

三只松鼠的“萌”营销只是它取得成功的表层原因。直接赋予了品牌人格化，以主人和宠物之间的关系，替代了传统的商家和消费者之间的关系，这才是三只松鼠的本质意义。

2. 深入人性：售卖流行文化和人文关怀

三只松鼠必须有一个经久不衰的定位，并且能随着时代的潮流及时调整其内涵。

如何定位呢？文化具有最持久的生命力，那么三只松鼠代表哪种文化呢？

人为什么爱吃零食，其本质并非为了满足生理需求，而是为了满足某种情感需求。章燎原发现，很多分享自己吃零食的原因的消费者会提到“我和男朋友吵架了”“我看见松鼠了”“我出去旅游了”。

消费者往往在这些场景之下想到三只松鼠，章燎原认为，三只松鼠之所以会引起人们的喜爱，是因为它们能够带来快乐，并且能随时嵌入消费者的生活之中。

在这种理念之下，三只松鼠成立了松鼠萌工场动漫文化公司，希望可以创作出互联网动画片、动漫集、儿童图书，为消费者带来快乐。

3. 在所有细节上超越客户期望

消费者在购物之后，往往会通过社交化媒体，比如微信朋友圈分享自身的购物体验，我们将这种行为称为“晒”。

在这样一个以消费者为王的时代，网络口碑将在品牌建设中起到重要的作用。

章燎原利用逆向思维，思考了产品以外的一些细节，同时还查阅了其他品牌的一些负面评价与负面微博，这都是源于产品质量本身的问题。最终，他得出了三只松鼠用户的体验策略：“在每个细节上都要超越用户期望，创造让用户尖叫的服务，才是核心竞争力。”

资料来源：《销售与市场》(杂志管理版)，2017 年 03 期。

“市场营销”源于英文“Marketing”一词，于20世纪80年代引入我国，过去我国对此词的翻译不一，有的译成“市场学”，有的译成“行销学”，还有的译成“市场经营学”，后来，八木信人准确翻译了“Marketing”一词，把“Marketing”解释成“以销售为目的的、统一的、有计划的市场活动”。后经国内理论界反复研讨，最终将“Marketing”译成“市场营销”，在本书中，为叙述简便，营销与市场营销具有相同的含义。

（一）有关“市场营销”的代表性的定义

对于市场营销，西方学者已给出了上百种定义，其中较具代表性的有以下几种。

（1）美国市场营销协会（American Marketing Association，AMA）在1960年给市场营销下过如下定义：“市场营销是引导产品及劳务从生产者到达消费者或使用者手中的一切企业经营活动。”

（2）麦卡锡认为，“市场营销是引导商品和服务从生产者到消费者或使用者的企业活动，以满足顾客需求并实现企业的目标”。这一定义显然比AMA的定义前进了一步，指出了公司的经营目标，即满足顾客需求和实现企业盈利。

（3）2013年，AMA给市场营销下了更完整和全面的定义，即“市场营销是在创造、沟通、传播和交换产品中，为顾客、客户、合作伙伴以及整个社会带来价值的一系列活动、过程和体系”。这一定义对以往的认识有了明显的突破。

（4）“现代营销之父”菲利普·科特勒给市场营销下的定义强调了营销的价值导向：“营销是个人和集体通过创造，提供出售，并同别人自由交换产品和价值，以获得其所欲之物的一种社会过程。”科特勒对营销所下的最简明的定义是：“有盈利地满足需求。”他把营销管理（Marketing Management）看成是科学与艺术的结合：“选择目标市场，并通过创造、交付和传播优质的顾客价值来获得顾客、挽留顾客和提升顾客的科学与艺术。”

本书认同菲利普·科特勒教授给市场营销下的定义。

（二）市场营销的特点

现代市场营销与一般或传统意义上的经营活动相比，有着显著的区别和鲜明的特点。举一个简单的例子，说服大学生买牙刷是销售，而说服因纽特人买冰箱则属于营销，关于两者的区别将在本节的“营销观念”中讲述。

市场营销基于四个支柱：目标市场、顾客需求、整合营销和盈利能力，从本质上说，市场营销是一种以顾客需求为导向的经营哲学，它有如下特点。

（1）市场营销是包括市场营销战略决策、生产、销售等阶段在内的总循环过程。

（2）市场营销是以消费者需求为基点和中心的企业经营行为。

（3）市场营销是以整体营销组合作为运行手段和方法的有机系统。

（4）市场营销可以有效地提高企业的盈利能力。

（三）研究营销为什么要从研究市场入手

在早期，制造商强调先制造出高质量的产品，之后再吸引人们来购买产品。因为他们坚信“好产品不愁卖不出去”，这是那个时代一种盛行的态度，也和中国的古话“酒香不怕巷子深”是一个道理。然而，这样的观点随着市场经济的发展逐渐被证明是错的，只注重生产出高质量的产品而不注重市场营销是错误的。互联网时代，跟不上市场的变化，纵使宝洁、沃尔玛这样的商业巨头也要走下神坛。下面我们来看两个案例。

案例 1-3　　谁谋杀了宝洁

提到宝洁，中国消费者一定不陌生，即使你不是很熟悉宝洁这个名字，但你一定看过宝洁旗下产品的广告，用过海飞丝、飘柔、沙宣、舒肤佳、佳洁士、碧浪、汰渍等宝洁旗下的日化产品。

曾经的宝洁是绝对的王者，多到数不清的各种日用品品牌已成为家喻户晓的明星产品，但是随着中国的消费升级，这家拥有181年历史的快消品巨头正在走下神坛。

失去了年轻人的市场

在过去的20年里，中国消费格局已经发生了翻天覆地的变化。宝洁刚进入中国的时候，国人的购买力还是不足的，所以宝洁也会推出一些廉价的商品来吸引客户。

现在中国消费者的购买力提升了，低价产品不再受欢迎。比如，每年在中国卖得最好的洗发水品牌是沙宣，要知道，沙宣是宝洁在中国的洗发水品牌中价格最高的，这说明国人现在更多追求的是品质。

抓住了传统媒体，却错过了互联网的战场

移动互联网时代直接改变了中国的消费渠道，美国依然是线下渠道占据主流，而中国截然相反，走线上才是王道，这也让宝洁一时间没有反应过来。

在移动互联网时代，沃尔玛这种国际连锁商超都遭受到重大的冲击，电视广告的大量投放，收获的效果比此前要大打折扣，中国的消费者已经彻底适应了互联网购物，看有线电视、逛超市的年轻人越来越少。

宝洁的销售额在2013年达到峰值，但为什么此后开始下滑呢？答案很简单，2013年被称为各大互联网的“元年”，正是互联网的迅速崛起，给传统媒体带来了致命的打击，宝洁的反应不够快，其虽然抓住了传统媒体，却错过了互联网的战场。

宝洁过度依赖广告流量，却发现这已经难以给其带来足够的用户。改革开放之后的前20年，中国的流量可以说是“完全中心化”的，那时候想要垄断流量，很简单，买下央视黄金时段的流量就足够了。

进入互联网时代，这条路就行不通了，越来越多的流量变成了去中心化的流量，微信、公众号、各大自媒体平台都成了流量的入口，所以任何一家企业再想靠投入很多的资金垄断流量已经变得几乎不再可能。

资料来源：《销售与市场》(杂志管理版)，2018 年 07 期。

事实证明，更高质量的产品并不能保证它的必然成功。营销史上由于不注重市场而导致的失败比比皆是，仅仅发明出最伟大的新产品是远远不够的，产品必须满足市场的需求，在市场调查的基础之上，考虑消费者的愿望和需要，然后再制定相应的产品策略。

案例 1-4　　OPPO、vivo 的成功模式，你能复制吗

具有“中国特色”的营销模式

2016 年，OPPO 和 vivo 在中国智能手机市场上所占份额名列第二名和第三名，第一名是华为，但 OPPO 和 vivo 这两个品牌加起来的份额是第一名。

在一个寡头竞争的领域，它们能够脱颖而出，而且保持了快速的增长，这是非常令人惊叹的。它们具有以下几个特点。

（1）具有“中国特色”的分销模式。OPPO 和 vivo 采取了相对传统的一种营销模式。这种模式在中国市场上已经出现很久了，一度是消费品营销的主流模式，也就是所谓的深度分销。

（2）多层次的立体市场。中国市场最主要的特征是什么？用一句话来概括，就是多层次的立体市场。

中国这样一个巨大的市场，从一级城市、省会城市、地级市到县城、乡镇、村庄，六个层次的差异是比较大的。

“三高”模式契合目标客户需求

OPPO、vivo 这两个品牌与三、四、五级市场的特征有什么关联？它们是如何开发这样一个立体市场的？

OPPO和vivo的做法和营销策略组合基本上符合营销教科书的规范，符合营销的普遍规律，同时也贴合中国的市场行情。

可以用一句话来概括这两个品牌的营销特点，即基于精准目标市场定位的整合营销，基于中国多层次市场的深度营销。

OPPO、vivo的目标市场定位

从品牌的特性来看，OPPO和vivo比较年轻、具有东方特点、清新。品牌的特性反映了其所面对的顾客。这两个品牌的目标顾客很显然都是年轻人。向下可以延伸到学生，比如高中生、大学生，往上可以延伸到白领（城市里二十五六、二十七八岁的白领）。在年轻的白领中，这两个品牌的定位又偏女性。不能说完全针对女性，但更受女孩子喜欢，这是一个不争的事实；特性更加柔美，这也是一个不争的事实。

从OPPO、vivo选明星的做法上，就能看出它们的思维方法，即准确又简单。OPPO和vivo的模式就是高毛利、高品牌投入、高顾客认知价值，这样一个三者之间的循环。

除了请明星之外，这两个品牌在媒体的传播上，包括一些重大的事件、重大的庆典、重要的电视栏目，它们基本上都在现场，从不缺席。它们会选择一些顾客认同度比较高、一定能够引起广泛反响的媒体和事件来进行广告的投放。

资料来源：转载于《销售与市场》(杂志营销版，原渠道版)，2017年04期。

我们强调注重市场的主体地位，另一个因素也不容忽视，那就是竞争，如果片面地只注重市场而不注重竞争，同样将遭受挫折。

一个企业如果不能在市场上确立其垄断地位，那么它将处于一个各企业相互竞争以满足消费者需求的环境中。然而事实上，很少有企业能在市场上建立它的垄断地位，这也就意味着企业必须不断地监控竞争者的营销活动，包括它们的产品、销售渠道、价格以及促销手段。

企业营销实际上面临三类竞争。

（1）最直接的形式来自同类产品的竞争，要在同类产品中胜出，需要知己知彼，需要了解某些公司的情况以及其在执行任务时比其他公司做得更出色的原因，这就是所谓的标杆超越。执行标杆超越的公司，目标是模仿其他公司的最好的做法并改进它。

（2）第二种形式是替代品之间的竞争。在物资匮乏的年代，拥有一块手表成了身份和财富的象征，而随着中国经济的发展，每个人拥有一块能看时间的手表已不再是梦想，然而随着移动电话的普及，手表制造商并没有看见手表热销的春天，手机这样一个替代品完全拥有并超越了手表的单一的功能。这样的竞争对手表制造商尤其是低端手表制造商而言是致命的。

案例 1-5 **我消灭你，与你无关**

尼康退出中国，裁员 2 000 人！很多人以为尼康是被同行打败的，没想到真正打败它的居然是毫无相关的行业。尼康直接宣布破产的真相：受智能手机普及的影响！

有一部很优秀的科幻小说，书名叫《三体》，里面有句话："我消灭你，与你无关。"

泡面与外卖

你也许会很有体会，曾经特别受国人欢迎的，上班、出差、旅行必备的方便面，现在想起来，已经很久没有吃过一碗香飘四溢、热气腾腾的桶面了。

为什么曾连续 18 年销量保持增长的国民美食——方便面，如今不再受欢迎了呢？

因为有了互联网，因为有了移动手机，因为有了一键下单的外卖。

加班的时候、周末宅在家里的时候，不必再吃泡面了，只想吃什么手机下单即可。快速，品种多，价格也没那么高。

自然而然地，方便面就成了大家不再想起的东西，只是偶尔拿出来缅怀一下。

打败康师傅的不是统一，不是今麦郎，更不是白象，不是任何一个平日里厮杀惨烈的竞争对手，而是饿了么这些新兴公司，是散布在城市里大大小小的外卖美食小作坊。

朋友圈与口香糖

"口香糖的销量已经连续三年下降了，下降了三成。"

以往口香糖都是摆在收银台前的货架上，人们在等待结账的时候都会顺手拿两盒，但现在，你仔细观察可以看见，大多数人在等待结账的时候，都在刷着朋友圈、微博。

以往的消费场景已经受到了互联网严重的冲击，传统的营销手段和渠道已经失去了营销的效果。

资料来源：根据网络资料整理。

（3）第三种形式是各种公司对消费者购买力的竞争。传统意义上的直接竞争是同类产品之间的竞争，间接竞争是替代品之间的竞争，而事实上，所有的公司都在为有限的消费者自由支配的购买力而竞争，想办法让消费者把他的支出花在自己的产品上，这样的竞争更充满了挑战。

参与竞争，就要制定合理有效的竞争战略，因此首先就要回答这样几个问题：

- 有必要竞争吗？
- 如果有必要，应在什么市场上竞争？
- 如何竞争？

有关竞争的更多内容将在本书的第六章中阐述。

因为市场是配置社会资源的基础，而市场营销是个人和集体通过创造，提供出售，并同别人自由交换产品和价值，以获得其所需之物的一种社会过程。企业市场营销活动的能力，势必对企业的生存和发展产生举足轻重的影响。要在营销中制胜，那就必须了解市场、注重市场，同时还必须注意来自不同对手的竞争。

三、营销是一门科学还是艺术

菲利普·科特勒曾指出："推销不是市场营销最重要的部分，推销只是'市场营销冰山'的尖端。推销是企业市场营销人员的职能之一，但不是其最重要的职能。"这是因为，如果企业的市场营销人员做好了市场营销研究，了解了顾客需要并按其设计和生产出适销对路的产品，同时合理定价，做好分销、促销等市场营销工作，那么，这些产品就能轻而易举地销售出去。正如美国企业管理权威彼得·德鲁克所说："市场营销的目的在于使推销成为多余。"可见，市场营销学是一门关于企业整体营销管理的科学。

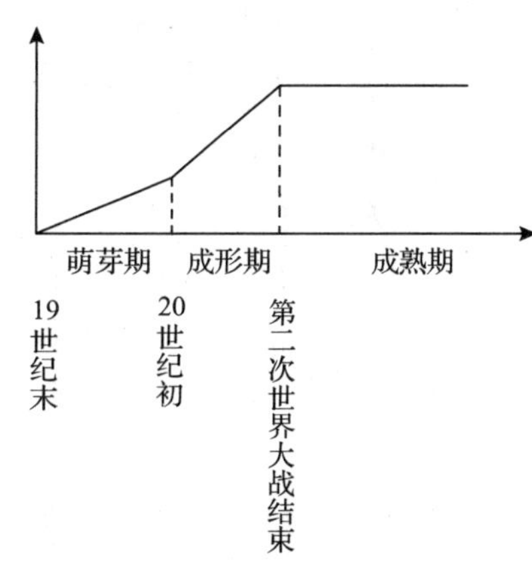

图 1-9 市场营销学的发展阶段

（一）现代营销学的形成与发展

市场营销学是一门新兴学科，20 世纪初起源于美国，后来传播到西欧、日本等地，在近一个世纪的发展历程中，大致可分为以下三个阶段（见图 1-9）。

1. 萌芽期（19 世纪末～ 20 世纪初）

这是市场营销的初始阶段，以美国为代表的一些主要资本主义国家，工商业发展得十分迅速，许多院校都开设了广告学和销售技术等课程；美国加利福尼亚州的很多大学正式设置了市场营销学课程，自此市场营销问题被当作了一门学科来研究。此后，美国的高等财经院校普遍重视研究市场营销学；哈佛大学于 1912 年出版了赫杰特齐编写的《市场营销学》，使市场营销学从经济学中分离出来，成为一门独立的学科。

在这一阶段中，市场营销学的研究特点如下。

（1）强调推销术和广告术，还没有出现现代市场营销理论。

（2）研究活动基本上局限于大学课堂、讲坛，还没有引起社会的重视。

（3）市场营销学研究的主要内容是商业销售实务方面的问题，具有较强的实用性，但在理论上还没有形成完整的体系。

2. 成形期（20 世纪 30 年代至第二次世界大战结束）

1929 ～ 1933 年，资本主义世界爆发了空前严重的经济危机，经济出现大萧条，社会购买力急剧下降，市场上商品堆积如山，销售困难，商店纷纷倒闭，工厂停工减产，劳动者大量失业，幸存企业都面临十分严重的销售问题，市场问题空前尖锐。资本主义世界的工业生产总值下降了 44%，贸易总额下降了 66%，危机对整个资本主义经济的打击非常严重。在这种形势下，市场营销学受到了社会公众的重视，各种市场营销学理论相继进入应用领域，被工商企业用来指导实践以解决产品的销售问题，市场营销学的理论体系由此逐步建立；美国的高等院校和工商企业建立的各种市场研究机构，有力地推动了市场营销学的普及和研究；很多高等院校也发起组织了市场营销学研究团体研讨市场营销学的理论和应用问题。

在这一阶段中，市场营销学的研究特点如下。

（1）没有脱离产品推销这一狭窄的概念。

（2）在更深更广的基础上研究推销术和广告术等商业推销实务与技巧。

（3）企业虽然引进了市场营销理论，但它们所研究的内容仍局限于流通领域。

（4）市场营销理论研究开始走向社会，为企业界所重视。

3. 成熟期（20 世纪 50 年代至今）

第二次世界大战（简称“二战”）结束后，各国经济由战时经济转入民用经济。战后经济的恢复及科学技术革命的发展，促进了西方国家经济的迅速发展。

劳动生产率随着战后科学技术的深入发展而大大提高，经济迅速增长；商品品种数量空前增加，从而形成了买方市场。另外，各种社会经济政策刺激和提高了居民的购买力，使消费者对于商品的购买选择性日益增强。在这种形势下，激烈的竞争使得原来的市场营销学理论和实务，不能适应企业市场营销活动的需要。市场营销的理论也出现了一个重大突破，形成了“以消费者为中心”的现代市场营销观念，现代市场营销学体系随之形成。

1960 年，尤金・麦卡锡的《基础市场学》一书问世，它对市场营销学的发展有着重要意义；20 世纪 70 年代，市场营销学与应用科学相结合，发展成为一门新兴的综合性的应用科学，并先后传入日本、西欧、东欧等国家，为世界各国所接受。

20 世纪 80 年代，市场营销学的概念有了新的突破。1986 年，菲利普・科特勒在《哈佛商业评论》上发表了《论大市场营销》。他提出了“大市场营销”概念，即在原来的产品（Product）、价格（Price）、地点（Place）、促销（Promotion）“4P”组合的基础上，增加政治力量（Political Power）和公共关系（Public Relations）两个“P”，这一概念是 20 世纪 80 年代市场营销战略思想的新发展。

20 世纪 90 年代，世界政治、经济环境发生了重大变化，国际经济与贸易正日益呈现出全球化和一体化的趋势，世界市场正向纵深开放与发展，国际竞争空前激烈，企业所面临的挑战空前严峻。全球营销管理理论在这样的时代背景下应运而生。

市场营销学在这一时期发展迅速，影响深广，因为它适应了社会化大生产和市场经济高度发展的客观需要，这也是市场营销学深受重视和迅速发展的根本原因。

在这一阶段中，市场营销学的研究特点有以下几点。

（1）以市场需求为导向的营销观念基本确立，以需求为中心成为市场营销的核心理念。

（2）对市场营销的研究已逐渐从对产品的研究、功能的研究和机构的研究转向对管理的研究，使市场营销理论成为企业经营管理决策的重要依据。

（3）市场营销的观念和策略已不局限于在企业界应用，“大营销观念”形成。

（二）现代营销学的新观念：由公司主导转变为市场主导

市场营销学的不同发展阶段见证了营销观念的演化过程（见图 1-10）。

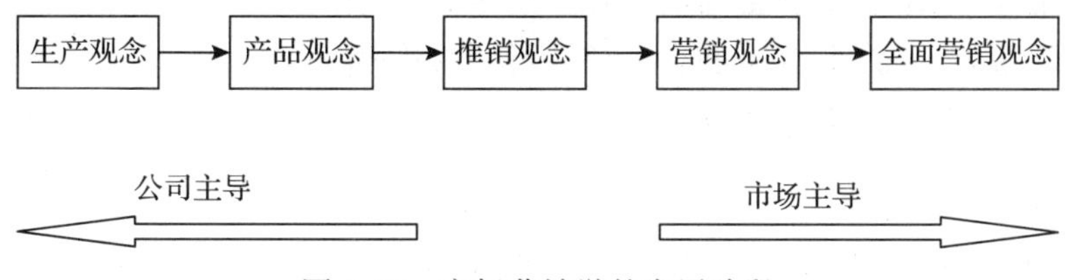

图 1-10 市场营销学的发展阶段

1. 生产观念

生产观念是指导销售者行为的最古老的观念之一，这种观念产生于 20 世纪 20 年代之前。当时，生产的发展不能满足需求的增长，多数商品都处于供不应求的状态，这时形成了卖方市场。在这种情况下，只要有商品，质量过关、价格合理，就不愁在市场上找不到销路。在这种观念的指导下，企业以产定销，通过扩大生产、降低成本来获取更多利润。在企业的经营管理中具体地表现为“能生产什么，就卖什么”。

案例 1-6　诺基亚：我们并没有做错什么，但不知为什么，我们输了

2014 年 7 月 20 日，诺基亚手机正式归入微软旗下。一个时代的记忆，结束了！当诺基亚现任 CEO 约玛·奥利拉在记者招待会上公布同意“微软收购”时，最后说了一句话：我们并没有做错什么，但不知为什么，我们输了。说完，诺基亚的几十名高管不禁落泪。

当年这句话真的让人很心疼，但是诺基亚真的没有做错什么吗？

2010 年，安卓系统刚刚声名鹊起，三星、HTC、索尼等不少手机厂商都和谷歌牵手。不过当时的诺基亚仍然占据着 1/3 的手机市场，是当之无愧的智能机老大。当时谷歌也的确和诺基亚展开了几轮谈判，希望诺基亚能够使用安卓系统，但双方始终没能达成一致意见。

如果当时的诺基亚及时使用安卓系统，虽然会减弱对操作系统的控制力度，但至少不会如此之快地丢失在智能手机市场上的份额。由于诺基亚的规模庞大，不如当时还比较年轻的三星手机反应迅速，因此可能在高端安卓手机市场中不是三星的对手。但是在中低端手机市场上，诺基亚有着绝对的掌控能力，如果诺基亚能够在 2011 年左右推出一批性能一般，但是价格足够低的入门级安卓手机，那么后来可能就没有小米等国产手机了。诺基亚如果在中低端市场上拥有更多的用户，中国的手机市场则依旧是诺基亚的天下。

然而历史没有如果，诺基亚的错误选择埋葬了自己，也成就了一大批国产手机品牌。

资料来源：微信公众平台，耐思咨询。

生产观念有如下几个特点。

（1）这种观念是在卖方市场的态势下产生的，产品供不应求。

（2）生产活动是企业生产经营的中心和基本出发点。

（3）提高产量、降低成本是企业生产经营活动的宗旨。

（4）以企业为中心，能生产什么就卖什么。

2. 产品观念

产品观念也是一种古老的指导企业市场营销的思想。它产生于20世纪30年代以前，这种观念认为，消费者喜欢高质量、多功能和有特色的产品，因而在产品导向型企业中，管理层总是致力于生产高价值产品，并不断地改进产品，使之日臻完美。

"酒香不怕巷子深"就是这种观念的形象说明。持这种观念的企业将注意力集中在现有产品上，集中主要的技术、资源进行产品的研究和大规模生产。重视产品是对的，但不了解顾客的需求和爱好则是错误的。不能随着顾客需求的变化以及市场形势的发展及早地预测和顺应这种变化，不能树立新的市场营销观念和策略，将最终导致企业经营的挫折和失败。

案例 1-7　　海尔砸掉的76台冰箱到底价值多少

1985年，一位用户来信反映，电冰箱厂生产的"瑞雪"牌冰箱有质量问题，张瑞敏突击检查了仓库，发现库存中有76台不合格的冰箱。张瑞敏召开全厂各部门人员参加的现场会，确认了每台不合格冰箱的生产人员后，拿出一把重磅大锤，由事故负责人当着全厂职工的面，将76台不合格冰箱全部砸毁。

回首过去，海尔用32年书写了一段不平凡的发展史，是什么支撑了海尔持续快速发展？是什么令海尔人一次次颠覆自我、战胜自我？事实上，海尔就是"砸"出来的。

"砸冰箱"：砸出员工的质量意识

在"砸冰箱"的现场，许多老工人当场就流泪了……那时候，别说是"毁"东西，企业就连发工资都十分困难！况且，在那个物资紧缺的年代，别说正品，就是次品也要凭票购买。

"企业不能用任何姑息的做法，来告诉大家可以生产这种带缺陷的冰箱，否则今天是76台，明天就可以是760台、7 600台……"

"砸仓库"：让每个员工都有自己的市场

1998年，为了推动企业向服务业转型，海尔开始了以"市场链"为纽带的"业务流程再造"，将外部市场关系引入企业内部，打造"零库存"的经营模式，这次海尔抡锤砸掉的是仓库。

自进入国际化战略发展阶段以来，海尔通过"砸仓库"，持续增强了产品的全球竞争力，成为中国制造的一张世界名片。

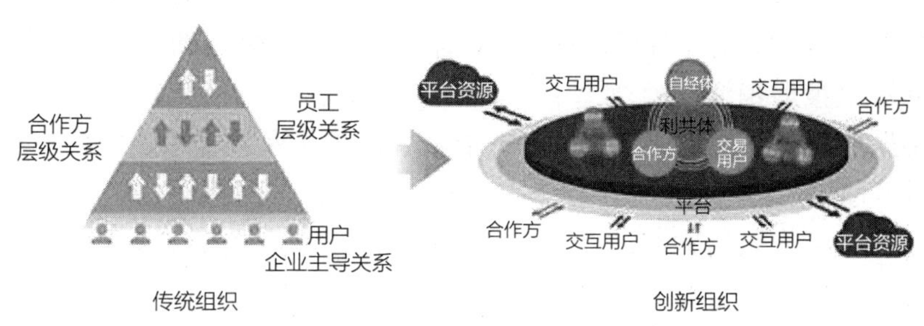

“砸组织”：让每个人成为自己的 CEO

2015 年，面对互联网的颠覆浪潮，体量巨大的海尔再次“抡锤”，这次海尔砸的是组织本身。

早在 2005 年，海尔便开始探索人单合一双赢模式，人单合一双赢模式最根本的就是要释放人的创造力，让每个人都成为自己的 CEO。

海尔砸掉的是传统的、封闭的科层组织，取而代之的是一个网络化的开放创业平台。截至目前，在海尔创业平台上，已有超过 100 个小微企业实现年收入过亿元，有 29 个小微企业引入风投，14 个小微企业估值过亿元，海尔创客平台为社会创造的就业机会超过 130 万个。

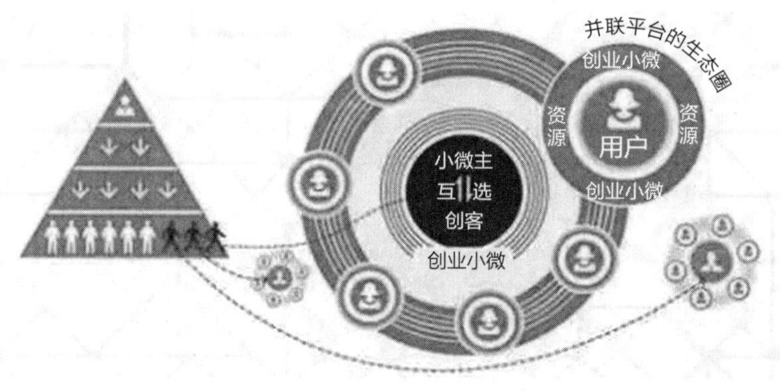

资料来源：海尔大学的相关资料。

产品观念具有如下几个特点。

（1）产品供不应求，市场是卖方市场。

（2）企业生产活动以产品为中心。

（3）企业努力提高产品质量，造出优质产品。

（4）营销活动忽视了消费者的需求，忽视了市场的存在。

在海尔的案例中，“砸冰箱”就是典型的产品观念，而海尔立足国际市场不断发展壮大，“砸仓库”体现了海尔的推销观念，“砸组织”体现了海尔紧跟时代的全面营销观念。

3. 推销观念

推销观念（或销售观念）出现在 20 世纪 20 年代末至 50 年代初，是许多企业所奉行的一种市场观念，表现为“企业生产什么就努力推销什么”。

这种观念认为如果能针对消费者的心理，采取一系列有效的推销和促销手段，使消费者对企业的产品发生兴趣，刺激消费者大量购买是完全可能的。因此，企业必须积极进行推销和开展大量促销活动。

这种观念虽然比前两种观念进步了，开始重视广告术及推销术，但从根本上来说，由于推销导向型企业只是努力将自己生产的产品推销出去，而不考虑这些产品是否满足了消费者的需要以及销售以后顾客的意见，所以推销观念仍属于以产定销的企业经营哲学。

推销观念具有如下几个特点。

（1）产品供过于求，是买方市场。

（2）加强促销宣传，努力推销产品。

（3）忽视消费者的需求，重视现有产品的推销工作。

（4）营销工作的中心思想是“把生产出来的产品想方设法地卖出去”。

案例 1-8　碧欧泉：带着贝克汉姆去游韩，化妆品从“推销”到“大数据营销”

化妆品，从20世纪90年代的上门推销，到后来的商场推销，再到互联网时代的大数据营销，这一变化在颠覆传统媒体商业模式的同时，也颠覆了传统的营销逻辑。

大数据平台通过将不同来源方的数据在京纬数据DMP内建立连接，实现对碧欧泉目标受众的精准刻画和建模后，将营销的主要阵地选在了机场。碧欧泉在将贝克汉姆作为代言人开展一系列代言推广活动的同时，在素材上也配合了贝克汉姆代言宣传设计，针对潜在客户的个性化标签动态展示不同创意素材，刺激消费者的消费欲望，提升转化率。在具体的执行环节中，大数据的应用更是重中之重。

1. 搜集人群标签

首先，大数据平台对接了腾讯广点通、百度BES、阿里巴巴TANX以及谷歌，可以监测过去两个月中曾出现在目标机场附近3千米以内的移动设备号，团队将这些设备号打上标签，定义这些人群为潜在的差旅客户。采用机器学习算法，能自动找出已转化用户的共同特征，并建立用户模型，从而得到目标用户群的精准画像。

2. 测试投放

根据实际需求，碧欧泉团队过滤掉了可能居住在附近的住户以及一次性旅游人群，挑选出了一批经常旅行和出差的男士，进行了为期一周的测试投放。

3. 正式投放

在正式投放过程中，碧欧泉团队利用LBS技术对这三个目标机场中3千米以内的范围进行了精准定向投放，并选择了新闻类、社区类、阅读类App为主要投放渠道。

4. 重定向及优化

在正式投放过程中，大数据平台根据实时投放反馈数据，按照广告停留时长、广告跳转率等情况，对曾经表达过意向的用户进行全网重定向投放（不限定区域）。为了有效控制整体预算分配及节奏，在投放中控制曝光频次，避免对同一受众过度的冲击造成其对品牌的反感。同时，借助 LBS 获取用户实时的行为轨迹，当用户访问广告主项目的竞品项目时，对用户进行基于场景的定向投放，抢夺优质客户。

资料来源：https://www.sohu.com/a/191822051_648778.

4. 营销观念

营销观念的形成是市场观念的一次“革命”，它认为实现企业诸多目标的关键在于准确地确定目标市场的需求和欲望，并且比竞争对手更有效、更有利地传送目标市场所期望得到的东西。

营销观念的出现，使企业经营观念发生了根本性变化，推销观念同营销观念相比具有很大的差别（见表 1-1）。

表 1-1 推销观念与营销观念的比较

	出发点	中心	手段和方法	目的
推销观念	工厂	现有产品	推销、促销	通过销售获得利润
营销观念	目标市场	顾客需求	整合营销	通过顾客满意度获得利润

营销观念以目标顾客及他们的需求和欲望为中心，通过融合和协调那些影响消费者满意度的营销活动，赢得和保持顾客的满意度，使顾客感知价值最大化，从而获取利润。

案例 1-9 良品铺子：实体零售创新转型的引领者

良品铺子开辟的渠道有：2 100 多家实体门店；天猫、京东等线上电子商务平台；本地生活平台，如饿了么、口碑外卖等；良品铺子的 App；微信、QQ 空间、百度贴吧等社交电子商务。

零售的目的不仅仅是追求线上或线下销量。对于不同年龄段、不同区域的用户而言，购买零食的习惯各异。大城市的年轻人可能喜欢在线上电子商务平台购买零食；三、四线城市的父母喜欢在线下帮孩子挑选零食；在逛街时，女生看到果脯在门店摆着，这很可能会勾起她们的食欲，女生更加注重体验式消费。多个渠道全面覆盖的做法才能真正满足不同用户的需求。

良品铺子线下的 2 100 多家门店通过饿了么平台的承载，直接缩短消费者购买路径、送达时间，降低了购买的成本。和饿了么之间的合作，特别能凸显良品铺子的理念——买零食往往是冲动消费。晚上在家看电影、打游戏时就有一瞬间特别想吃薯片、喝饮料，过了那个劲儿就没胃口了。欲望来得快，去得也快，因此非常考验物流的时效性。

饿了么目前的品类还仅仅局限在餐饮之中，一旦和线下商超合作，未来很可能会成为取代淘宝、天猫、京东等电子商务平台的黑马。笔者发现，买某些日用品都可以通过饿了么在一个小时内就收货，而且很多本地小超市都在进驻饿了么。良品铺子和饿了么牵手，一方面发挥了自家门店的优势；另一方面把互联网的渠道、物流优势发挥得淋漓尽致。在某种意义上，这就是“新零售”的颠覆。

高品质的零食才是躯干

零食企业的渠道做得再好，零食品质不好、味道不好都是枉然。零食好吃、品质高，对于一家零食厂商来说，才是王道。

知乎上曾有这样一个问题：“为什么良品铺子的东西那么贵?”当时在这个问题下面有很多回答，比如良品铺子的食品大多是经过精挑细选而来的，比如口味好、质量优，但真正让人印象深刻的一个回答是这样的：作为同行来看，只能说一分钱一分货。同样的工厂但是标准要求不一样，生产线不一样，做出来的东西就会天差地别。良品铺子刚接触糕点行业时，代工厂的人说某个牌子要求鸡蛋的含量达到 18% 就行，但是良品铺子却说这个含量没达到标准，送过去的货全部被退了。

对于很多人来说，他们总认为零食这种东西只不过是用来消闲的，但是人的味蕾是不会欺骗自己的。

良品铺子的创始人曾说：“零食没有性价比这一说。”中国的经济在高速发展，人们对零食的想法已经发生了变化，内心不是怕贵，而是怕不好或者不值。零食品类有一个特点，很多东西都是农产品加工而成的，因此原料品质与零售质量有很大的关系，而且会受当年天气的影响。原材料不新鲜、不标准化，生产出的零食的味道就会出现很大的偏差。

“零食”这个词在很多“80 后”“90 后”心中存在阴影，因为儿时父母总说零食是垃圾食品。确实，当时有很多零食吃着很美味，但是其中高油、高盐，一些食品添加剂严重损害人体健康。

不过良品铺子的思路却不一样，更加关注零食的健康和营养。对于“95 后”“00 后”这一代更注重生活品质的年轻群体来说，良品铺子显然是成功的。

数字化运营是大脑神经

全渠道运营、高品质产品等因素都非常重要，但对于未来来说，数字化运营在新零售推进中会越来越重要。

2014 年，在 DT 时代数字化运营刚刚被提出，良品铺子从 2014 年下半年开始，与 IBM 和 SAP 进行全渠道整合。

这个系统的核心意义在于把良品铺子的会员、商品、促销、物流、订单全部打通，把数据收集起来，并且对一开始的非结构化数据进行清洗、整合、建模，让其成为结构化的数据。

用良品铺子创始人的话来说，经营的核心环节将是数字化，所有与良品铺子发生交易和互动的顾客的行为与环节，全部都会被记录下来；商品卖给了谁；他为什么感兴趣；回头率有多少；有多少利润贡献；包括核心会员对美食的评论，对健康的评论，对旅游的评论，良品铺子的系统都会记录，抓取数据，并精准分析。

目前，良品铺子线上线下的会员达到 3 000 万个。3 000 万个会员积累起的消费数据以及用户画像非常可观，这是一个数据富矿。这种用全渠道模式挖掘会员价值的方式正在为打通会员、商品、促销、物流、订单等奠定基础，对于未来的精准营销、智慧物流、门店选址甚至是新口味零食的开发都会有着非常重要的作用。

2016 年，良品铺子已在全国五省二市开了 2 100 家门店，2016 年全渠道销售额超过 60 亿元，线下门店更是没有一家亏损，一家零食企业已经悄然成长为行业第一。马云一直在说的新零售，在良品铺子的身上可谓是体现得淋漓尽致。

资料来源：《销售与市场》(杂志管理版)，2017 年 10 期。

营销观念的形成，使企业经营哲学从以产定销转变为以销定产，第一次摆正了企业与顾客之间的位置关系，企业的一切活动都必须以顾客需求为中心，满足顾客需求是企业的责任，“顾客需要什么，就生产什么”。但是随着互联网、大数据的发展，顾客与企业的关系发生了巨变，以顾客为中心的方式也发生了根本的变化。

案例 1-10　　科大讯飞 RAIBOO，人工智能开启创新营销布局

科大讯飞智能服务机器人（RAIBOO）作为线下连接用户的新互动式媒介平台，将线下数据和线上数据融合，给营销领域带来营销主动化、目标精准化、品牌人格化及效果可量化四大突破。科大讯飞智能服务机器人通过人脸识别、语音语义、肢体动作、触屏互动、券码打印、视频影音等多重功能，能够实现商家与消费者的实时互动并进行品牌传播。

智能服务机器人无须经过专业培训，业务知识储备充足，比纯人力商超服务质量更高，效果更好。依托科大讯飞独有的 AIUI 语音技术优势，智能服务机器人拥有远场降噪、方言识别、自动纠错等功能，更有丰富的资源库可提供音乐、导航、闲聊等 100 多个深度定制的通用场景，支持自定义功能，多重保障消费者的互动体验，准确获取用户的核心诉求。基于科大讯飞领先的人工智能技术，以线下机器人互动及数据采集能力做出为用户连接的入口，整合科大讯飞大数据能力，实现全场景营销。

在具体的执行中，可以分为以下四个步骤。

（1）消费者进店后，智能服务机器人主动迎宾，吸引消费者注意力并引导对话互动，同时进行 Wi-Fi 信号扫描，并对消费者 ID 进行跟踪与分析。

（2）当消费者开始与机器人进行互动时，机器人会利用科大讯飞独有的 AIUI 语音技术和丰富的资源库主动与消费者展开多轮对话，精准识别并理解消费者的方言，即使人多嘈杂也能有效获取声音信息，还能通过引导消费者进行触屏操作，让消费者主动了解品牌和最新活动。与此同时，机器人会提取消费者在对话中的有效信息，准确获取消费者的核心诉求。

（3）在特别定制的问卷调查环节，问卷根据人流量自动下发，通过机器人的引导，用户在不知不觉中完成问卷调查并获得特定奖励。

（4）在机器人与消费者的交互过程中，机器人会根据消费者的交互信息及购买意向产生会员注册页面并引导消费者提交手机号码完成会员注册，注册完成后通过券码打印功能，给消费者提供促销活动的优惠券，刺激消费者完成购买。同时，通过机器人交互注册的会员信息将为线上渠道导流并完善企业客户关系管理（Customer Relationship Management，CRM）建设。

资料来源：网络资源：http://www.sohu.com/a/191822051_648778。

营销观念具有如下几个特点。

（1）企业的经营是以顾客需求的满足为中心的。

（2）企业注重长远的发展和战略目标的实现。

（3）企业必须通过各种营销策略及各部门的整合营销来实现自己的目标。

5. 全面营销观念

市场的全球化使企业需要重新考虑如何在新的竞争环境中求生存、谋发展，市场营销人员应该更清楚地认识到参与合作以期超越传统营销理念的重要性。

彪马是德国的制鞋企业，它运用了全面营销使自己从 20 世纪 70 年代的沉寂中重新成为制鞋业的领军人物。彪马利用多种营销方式协同作战使其成为时尚先锋的代名词，该公司所采取的一系列活动取得了显著的效果：销售额在 1994 ～ 2004 年 10 年间增长了 3 倍。

菲利普·科特勒和凯文·莱恩·凯勒在《营销管理》一书中指出，“全面营销理论认为营销应贯穿于‘事情的各个方面’，而且要有广阔的、统一的视野”。全面营销包括关系营销、整合营销、内部营销和社会责任营销四个方面的内容（见图 1-11）。

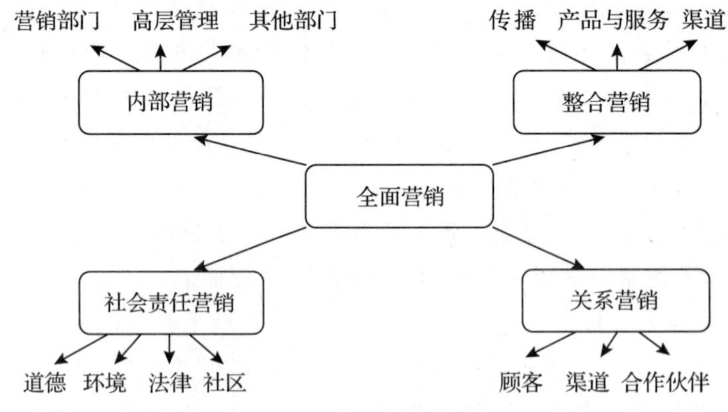

图 1-11　全面营销观点的维度

（1）关系营销。关系营销旨在与经营活动中的关键者（顾客、供应商、分销商和其他合作伙伴）建立令人满意的长期相互关系，它不只是与顾客建立关系，也要和关键的合作者建立良好的关系以赢得和维系业务。其最终结果是为企业建立一个独特的关系网络，这个网络包括企业和与之有互惠利益关系的合作者（顾客、雇员、供应商、分销商、零售商、代理商和学者等)。竞争已经不仅在企业之间展开，而且在市场网络中展开，从而不断地促进企业为维系关系，获得利润建立更好的关系网络，简而言之，就是和利益相关者建立有效的关系网络而获取源源不断的利润。随着市场经营活动的宽广度和复杂性的日益显著，关系营销的重要性也日益显现。

（2）整合营销。设计营销活动和整合全部营销计划，为顾客创造、传播和传递价值是营销者的任务，营销计划包括大量的营销活动，而这些活动又具有各种形式，营销组合就是用来描述各种营销活动的术语，它是企业用来从目标市场寻求其营销目标的一整套营销工具，麦卡锡将这些工具分为四类并称之为“4P”：产品、价格、地点和促销（见表 1-2），每个“P”下面有特定的变量（见图 1-12）。“4P”以企业为导向，所以营销就是在适当的地点以适当的价格运用适当的促销方式将适当的产品传递给适当的消费者。

表 1-2　营销组合

4P	Product（产品）	Price（价格）	Place（地点）	Promotion（促销）
4C	Customer Solution（顾客问题解决）	Customer Cost（顾客成本）	Convenience（便利）	Communication（沟通）
4R	Relevance（关联）	Reaction（反应）	Relationship（关系）	Reward（回报）
4V	Variation（差异化）	Versatility（功能化）	Value（附加价值）	Vibration（共鸣）

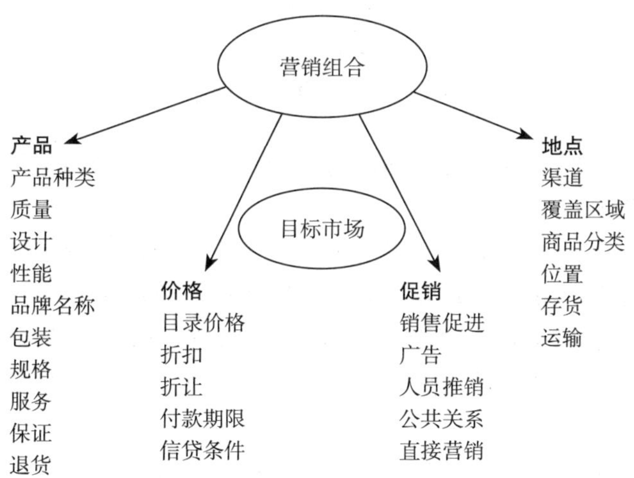

图 1-12　营销组合的 4P

“4P”代表了营销者的观点，即营销工具可以用于影响买方，罗伯特·劳特朋于 1990 年提出了与之相对应的“4C”理论（见表 1-2），从关注“4P”转变到注重“4C”，是许多大企业全面调整市场营销战略的发展趋势。与产品导向的“4P”理论相比，“4C”理论有了很大的进步和发展，它以顾客为导向，以追求顾客满意为目标，这实际上是当今消费者在营销中越来越居主导地位的市场对企业的必然要求。

“4R”理论是由美国学者唐·舒尔茨在“4C”理论的基础上提出的新营销理论。“4R”分别指关联、反应、关系和回报（见表 1-2），该理论认为，随着市场的发展，企业需要从更高层次上以更有效的方式在企业与顾客之间建立起有别于传统的新型关系。

随着高科技产业的迅速崛起，高科技企业、高技术产品与服务不断涌现，营销观念、方式也在不断丰富与发展，并形成了独具风格的新型理念，在此基础上，国内的学者综合性地提出了“4V”理论（见表 1-2）。“4V”理论不仅是典型的系统和社会营销理论，即它既兼顾社会和消费者的利益，又兼顾资本家、企业与员工的利益，而且更为重要的是，通过对“4V”理论的展开，可以培养和构建企业的核心竞争力。

营销组合决策还需要考虑分销渠道和目标顾客（见图 1-13）。

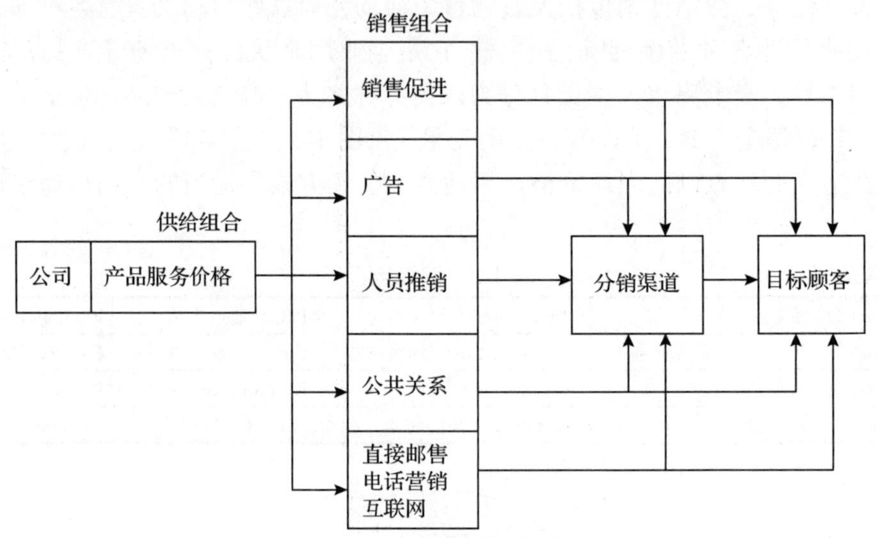

图 1-13　营销组合战略

整合营销的两大主题：需要通过不同的营销活动来传播和传递价值；以合作效益最大化来调整不同的营销活动。

（3）内部营销。内部营销是确保组织中的每个人有合适的营销准则，尤其是高级管理人员。它的主要任务是雇用、培养、激励能服务好顾客的员工。培养企业员工的忠诚度和主人翁意识是非常重要的，它甚至在某种程度上超越了公司的外部营销。内部营销主要发生在两个层次：一是各种不同营销职能必须协调工作；二是营销需要其他部门的支持。

（4）社会责任营销。社会责任营销有助于理解伦理、环境、法律同社会营销活动和计划的结合作用，营销已经超越了企业和顾客的范畴，它要求营销者认真、正确地看待自己以及自己的营销活动在社会中的作用。

一家十分出色的企业是否一定能够满足广大消费者和顾客的长期需求呢？答案自然是不一定，冰箱生产企业在为人们带来方便的同时也可能给人类赖以生存的地球带来环境破坏，食品生产企业使用的色素等物质很可能影响人们的健康，当健康和环保等问题日益凸显的时候，出现了一种新的营销观念以取代旧的营销观念，即社会责任营销观念。该观念认为“组织的任务是确定诸目标市场的需要、欲望和利益，并以保护或提高消费者和社会福利的方式，比竞争者更有效、更有力地向目标市场提供所期待的满足”。

案例 1-11 Faucet Face：一家具有社会责任的玻璃水瓶销售企业

Faucet Face 是印度的一家网上商店，销售玻璃水瓶。网站和公司本身都深深留着社会责任的烙印。

正如企业创始人 Kassin 所解释的那样："我在 10 年前独自冒险，决定成为一名企业家，并试图建立一个企业，从事引发诸如健康生活方式、环境保护、动物权利和慈善等主题工作，这是我们品牌支持的四大主题。"

任何访问"Faucet Face"的人都会立即看到。该网页设有"1 for 100"计划的插件，让购物者知道每次购买的产品都为印度家庭提供至少 100 升清洁用水。

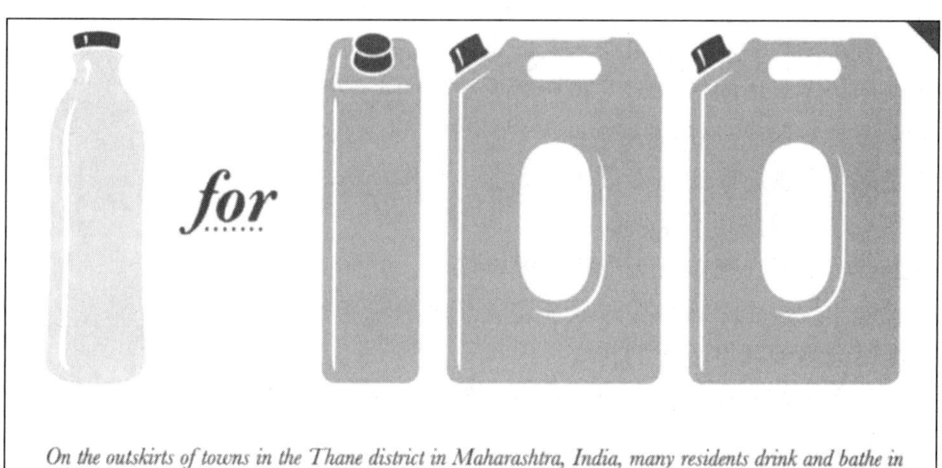

即使浏览器页面标题也针对社会责任进行了优化。

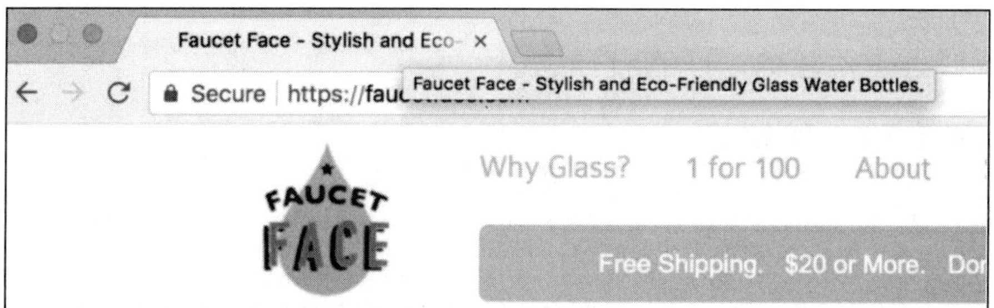

"我们相信我们的瓶子在功能和设计方面都是独一无二的。" Kassin 说，"但是，我们业务的品牌主题是推动长期参与和忠诚于我们品牌的最佳方式。" 根据 Kassin 的说法，社会责任有助于产生网站和社交访问、购买、重复购买、口口相传、品牌建设等。

资料来源：根据网络资料整理而成。

社会营销观念要求企业在制定营销决策时权衡三方面的利益，即企业利润、消费者需要的满足和社会利益。实践证明，协调好三者之间的关系，企业不仅能发挥特长，还能在满足消费者需求的基础上获取经济效益，且符合整个社会的利益，因而具有强大的生命力。

（三）现代营销管理的趋势

在一个瞬息万变的社会中，企业营销面临着空前激烈的挑战。它不仅要求企业有把握时机的敏锐性、正确决策的能力，还要求企业有洞察环境、预测未来的前瞻性，只有这样企业才能适应不断变化发展的世界。以下是菲利普·科特勒教授在他的《营销管理》（第 12 版）中阐述的关于 21 世纪市场营销发展趋势的 14 项转变。

- 从营销人员从事营销活动到人人都关注营销的转变。
- 从以产品为单位的组织到以客户群为单位的组织的转变。
- 从自力更生到业务外包的转变。
- 从使用许多供应商到与少数供应商的"合作"的转变。
- 从维系过去地位到不断创新的转变。
- 从强调有形资产到重视无形资产的转变。
- 从通过广告建立品牌到通过业绩建立品牌的转变。
- 从店面销售到网络销售的转变。
- 从向每个人销售到向最佳目标市场销售的转变。
- 从关注营利性交易到关注顾客终身价值的转变。
- 从关注市场份额到关注顾客终身价值的转变。
- 从本地化到全球本地化的转变。
- 从仅仅关注财务状况到关注营销状况的转变。
- 从关注股东到关注所有利益相关者的转变。

四、营销经理进行营销管理的流程建议

图 1-14 是营销管理流程图。

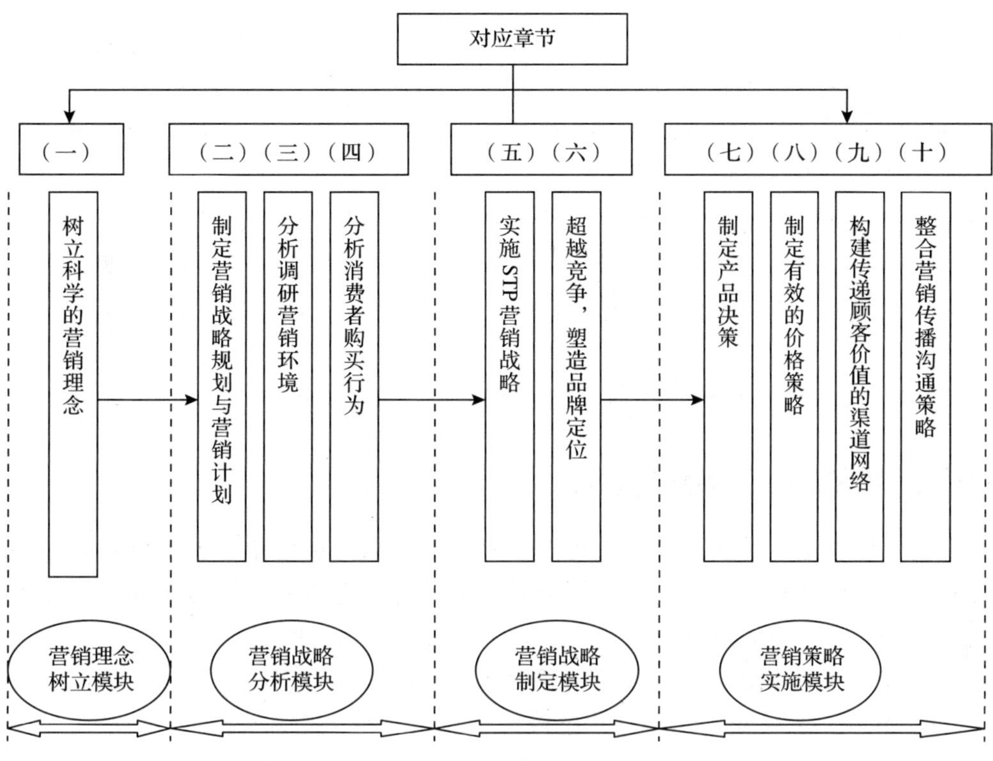

图 1-14 营销管理流程图

第二节 科学营销理念：超越竞争，为顾客创造价值

案例 1-12 **屈臣氏：个人护理专家**

1989 年 4 月，屈臣氏在北京开设了一家店。此后屈臣氏一直采用“闲庭信步”般的发展模式。它一直秉承其“健康”“美态”“欢乐”的经营理念，致力于研究并满足消费者需求。

一直以来，屈臣氏以消费者为本不断推出创新的服务与市场策略。从 2004 年推出低价策略以来，屈臣氏不断深入挖掘目标消费群体广泛喜欢且具有价格竞争优势的时尚个人护理系列产品，并在此基础上不断调整低价产品的组合，以迎合更多新老顾客的广泛需求。屈臣氏的营销策略是非常细致和有特色的。为了方便顾客，以女性为目标客户的屈臣氏将货架的高度从 1.65 米降低到 1.40 米。屈臣氏还将走廊的宽度适当增加，增加顾客选择的时间和舒适度。每家屈臣氏个人护理店均清楚地划分为不同的售货区，商品分门别类，摆放整齐，便于顾客挑选。在商品的陈列方面，屈臣氏注重其内在的联系和逻辑性，按化妆品—护肤品—美容用品—护发用品—时尚用品—药品的分类顺序摆放。

屈臣氏拥有一支强大的健康顾问队伍，包括全职药剂师和供应商驻店促销代表。他们均受过专业的培训，可以为顾客免费提供保持健康生活的咨询和建议。屈臣氏在店内陈列着《护肤易》等各种个人护理资料手册，免费为顾客提供各种皮肤护理咨询；药品柜台的“健康知己”资料展架为顾客提供各种保健营养分配和疾病预防治疗方法的宣传资料。如此种种，可以让客户看到，屈臣氏关心的不仅仅是商品的销售，更注重对顾客体贴细致的关怀，充分展现了其“个人护理”的特色服务。

正是从消费者的角度出发，“屈臣氏”似乎总能走在别人前面。根据目标客户群的定位，屈臣氏提出了“个人护理”的概念。凭借其准确的市场定位，屈臣氏“个人护理专家”的身份深入人心，以至于人们一提到屈臣氏便想到“个人护理专家”，其品牌影响力由此可见一斑。

一、什么是顾客价值、满意和忠诚

全球经济一体化的进程已经势不可挡，激烈的国内外市场竞争要求企业以顾客需求为导向来组织产品开发、生产和销售等活动。谁能超越竞争对手，为顾客创造更多的价值，让更多的顾客对企业满意和忠诚，谁就能在激烈的角逐中获胜。

随着市场营销由公司主导向市场主导的转变，我们不得不相信顾客才是企业唯一的真正的“利润中心”，传统的组织结构已经开始发生转变（见图 1-15）。

现代顾客导向组织结构对传统组织结构进行了彻底的颠覆，把顾客放在了首要位置，紧接着是那些直接服务于顾客的最前线人员，而更为突出的变化是在它们的两侧都加入了顾客，这是指每一层管理者都必须亲自了解、满足和服务顾客，而不仅仅是原先的那些和顾客直接接触的前线人员。

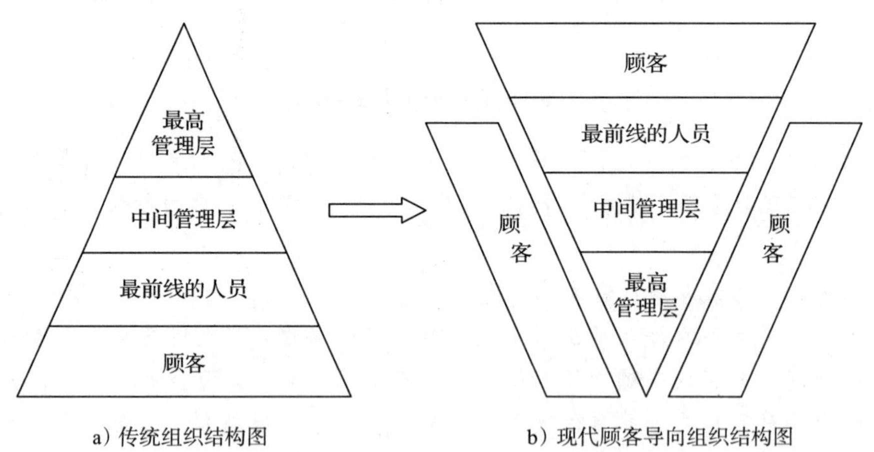

图 1-15　传统组织结构和现代顾客导向组织结构图

现代企业越来越意识到满足顾客需求的重要性，而这种满足是全方位多角度的，随着科技的发展，尤其是互联网技术的广泛运用，出现了网络营销和数据库营销，这所有的一切无不透露着现代企业通过与顾客沟通、满足顾客需求、使顾客感到愉悦从而获取利润的动机和愿望。究竟是什么因素影响顾客做出这种决定？如何判断顾客满意呢？顾客所获得的商品和服务是否符合他们的期望价值，是否影响他们的满意度和再次购买的可能性？

顾客认知价值（Customer Perceived Value，CPV）是指评价一个供应品和认知值的所有价值与所有成本之差。总顾客价值是顾客从某一特定供应品中期望的一组由经济、功能和心理利益组成的认知货币价值。总顾客成本就是在评估、获得、使用和抛弃该市场供应品时所产生的一组顾客预计费用。所谓的顾客让渡价值即顾客认知价值。企业让渡给顾客的价值越多，顾客满意度就越大，顾客的忠诚度也就随之提高，图 1-16 列出了顾客让渡价值的决定因素。

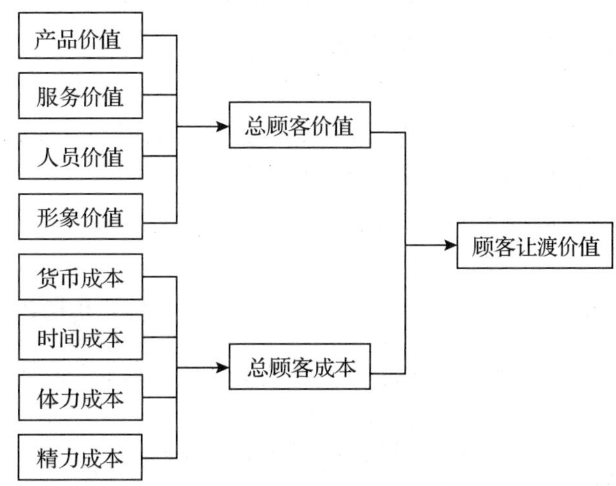

图 1-16 顾客让渡价值的决定因素

顾客满意是一种心理活动，是一个人通过对一个产品的可感知的效果（或结果）与他的期望值相比较后，所形成的愉悦或失望的感觉状态，有以下三种状况。

- 可感知效果低于期望，则感到不满意，即使有更好的产品，顾客依然会很容易地更换供应商。
- 可感知效果与期望匹配，则感到满意，从而口头传颂，顾客一般不会更换供应商。
- 可感知效果超越期望，则感到满意或欣喜，创造了一种对品牌的情感上的共鸣，而不仅仅是一种理性偏好，正是这种共鸣创造了顾客的高度忠诚。

需要明确一点，企业在激烈的竞争中竭力让顾客满意，而这种满意未必是最大化的顾客满意，因为如果通过降低价格或者增加服务来提高顾客满意度，那么这样可能会降低利润，于是企业可能会将用于其他利益相关者方面的支出转移到提高顾客满意度方面，这样也可能在一定程度上带来不利影响。所以，企业就必须遵循这样一个理念：在总资源有限的前提下，在保证其他利益相关者至少能接受的满意水平下，尽可能提供一个更高水平的顾客满意。

顾客忠诚是顾客对企业与品牌形成的信任、承诺、情感维系和情感依赖。

二、为什么要为顾客创造价值

提高顾客满意度，为顾客创造价值，可以说是绝大多数现代企业的经营导向，世界上著名的企业在此方面做出的努力足以看出它们对为顾客创造价值的重视程度。

“成就客户”是 IBM 所倡导的企业价值观的第一条。在理解客户业务的各个环节的基础上，用数字化手段提高运营效率。

在京东所倡导的五条价值观中，第一条是“客户为先”，且京东对“客户”的定义更广泛，它是指消费者、供应商、卖家。

华为对客户的理解非常深入，它不满足于“客户第一”“客户为先”“客户中心”等价值观，它要“成就客户”。

阿里巴巴的“六脉神剑”金字塔，塔底讲的是做人（激情、诚信、敬业），塔中讲的是团队（团队合作、拥抱变化），塔顶讲的是使命（客户第一），关注客户的关注点，为客户提供建议和资讯，帮助客户成长。

以盈利为目的的企业为什么要这么做？因为顾客是最重要的人。

资料 1-1　　客户价值的重要性

管理学大师彼得·德鲁克曾经说过：“当今企业之间的竞争，不是产品之间的竞争，而是商业模式之间的竞争。”

在互联网思维被赋予多重含义的时代，现代商业模式和传统商业模式最大的区别在于，现代商业模式不再是关于成本和规模的讨论，而是关于重新定义客户价值的讨论。商业模式就是如何创造和传递客户价值与公司价值的系统。由此可见，客户价值以及客户价值主张的重要性非同一般。

让顾客满意、为顾客创造价值的重要性具体体现为以下几个方面。

（1）顾客满意可以使顾客更忠诚，忠诚的顾客是企业最为宝贵的资产，因为忠诚的顾客往往倾向于重复购买，交易成本低，企业可以从中获取最高的边际利润，尽管忠诚的顾客不一定就是满意的顾客，但是满意的顾客却极有可能成为忠诚的顾客。如果一个产品不管是在哪一个环节令顾客感到不满意而失去了信心，那么顾客的忠诚就难以维系。只有各方面合力提高顾客满意度，才能驱动顾客在主观上形成对企业或品牌的忠诚，才能留住顾客的心，留住购买力。

（2）顾客满意有利于提高企业的利润，一旦顾客满意，他就很有可能愿意为产品或服务支付更高的价格，而与此同时企业用于保持顾客的成本将会降低，剩余的利润如果用于继续提高顾客的满意度，就会形成一个良性循环系统，让不满意的顾客满意，让满意的顾客更满意，从而提高竞争力和盈利水平。

（3）顾客满意可以降低企业的成本，主要体现在三个方面：交易成本降低，因为顾客已经非常熟悉企业的产品和服务了，重复购买增多，企业用于促销、广告等方面的成本也相对减少；获取新顾客的成本降低，满意的顾客往往会通过口头传颂等方式为企业带来更多的顾客，这样的效果远比广告等手段更具说服力；“失败成本”降低，即用于售后、客服等方面的成本会降低。

（4）顾客满意有利于企业和顾客之间维系更为亲密的关系，这样有利于企业挖掘更深层次的真实的顾客需要，从而根据顾客的需要组织生产，企业对市场的把握可以使其在竞争中处于非常有利的地位。

（5）顾客满意有利于提高企业的声誉，树立良好的品牌形象，提高企业防御市场风险和参与竞争的能力。

案例 1-13　　滴滴巴士：定制公共交通，全方位满足顾客需求

2015 年 7 月 15 日，继快车、顺风车之后，滴滴快的旗下的巴士业务“滴滴巴士”也正式上线。目前滴滴巴士已经在北京和深圳拥有 700 多辆大巴、1 000 多个班次。滴滴巴士是第一个尝试将巴士进行多场景应用的定制巴士。滴滴巴士是关于定制化出行的城市通勤定制服务。它根据大数据测算来判断用户出行的需求，将社会交通资源和用户需求进行匹配。滴滴巴士还将巴士进行多场景应用，比如旅游线路定制、商务线路定制等扩展了巴士出行的场景。

通过对用户公共出行场景进行信息化改造，滴滴巴士将全方位地为顾客创造价值。用户可以通过滴滴出行里的“公交”入口或滴滴公交微信服务号里的“查公交”入口享受所有服务。未来滴滴公交要打造的智慧公交将包含基础的出行信息服务、实时公交查询、智能化解决用车体验，以及通过大数据技术输出帮助公交线路和运营进行更好的调优。

案例 1-14　　云足疗：创新商业模式，提升顾客价值

云足疗于 2015 年 1 月正式上线。云足疗通过创新商业模式，为顾客提供便捷、安全的服务，实现顾客价值最大化。用户通过云足疗 App 或微信、电话预约，可以随时随地享受足疗、修脚、理疗服务。云足疗有四大安全保障措施，用以保障满足顾客的需求，提升顾客价值。

1. 双向实名认证

云足疗的足疗师皆需要通过实名认证、背景调查等，经过考核筛选、统一培训后，才能加入云足疗。云足疗通过评审每位足疗师的服务水平和职业素养，从源头上对用户的安全进行了基本的保障。

2. App 安全小保镖

云足疗 App 特别设置了安全小保镖，能对足疗师的服务进行实时追踪。这是一个怎样的安全小保镖呢？举个例子，用户用 App 下单，接到订单信息后足疗师出发，App 会对足疗师的地理位置进行追踪，并且评估服务项目的时间，如果足疗师在用户家的时间超过了服务项目所需时间，App 会自动启动报警机制。

3. 安保人员陪同上门

云足疗是同行业中唯一一家有安保人员跟随的企业。据悉，云足疗的女技师占 70%，女性拥有更少的攻击性，用户减少了安全担忧。但是女足疗师上门服务会对自己的安全不放心，为了打消女足疗师的顾虑，云足疗在线下配备了专业的安保人员。

4. 为足疗师投保 80 万元

云足疗通过与太平洋保险公司合作，每一笔订单都会和后台对接，订单完成之后即完成风险对接，为每位足疗师投保 80 万元。此外，云足疗正在推进为用户买保险业务。

三、如何为顾客创造价值

首先，请思考一个问题，是不是要为所有顾客创造价值呢？看看下面的案例与分析，你会得到一个答案。

案例 1-15　　丽思·卡尔顿酒店：获取顾客终身价值

丽思·卡尔顿酒店是如何创造出忠诚顾客人均 120 万美元的终身消费的？

丽思·卡尔顿酒店对于崇尚奢侈品的人来说是一个传奇，这些富豪与名流对这家酒店的态度可以用依恋、依赖、依靠来形容，很多人将其当作家，而酒店的服务人员在某种程度上就是其家人，他们对客人直呼其名。无论岁月怎样流逝，你遇到的始终是同样的楼层服务生和侍者，他们对你的生活习惯了如指掌，无论是客人最喜爱的长圆形小甜糕的味道，最讨厌的格子床单，还是客人生了病的小狗需要吃什么样的食物。这一切使得丽思·卡尔顿酒店成为商业服务业的经典。

其中一个故事：一个家庭（该家庭中有三个小男孩）在周末抵达萨拉索塔丽思酒店。在入住的最后一晚，他们在酒店的餐厅进餐。当餐厅打烊时，服务员发现椅子坐垫下面藏着一个毛绒小狗玩具。服务员立刻意识到，这是三个小男孩中的某一个落下的。时间太晚了，因此服务员计划在第二天以一种有趣的方式归还那个毛绒小狗玩具。他们将小狗玩具摆放在餐厅中，做出进餐、弹奏钢琴以及在厨房中烹调美食的样子，并为其拍照，然后为每一张照片配上故事情节。他们打印了所有的照片，为小宾客创建了一个名为“小狗历险记”的图集。第二天上午 9 点，他们将图集和毛绒小狗玩具一起送至宾客的房间内。当小男孩看到他丢失的毛绒小狗玩具时，欣喜雀跃。对于这个孩子和他的家人而言，这段美妙的经历是不会被忘怀的。

丽思·卡尔顿酒店的员工每时每刻都用心创造着独特的体验，上述故事被公司印成小报，在全球每家丽思·卡尔顿酒店的角落中反复传播。它的每名员工都在试图创造这样美妙的服务。当这成为一种每天都无数次地用各种故事演绎的文化时，终身顾客只会是必然的结果。

为顾客创造价值，首先必须考虑什么样的顾客才是有利可图的，这个顾客被称为利益顾客，即能不断产生收入流的个人家庭或企业，其收入应超过企业吸引、销售和服务于该顾客所花费的可接受范围内的成本，必须注意的是，这里强调的是长期收入和成本，而不是某一笔交易所产生的利润。

（一）顾客盈利能力分析

对顾客盈利能力进行分析是十分必要的，对于非盈利顾客我们要利用一些方法使他转变为盈利顾客，以下是一种对顾客盈利能力进行分析的方法（见图 1-17）。

产品 \ 顾客	C_1	C_2	C_3	
P_1	+	+	+	高
P_2	+			盈
P_3		−	−	亏
P_4	+		−	无
	高	无	亏	

图 1-17　顾客、产品盈利率分析

图 1-17 中的顾客 C_1 买了三个盈利产品，是高利润顾客；顾客 C_2 购买了一个盈利产品和一个亏损产品，是混合型的无盈利顾客；顾客 C_3 购买了一个盈利产品和两个非盈利产品，是亏损顾客，对于无盈利顾客 C_2 和亏损顾客 C_3 企业应该怎么做呢？除了下面的这些方法外，你还有没有其他方法呢？使用下面这些方法时，又该注意些什么呢？

（1）提高无盈利产品价格或者取消这种产品。

（2）尽力向这些未来的有利可图的顾客推销其他盈利产品。

（3）鼓励无利可图的顾客转向竞争企业。

（二）衡量顾客终身价值

顾客终身价值（Customer Lifetime Value，CLV）指的是每个购买者在未来可能为企业带来的收益总和，它描述了基于顾客终身价值预期的未来利润产生的价值，通过预期收入减去用来吸引和服务顾客以及销售所花费的预期成本来计算。

CLV 为营销者提供了一个长期视角的正式的定量框架，它的主要步骤包括以下几个方面。

（1）收集顾客资料和数据。

（2）定义和计算终身价值。

（3）顾客投资与利润分析。

（4）顾客分组。

（5）开发相应的营销战略。

（三）为顾客创造价值的其他具体方法

（1）研究并熟悉顾客的需求及消费行为（购买行为和使用行为），从而判断顾客的“理想产品”标准，向顾客提供优于竞争对手的高顾客价值的产品。

（2）做好对顾客的售前、售中和售后服务工作。

（3）及时、妥善地处理顾客的投诉、质询、批评及纠纷。

（4）便于顾客获得产品信息，便于顾客购买产品，降低顾客获得产品过程中的精神心理负担，减轻顾客为获得产品所付出的代价。

（5）顾客需求会不断变化，顾客满意水平也会随之发生变化，应定期开展调查，征求顾客的意见与建议。

正如思科系统公司（Cisco Systems）的首席执行官约翰·钱伯斯所说的：“把顾客置于你文化的中心。”一个以顾客为中心的企业要建立并维系与顾客之间的长久关系，需要时刻考虑为顾客创造价值，这是获取利润的有效途径，是在激烈竞争中制胜的法宝，当然仅仅有这样的意识还是远远不够的，企业必须把这种意识真正地落实到经营活动中，做什么，怎么做，这是接下来需要考虑的问题。

四、如何与顾客共同实现价值共创

网络时代，随着社会化进程的深入，企业不再是独立创造价值，而是转变成企业和消费者互动共同创造价值，即价值共创。价值链的逻辑发生了改变，渠道从垂直型、扁平化走向了网络化，企业的经营必然随之而变。那么如何掌握企业的生存价值？如何实现价值共创？

（一）如何理解价值共创的含义

价值共创是指21世纪初管理大师普拉哈拉德提出的企业未来的竞争将依赖于一种新的价值创造方法——以个体为中心，由消费者与企业共同创造价值。传统的价值创造观点认为，价值是由企业创造并通过交换传递给大众消费者的，消费者不是价值的创造者，而是价值的使用者或消费者。随着环境的变化，消费者的角色发生了很大的转变，消费者不再是消极的购买者，而已经转变为积极的参与者。消费者积极参与企业的研发、设计和生产，以及在消费领域贡献自己的知识技能从而创造更好的消费体验，这些都说明了价值不仅仅来源于生产者，而是建立在消费者参与的基础上的，即来源于消费者与企业或其他利益相关者的共同创造，且价值最终是由消费者来决定的。

（二）如何理解价值共创的分类

价值共创主要可以分为生产领域的价值共创和消费领域的价值共创。

1. 生产领域的价值共创

生产领域的价值共创既可以体现在制造业上，也可以体现在服务业上，消费者通过与企业进行交流沟通直接参与到企业的生产流程中，从而影响企业最终产品与服务的价值，这有助于企业低成本、高效率地开发出令顾客满意的产品与服务。

2. 消费领域的价值共创

消费领域的价值共创作为一种新的价值创造形式，共同创造的是体验价值，即消费者从过程中获取的价值，该价值的创造由消费者主导和决定。该领域的价值共创主要体现在消费者单独创造价值、消费者与企业互动共同创造价值以及消费者与消费者之间互动共创价值三个方面。

在互联网领域，还有一种以互联网用户为主体的价值共创：UGC 模式。UGC 是"User Generated Content"三个单词的首字母缩写，即用户生成内容或用户创造内容，在 Web 2.0 时代，用户的行为模式不是被动下载这么简单，而是向下载上传并重、主动进行内容创作的方向发展。YouTube、维基百科、优酷、新浪微博、百度知道、百度百科、知乎等网站都是 UGC 模式的成功典范。

（三）如何实现价值共创

基于"价值共创"的经营理念，企业营销战略必须以消费者利益为中心，与消费者共创价值。无论市场环境如何变化，消费者既是营销的起点，也是营销的终点，企业对消费者的洞察与把握是营销原点。

1. 以顾客体验和互动为核心

在价值共创模式下，顾客追求个性化体验和价值的实现，企业的营销战略须由关注企业内部的产品生产管理转向关注顾客与企业之间的互动质量和为顾客提供创造独特体验的价值共创过程。

2. 加大对顾客授权

顾客共创价值需要更多选择权和自主权，参与范围的扩大和参与程度的深入需要企业授予更多权力。企业可实施顾客授权战略，增加顾客的自我效能感和对价值共创过程的控制感、胜任感和影响力，促使顾客在参与中与企业共同决策。

案例 1-16 **奥利奥的新口味由你定**

奥利奥曾推出前所未有的芥末味和辣鸡翅味奥利奥饼干，上线 9 小时就被抢购一空，后来邀请网友一起共创新口味的奥利奥，不过，看看那些原材料，估计大家的味蕾又要迎来新挑战了：咸鱼、小龙虾、蒜末、鸡翅、芥蓝、韭菜……

2017 年，奥利奥和消费者共创新口味的活动——My Oreo Creation 已经在国外上线，该活动和国内的玩法略有不同，国外没有限制食材，你可以尽情地发挥想象力，也因此出现了很多"惊世骇俗"的口味，比如银河味、独角兽味等。活动最终选出了三种口味——牛油果味、爆米花味、胡萝卜蛋糕味，这三种口味已经在国外开始销售，成为奥利奥48种口味中的新成员。

看到这些新奇的搭配，你是不是也有点儿坐不住了？奥利奥推出了“奥利奥奥次元”小程序，将甜品店、DJ台、AR游戏机都纳入其中，还推出“玩味计划”，让用户来决定奥利奥的新口味。用户可在小程序中选择搭配20种食材口味、210种夹心，合成属于自己的新口味，通过用户投票，最终得票数第一的口味将会被生产出来并作为奥利奥的新口味进行发售，你也会收到奥利奥的定制新品。

官方数据显示：截至2018年8月27日，参与活动的人数已经高达183万人，新口味创造量已经高达72 534种！目前票数最高的是辣鸡翅味，其次是小龙虾蒜末味和酸奶蓝莓味，当然在排行榜里也有不少奇怪的搭配出现，比如鸡翅配小龙虾味，估计是肉食爱好者想出的创意。

“玩在一起”是奥利奥近几年的营销主题，通过价值共创的方式，让消费者参与其中，也就是和消费者玩在一起，这不仅提升了消费者的体验感，还让奥利奥“玩在一起”的概念深入人心。通过品牌和消费者的共创，消费者成了整个产品生态链中的一部分，这种方式不仅满足了消费者的需求，还让奥利奥成为更懂消费者的品牌，真正地将吃奥利奥变成一项全民运动。这样的产品体验，比单纯的场景体验、传播体验更有效。

资料来源：https://mp.weixin.qq.com/s/xUZCvLjMqJLdXkDmWp3JYw.

第三节　解析关系营销：利益是纽带，信任是保证

关系营销是把营销活动看成是一家企业与消费者、供应商、分销商、竞争者、政府机构及其他公众发生互动作用的过程，其核心是建立和发展与这些公众的良好关系。从零售角度来说，也就是零售经营者通过与消费者、供应商、服务对象、竞争对手建立良好的关系，进而达到促进商品销售、增加经营利润的效果。这种关系不是昙花一现，而是一个有深度的心灵之约。

互联网的普及与电子商务的快速发展使得互联网技术与关系营销的联系更加密切。据《2014年全球社交、数字和移动》报告显示，中国有13.5亿人口，其中互联网网民达到5.9亿人，占总人口的44%。而网络购物者占了总网民数的20.5%。据中国电子商务研究中心监测，截至2014年5月我国网购人数已达3亿人，电商数量超过8 300万家。因此，互联网技术在市场营销，尤其是目前的关系营销中占据了极其重要的地位。

案例 1-17　阿里巴巴集合全集团之力打造了一个什么样的“88 会员节”

2017 年 8 月 8 日，阿里巴巴集团下的所有消费者迎来了一个新的“法定狂欢节”，即“88 会员日”。

在全新的“88 会员”体系中，阿里巴巴集合了全集团之力，与国内外众多知名品牌联动互通、集中资源，向信用度高、忠诚度高、乐于分享的会员提供最佳体验和福利。

阿里巴巴还表示，以后每月的 8 日都将被定为会员日。他们将根据用户近 12 个月在淘宝网、天猫、飞猪、淘票票等阿里巴巴旗下业务平台的“购买金额、购买频次、互动、信誉”等行为，综合算出每个会员的“淘气值”。每月 8 日系统会更新一次对“淘气值”的评估，用以衡量用户在“88 会员”体系中的等级，用户可以此来获得相应的福利。目前，“淘气值”1 000 分以上的用户将成为超级会员，1 000 分以下的是普通会员。

“淘气值”不同于以往的“VIP 体系”，全新亮相的“淘气值”以淘宝网丰富的大数据为基础，它不再以购买力作为唯一参照，而是通过综合计算购买力、互动指数和购物信誉等核心指标产生的。而这次的“88 会员”是原本的“淘气值”会员体系的全新升级，阿里巴巴一方面打通了自身平台上的所有用户数据，另一方面也能通过这些数据更好地为品牌和消费者提供服务。

从消费者的角度看，此举更好地鼓励用户参与互动及分享，让阿里巴巴集团在消费者心中有一个整体的认知。而“淘气值”本身的推出也是借鉴了芝麻信用和支付宝会员积分的方法，通过量化分数激起用户攀比的欲望。

站在品牌的立场，阿里巴巴本身的数据打通可以帮助它获得更细致的消费者人群画像，这种量化的形式能够更准确地帮它进行消费者分层。除此之外，阿里巴巴也表示它将愿意参与打通品牌后台 CRM 系统，接入阿里巴巴的会员体系，这样品牌能够更方便地获得阿里体系中的优质会员，根据后台数据的标签，做更精准的个性化运营。

资料来源：http://socialbeta.com/t/case-alibaba-members-day-2017-08.

互联网和关系营销是当前企业营销管理的两个最为关键的影响因素。关系营销主要关注消费者主权，核心内容是使顾客满意，其目的在于与顾客建立长期的合作关系。互联网能够为关系营销提供广阔的发展平台。从案例中我们可以发现，互联网时代下的关系营销主要体现在用户运营与数据分析上。

一、关系营销的含义、实质及作用

（一）关系营销的含义

关系营销是美国营销学者巴巴拉·杰克逊于1985年首先提出的，它的含义是："建立、保持和加强与顾客以及其他合作者的关系，以此使各方面的利益得到满足和融合。这个过程是通过信任和承诺来实现的。"概括来说，我们可以将其理解为——利益是纽带，信任是保证。

在学术界，学者对关系营销的定义有众多不同的表述。

英国学者马丁·克里斯托弗和阿德里安·佩恩等把关系营销看作市场营销、顾客服务和质量管理的综合。

美国学者摩根和亨特认为关系营销就是旨在建立、发展和保持成功的交换关系的所有营销活动。

美国学者路易斯E. 布恩在他的《当代市场营销学（原书第10版）》[⊖]中这样描述，关系营销是指发展、培养和维护同单个客户、供应商、员工和其他伙伴之间的长期性的低成本的互利关系。

菲利普·科特勒和凯文·莱恩·凯勒合著的《营销管理（第12版）》对关系营销的定义是"关系营销旨在与经营活动中的关键者——顾客、供应商、分销商和其他合作伙伴——建立令人满意的长期相互关系，不只是与顾客建立关系，也要和关键的合作者建立良好的关系以赢得和维持业务"。

（二）关系营销的实质

关系营销的实质是在买卖关系的基础上建立非交易关系，以保证交易关系能持续不断地确立和发生，其关键是顾客满意。

关系营销通过两种不同的纽带把买卖双方紧密地联系在一起。

- 结构纽带，即由结构纽带联系起来的买卖者，在前期关系结束之后，由于各种关系，买者无法结束与卖者的关系（如保修等）。
- 社会纽带，即通过个人之间的关系建立起来的买卖者之间的联系。

案例1-18　带用户认识下蛋的鸡，有利于建立产品信用

"互联网提供了这样一个机会，让良币能够驱逐劣币。"为了直接接触消费者，周新平提出了产品从茶山到餐桌的会员制方式。他们邀请消费者会员参观茶山和工厂，直接和茶农交流，用最好的产品招待、回馈会员。

钱钟书先生曾开玩笑地讲，只要鸡蛋好吃，又何必认识下蛋的母鸡呢？但是现在的消费者一定要知道是哪只鸡下的蛋，他才放心。在周新平看来，让消费者和生产者直接连接，就是互联网思维。以下是一个关于大三湘的例子。

⊖ 该书中文版已由机械工业出版社出版。

消费者亲自感受了大三湘所提供的油的生产环境以后，且有很好的体验，回去就会传播："这个油我放心，我去那里看过，我知道他们是怎么做出来的。"如此产生的直接结果就是大三湘的用户越来越多，用户满意度越来越高，用户对企业的信任度也越来越高，农户种植油茶的热情度就越来越高。

2017年，大三湘还扩大了业务范围，它帮助农民开始养殖一种当地的土鸡，这种鸡在大三湘的油茶林里自然放养，甚至可以飞，画面很壮观，鸡肉的肉质也特别鲜嫩美味。大三湘帮助当地农民给这种土鸡取了一个很有创意的名字——"茶山飞鸡"。

"茶山飞鸡"翱翔在油茶林

这种鸡得养足8个月，论只卖，不论斤卖，大三湘的会员可以直接在大三湘微信公众号上向农户订购，跳过了中间的分销环节，因此消费者买得放心且便宜，农户也赚到了钱，客户对茶山飞鸡都很放心，农户也很满意。

未来周新平计划给作为生产者的农户建立信任评价体系，进一步扩大消费者和农户之间互动的空间。"当消费者和农户之间产生了充分的信任之后，消费者不仅可以买农户种的茶油，还可以买农户养的鸡、种的蔬菜，甚至可能会请农户养一头猪。"

周新平说，这种定制模式甚至还可以解决另一个困扰农民很久的问题：帮助他们获得新农产品培育所需的资金。因为农民贷款很困难，而对于用户来说，先付定金订购放心菜是他们乐意的，因此这样就会帮助农民获得启动资金，培育新产品。

大三湘在这个过程中扮演了平台的角色，提供信用评价体系和中间的保证，从而帮助消费者和生产者形成一个闭环，我们把这种模式叫心联网。

资料来源：商业评论网：https://mp.weixin.qq.com/s?__biz=MjM5ODI3NDM4MA%3D%3D&chksm=bd3261c08a45e8d64242a720aff348a050507cb17cb4967b4bd0e89964e6c683417424be0ad9&idx=2&mid=2651583971&sn=6b460cb4704a2e49d3018c1f2bf751ca。

周新平的"心联网模式"所体现的真诚不仅赢得了顾客的信赖，构建了平等交易的平台，也赢得了更广阔的市场，创造了更高的社会价值。服务顾客就是要做出承诺、实现承诺和信守承诺，这三者是关系营销的重要组成部分，但发展关系营销需要的不仅仅是承诺，所有的关系都依赖于各方的感情纽带的发展，由此它包含四个因素（见图1-18）。

结盟，即为了发展长期的互惠互利的关系，双方紧密地联合起来。换言之，就是利益或彼此的依赖程度必须强大到足以让他们结合在一起。

移情就是换个角度来看问题的能力，原本是彼此竞争的双方，为了共同的利益，在产品和服务上开始互补，多了一些理解和包容而不是对抗，都能较好地获得利益且不伤害彼此，最重要的是达到取悦顾客的目的。

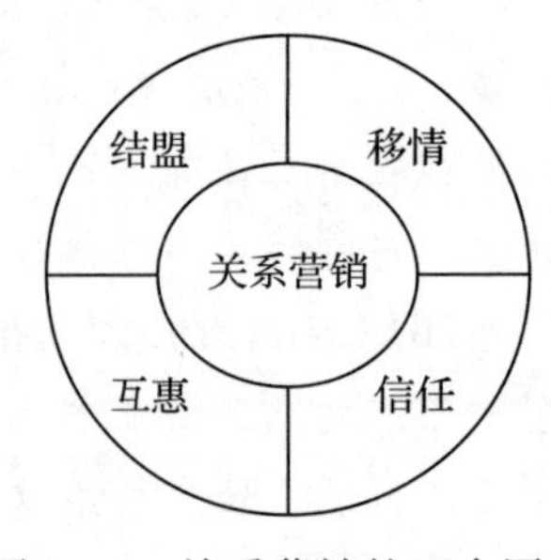

图 1-18 关系营销的四个因素

互惠，每一种长期关系都包含一些付出和收获，而这个过程需要承诺与付出，然后才能收获，这一切都是等价的、彼此适用的，这样能让彼此的关系更加密切。

信任是维系长期关系的凝聚力，一旦无法允诺，信任就会遭到破坏，那么长期建立起来的关系很可能就在顷刻间灰飞烟灭。

关系营销的运行原则十分简单：与利益相关者建立有效的关系网络，利润才能随之而来。这里的利润是长期的，是在具体的营销活动之外的。

（三）关系营销的作用

案例 1-19　　让企业成为“人人公益”的主体

（1）联想与顾客的“心连心”关系。为了提高顾客的满意度，联想推行五心服务的承诺：“买得放心，用得开心，咨询后舒心，服务到家省心，联想与用户心连心。”该承诺大大拉近了顾客与公司的关系。①满足营销顾客在各个阶段的需求。在购前阶段，联想不仅采取广告、营业推广和公关等传统的营销手段，而且通过新产品发布会、展示会、巡展等形式来介绍公司的产品，提供咨询服务。在顾客购买阶段，联想不仅提供各种优质的售中服务，而且帮助零售商店的营业人员掌握必要的产品知识，使他们能更好地为顾客提供售中服务。另外，联想还推出了家用电脑送货上门服务，帮助用户安装、调试、培训等。在售后阶段，联想设立了投诉信箱，认真处理消费者的投诉，虚心征求消费者的意见，并采取一系列补救性措施，努力消除消费者的不满情绪。联想还加强咨询、培训、成立用户协会等工作，经常举办各种活动从而向消费者传授计算机知识，提供信息，解答疑问。这样，联想创造和保持了一批忠诚的顾客。②建立健全的服务网络，提供优质的服务。联想把帮助顾客使用好购买的电脑看作自己神圣的职责，“龙腾计划”提出了全面服务的策略：一切为了用户，为了用户的一切，为了一切的用户。联想在全国 104 个城市设有 140 多家联想电脑服务站，为客户提供服务。

（2）联想与代理商的伙伴关系。1993 年以前，联想的销售模式为直销。1994 年，联想开始建立安全的代理机制。联想的代理队伍日益壮大，1996 年代理商和经销商就达到了 500 多家。联想通过信誉保证等方式，对代理伙伴承诺了许多优惠条件。保障代理商的利益，与代理商共同发展。

（3）联想与合作伙伴建立结盟关系。联想在与盟友的合作中，不仅在贸易、资金积累和技术应用方面取得了非常显著的业绩，更重要的是联想从这些国际高科技企业中学到了成熟的管理经验、市场推广经验、经营理念，以及严谨、科学的生产运作体系。

"人人公益"模式，其价值不仅是活动或项目的创新，更重要的是可持续公益机制的打造。同时，"人人公益"模式让企业与客户和其他利益相关者之间的关系更加紧密，信任度不断增加，对企业的可持续发展和可持续竞争力的提升也具有重要意义。这说明与顾客、供应商等合作伙伴建立良好的关系是十分重要的，这样带来的不仅仅是眼前利益，更多的是长期的可持续的利益。

- 争取一个新顾客的费用是保持一个老顾客费用的 5 ～ 10 倍。
- 可以保持更多客户，随着顾客日趋大型化和数量的减少，每个客户显得越来越重要。
- 扩大顾客范围，现有顾客的交叉销售的机会日益增多，维持老顾客，开发新顾客。
- 结成战略伙伴是对付全球性竞争的有效途径。
- 顾客对供应商的要求越来越高，且顾客也需要一种战略上的关系。
- 企业与顾客的关系越持久，这种关系对企业而言就越有利可图。

企业对关系营销的认识已经从交易营销转移到长期的、强调以客户为中心的关系营销上，为了更好地分析关系营销的作用，我们来分析一下两者间的差异（见表 1-3）。

表 1-3 交易营销与关系营销的比较

	交易营销	关系营销
企业的着眼点	近期利益	长远利益，是一种互利的关系
客户服务优先权	比较低	举足轻重
客户联系	低到中等	频繁
客户投入程度	低	高
买卖双方的互动基础	冲突操纵	合作信任
质量源	主要来自产品	企业上下的奉献
适合的顾客	适合眼光短浅和低转换成本的顾客	适合具有长远眼光和高转换成本的顾客
核心概念	交换"创造购买"	建立与顾客之间的长期关系
企业与顾客的关系	不牢靠，如果竞争者用较低的价格、较先进的技术解决顾客的问题，关系可能会被终止	比较牢靠，竞争者很难破坏企业与顾客间的相互依赖的关系
对价格的看法	是主要的竞争手段	不是主要的竞争手段
企业强调	市场占有率，不一定要让顾客满意	回头客比率、顾客忠诚度，强调承诺的履行、顾客满意度
营销管理的追求	单项交易的利润最大化	追求与对方互利关系的最佳化
市场风险投资	大	小
了解对方的文化背景	没有必要	非常必要
最终结果	未超出"营销渠道"的概念范畴	超出"营销渠道"的概念范畴，可能成为战略伙伴，从而发展成为营销网络

对于每笔市场营销的交易而言，都涉及了买卖双方的关系，而在交易营销的情况下，这种关系可能非常短暂且狭窄，买卖双方发展社交关系的可能更是微乎其微。当一个人驾着车出游时，汽油快耗尽了，他很可能在他将遇到的第一个加油站就停车加油，此时他已经不在乎是中石油还是中石化的加油站了，尽管他一直对中石化情有独钟，不

过当他回到家以后，他还是会像往常一样到中石化的加油站加油，和那里的老朋友亲切交谈。也就是说，单宗应急交易不大可能会影响消费者今后所选择的消费方式，但也不是不可能，假使这个人突然感觉中石油的服务态度很热情，或者所加的汽油比原来的感觉要好，他很可能转而喜欢中石油，那么如何才能让这种关系更持久、范围更广呢？一般而言，把质量同客户服务与市场营销组合的传统因素结合起来是非常必要的，如果一家企业这样做，这就产生了关系导向的营销（见图 1-19），如果这种结合越紧密、越频繁，那么已经构建的关系就越不会被外来的竞争者所打破。

我们非常清醒地意识到关系营销的重要性，如何构建这样一个营销网络，是我们接下来要考虑的问题。

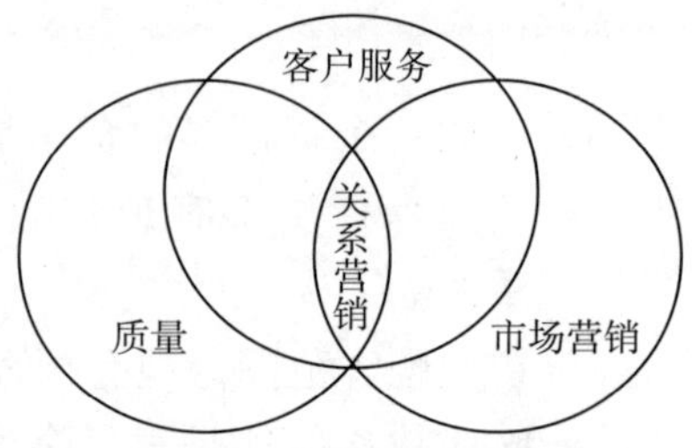

图 1-19 关系营销的定位

二、如何构建关系营销网络

简单地说，从营销角度看，构建关系营销网络就是要做到以下几个方面。

（1）找到他。

（2）认识并熟悉他。

（3）与他保持联系。

（4）尽可能保证他想从我们这里得到和能够得到的全部（不仅是产品，还包括他在我们与他的业务活动中所要求的各个方面）。

（5）检查我们对他承诺的实现情况。

建立关系营销网络，首先应该考虑的是如何建立并维系与顾客之间的关系，最重要的是为顾客创造价值，使顾客满意度最大化，从而让顾客忠诚于企业，长久地维系彼此密切而友好的关系。如何建立强大的顾客纽带呢？贝里和帕拉苏拉曼提出了三种保持和建立客户关系的方法。

1. 增加财务利益

（1）频繁的营销计划。以联盟共享模式向经常购买和大量购买产品的顾客提供奖励。

案例 1-20　英国 NECTAR 联盟积分项目

世界上最成功的联盟积分项目是英国的 NECTAR，积分联盟由 NECTAR 这个专门的组织机构设立，其本身并没有产品，只是靠收取手续费盈利。这个项目吸引了包括巴克莱银行、Sainsbury 超市、德贝汉商场和 BP 加油站等企业的加入。凭 NECTAR 卡在特约商户那里消费，或者用巴克莱银行卡消费的顾客，都可获得相应积分，并凭借积分参加抽奖或者领取奖品。因此 NECTAR 把消费者对它的忠诚转变成对特约商户的忠诚，并由此向特约商户收取费用。在很短的时间内，NECTAR 就将 5 880 万个英国居民中的 1 300 万个变成了自己的客户，并从中取得了巨大的收益。

资料来源：https://www.51callcenter.com/newsinfo/156/63775/.

（2）俱乐部营销计划。俱乐部成员可以因其消费行为自动成为会员，也可以通过购买一定数量的商品入会，还可以通过支付一定的会费从而成为会员。

案例 1-21　　乐购超市采取的俱乐部模式

对于俱乐部，主要有三大核心功能：一是互相沟通功能；二是销售推广功能；三是隔离功能，即隔离消费者与竞争对手。诸如乐购超市连锁集团采取的就是俱乐部模式，该公司于多年前就开始实施消费者忠诚计划，并推行“俱乐部卡”，帮助公司将市场份额从 1995 年的 16% 上升到了 2003 年的 27%，成为英国最大的连锁超市集团。

资料来源：https://www.51callcenter.com/newsinfo/156/63775/.

2. 增加社交利益

公司员工通过了解顾客的各种个人需求和爱好，将公司的服务个别化、私人化。

案例 1-22　　旗帜鲜明地推行“客户忠诚计划”

代顿－哈德森公司是世界上最大的零售商之一，这家零售商是由三家在美国拥有独立品牌的连锁百货零售公司构成，即代顿零售公司、哈德森零售公司和马绍尔费尔德百货连锁公司。这三家公司都能为消费者提供个性化、潮流化的服务，因此都深受消费者喜爱。但是，从 20 世纪 80 年代末期开始，代顿－哈德森公司由于受一些折扣店与专卖店的影响，在消费者心中的地位开始降低。为此，代顿－哈德森公司建立了跟踪、研究流动的消费者的信息系统，这个系统中有 400 万名消费者的基本信息与消费习惯。通过分析发现，有 2.5% 的消费者的消费额居然占到公司总销售额的 33%，而这 2.5% 的顾客才是最富有价值的“上帝”，必须留住。于是，代顿－哈德森公司通过聘请管理咨询顾问，为企业提供了一些挽留消费者的策略，其中第一条建议就是推行消费者忠诚计划，并将这项计划主题命名为“金卡计划”。

资料来源：https://www.51callcenter.com/newsinfo/156/63775/.

3. 增加结构联系利益

公司可以向顾客提供某种特定设备与计算机联网，以帮助客户管理他们的订单、工资、存货等。

案例 1-23　　亚马逊 Kindle“爱上读来读往”：就这样让你爱上阅读

2014 年 12 月，亚马逊发布了旗舰产品——全新 Kindle Voyage 电子书阅读器，这款电子书阅读器拥有超清屏幕和能够媲美纸书的阅读体验。为了推广亚马逊的这款新产品并传播亚马逊建立的阅读生态系统，以及让更多的人认识到在碎片化时代深度阅读的重要性，并在Kindle与移动阅读之间建立关系，万博宣伟为亚马逊Kindle策划并发起了一场以“爱上读来读往”为主题的数字媒体传播活动。该活动借助主题Minisite、主题视频、H5轻应用网站、微博微信内容等多个数字传播渠道向消费者传达“Kindle帮你抢回碎片化时间，让你随时随地体验阅读，爱上阅读”的信息，引导人们关注移动阅读，提高人们进行深度阅读的意识，在消费者心智中建立Kindle等于移动阅读的认知，让更多的人享受随时随地阅读的乐趣。

Kindle此次依靠“爱上读来读往”传播案例对中国阅读市场有较为深入的洞察，同时专注在数字媒体上，使其能很好地兼顾口碑与销量。据Kindle的负责人透露，从用户参与角度来看，活动在1个多月里就收到了5 000多幅网友作品，主题视频得到了22万次播放，“爱上读来读往”的话题讨论得到了2亿次曝光量和1.5万次讨论；从销售数据来看，Kindle Voyage上市后的销售成绩也非常好，限量套装一个月售罄。

资料来源：http://socialbeta.com/t/amazon-kindle-voyage-case-study.html.

此外，建立关系营销网络还包括建立并维系与供应商、分销商等其他合作伙伴的关系，具体内容包括以下几个方面。

（1）寻找具有相近价值和目标的合作伙伴。

案例 1-24　　百货公司和咖喱饭的联合

在1904年当过近卫内阁大臣的日本财阀小林一三在一家百货公司任总经理时，曾让其秘书到全市调查哪家饭馆的咖喱饭味道最好。然后他把味道最好的那一家饭馆的老板请来，提出在百货公司开辟一处地方卖咖喱饭，价格比市场的平均价格低四成，这四成由百货公司负责给老板补上。这家饭馆的老板当然乐意。全市味道最好的咖喱饭，又比别处便宜四成，结果吸引来了大量顾客。顾客吃完饭就要逛商场，逛商场就要买东西，一年下来商场的营业额比上一年增加了5倍，饭馆的营业额增加了几十倍。

（2）合作营销，即两个或更多商业组织之间共同销售彼此产品的一种正式联系。

案例 1-25　　美国马克威尔咖啡与日本面包公司的联合营销

20世纪60年代中期，美国的马克威尔咖啡在日本先后进行了3次大规模的样品派送，共送出咖啡样品1 800万份，派送办法是把咖啡样品装在1斤[⊖]装的面包包装内。

第一次派送时间是1965年3～5月。马克威尔咖啡的生产厂家与日本第一屋制面包公司合作，把咖啡样品夹在1斤装的面包包装内，送出了200万份样品，范围遍及日本。结果面包的销量和咖啡的销量都有惊人的增长，使得日本其他面包公司纷纷要求参加派送。

⊖ 1斤=0.5千克。

第二次派送时间是1965年10月至1966年1月，共4个月。马克威尔咖啡的生产厂商与日本7个地区的7家面包公司合作，其中6家面包公司是：东京第一屋制面包公司、大阪的神户屋制面包公司、名古屋的敷岛屋制面包公司、福岗的粮友屋制面包公司、仙台的虎屋制面包公司、札幌的罗巴面包公司。马克威尔咖啡在7个地区共送出样品600万份。

第三次派送时间是1966年秋季。除第二次派送样品的7家面包公司外，新增加了静冈地区的惠比寿制面包公司、新潟地区的郁金香食品公司、福井地区的富士面包工业公司。在10个地区的10家面包公司，马克威尔咖啡共送出样品1 000万份。

这一系列的合作营销取得了巨大的成功，具体表现在以下几个方面。

（1）马克威尔咖啡销量猛烈上升，过去不卖咖啡的面包店都开始代销该产品，并把这种咖啡陈列在主要的、正面的货架上。

（2）面包店因销售附带了咖啡样品的面包，生意特别好。

（3）面包工厂的业务量因此增加了35%，派送结束后，这种业务量仍持续了很久。

（4）消费者品尝样品后，才知道马克威尔咖啡是最好的，从此改变了消费习惯，认牌购买马克威尔咖啡。

资料来源：http://www.795.com.cn/wz/94290.html.

（3）共享品牌，即两家或两家以上的企业把它们的名称紧密地结合起来用于单一的商品或服务销售。

案例 1-26　　万达集团和海尔集团的“万达－海尔”品牌

海尔集团下属的海尔家居集成有限公司与房产商大连万达集团结成战略联盟关系，共同推出“万达－海尔”联合品牌。在大连万达开发的住宅房地产项目中，海尔家居提供菜单式装饰、装修集成和室内电器等配套设施，并统一冠名“万达－海尔”房，这一举措提高了住宅的品位和知名度，这种住宅比普通的全装修房更容易被白领人士接受。这种不同行业品牌的联合促销能产生名牌叠加效应，达到双赢目的。

（4）电子数据交换（Electronic Data Exchange，EDI），它是一种基于计算机的数据交换技术，合作伙伴之间就发票、订单等数据进行交换共享，这样做可以降低成本，提高效率和提升竞争力。

案例 1-27　　7–11便利店的配送系统

根据业务经营及发展的需要，7–11公司建立了一套高效、完善的综合信息网络，通过该信息网络实现了连锁经营的整体系统化。综合信息网络业务经营的作用，具体有以下几种。

（1）搜集商品销售信息，预测订货，定期发布订货数据。

（2）总部通过 POS 系统分析 6 000 多家连锁店的订货信息，并将其自动报给生产厂商和批发商；分析不同商店的销售数据信息，并将其自动提供给各个商店；同时还要分析企业总的经营管理信息。

（3）生产厂家根据接收到的商品上市指示单，开始生产订货，批发商筹集订货商品。

（4）配送中心接受来自连锁店总部的 POS 系统和生产厂家、批发商传来的商品明细表，其具体内容包括：不同生产厂家、不同商品种类的交货明细表；不同商品种类、不同商品的上市明细表（包括分货的数据）；不同商品种类、不同配送路线的交货传票等。配送中心根据这些指示单，对各连锁店进行商品配送。

信息网络在销售、订货、进货、商品检验、会计核算等方面充分被利用，从接受订货信息到数据处理，从传票发行到货款结算以及赊销管理等，均采用信息网络自动处理，实现了业务处理的自动化，提高了工作效率。

（5）战略联盟是一种为了创造竞争优势而形成的伙伴关系。

案例 1-28　　我爱家乡："明星喊你回家过年"

2016 年春节前，携程力邀邓超、潘石屹等数位明星齐来助阵，发起了"我爱家乡"的新年主题活动。携程借由此次"我爱家乡"公益活动，唤醒了人们对于家乡情感的共鸣，让每个人都有为自己家乡发声的机会，重新发现家乡的美。在借助名人效应，推出免费回家机会的同时，携程希望获取新用户并提升携程的品牌知名度和市场占有率。

通过高曝光量，引导互动，随时随地回收等传播手段，在推广期间携程品牌活动内容的总曝光量为 23 亿次；活动覆盖人数为 2.4 亿人；新增用户数量为 600 万人。

资料来源：代理商的内部数据。

构建关系营销网络的手段是多种多样的，但是不管用什么合作方式，或者和哪一个合作伙伴建立并维系关系，都需要遵守如下准则。

- 共存共荣——双方获利。
- 互相尊重——和谐一致，富有人情味。
- 诚恳守信——坦诚相待。
- 目标明确——在合作关系建立前有明确的目标。

- 长期合作——不基于短期优势，基于长期机会。
- 了解对方——深入了解对方的文化背景。
- 最佳合作——双方为最佳合作状态而努力。
- 经常沟通——及时解决问题，消除误会。
- 共同决策——不强加于人，双方自愿。
- 长期延续——关系长期延续。

关系营销在实际经营活动中有着非常重要的现实意义，这一点是毋庸置疑的，构建和谐的关系营销网络是企业营销的重中之重。随着互联网技术的飞速发展，网络营销所带来的宝贵的发展契机更为企业营销注入了新的活力。从现实走向虚拟，建立在诚信基础上的客户关系日益凸显它的重要作用。

案例 1-29　　西部商学教育的逆袭：广财－和君战略合作

一所在国内高校排名位于400名之外的西部高校，如何完成其差异化转型成为地方商学教育的知名品牌？

项目背景

广西财经学院（简称广财）的教育资源短缺，难以融入商学教育的主流；和君商学是近年来在中国崛起的民营商学教育新势力，这所没有文凭的民营商学院以其背后的1 000多名本土咨询师和数以千计的本土案例蜚声业界，其“商学＋咨询＋资本”的一体两翼模型已成为中国最佳商业模式，但是立志打造中国商学流派的和君商学与高校的合作却始终处于非紧密状态。

模式设计

2016年，广财探索了6年之久的“新财子”院中院特色商业人才培养模式打动了和君商学，双方高层高瞻远瞩，利用各自资源优势结成战略联盟，开创了资源短缺的地方高校人才培养的新范式。新财子模式升级为广财－和君实验班，和君商学的师资、课程及企业资源与广财商学人才培养方案全面融合，“红色管理”“和君周”“总裁伴读计划”“功夫营”等一个个特色教育产品相继推出，优良学风回归，师生面貌焕然一新。

合作效果

通过合作，广财－和君班的学生在价值观、大局意识、知识结构、实践能力、身体素质等方面获得长足的进步。广财在实施项目后，迅速连接和君商学的资源，1 000多名咨询师充实了广财的教师队伍，优质案例比比皆是，本土管理实践与西方主流理论交映生辉，人才培养模式颠覆了传统，学生的实习、就业以及与企业家互动的质量全面提升，广财成为地方商学教育的知名品牌，而和君商学在合作中完成了其商学理论和教育产品向高校的挺进，并向打造中国商学流派的理想迈出了坚实的一步。

案例启示

本案例超越了我们对传统营销理论的认知，广财与和君商学从战略高度上创造交易双方的合作价值，充分体现了关系营销的精髓。

广财－和君战略既是时势造就的，也是天作之合。在全球经济东升西落的大势中，我们看到东方商学的崛起，更看到广财在资源短缺背景下追求商学教育模式创新的战略格局和教育情怀，它们为资源短缺的地方高校应用型转型提供了标杆案例。

关键词

市场	市场营销	顾客满意	顾客认知价值
总顾客价值	总顾客成本	顾客终身价值	关系营销

本章小结

1. 追溯营销的实质，我们应该关注两个问题：①为什么要进行交换？②交换是如何产生、完成和被避免的？

2. 市场属于商品经济的范畴，它以商品交换为内容，是企业营销活动的出发点和归宿。

3. 营销是个人和集体通过创造，提供出售，并同别人自由交换产品和价值，以获得其所欲之物的一种社会过程。

4. 关系营销旨在与经营活动中的关键者（顾客、供应商、分销商和其他合作伙伴）建立令人满意的长期相互关系，它不只是要与顾客建立关系，也要和关键的合作者建立良好的关系以赢得和维系业务。

5. 整合营销的两大主题分别是：需要通过不同的营销活动来传播和传递价值；以合作效益最大化来调整不同的营销活动。

6. 顾客认知价值是指预期顾客评价一个供应品和认知值的所有价值与所有成本之差。

7. 总顾客价值是顾客从某一特定供应品中期望的由一组经济、功能和心理利益组成的认知货币价值。

8. 总顾客成本就是在评估、获得、使用和抛弃该市场供应品时所引起的一组顾客预计费用。

9. 顾客终身价值指的是每个购买者在未来可能为企业带来的收益总和，描述了基于顾客终身价值预期的未来利润产生的价值，通过预期收入减去用来吸引和服务顾客以及销售所花费的预期成本来计算。

思考题

1. 阐述现代市场营销的发展历程。
2. 简述企业经营哲学的演进，即 5 种观念。
3. 为什么要为顾客创造价值？

4. 阐述如何构建关系营销网络。

5. 几个大学生想在学校的大学生活动中心合伙开一家咖啡厅，以优雅的环境和独具特色的服务来吸引师生的光顾，甚至别出心裁地辟出自习区，结合有关知识分析他们的做法是否可行。

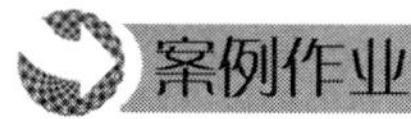

案例作业

支付宝与微信支付的两极战争

“刷微信还是支付宝?”如今，这句话经常回荡在很多城市的早餐摊、菜市场，包括连锁超市、快捷酒店甚至五星级宾馆，很多消费者已经习惯了使用更为便捷的移动支付。在过去的4年中，移动支付的增长高达30多倍，从1.3万亿元增长到35.33万亿元。在不断增长的数字背后，国内移动支付领域已经变成以支付宝和微信支付的两极战争。

从八成到五成，支付宝的市场为何锐减

支付宝与财付通之间的市场拼争，发生在不同用户的使用习惯中。随着财付通和支付宝向消费者的逐渐渗透，双方的市场份额出现了一些变化。通过观察《移动支付市场交易规模报告》，我们发现支付宝从2016年第四季度的54.1%下降到2017年第二季度的53.7%，财付通从2016年第四季度的37.02%升至2017年第二季度的39.12%。虽然财付通只有微增，支付宝也只是微降，但对于它们双方来说都是不能忽视的变化。在数字变化的背后，是用户争夺方式的变化。

在“双11”战场会引发年内最大规模的移动支付拼夺。疯狂购物一天之后，在11月12日很多消费者开始在朋友圈分享自己“双11”的账单，“东城区剁手力排名第6名”“朝阳区剁手力排名第1名”……仅在11月11日这一天，通过支付宝完成的支付金额就高达1 682亿元。

虽然“双11”是淘宝网的主场，但京东以及其他平台的销售额也不容小觑。严格来说，2017年是京东参战“双11”的第二年，就达到了1 271亿元的交易额，而淘宝网用了9年才做到1 682亿元。京东交易额背后使用更多的是微信支付，虽然规模不及支付宝，但财付通不只是京东的支付通道，2017年“双11”《王者荣耀》也做了促销活动，交易额也很可观。

需要强调的是，虽然目前移动支付的整体格局未变，但支付宝的领先优势正在逐步减弱。3年前，支付宝占据了国内移动支付近八成的份额，如今却只有50%左右。

海外战火越烧越旺，最终争的是什么

以支付宝和财付通为代表的第三方移动支付平台正在积极拓展海外市场。相关数据显示，目前支付宝已经覆盖了全球超过30个国家和地区的20万个商户；微信支付在超过13个国家和地区登陆，覆盖全球超过13万个境外商户。需要提及的是，海外的移动支付支持很多种外币结算，其中微信支付就支持12种外币。例如韩国济州岛的免税店就因为每年都要接待大量的中国游客而早早地接入了支付宝和微信支付。目前，法国老佛爷百货公司也宣布将在分店中逐步推广微信支付。可以说，移动支付在海外市场的广阔前景，促使移动支付这块蛋糕的争夺战再次升级。

生态闭环是全业态竞争的增强剂

微信支付的移动支付场景已经下沉到超过7 000万个国内线下商户。微信支付的崛起，正在对腾讯的整体收入产生越来越大的影响。根据腾讯2017年第二季度的财报显示，腾讯移动支付业务产生的收入是2016年同期的3倍，占到腾讯总收入的17%。此外，微信支付的迅速增长，对腾讯的其他业务，比如游戏、出行、O2O等都有一定的增益效果，而这些业务也有利于微信支付在用户中的进一步渗透。也就是说，微信支付与腾讯的各业务之间正在形成闭环影响。

不仅如此，腾讯的总裁刘炽平也强调，腾讯还会继续在支付业务上保持投入。可以看出，在国内移动支付市场上，财付通与支付宝之间的两极战争，仍将在未来很长一段时间里继续。

资料来源：https://mp.weixin.qq.com/s/jEGNPSd_TvFjkS5ZGm2P_g.

讨论题

1. 查阅相关资料，支付宝和微信支付的竞争为其带来了哪些回报？
2. 查阅相关资料，支付宝在市场中采取了哪些营销策略？
3. 如果你是微信支付的总裁，你会采取怎样的营销策略对阵支付宝？

参考文献

[1] 菲利普·科特勒，凯文·莱恩·凯勒．营销管理（原书第12版）[M]. 梅清豪，译．上海：上海人民出版社，2006.

[2] 路易斯 E 布恩，大卫 L 库尔茨，当代市场营销学（原书第10版）[M]. 赵银德，张璘，周祖成，等译．北京：机械工业出版社，2003.

[3] 甘碧群．市场营销学 [M]. 3版．武汉：武汉大学出版社，2006.

[4] 王方华，顾锋．市场营销学 [M]. 上海：上海人民出版社，2007.

[5] 崔蕾，方青．市场营销经典模式 [M]. 北京：经济科学出版社，2004.

[6] 闫涛尉，郝渊晓，梁文玲，等．电子商务营销 [M]. 北京：人民邮电出版社，2003.

[7] 邵兵家，于同奎．客户关系管理：理论与实践 [M]. 北京：清华大学出版社，2004.

CHAPTER 2

第二章
制定营销战略规划与营销计划

内容提示

在树立了科学的营销理念后，营销经理下一步就是制定营销战略规划和营销计划。可是一份完整的营销计划的内容要具体包括哪些方面？撰写一份完整的营销计划的步骤及相关注意事项有哪些？我们应该如何规划及制定以市场为导向的企业营销战略呢？带着这些疑问让我们开始下面的学习，以便对企业战略的相关问题有初步了解并且能够为企业撰写一份结构完整的营销管理计划书。

专业词汇

企业战略（Enterprise Strategy）
总体战略（Overall Strategy）
职能战略（Functional Strategy）
公司使命（Enterprise Mission）
密集型增长战略（Intensive Growth Strategy）
营销战略（Marketing Strategy）
市场细分（Market Segmentation）
定位（Positioning）
产品生命周期（Product Life Cycle）
定位/差异化战略（Positioning / Differentiation Strategy）
市场进入/退出决策（Market Entry / Exit Decision）
一体化增长战略（Integration Growth Strategy）
多样化增长战略（Diversified Growth Strategy）
SWOT 分析（SWOT Analysis）
战略业务单位（Strategic Business Units）
经营战略（Business Strategy）
竞争优势（Competitive Advantage）
业务投资组合（Business Portfolio）
营销观念（Marketing Concept）
目标市场（Target Market）
差异化（Differentiation）
营销组合（Marketing Mix）

开篇案例

雷军的深思

"24小时销售211万台手机，在我40多年来的人生中第一次打破世界纪录，我还是感到无比的自豪，更由衷地感谢小米的同事、小米的家属，包括米粉的支持，还有在座的各位媒体朋友的支持，真心地谢谢大家！"小米公司的董事长雷军感叹道。

然而，获得线上销售成绩之最，破了吉尼斯世界纪录，小米网的高管集体裸奔之后，小米能否再创巅峰？小米的下一步怎么走？且看雷军的深思。

米粉节的思考

雷军：其实我一直在想，用户为什么这么喜欢小米？我觉得很重要的问题是他们喜欢小米的产品，喜欢小米给他们带来的体验和感受。所以，米粉节我们为米粉做了两件事情：一是推出了米粉节的特别新品；二是用各种各样的优惠、特价回馈米粉。

我们做了大量的精心准备，第一个目标是回馈米粉，共庆五周年；第二个目标是希望能打破吉尼斯世界纪录。2014年的米粉节我们卖了130万台，"双11"我们卖了116万台，对于一个追求极致的公司来说，只有给我们小米网的整套系统和供应链系统继续加压，才能使我们有机会在2015年做到8 000万台到1亿台，2016年能够攀登更高的目标。所以，整个米粉节实际上是对小米整套运作系统的综合考验。

这套系统包括我们的产品能力、供应链能力、市场能力、电商平台能力，以及物流、客服、系统能力，这对小米的综合实力是一次巨大的演练和提升。2014年我们的系统是每分钟成交800单，2015年提高到15 000单，这对技术系统是一个巨大的要求。

讲求"专注"的小米，会不会继续"专注"？

雷军：我其实想跟大家分享小米的战略。我花了很长的时间才想明白为什么大家会认为小米不专注：第一，有一些跟我们不关联的公司借小米的品牌炒作，给社会造成巨大的误解；第二，我们生态链公司的产品也给大家造成了误解。所以，我一直在努力消除这种误解，但是取得的效果不佳。

我后来才想明白最重要的分歧在于，大家把小米和小米网混为一谈了。

小米主要做三种产品：手机、电视、路由器。小米的另一个业务是"小米网"网上专卖店，这个网上专卖店卖小米和小米生态链上的商品，所以小米和小米网是两件事情。

小米网是小米全资拥有的在网上开的一个专卖店，它主营小米手机、小米电视、小米路由器及相关产品，既卖自己的产品也卖其他产品。我认为一个专卖店基本的品类应该在100种左右，比如7-11的品类可能有2 000种，而小米网现在大概卖20种商品，这已经很少了，但是这却给大家造成了困扰。

小米网是一个专业垂直电商，它的生意是需要有一定商品支撑的。否则，客户买过小米手机以后再来这个店就没什么可买的了，所以我们要提高客户进店频度。但是，小米网与阿里巴巴、京东的模式不一样，没有计划做平台模式，我们会专注把网上专卖店做好。

我们会在很长的一段时间里聚焦手机、电视、路由器这三种产品，把它们做到在市场上有足够好的口碑。同时，由于小米的模式，我们需要垂直电商。我们采用了生态链的模式，既加强了小米手机的应用性，同时也使我们的专卖店模式有足够的客流量。

小米的生态链需要100个单品，而现在只有20多个，未来小米的生态链会不会更加开放？

雷军：小米生态链其实是更开放的策略。我们在初期开设专卖店的时候，讲实话，我们求合作其实不容易，所以后来我们决定投资一些创业公司，战略入股一些大公司。将来这个生态链一定是全开放、不排他、非独家、不站队的，我们欢迎优秀的创业公司、优秀的大公司加入小米生态链。

米粉节吸引了荣耀、魅族等厂商的加入，米粉节会成为整个消费电子行业的重要电商节日吗？

雷军：小米最让我骄傲的是，进入手机市场的前三年促使整个国产手机质量变好了，价格变低了，普及度提高了，大家用国产手机的比例也提高了，这是小米对整个产业最大的贡献。所以，我希望我们整个同行共同提高产品品质、服务质量，进一步提高国产手机在市场上的竞争力，能够在中国取得绝对优势，然后，能够有机会在全球市场上获得巨大的成功。所以，我希望和所有的同行联手，共同把国产手机的事业做好。

资料来源：《V-MARKETING成功营销》，发表时间为2015-04-15。

作为一个营销经理，在树立了科学的营销理念后，下一步就是要根据企业的战略规划来制定营销战略规划和具体的营销计划。那么，对企业总体战略有清晰的认识并建立符合企业整体战略目标需求的营销战略并能有效实施已成为成功营销经理的必备技能。一般来说，一家企业的战略体系包含以下几个层级（见图2-1），营销战略属于其中的第三层级，它一方面受企业总体战略的影响，另一方面它也会反过来影响公司总体战略。

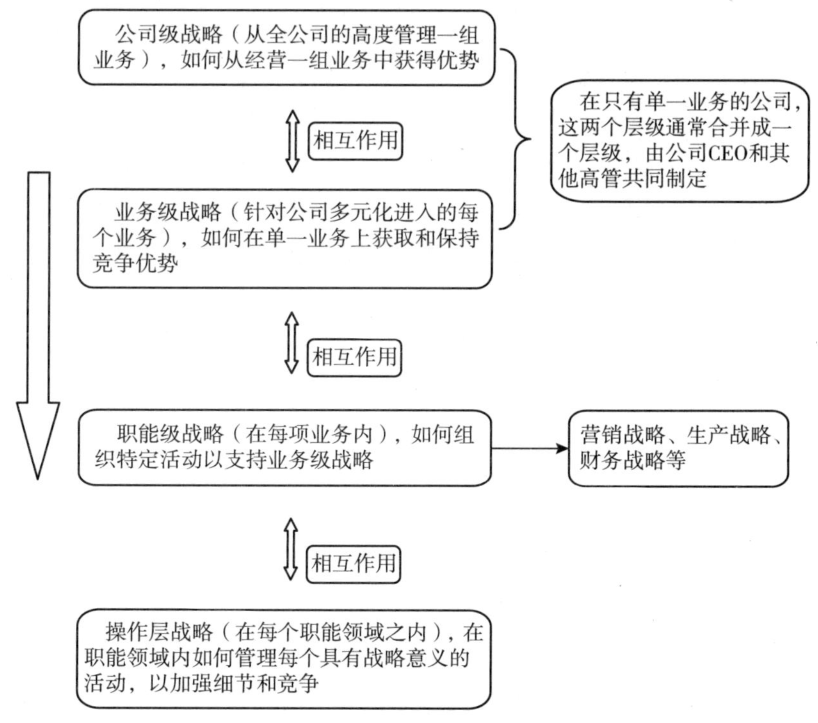

图2-1　企业战略体系层级图

资料来源：《战略管理：概念与案例》（原书第19版），小阿瑟·A. 汤普森等著，该图根据书中的图整理改编而成。

下面我们就一起循着“制定企业战略规划—营销战略规划—营销计划”的思路来进行本章的学习。

第一节 如何制定和实施企业战略规划：步骤和方法

企业的最高管理层通过确定公司使命，制定相关政策、规划战略等一系列活动为企业的各个部门和业务单位奠定行动的基础。公司战略一经制定，往往代表公司长远的发展方向，但并不意味着不会改变，尤其是在互联网经济时代，很多大型公司也不得不根据瞬息万变的经济形势调整整个公司战略。管理者规划本企业的战略遵循着一系列的步骤，通过对一系列情况的分析，最终建立自己的战略体系。

案例 2-1　腾讯公司的战略转变

腾讯公司成立于1998年，在其诞生17年后，腾讯已经成为中国服务用户最多的互联网企业。2014年，腾讯总营收为789.32亿元，净利润为238.1亿元。当时的腾讯，还不能叫作互联网平台公司，而只能被称为一家互联网产品服务提供商。

2016年5月26日，在贵州数博会开幕式上，腾讯公司CEO马化腾在演讲中谈及腾讯最近三年的战略时表示，“我们从什么业务都自己做，转化为只做核心的社交平台和数字内容，以及金融业务，对外说就是‘两个半’的平台，其他的业务我们全部交给合作伙伴”。马化腾指出，在大数据生态中，云、移动支付以及地理位置信息、LBS和安全这些基础设施是腾讯能够与周边的生态和合作伙伴一起来共建的。这既是经济新动能的助燃剂，也是国家现代化治理的基础设施。

马化腾表示，腾讯一直致力于大数据的探索和实践，并积累了18年的海量数据运营经验。海量数据运营是腾讯的核心能力之一，也是腾讯探索开放战略的基础。腾讯在海量数据运营的核心基础上实施开放策略，将自身能力和资源开放给更多的合作伙伴，与其共建完整的大数据生态。

腾讯官方公布的数据显示，腾讯数据中心已储存超过1 000PB数据，超过15 000个世界最大的图书馆（美国国会图书馆）的藏书量，并以每天500TB的速度飞速上升。用户每天在微信朋友圈和QQ空间上传的图片高达10亿张，腾讯视频（含微信公众号H5视频）每天的播放量达20亿次，除夕当天的红包支付超过25亿笔，每天的移动支付超过5亿笔。

一、确定公司使命

公司使命是一个企业进行战略规划的逻辑起点，也是一个组织安身立命的根本。许多组织通过制定使命说明书来让它们的经理、员工和特殊场合下的顾客共同负有使命感，引导广大而又分散的员工各自却又一致地朝着同一个组织目标而展开工作。一份有效的使命说明书至少应该向公司的每个成员明确地阐明以下几个方面的内容：企业产品或者服务的内容，企业的市场在哪里，用户是谁。更加完整的使命说明书还应该包括企业对技术持有的信念、经营宗旨、自我形象、对员工的态度以及对社会的态度。

案例 2-2　特斯拉的公司使命

特斯拉的使命是加速世界向可持续能源的转变

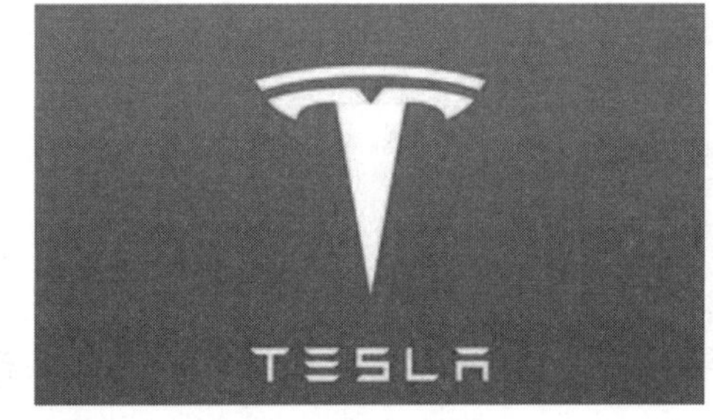

2003 年，一群希望证明电动车比燃油车更好、更快，并拥有更多驾驶乐趣的工程师创立了特斯拉。今天，特斯拉不仅制造纯电动汽车，还可以生产能够无限扩容的清洁能源收集及储存产品。特斯拉相信，让世界越早摆脱对化石燃料的依赖，向零排放迈进，人类的前景就会越美好。

特斯拉在 2008 年推出了 Roadster 车型，从而揭开了先进电池技术和电动动力总成的神秘面纱。从那时起，特斯拉开始设计全球首款纯电动豪华轿车 Model S，经美国《汽车族》杂志的测试，Model S 在 0 ～ 60 英里[⊖]内每小时加速仅 2.28 秒，这彻底颠覆了人们对 21 世纪汽车的期待。2015 年，特斯拉 Model X 正式发布。这是一款高性能、安全、智能的全尺寸 SUV，并成为首款美国国家公路交通安全管理局双五星安全评级的 SUV 车型。根据特斯拉的 CEO 埃隆·马斯克的“特斯拉秘密宏图”，特斯拉在 2016 年发布了价格更亲民的大批量生产的纯电动汽车 Model 3，并于 2017 年开始量产。

特斯拉汽车的整车及绝大多数零部件都在位于美国加利福尼亚州的 Fremont 工厂生产。随着特斯拉产品线的丰富，特斯拉的生产计划也将在 2018 年提升至年产 500 000 辆。随着特斯拉产品线的持续扩容，特斯拉的生产计划也提高到 2018 年年产 500 000 辆的速度。

为了打造可持续发展的完整能源生态系统，特斯拉还设计了由 Powerwall、Powerpack 和 Solar Roof 等组成的独特的能源解决方案，使居民、企业和公共事业单位能够管理可再生能源发电、存储和消耗。Gigafactory 支持了特斯拉汽车和能源产品的发展，这座工厂旨在显著降低电池电芯成本。通过自产电芯，特斯拉不仅完成了生产目标，同时也创造了数千个工作岗位。

这仅仅是一个开始。特斯拉在生产价格亲民的汽车时，还会继续为更多的人生产价格亲民并且容易接受的产品，最终加速实现清洁交通和清洁能源的生产。电动车、电池以及可再生能源发电和存储已经能够“独当一面”，倘若结合应用，必会更加强大，而这正是特斯拉期待的未来。

资料来源：https://www.tesla.cn/about.

二、建立战略业务单位

很少有公司准备一直经营一项业务，对于一家企业来说，一项业务应该被看成是一

⊖ 1 英里 =1 609.344 米。

个顾客生产过程，企业可以通过顾客群、顾客需要和技术来确定其业务领域。对于一家经营着多项业务的公司来说，它会为每一项业务制定自己的战略，这个针对具体一项业务的战略便是战略业务单位。

一个战略业务单位一般具有三个特征：第一，它是一项独立的业务或者是由一系列相关的业务组成的集合体，但是在制订工作计划的时候独立于公司的其他业务；第二，相对于其他业务，它有其自身的竞争者；第三，有自己独立的管理层，他们负责本战略业务单位战略计划的制订和利润业绩。

案例 2-3　　迪士尼集团的业务组合

迪士尼公司创立于 1922 年，由沃尔特·迪斯尼（Walt D. Disney）及其哥哥罗伊·迪斯尼（Roy O. Disney）创建，当时叫作迪斯尼兄弟工作室（Disney Brothers Studio），后来更名为沃尔特迪士尼制作公司（Walt Disney Productions），在 1986 年 2 月 6 日，正是更名为现在的沃尔特迪士尼公司（The Walt Disney Company）。经过多年的发展，该公司成为一个成功的跨国集团，其业务涉及电影、主题公园、房地产以及其他娱乐事业等多个领域。迪士尼公司现在是世界第三大娱乐公司，主要在美国、欧洲、亚太地区、拉丁美洲、加拿大等国家和地区运营。公司的主要业务有四项：影视娱乐、媒体网络、主题公园和度假村、消费产品。

三、制定业务投资组合

企业的资源不是无限的，在确定了战略业务单位后，最高管理层及总体战略中心则需要考虑怎样在这些战略业务单位中分配资源才是最有效益的。有两种最著名的投资业务组合评估模型可以帮助我们：波士顿矩阵法和通用电气公司法。

（一）波士顿矩阵法

波士顿矩阵法是由美国著名的管理咨询公司波士顿咨询公司提出的，运用“市场增长率 - 相对市场份额矩阵”（见图 2-2）来评价和划分企业所有战略业务单位的模型。

从图 2-2 中可以看出，波士顿矩阵的横坐标表示相对市场份额，即各个战略业务单位的市场份额与该市场上的最大竞争者的市场份额之比。10 表示该公司战略业务单位是市场的领导者，并且其销售额是占据市场第二位置企业的销售额的 10 倍。0.1 则表示该战略业务单位的销售额仅占市场领导者销售额的 1/10。纵坐标表示企业在一定时期内（通常为 1 年，也可以是半年或者 1 个季度）销售额增长的百分比即市场增长率，通常用 10% 来划分高增长率与低增长率。波士顿矩阵中的圆圈表示企业的战略业务单位，企业有多少个战略业务单位就有多少个圆圈，而圆圈的面积则表示各战略业务单位销售额的多少。

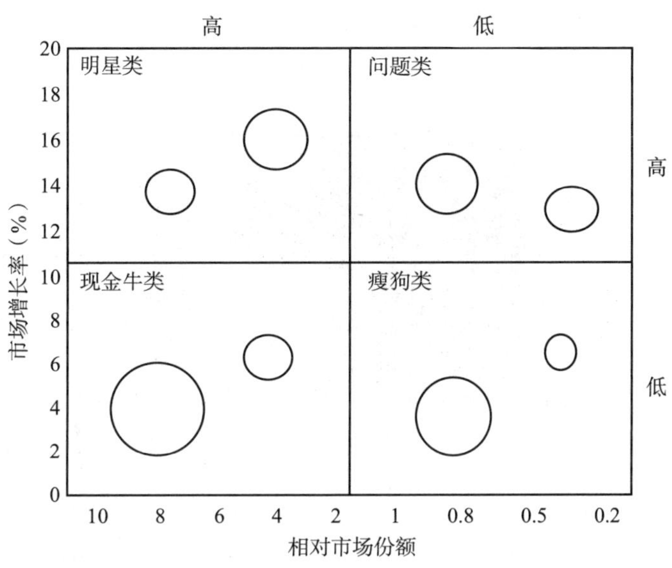

图 2-2　波士顿咨询公司市场增长率 – 相对市场份额矩阵

波士顿矩阵将公司的业务划分为以下四类。

第一类：市场增长率高、相对市场份额低的业务，即问题类业务。

第二类：市场增长率和相对市场份额都高的业务，即明星类业务。

第三类：相对市场份额高、市场增长率低的业务，即现金牛类业务。

第四类：市场增长率和相对市场份额都低的业务，即瘦狗类业务。

企业在对业务进行分类后的下一步工作便是确定每个战略业务单位的战略、目标和预算。企业可以针对不同的战略业务单位采取不同的战略：发展（适用于有潜力成为明星类业务的问题类业务）、维持（适用于较强大的现金牛类业务）、收割（适用于处境不佳的现金牛类业务，同样也适用于问题类和瘦狗类业务）、放弃（适用于拖公司后腿的瘦狗类和问题类业务）。

（二）通用电气公司法

通用电气公司法是美国通用电气公司在市场增长率 – 相对市场份额矩阵的基础上，通过加入其他因素发展成“多因素业务经营组合矩阵”（见图 2-3）来对企业战略业务单位进行分类和评价的方法。

通用电气公司法认为企业在分析和评定其战略业务单位的时候，主要根据两个变量，从图 2-3 中我们可以明确地看到这两个变量是市场吸引力和竞争能力。纵坐标表示市场吸引力的大中小，横坐标则表示竞争力的强中弱。圆圈的位置代表战略业务单位的市场吸引力和业务优势状况，市场吸引力取决于市场大小、市场年增长率、历史利润率、竞争强度、社会、政治、法律等因素，而竞争能力则取决于该业务单位的产品质量、品牌影响力、促销能力、生产能力、产品成本、研发能力、市场占有率等因素。而这两个变量的数值则是通过对影响这两个变量的每个因素分等级打分（最低为 1 分，最高为 5 分），然后给出权数计算加权值加权累计得出；圆圈的大小代表每个战略业务单位所在行业市场的大小，圈内的阴影部分则表示该战略业务单位的市场占有率。

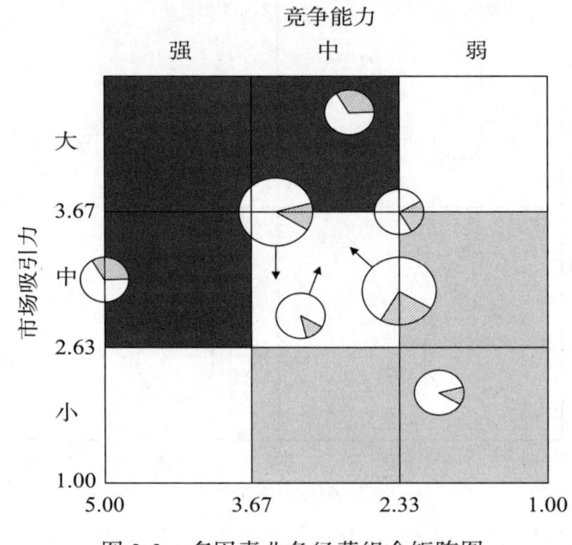

图 2-3 多因素业务经营组合矩阵图

在确定了业务单位在矩阵中的位置后，企业便可以针对不同位置的业务单位采取不同的战略。具体针对什么样的业务采取什么样的战略可以参照图 2-4。

市场吸引力 \ 业务优势	强	中	弱
高	**保持优势** 1. 以最快可行的速度投资发展 2. 集中努力保持力量	**投资建立** 1. 向市场领先者挑战 2. 有选择地加强力量 3. 加强薄弱地区	**有选择发展** 1. 集中有限力量 2. 努力克服缺点 3. 如无明显增长就放弃
中	**选择发展** 1. 在最有吸引力处重点投资 2. 加强竞争力 3. 提高生产力和获利能力	**选择或设法保持现有收入** 1. 保护现有计划 2. 在获利能力强、风险相对低的部门集中投资	**有限发展或缩减** 寻找风险小的发展方法，否则尽量减少投资，合理经营
低	**固守和调整** 1. 设法保持现有收入 2. 集中力量于有吸引力的部门 3. 保存防御力量	**设法保持现有收入** 1. 在大部分获利部门保持优势 2. 给产品线升级 3. 尽量降低投资	**放弃** 1. 在赚钱机会最小时售出 2. 降低固定成本同时避免投资

图 2-4 战略参照图

案例 2-4 万达的"轻资产"战略

轻资产运营在几年前就被定为了万达集团的发展战略，2017 年王健林更是把自己的战略理念逐步落地，大规模地"甩卖"万达集团的重资产。

一年前，画风还是另一种风格。之前，王健林曾高调地喊出，"只要有万达，就让迪士尼 10 ～ 20 年盈不了利"，不过这句豪言壮语随着 2017 年万达集团 13 个文旅项目的易主而随风飘散。

从 2017 年 2 月以来，万达集团就开始回收项目公司的注册资本金，在已建成的万达广场中，至少有 84 家万达广场项目公司的注册资本金减少，累计达到 401 亿元。

除了开始回收注册资本金外，很多地区的万达广场的持有权也开始出让。柳南、枣庄、盐城、焦作四地的万达广场已经被中信信托持有；南昌西湖万达广场被珠江人寿持有；北海、抚州、九江、雅安、辽阳的万达广场被民生信托持有。

另外，万达还有一项大动作——资产重组。2017 年 8 月上旬，万达公布重大资产重组计划，将万达酒店管理公司和万达文旅集团注入香港上市公司，这两项的资产总金额达到了 70.5 亿元人民币。

万达的经营动作虽然看起来很零散，但背后的主线却非常明确，这条主线就是轻资产。从万达注入上市公司的资产我们就可以窥探一二，万达酒店管理主要从事酒店设计、建设及运营管理业务，万达文旅主要从事主题公园设计、建造及运营管理业务，这两项资产都属于轻资产。万达卖掉了属于重资产的酒店，但保留了酒店管理公司，并且万达酒店仍归酒店管理公司管；万达卖掉了万达城，但万达仍然是万达城品牌的拥有者和运营者。

从某种意义上说，万达是卖掉了重资产钢筋混凝土的肉身，而留下了轻资产的灵魂，万达也从此开启了自己的轻资产之路。2017 年年初，王健林曾在集团的年会上宣布，万达在 2020 年以后原则上不会再做重资产，万达是想把自己身上的地产商标签摘掉，为自己贴上投资管理的标签。

这批最早做地产起家的人有着敏锐的商业嗅觉，万达在这个时点要摘掉地产商的标签转向轻资产运营，应该是有其自身的道理。除了万达外，另一家房地产巨头万科也在销售楼盘之外开始布局养老、物流地产、自持地产等业务。无论是万达，还是万科，它们都提出了多元化、去房地产化的战略，企业的战略通常是基于当前市场形势的理性判断。中国的楼市繁荣了近 20 年，如今确实到了一个关键的十字路口，由政府推动的房地产长效机制正在一步一步地让楼市回归理性，长效机制主要表现在以下几个方面。

首先，投机需求在被遏制。中央明确提出"房子是用来住的，不是用来炒的"，从 2017 年开始诸多城市出台了限购、限贷、限售的政策，这些政策都剑指投机需求。

其次，租赁市场在持续发展。住建部会同发改委、公安部、财政部等八部门联合印发了《关于在人口净流入的大中城市加快发展住房租赁市场的通知》。这份通知要求，在人口净流入的大中城市，加快发展住房租赁市场。目前，已选取了广州、深圳、杭州、成都等 12 个城市作为首批开展住房租赁试点的单位。

再次，租售同权政策出台。2017 年 7 月中旬，广州市明确提出，赋予符合条件的承租人子女享有就近入学等公共服务权益，保障租购同权；同年 7 月下旬，住建部有关负责人说，将通过立法，明确租赁当事人的权利和义务，保障当事人的合法权益，建立稳定租期和租金等方面的制度，逐步使租房居民在基本公共服务方面与买方居民享有同等待遇。

最后，探索共有产权房。北京市住建委会同北京市发改委等联合起草了《北京市共有产权住房管理暂行办法》，并征求意见。其中提到，30% 的“共有产权住房”房源应该面向没有北京市户籍的“新北京人”。

中国楼市“疯狂”发展的时代过去了，这份“疯狂”曾经为中国的经济发展贡献了很大的力量，但也造成了很多社会问题。在经济转型的大背景下，这份“疯狂”会逐渐冷静下来，这也是很多地产商选择转型的原因之一。虽然增量不可期，但做好存量的服务升级也是一个大市场。

资料来源：http://www.managershare.com/post/437192?from=feed.

四、规划增长战略

在对当前的业务进行了评价之后，便可知道当前企业总的销售额和总利润。但是总体战略还涉及企业未来发展的问题。企业的实际情况往往会和目标有差距，我们通常将这种差距叫作战略缺口（见图 2-5）。企业可以通过三条途径来弥补这个缺口。这三条途径分别是：第一，寻找密集型增长机会；第二，寻找一体化增长机会；第三，寻找多样化增长机会。

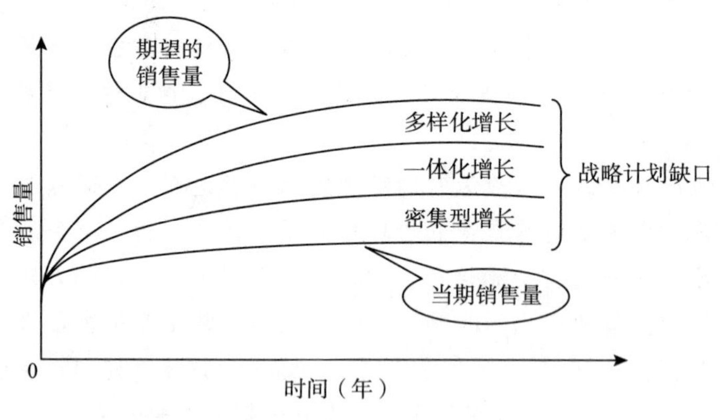

图 2-5 战略计划缺口图

（一）密集型增长战略

企业审视某业务自身是否存在改进的空间，如果有，企业便可以在现有的业务领域里寻找未来发展机会。根据安索夫的产品 - 市场矩阵（见图 2-6），企业可以采取三种具体的战略来实

	现有产品	新产品
现有市场	1. 市场渗透战略	3. 产品开发战略
新市场	2. 市场开发战略	（多样化战略）

图 2-6 产品 - 市场矩阵图

现密集型增长。

从图 2-6 中可以看出，这三种战略分别是市场渗透战略、市场开发战略、产品开发战略。

（1）市场渗透战略。企业通过各种方式使现有产品在现有市场上获得更多的市场份额；采用这种战略的公司，通常会借由促销或者提升服务品质等方式来说服同类产品的消费者改用自己品牌的产品，或者说服消费者改变使用习惯，增加消费量等。

案例 2-5

2015 年，Uber 在中国

为扩大品牌知名度和增加用户，2015 年 10 月 29 日，Uber（优步）在上海宣布与麦当劳中国首次跨界合作。同年 11 月，阿里巴巴钉钉在北京召开了与 Uber 的战略合作发布会，双方在产品层面进行打通与融合，旨在为企业员工打造更具幸福感的通勤服务。12 月 1 日，钉钉认证企业用户能够通过钉钉领取乘车优惠券。12 月 7 日，中国优步在北京、上海、广州、成都等 13 个城市启动全国首个“电动车日”，各城市上线了“Uber 电动车”选项。

（2）市场开发战略。企业为现有的产品开发新的市场。

案例 2-6

王老吉的“全国化”

2002 年以前，从表面看，红色罐装王老吉（简称红罐王老吉）是一个很不错的品牌，在广东、浙南等地区的销量稳定，盈利状况良好，有比较固定的消费群，红罐王老吉的销售业绩连续几年维持在 1 亿多元。发展到这个规模后，王老吉的管理层发现，要把企业做大，要走向全国，就必须克服一连串的问题，甚至原本的一些优势也成为困扰企业继续成长的障碍。为了更好地走向全国，突破发展瓶颈，王老吉重新对自己的品牌进行了定位，新定位为“预防上火的饮料”，新的定位体现了王老吉独特的价值，即喝红罐王老吉能预防上火，让消费者无忧地尽情享受生活：吃煎炸、香辣美食、烧烤，通宵达旦看足球……紧接着，王老吉确定了推广主题“怕上火，喝王老吉”，通过覆盖全国的中央电视台，以及原有销售区域（广东、浙南）的强势地方媒体进行宣传，在第一阶段的广告宣传中，红罐王老吉都以轻松、欢快、健康的形象出现，把红罐王老吉和“传统凉茶”区分开来。为了更好地唤起消费者的需求，电视广告选用了消费者认为日常生活中最易上火的五个场景：吃火锅、通宵看球、吃油炸食品薯条、烧烤和夏日阳光浴。画面中的人在开心享受上述活动的同时，纷纷畅饮红罐王老吉。结合时尚、动感十足的广告歌反复吟唱“不用害怕什么，尽情享受生活，怕上火，喝王老吉”，促使消费者在吃火锅、烧烤时，自然联想到红罐王老吉，从而促成购买。另外，王老吉还设计了一系列的地面推广活动和促销活动。最终，2003 年红罐王老吉的销售额比 2002 年同期增长了近 4 倍，由 2002 年的 1 亿多元猛增至 6 亿元，并以迅雷不及掩耳之势冲出广东；2004 年，尽管企业在不断扩大产能，但仍供不应求，订单如雪片般纷至沓来，全年销量突破 10 亿元；2005 年再接再厉，全年销量稳过 20 亿元；2006 年加上盒装，销量近 40 亿元；2007 年销量则高达 90 亿元。

（3）产品开发战略。企业针对现有的市场发展若干新产品。

案例 2-7　2015 IFA：海尔用产品“创新你的生活”

2015 年柏林国际电子消费品展览会（IFA）在柏林会展中心正式拉开帷幕。该届 IFA 展的主题为“创新驱动更高消费”。这意味着，产品不应止步于满足人们的刚性需求，而应向人们展现高于现实的图景，从而召唤起人的消费欲望。作为全球大型家电领军品牌，海尔在 2015 年的 IFA 展的主题是“ Innovative Life”，即“创新你的生活”，旨在给用户提供一个更便捷的生活，并在展会上展出了几大模块：“超大容量”“能耗等级”以及“创新差异化的产品”。

海尔在 IFA 展上推出的干湿分储冰箱，首次实现了“干区保存不返潮”和“湿区存放不脱水”双重保鲜功能，这样能更好地保障蔬菜鲜嫩多汁，奶酪减少霉变。A+++ 智能双开门冰箱不仅刷新了欧洲市场能耗最低值，而且它的无霜保鲜技术不破坏食物细胞结构，能够减少营养流失。3D 打印空调具有鱼鳞状的外观，开启时表面鳞片纹路“撕裂”，形成大面积的缝隙，满足出风需要。浴室的“魔镜”只需几秒就能显示出镜前人的各项生理指标，并且根据性别、喜好建议性地给出包括热水温度、水量、娱乐版块、健康分析等信息。这些炫酷的家电从视觉、味觉和心理方面着实激发了用户的好奇心与购买欲。

（二）一体化增长战略

除了改善目前的业务外，企业还可以通过建立或者收买与目前公司业务有关的业务来弥补战略计划缺口，这种弥补缺口的战略被称为一体化增长战略。一体化增长战略又有三种基本模式。

（1）前向一体化，指企业通过收购或者兼并下游的分销商来建立自己的分销体系，以及企业将自己的产品线向前延伸。

（2）后向一体化，指企业收购或者兼并其供应商，建立其拥有所有权或者可以控制的供应系统。

（3）水平一体化，指企业收购或者兼并竞争对手，或者与他们联合经营以增大规模和实力，实现企业增长。

（三）多样化增长战略

当企业在目前的业务范围之外发现了在行业中具有很大的吸引力，并且企业本身具备成功的组合业务能力时，企业便可以采取多样化增长战略，从而实现经营目标。该战略有三种方式。

（1）同心多样化战略。企业利用现有的技术、生产设备、营销等资源开发新的产品，以吸引新顾客。

（2）水平多样化战略。企业在现有市场和顾客的基础上，利用新技术开发出新的能满足顾客需要的产品。

（3）集团多样化战略。企业通过开发某种与现有产品、市场、技术毫无关系的新业务而进入新的经营领域，来寻求新的业务增长。

第二节 如何进行市场营销战略规划

在企业的最高层管理者制定完企业总体战略和确定经营战略之后，接下来就需要营销经理的努力了，他们需要在企业的总体战略的基础上制定市场营销战略，然后根据营销战略来管理企业的营销活动。在营销 4.0 时代，营销经理在整个企业战略体系中扮演着更加重要的角色，也面临着更多的挑战。

营销 4.0 是对菲利普·科特勒提出的观点的进一步升级。在丰饶的社会中，马斯洛需求中的生理、安全、爱和归属感、尊重的四层需求相对容易被满足，但是客户对于处于较高层次的自我实现形成了一个很大的诉求，营销 4.0 解决了这一问题。表 2-1 是营销 1.0 到营销 4.0 的具体内容介绍。

表 2-1 从营销 1.0 到营销 4.0

	营销 1.0 产品中心营销	营销 2.0 消费者定位营销	营销 3.0 价值驱动营销	营销 4.0 共创导向的营销
目标	销售产品	满足并维护消费者	让世界变得更好	自我价值的实现
推动力	工业革命	信息技术	新浪潮科技	价值观、连接、大数据、社群、新一代分析技术
企业看待市场的方式	具有生理需要的大众买方	有思想和选择能力的聪明消费者	具有独立思想、心智和精神的完整个体	消费者和客户是企业参与的主体
主要营销概念	产品开发	差异化	价值	社群、大数据
企业营销方针	产品细化	企业和产品定位	企业使命、远景和价值观	全面的数字技术＋社群构建能力
价值主张	功能性	功能性和情感化	功能性、情感化和精神化	共创、自我价值实现
与消费者互动情况	一对多交易	一对一关系	多对多合作	网络性参与和整合

一、如何认识有效的市场营销战略

站在战略的高度上考虑，营销经理在做决策的时候，总是要考虑以下几个关键问题。

（1）关于市场营销活动，应该坚持怎样的营销观点？又应该遵循什么样的价值准则？

（2）企业服务的对象是谁？企业能为他们提供的差异化价值体现在哪些方面？

（3）企业现在的状况如何？企业与竞争者的差异在哪里？企业现有产品处在生命周期的哪个阶段？

（4）企业何时应该进入或者退出某一特定的细分市场？

（5）以什么样的方式实现营销目标？与消费者维持持续交易的基础是什么？另外，随着数字化时代的来临和迅速发展，如果企业已经认识到数据的作用并开始用数据来指导整体企业战略发展，企业的营销经理还需要考虑如下问题以适应数字化时代消费者和其他营销环境的变化。

（1）如何通过移动互联网与消费者建立更加有效的联系？

（2）如何通过连接激励内部员工和消费者参与双方价值共创，实现双赢？

（3）如何实现消费者行为比特化，以更好地了解消费者？

（4）如何建立用数据说话的营销文化？

（5）如何针对消费者行为数据建立有效的动态改进机制，以保证营销策略与消费者行为更加契合？

企业只有回答了以上问题才能制定出有效的市场营销战略。针对上述问题，营销经理制定的一份有效的营销战略至少应该包含以下因素。

（1）明确在市场营销活动中指导行为的视角和价值观。

（2）明确公司为之服务的市场。

（3）明确公司的产品和服务定位以突出其在竞争中的差别优势。

（4）明确市场进入和退出的时期。

（5）明确应该通过怎样的营销努力实现战略目标。

（6）从长期而不是短期目标出发。

案例 2-8　　IBM 的创新即兴大讨论

为了开发更好的产品，加强公司内外部联系，IBM 专门建立了一个网络平台叫作“创新即兴大讨论”（Innovation Jam），该平台专为大型在线协作而设计，让感兴趣的人在上面针对商业或者社会上需要解决的问题进行讨论以此来激发更多的创新。所有的参与者和赞助者都可以在上面找到感兴趣的话题。IBM 每两年就会在公司内部进行一次创新即兴大讨论。在最开始的三天里，高管会设定议题，并展开在线头脑风暴会。这种创意点子会被上传到线上，被讨论、延伸，美国和亚洲分公司成员会同时在线讨论。在 2008 年 10 月的创新即兴大讨论上，一共有 5.5 万名 IBM 员工参加，并有 5 000 名特别邀请的客户和员工家属参加，以共同寻求新的创意和解决方案。IBM 内部的创新即兴大讨论第二阶段的讨论聚焦于可行性分析。最后，IBM 会从中选出 10 个最好的想法，投资 1 亿美元支撑这10个想法的执行，而这10个想法也正是IBM未来要发展的10项新商业计划，比如智能医疗支付系统、智能基础设施系统、整合大众交通信息系统、数字化的我、3D互联网等。

资料来源：IBM https://www.collaborationjam.com/,《数字时代的营销战略》。

案例 2-9 **朝阳大悦城基于数字的零售营销**

朝阳大悦城位于北京城市东部朝青板块核心地段，朝阳北路与青年路交叉口的东北角，在四环和五环之间，规划占地面积84 610平方米，规划总建筑面积超过40万平方米，其中包括大型购物中心23万平方米，酒店式服务公寓7万多平方米。购物中心有地上11层、地下3层，集购物、餐饮、娱乐、文化、健身、休闲等六大主题于一体，规划引进主力店、次主力店、特色店等各类商户400余家。

项目定位为“超级家庭生活娱乐购物中心”，以家庭为主题包装商业，在北京的商业地产项目中堪属第一。建成后将以先进的消费概念、丰富的业态与经营品种融入人们的生活，极大缓解了朝青板块商业严重不足的现状，满足区域百万消费人群的消费渴望，成为北京市极具地标性与文化性的超大型、一站式休闲购物中心。

为了更好地服务消费者，其在客流量和消费者动线等大数据的基础上，在零售营销上设计了有效的动态改进策略，其所有的营销、招商、运营、活动推广都围绕着大数据的分析报告进行，具体包括以下内容。

（1）根据超过100万份会员刷卡数据的购物车清单，将喜好不同种类、不同品牌的会员进行分类，将会员喜好的个性化品牌促销信息精准地进行投放。

（2）朝阳大悦城在商场的不同位置安装了将近200个客流监控设备，并通过WI-FI站点的登录情况获知客户的到店频率，以及通过与会员卡关联的优惠券得知受消费者欢迎的优惠产品。

（3）经过客流统计系统的追踪分析，提供解决方案，改善消费者动线。在4层的新区开业之后，客人总是不愿意往新区走，因为消费者熟悉之前的动线，所以很少有人过去，该区域的销售表现一直不如人意。为此，招商部门在4层的新老交接处的空区开发了休闲水吧，打造成欧洲风情街，并提供iPad无线急速上网休息区。在整体规划调整后，街区新区的销售情况有了显著的改观。

资料来源：《数字时代的营销战略》。

二、如何规划营销战略

（一）确立营销价值观：在企业内部贯彻营销观念

每家公司都需要决定如何实现它的目标，大部分公司通过提前制订详尽的计划来指导自身的活动，这些针对具体目标制订的计划各不相同，但是其遵循的原则是一样的。在时刻变化的市场环境中，只有全面遵循营销理念的企业才能取得最后的成功。

那些没有树立营销观念的企业，首先会决定生产什么产品或者提供什么服务，然后才决定怎样将这些产品与服务销售出去。一直到产品将要出售的时候，企业很少考虑顾客是谁或者他们到底需要什么。营销规划也只在产品被设计好后，往往由企业里专门的营销专家独立完成。这些企业认为大多数人是产品的潜在购买者，企业只需通过独立的营销活动便可说服他们购买本企业的产品。

在营销观念的指引下，公司管理者相信如果能对顾客的需求做出正确的反应，将会更加成功。同时，他们也认识到不同的消费者群体之间的需要不尽相同，并且这些需要会随着时间的推移而改变。

从图 2-7 中可以看到，企业在贯彻营销观念后，其营销战略规划的出发点是识别潜在消费者并研究其需要。这项工作主要由公司的营销专家来完成，然后利用其研究的结果来决定企业应该开发什么样的产品或服务才能回应消费者的需要。公司所有的人员将被调动起来围绕着一个目标而努力，那就是满足消费者的需要。

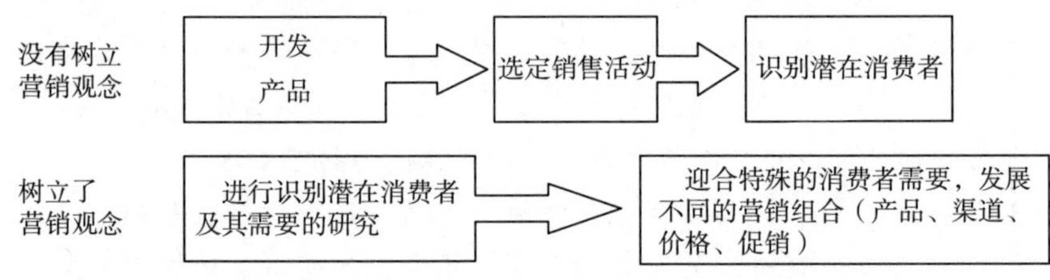

图 2-7　不同营销观念下的企业战略规划步骤图

简而言之，在营销观念的指引下，企业的营销活动始终围绕怎样满足已被识别的消费者的需要而展开，而不是考虑用怎样的方式才能说服消费者购买他们或许不需要的本公司的产品。

（二）明确目标：了解消费者，界定和选择市场

在商品多样的今天，消费者有了更多选择的空间，且消费理念也变得越来越成熟。大多数消费者对产品和服务有很好的了解，他们在做决定前会很熟练地搜集关于不同商品的信息并做出比较。成功的企业往往是那些充分了解消费者并能生产出满足消费者需要的产品的企业。通常来说，企业处理消费者需求的方式一般有两种。

（1）消费者十分相似并且能被影响，从而购买企业生产的产品。

（2）消费者是不同的，他们只会选择能满足他们独特需要的商品。

拥有营销观念的企业很关心消费者的需要，企业行动的出发点是消费者，它们相信如果自己能比竞争对手更好地满足消费者的需要，便有更多的可能获得成功。企业仔细地研究市场来区别还有哪些消费者群体的需要未被满足，然后决定针对这些未被满足的需要展开活动。通过广泛的市场营销研究，企业收集了许多消费者信息并通过分析这些信息将具有相似特性、需要和消费行为的消费者归为一类。在一个大的市场中将不同的由一群相似消费者组成的群体区分开来就是市场细分。尤其是在大数据时代，通过对消

费者数据的采集以及数据挖掘与建模，企业可以形成更好和更精确的消费者画像，给消费者贴上各种各样的标签，市场细分的维度也变得更加多元和细致。

在进行市场细分之后，企业将进一步分析各个细分市场来决定应该提供什么样的产品才是最有效的，以及哪个市场的需求是最旺盛的，并且拥有最丰富的资源，而竞争又不激烈，或者其他一些能使企业有机会获得成功的特性。研究并按优先顺序列出各个细分市场，基于需求与竞争最终确定最有发展潜力的细分市场便是市场机会分析。一旦细分市场被确定并进行了排序，企业便要选择哪个细分市场是它将要关注的市场。然后通过研究从该市场所获得的所有信息以及消费者画像的特征，协助制订生产和营销计划，实现营销活动和消费者的精准匹配。

案例 2-10　　超级消费者

剑桥集团的分析师埃迪·尹（Eddie Yoon）在新书《超级消费者》中说，只有 10% 的顾客属于超级消费者，他们的消费总额占到销售额的 30% ～ 70%。这些人被称作超级消费者，不是因为购买数量（但他们通常也是重度使用者），而是因为他们对产品的态度。

每个消费品类都有超级消费者，比如有人会极度沉迷于卫生纸卷；超级消费者会影响自己的社交圈，玩具制造商 American Girl 发现，在超级消费者聚集的地方，一般消费者的消费也会增加 1/5；超级消费者非常喜欢解决产品的问题，麻省理工斯隆管理学院的埃瑞克·冯·希培（Eric von Hippel）教授发现，大约有 80% 的科学仪器突破，都来自产品的重度使用者而不是制造商；超级消费者能促使企业将焦点放在核心业务上。

埃迪·尹说，企业可以靠善待超级消费者来推动企业成长。企业可以通过以下两步强化与超级消费者之间的连接：第一步是找出超级消费者，“公司首先要找出有机会成为超级消费者的年轻顾客，通过阅读他们的推特或者对产品流露出情感的投诉信，公司可以学到很多东西”；第二步，奖励超级消费者的忠诚之心，航空公司会给常客各种层级的奖励，流媒体公司 Spotify 会从用户的聆听习惯中找出某个音乐人的粉丝，并赠送演唱会门票。

资料来源：得到 App,《李翔商业内参》。

（三）超越竞争：定位和差异化战略

在进行市场细分后，企业便需要选择目标市场，在现今竞争如此激烈的市场里，企业要想比竞争者对消费者更具有吸引力，就必须确定本企业提供的产品和服务中的哪些因素是与其竞争者不同但却是消费者需要的。

营销经理通常用两个词语来表述企业的这一决策：定位、差异化。定位是指与竞争对手相比，在顾客心里我们的位置有什么优势和劣势；差异化则是指企业将要为顾客提供的产品或服务具有哪些独特的差别利益。

一般来说，可供企业选用的定位 / 差异化战略通常有 15 种（见表 2-2），企业可以通过市场调查和对自身进行分析来确定公司及产品定位以及公司或产品的差异化在哪里，以及还有哪种差异化战略没有在其他公司实行，而本公司又拥有使其实现的能力。

表 2-2 定位 / 差异化战略表

市场占有率领先者	=	最大的市场份额或规模
质量领导者	=	产品和服务最好或最可靠
服务领导者	=	当顾客遇到问题时，反应是最灵敏的
技术领导者	=	最先开发新技术
创新领导者	=	在使用新技术、新模式中最具创造力
多样化领导者	=	产品和服务的种类最多
灵活性领导者	=	最具适应性
关系领导者	=	对顾客的成功最愿意承担义务
威望领导者	=	独一无二的
知识领导者	=	最有经验和最富专长
全球化领导者	=	以服务世界市场为最佳定位
廉价领导者	=	最低价格
价值领导者	=	性价比最好
诚实领导者	=	最合乎道德或最值得信任
社会责任领导者	=	对所服务的社区力量最积极

案例 2-11　　滴滴出行：市场占有率领先者

2012 年夏天，小桔科技在北京成立并推出嘀嘀打车 App；快智科技在杭州成立并推出快的打车 App；双方均为用户提供出租车在线叫车服务。2013 年，嘀嘀打车和快的打车相继获得腾讯和阿里巴巴战略投资，同年快的打车并购大黄蜂打车。2014 年 1 月，嘀嘀和快的掀起轰动全国的补贴大战，移动出行由此开始普及。2014 年 5 月“嘀嘀打车”正式更名为“滴滴打车”。2015 年 1 月，滴滴企业级服务上线，专为企业用户提供灵活、高效、可控的一站式出行解决方案。2015 年 2 月，滴滴打车和快的打车成功地进行战略合并。2015 年 5 月，滴滴“机器学习研究院”成立并展开全球科学家招募计划，开始在全球范围吸引人才，旨在为中国出行产业提供大数据和深度学习技术支持。快车上线，为更广泛的乘客群体提供更经济、便捷的专车服务，移动出行市场迅猛拓展。2015 年 6 月，C2C 拼车平台滴滴顺风车正式上线，帮助私家车主和乘客共享通勤出行。随后滴滴打车推出跨城顺风车服务，将城际共享出行网络覆盖全国。2015 年 9 月，滴滴打车全面品牌升级，更名为“滴滴出行”，明确构建一站式出行平台。程维随中国国家主席习近平访美参加第八届中美互联网论坛，并在夏季达沃斯论坛受到李克强总理接见。共享经济模式得到积极肯定。滴滴出行与美国共享出行先锋 Lyft 展开包括投资、产品、技术等层面的合作；与领英展开战略合作，拓展移动出行与职业社交协同市场。滴滴出行入选世界经济论坛 2015 年达沃斯“全球成长型公司”。2015 年 10 月，滴滴出行获上海市交委颁布全国首张网约车运营牌照。滴滴出行与印度打车行业领袖 Ola 展开包括投资、产品、技术等层面的合作。2016 年 1 月，滴滴出行宣布 2015 年完成 14.3 亿份订单，成为仅次于淘宝网的全球第二大在线交易平台。2016 年 3 月，滴滴出行全平台日完成订单突破 1 000 万份。2016 年 8 月，滴滴出行收购优步中国。从此滴滴出行成为中国网约车市场龙头。

资料来源：滴滴出行官网，http://www.didichuxing.com/fazhan.html.

案例 2-12　一家真正改变零售商运作方式的公司：Everlane，创新、性价比、诚实领导者

美国时尚电商品牌 Everlane 创立于 2011 年，2017 年的年收入为 5 000 万美元，估值超过 2.5 亿美元，被《快公司》杂志评为年度创新公司。它的核心商业模式是为用户提供极致的性价比，所有商品的终端价格是生产成本的 1.5 ～ 2.5 倍，没有线下实体店，主要销售渠道是官网。Everlane 的每一件商品都详细提供了所有相关信息，比如一件白衬衫的标签上会写：10.77 美元花在棉布、线和扣子上，剪裁用了 1.22 美元，8.35 美元用在缝制上，物流运输花了 4.61 美元，最终成本是 24.95 美元，我们的零售价是 55 美元，而同类产品的传统零售商的价格是 110 美元左右。

除此之外，工厂的信息、工人的照片和所有生产过程中的事情都会放在网站上。消费者会发现 Everlane 用的生产设备和材料与生产奢侈品品牌的一模一样，这可以在社交媒体上引发讨论，节省了大笔推广开支。目前，它的 Instagram 账号有超过 27 万名粉丝。创始人迈克尔·普雷斯曼说："零售商往往不会提供很多关于产品的信息，这很迷惑消费者。因为你不知道衣服产自哪里，成本是多少。当你被告知一个商品的价格时，你也不清楚究竟为什么这样定价。所以这就是我们要做的事情，通过一个灵感真正地改变零售商的运作方式。"

资料来源：http://m.china_ef.com/news/607037.html.

案例 2-13　一家与众不同的袜子公司："Stance"

美国品牌 Stance 创立于 2009 年，6 年来，只生产袜子，每双袜子的价格为 8 ～ 20 美元（限量版价格更高）。创始人兼 CEO 杰夫·卡雷尔曾是美国耳机品牌斯酷凯蒂（Skullcandy）的董事，他说："2003 年，斯酷凯蒂刚出来的时候，耳机的外形设计都差不多，不是黑色就是银色，看起来就是普通的电子产品。但斯酷凯蒂的设计风格让人眼前一亮，色彩明快，与其他耳机完全不同，所以我就想，我们可以用一样的方法来做袜子，因为大家都忽略了它。"

Stance 的袜子一改常见的黑白灰色调，色彩斑斓。它建立了专门的实验室 SHRED（Sock Hosiery Research Engineering Development，"袜子研究工程开发"的缩写），该实验室主要对袜子的原材料、合脚程度、弹性、吸汗性进行研究。首席产品官泰勒·舒普说："袜子和我们每天的舒适度、移动性息息相关，一双不舒服的袜子，甚至会戏剧性地影响运动员的整体表现。最开始，我们买了 2 000 双袜子，每个人都试穿，有时候我们一天得换好几双，试穿后会讨论它的材质，讨论我们不喜欢这一双袜子的哪些方面，直到我们明白用户对袜子的真正需求。"后来，Stance 开发出了全新的 360 度印染工艺，该工艺让颜色深入纤维内部，即使人穿上袜子，图案也不会变形。"我们不仅仅是想做出更好的图案，而且更是想做出让消费者喜欢的产品。这是美学上的创新，也是舒适性上的创新。"正是这项技术，让 Stance 在 2015 年取代阿迪达斯成为 NBA 的指定球袜供应商，并获准将 NBA 的标识印在袜子上，这一年，它卖出了 3 600 万双袜子。《快公司》的网站上的一篇文章这样写道，全球袜子市场规模在 56 亿美元左右，根据数据库 CrunchBase 的报告，2016 年 4 月，Stance 拿到了 3 000 万美元的 D 轮融资，累计融资金额达到 1.16 亿美元。

资料来源：得到 App,《李翔商业内参》。

（四）界定产品：产品生命周期

在进行差异化定位之后，企业还需要对目前产品的生命周期进行识别，以针对其处在不同的时期采取不同的战略。对于企业来说，其所生产的每个产品都有一段有限的生命，在这段生命里，产品销售将经历不同的阶段，在不同的阶段里产品的利润有高有低，这种可以预见的产品销售增长模式便是产品生命周期。典型的产品生命周期分为四个阶段（见图 2-8）。

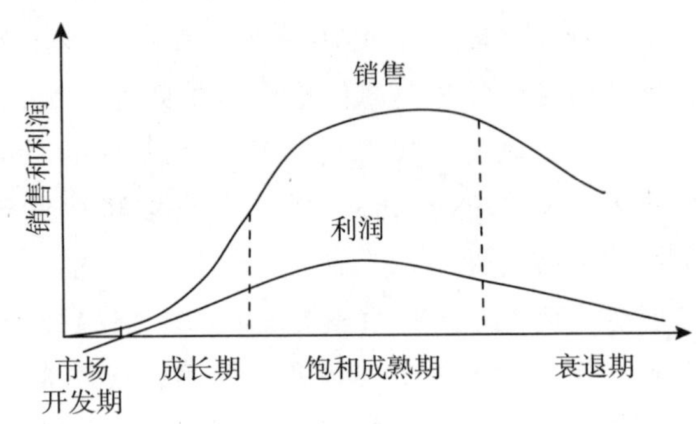

图 2-8 产品的生命周期

（1）市场开发期，也叫产品导入期。在这一阶段，产品销售量增长缓慢，而且由于需要支付一大笔的市场开发费用，所以几乎没有利润或者利润很小。

（2）成长期。此时期的产品被市场迅速接受，产品销售量增长迅速，利润大量增加。

（3）饱和成熟期。这个时期由于大多数的潜在购买者已经接受了企业生产的产品，销售量逐渐减少，并且由于竞争逐渐激烈，因此企业所获利润逐渐趋于稳定甚至下降。

（4）衰退期。这一时期企业的销售额不断下降，利润也随之呈不断减少的趋势。

对于企业来说，产品生命周期使企业明白销售永远不会一直保持增长的态势，从而可以更好地预测营销资源的分配，并根据产品处在不同生命周期的特征制定不同的营销战略，它还能帮助企业更好地理解竞争者何时可能进入市场，以及他们在每个阶段可能采取的行动，从而有针对性地做出决策以赢得竞争。最后，产品生命周期有助于企业对市场进入和退出时机等战略问题做出正确的决策。

（五）分析市场：市场进入 / 退出决策

对于企业的营销经理来说，他们有时候还要与产品经理以及其他企业管理人员一起做出关于何时进入或者退出某一市场的决策。决定这一问题的变量主要有三个：某一细分市场的吸引力、该市场的风险以及相对竞争者企业的优势。我们通常使用市场进入和退出模型来做决策（见图 2-9）。

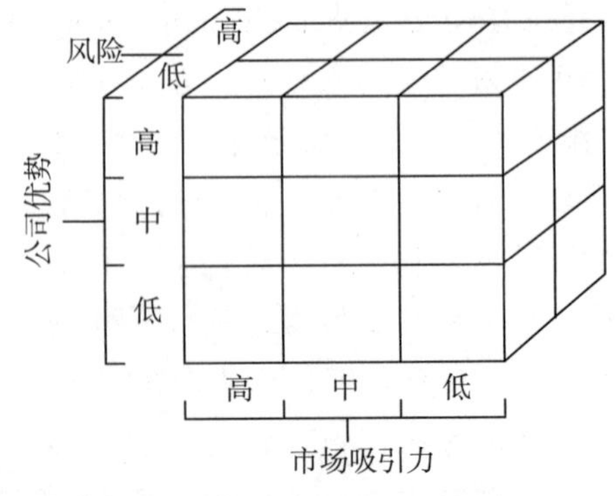

图 2-9 市场进入 / 退出决策模型

公司优势相对较高、具有高的吸引力以及风险较小的细分市场是企业可以选择进入的市场。相反，对于那些具有高风险的细分市场，企业优势又不明显的市场，企业则可以选择退出以规避风险。

第三节　如何进行营销管理与营销计划制订

一、如何实施正确的营销管理

（一）研发令消费者满意的产品

对于消费者来说，同一类产品的生产企业是很相似的，因为它们所提供的产品的最基本功能是一样的，比如椅子，不管它由哪个厂家生产，样子如何，它最基本的用途便是坐，没有人买椅子是为了睡觉。虽然这样说，但是对于一件产品来说，其内涵远不只是它的基本功能，还包括很多其他的功能，这就是很多消费者会购买 A 厂家生产的椅子却不购买 B 厂家生产的原因。因此，市场上的每个参与竞争的厂家都要想方设法地使它们的品牌不同于或者好于其他提供同类商品的企业，也就是它们的竞争对手。

首先，企业可以通过赋予产品一些新的特性以增加消费者满意度，比如独特的设计、独特的结构、不同的大小和颜色等。有时，一些小的配件便可以达到这个效果，比如卖红酒的厂家在酒盒里附赠精美的红酒开瓶器。

其次，为消费者提供针对产品的更多的配套服务。这些服务有的是在购买前提供，比如详细的产品介绍信息（包括如何交付、储藏、使用等），让消费者体验新产品等；有的是在购买后提供，比如提供上门维修等。保修证书和保修期被认为是产品的一部分，因为它们使消费者在做购买决策时更具信心。

最后，在做出产品开发决策的时候还应充分考虑产品的用途。通常，一件产品的用途往往不是单一的。一旦消费者不能按照他们想象的方式使用产品，他们便会不满意，因此产品包装不仅要保护产品，还要给消费者提供明确且详细的信息，以便他们了解和使用产品。

案例 2-14　　塔吉特的“数据关联挖掘”

塔吉特公司（Target Corporation）是美国的一家零售公司，该公司成立于 1902 年，总部位于明尼苏达州明尼阿波利斯。它是美国第二大折扣零售商，仅次于沃尔玛。在 2017 年《财富》美国 500 强排行榜中，排名第 38 位。

利用先进的统计方法，商家可以通过分析用户的购买历史记录来建立模型，预测用户未来的购买行为，进而设计促销活动和个性服务，避免用户流失到其他竞争对手那里。塔吉特是最早涉足大数据的零售商，它拥有专业用户数据分析模型，可对用户购买行为精确分析，然后先于同行精准营销商品。

塔吉特通过分析所有女性客户的购买记录，可以“猜出”哪些是孕妇，其发现女性客户会在怀孕4个月左右，大量购买无香味乳液，由此挖掘出25项与怀孕高度相关的商品，制作“怀孕预测”指数。推算出预产期后，塔吉特就能抢先一步，将孕妇装、婴儿床等折扣券寄给客户。塔吉特还创建了一套女性购买行为在怀孕期间产生变化的模型，不仅如此，如果用户从它的店铺中购买了婴儿用品，在接下来的几年中塔吉特会根据婴儿的生长周期定期给这些用户推送相关产品，使这些用户形成长期的忠诚度。

资料来源：https://wenku.baidu.com/view/8bafa5decc1755270622082e.html.

（二）为产品和服务定价，最有效地传递价值

为产品或服务定价可能是企业在做出营销决策时最难的一个部分。从理论上来讲，价格是供给和需求相互作用的结果。这一关系对于设立最好的价格是非常重要的，但是对于企业来说通过供给和需求来为某一产品制定价格几乎是不可能的，企业必须建立其一套特殊的体系以制定出具有竞争力的价格但是同时也能为企业带来利润。

首先企业需要明白给产品或者服务定价的目标是什么。如果目标是增加某一特定产品的销售额，所定的价格肯定不同于为了尽可能地实现单个产品利润最大化的目标时所定的价格。许多企业的定价往往与其竞争者相同或者略低于竞争者，这种策略在很多时候是必要的，但是同样也会衍生出很多问题。计算商品和服务所需的价格需要考虑很多因素。生产、销售和运营成本等往往占许多产品或服务价格的一大部分，所以企业能获得的净利润是很少的。如果不仔细考虑价格的构成或者没有进行仔细计算，企业很可能在所有的费用都入账后发现自己没有利润。另一个在定价过程中需要考虑的因素便是企业所制定的价格是如何呈现给消费者的。不同的呈现方式会给消费者以不同的感受，比如当他们对一些商品不熟悉的时候，消费者往往会直观地认为价格高的商品自然比价格低的产品好。

因此，在为产品和服务定价时，营销者必须尽可能地在产品成本和顾客对产品的价值感觉中寻求平衡，最终目标是制定合理的价格以及获得合理的利润。

（三）建立便利的分销渠道

分销是一家企业在营销过程中至关重要的一步。它通过使消费者能在他们期望的时间和地点购买企业的产品而让消费者满意。我们不难发现，很多时候当我们想用某件东西时它却是坏的，或者我们原以为能在某个商场里买到某家企业的产品但事实上却找不

到。而这一切直接影响了我们对某家企业产品的看法，很可能会导致我们做出再也不购买其产品的决定，由此可见渠道对于企业的重要性。

通常，很少有产品或服务的交易直接发生在生产者和顾客之间，大部分企业在分销活动过程中必须依靠其他人或组织。生产商必须依赖批发商和零售商才能将其生产的产品传递给消费者。同样地，零售商要生存，就必须找到能够生产出顾客需要的商品的厂家并且要保证这些商品是可以获利的。

追踪所购买产品的分销渠道是一件有趣的事情，有时候很难发现那些卷入分销过程中的一些企业，即使它们可能正是这件产品的生产者。虽然对于顾客来说，许多企业并不是那么显而易见地参与了分销过程，但是对于企业的营销经理来说，参与分销渠道的每个成员都是非常重要的，他们对企业能否在营销进程中获得胜利起着很重要的作用。

随着互联网的发展，企业有了更多更便利的方式将自己的产品传递给消费者，越来越多的企业为了更好地满足消费者在任何时候、任何地点以及采用任何方式的购买需求，开始进行全渠道营销，布局新零售。

案例 2-15 **跟着日本 7-11 玩转全渠道**

7-11 品牌原属美国南方公司，2005 年成为日本公司。Seven & I Holdings 公司是 7-11 日本公司、Ito-Yokado 公司、Denny's Japan 公司在 2005 年 9 月合并成立的新公司。1927 年在美国得克萨斯州创立，7-11 的名称则源于 1946 年，借以标榜营业时间由上午 7：00 至晚上 11：00，后由日本零售业经营者伊藤洋华堂于 1974 年引入日本，从 1975 年开始变更为 24 小时全天候营业。在 2018 年世界品牌 500 强排行榜中，7-11 排名第 127 位。

2015 年，7-11 的董事镰田靖在东京举行新闻发布会，宣布 Seven & I 集团下的电商部分要重新整合，新网站名称叫"全渠道 7"，并在 2015 年 11 月全面上线。Seven & I 的目标是把 2014 年 1 600 亿日元的电商销售额，提升到 2018 年的 1 兆日元。2014 年，Seven & I 旗下的伊藤洋华堂、7-11 等 20 家便利店、超市以及商店内销售的 300 万种商品实现同时在网上销售。此前，Seven & I 投入 1 000 亿日元构建库存信息一体化系统，实现所有店铺接受订单，然后统一配送，同样的商品，消费者在商店和网上都可以购买。其实，在日本，零售实体店互联网化开始的时间是非常早的，7-11 早已不是我们印象中的传统实体店。早在 2000 年前后，Seven & I 就依靠整个集团的力量，以 7-11 便利店和伊藤洋华堂的商品品项和物流系统为基础，开展电商业务。直至 2014 年，它已经成长为日本第五大电商公司（前四位分别是日本亚马逊、乐天、日本雅虎、爱速客乐）。

7-11 的渠道策略始终和它的产品战略是一样的，都是围绕顾客的体验和需求进行的，也就是说，在电商平台和实体店如果可以购买到相同品质的商品，对于顾客而言全渠道是更加便利的购物体验，因此7−11选择了全渠道战略。对于全渠道战略，7−11董事镰田靖表示，顾客在电商渠道购买的东西，可以在7−11便利店退换，他说和亚马逊、乐天不同，7−11不是纯电商，差异化的部分由店员主导，店员把顾客看中的商品拿到家中销售。为了实现这一战略，7−11开发了专用的平板电脑，把电脑分发到店铺，在上门销售和销售店面内没有的商品时使用，而电商和实体店两个方面的强化，让顾客感到更加便利。

（四）有效促销，帮助顾客做决定

企业需要计划促销活动以将产品或服务的价值和利益传递给消费者，从而帮助他们做出购买决策。虽然广告和其他促销方法在支持开展有效的营销活动时是非常有力的工具，但是它们也很容易被错误地使用，最后对消费者不会产生任何影响甚至会产生消极的影响。

企业在计划促销的时候可以选择很多不同的促销工具。最普通的有广告、人员推销、销售促进、产品展示和媒体宣传。除此之外，还有一些其他不经常被使用的方法可以采纳。促销方式的选择，最根本的出发点是满足传递企业希望传递的产品和服务信息的要求以及能使听众得到他们想要知道的信息。每一种方式在单位成本、所能传递到的人群规模、携带信息的数量以及其他方面都是不相同的。营销经理需要充分考虑本企业的产品、消费者的特点和财务承受能力来选择合适的促销工具以达到最好的促销效果。

二、如何制订营销管理计划

确定了具体的营销战略之后，营销经理就需要将他与企业其他管理者商定的比如要达到的目标，何时开展促销活动等一系列具体事宜落实到书面材料上，也就是编写营销管理计划。

（一）营销计划需要注意哪些问题

企业要想在激烈的市场中求得生存，从众多的竞争者中脱颖而出，这种竞争程度不亚于进行一场特殊意义的战争。战争胜利，企业得以生存，战争失败，企业消失。一份好的营销管理计划对于企业取得战争的胜利必不可少。然而，企业往往发现营销计划最后并没有起到预想的作用。那么，在营销计划的编写过程中，我们应该注意哪些问题呢？

（1）营销计划的可操作性。营销计划不管是以何种形式呈现，它最终的作用都是为企业的营销活动提供指导。然而，很多营销计划在被送到最终使用者手中的时候，往往让使用者无法在其指导下开展工作。因此，好的营销计划应该是确定的并且能方便理解和遵照执行。

（2）充分分析竞争者。企业活动并不是在一个与世隔绝的环境里进行的，关注企业活动的除了企业自身和消费者之外，最关心它们的还有竞争者，对它们的活动反应最敏感的也是竞争者。企业只有充分地分析其竞争对手，才能更清楚地认识自身的优势和需要改进的地方，最终利用自己的比较优势取得竞争的胜利；充分地分析竞争者才能更好地预测对方的活动，以制订出应对方案。

（3）不要过分地注重短期行为。营销计划的制订，其最根本的目的是实现企业的总体目标，以及实现企业的持续发展，因此，营销计划不能仅仅着重于眼前利益，应该与企业长远的发展方向相符合，营销经理不能只注重短期的利益，忽视营销计划对企业长期利益的意义。

（二）制订营销管理计划的步骤

每家公司所编写的营销计划不尽相同，但是大致的内容都差不多，只是各自的侧重点不同。图 2-10 是一个关于营销管理计划编写的相对比较复杂和完整的模型，该模型首先展示了营销计划是如何适应整个公司的结构体系的；然后制订在实际的营销活动中需要操作的具体的行动计划。

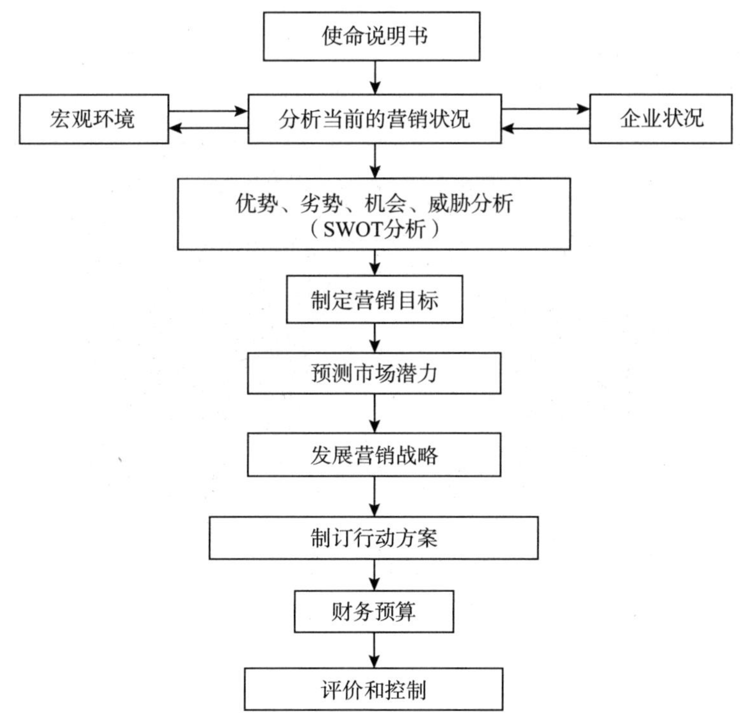

图 2-10 营销管理计划的步骤

1. 分析当前的营销状况

当前的营销状况分析包括两个部分：一部分是分析组织所处的宏观环境中会对企业造成影响但是企业很难控制或者根本无法控制的因素，这些因素分为政治因素、经济因素、社会文化因素以及技术因素，我们通常将对这些因素的分析称为PEST分析；另一部分则是企业对自身情况的分析，也就是内部环境分析，其本质是企业对自身能力的评估，包括对其生产能力、财务状况、人力资源等一系列因素的分析。对企业外部环境和内部环境的分析是企业编写营销计划的开端。

2. SWOT 分析

SWOT分析是对企业的优势、劣势、机会以及威胁的全面评估。企业通过对外部环境进行评价得出自己面临的外部机会和威胁；通过对自身能力的评估也就是对内部环境的分析，企业能清楚了解自己相对于竞争者的优势和劣势。

企业通常会将其自身面临的机会和威胁以及优劣势状况用一个四方表格列出来（见表2-3），然后将优势和劣势相比较，机会和威胁相比较，最后得出分析的结果（见图2-11）。矩阵的左边表示企业的机会和优势，右边表示劣势和威胁，圆圈代表企业，圆圈在矩阵中的位置则表示企业目前的状况，如果圆圈更多地落在优势和机会这边，那么企业的营销活动最终获得成功的机会也会更大。

表2-3　SWOT分析表

优势（Strength）	劣势（Weakness）
可能是成本更低、拥有比竞争对手更完善的分销渠道或者技术更加领先等	可能是品牌、成本和价格方面的问题或者创新能力不足等
机会（Opportunity）	**威胁（Threat）**
可能是符合国家产业政策的、马上可以开发出效果更好的产品等	可能是新的竞争对手的进入，经济将进入萧条时期，成本的增长等

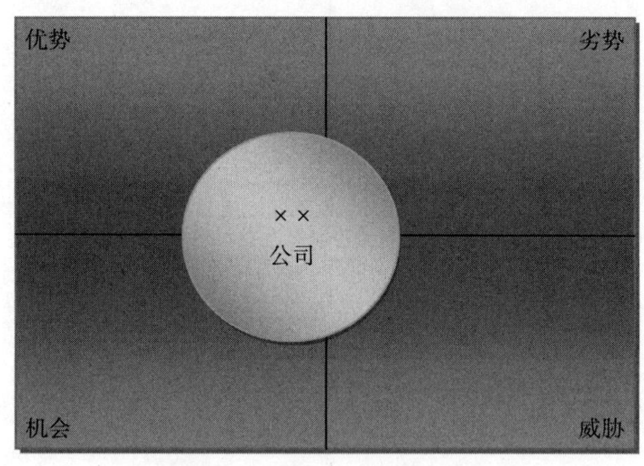

图2-11　SWOT分析结果图

3. 制定营销目标

企业在完成了SWOT分析之后，便可以制定特定的营销目标，营销目标展示了企业期望通过营销活动所能达成的结果。营销目标通常包括销售量、市场份额、利润及其他相关指标。

企业在制定营销目标的时候，有几个因素需要考虑。首先，目标应该是特别的，它代表企业在某一方面的特殊立场，比如是取得利润的最大化还是获得更多的市场份额；

一般来说，某一行业的市场领导者为了保证其市场地位，往往更多地关注其市场份额，甚至为了阻止竞争者的进入，会牺牲利润来降低价格以加强行业进入壁垒。其次，目标应该是可以衡量的，也就是说目标应该包含一些可量化的指标，比如销售额增长 20%；然后，目标应该是符合实际情况并且是可能达到的，一家新成立的公司为自己设立“半年之内要在世界闻名”的目标虽然听起来很鼓舞人心，但实际上没有任何意义；最后，目标应该受到时间限制，也就是说目标应该是指企业在未来特定的一段时间内需要达成的目标，而不是无限期的。

4. 发展营销战略

在这一部分中，企业决定了其目标市场，并发展出了一系列具体的策略，主要包括用产品、价格、渠道、分销来决定怎样向目标顾客传递价值。营销战略意味着一家企业将通过哪些途径使其目标得以实现。制定营销战略的人员应该与组织中的其他人员协商一致，如与采购、制造、销售、财务和人力资源等部门磋商来保证整个公司为营销活动提供适当的支持，使计划顺利进行。

5. 制订行动方案

行动方案描述了企业为达成营销战略将要采取的特定和实际的营销方案，体现了企业将怎样通过一步步实际的行动最终达成业务目标。它通常表明企业将要在哪个具体的时间段里做什么事情，营销经理通常会画一个甘特图来直观地展示（见图 2-12）。

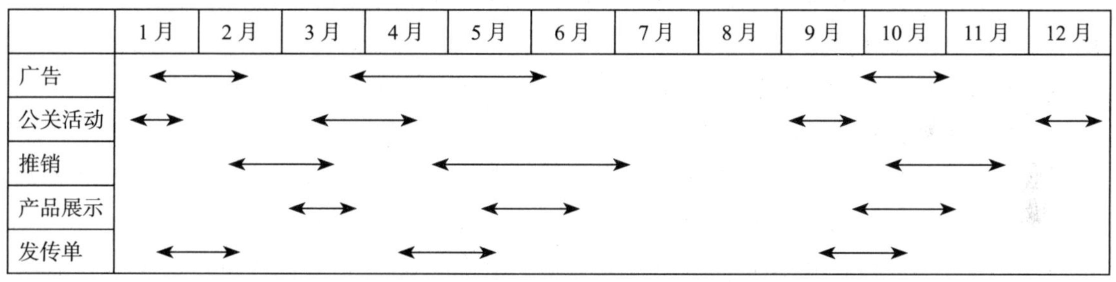

图 2-12　行动时间安排的甘特图

6. 财务预算

在制订了详细的行动方案之后，企业就需要对该方案进行财务预算。财务预算收入的一方表明了企业预计的销售数量以及平均实现价格，通过数量和价格的乘积结果，企业可以算出未来可能实现的销售收入。财务预算支出的一方包括企业为生产将要用于销售的产品需要的资源，即生产成本，还包括企业进行分销活动及其他营销活动所需要的成本。销售收入减去所有的成本就是预计可以得到的利润。一份经过仔细分析制作出来的财务预算报告是营销计划制订以及进行材料采购、计划生产、人力调度和安排具体营销活动的基础。

7. 评价和控制

建立一套可操作的评价和控制系统是营销计划的最后一个部分。企业的最高管理者不会让没有评价效果的计划付诸实施。通常上一级的管理者会要求营销执行人员把长期目标分解成短期目标，然后通过这些短期目标来评价计划的执行情况。评价控制系统更重要的作用还在于它能让企业了解到制订的营销计划是否符合当前的外部环境以及是否充分利用了内部资源，如果没有，企业则需要及时调整营销目标或者计划的其他部分，以适应环境的变化。通常，这部分内容还包括企业在遇到突发事件时将采取的应对方案。

关键词

营销战略　营销观念　产品生命周期　定位/差异化战略
目标市场　营销组合　SWOT 分析　市场细分　以市场为导向的战略规划

本章小结

1. 规划营销战略包含的内容：确立营销价值观——在企业内部贯彻营销观念；明确目标——了解消费者，界定和选择市场；超越竞争——定位和差异化战略；界定产品——产品生命周期；分析市场——市场进入/退出决策。

2. 企业处理消费者需求的方式有两种：①消费者十分相似并且能被影响去买企业生产的产品；②消费者是不同的，他们只会选择能满足他们独特需要的商品。

3. 典型的产品生命周期分为四个阶段：①市场开发期，也叫产品导入期；②成长期；③饱和成熟期；④衰退期。

4. 实施营销战略的步骤：①确定公司使命；②建立战略业务单位；③制定业务投资组合；④规划增长战略。

5. 规划增长战略包括三个方面：密集型增长战略、一体化增长战略和多样化增长战略。其中密集型增长战略又分为市场渗透战略、市场开发战略和产品开发战略；一体化增长战略分为前向一体化、后向一体化和水平一体化；多样化增长战略分为同心多样化战略、水平多样化战略和集团多样化战略。

6. SWOT 分析是对企业的优势、劣势、机会以及威胁的全面评估。企业通过对外部环境进行评价得出自身面临的外部机会和威胁；通过对自身能力的评估也就是内部环境的分析，企业了解了自己相对于竞争者的优势和劣势。

7. 制订营销计划需要注意的问题：营销计划的可操作性；充分分析竞争者；不要过分注重短期行为。

思考题

1. 简述规划营销战略的过程。
2. 简述营销计划的内容。
3. 简述你对数字时代超越竞争的营销战略的理解。

案例作业1

康恩贝的整合营销

康恩贝是一家老牌保健品上市公司，成立于1994年5月，凭借传统的垂直多层型渠道模式分销打响品牌知名度。近几年，由于蓬勃发展的电子商务网络销售模式冲击了传统销售市场，从2015年起康恩贝的营业收入净利润率就保持在13%左右，止步不前，想要进一步发展却心有余而力不足。显然如何将旗下的保健品牌系统进行规整，充分发挥品牌张力，提升全新传播环境下的产品竞争力，成了康恩贝的首要课题。

为了解决迫在眉睫的品牌营销系统升级问题，经多方考察，公司核心决策层一致认为要重新梳理企业内部的品牌架构、产品结构，让强势品牌更加强势，完成企业再一次质的飞跃。从市场诊断入手，公司开始了对康恩贝保健品类产品高山铁皮石斛的全新整合与传播。

项目组通过实地调研考察，总结提炼出康恩贝高山铁皮石斛的四大核心卖点：水质，高山弱碱性水滋养；土壤，高山土壤矿物濡养；空气，高山特定环境滋养；品种，高山原产种源殖养。在此基础上，公司以康恩贝高山铁皮石斛"健康保健"的基本功能为出发点，从康恩贝高山铁皮石斛的品牌形象、产品形象、渠道销售以及品牌公关四大方面着手，借助数字传播媒介，开展全方位的保健食品品牌重建工程。

1. 高颜值门户，树立品牌形象

结合康恩贝高山铁皮石斛的保健健康理念，公司以其产品原材料的生长环境和产品理念为原点，一方面对官网首页顶级栏目的画面进行重新设计，在保证页面美感的同时放大产品卖点；另一方面保留康恩贝品牌标识，在巩固和借助母品牌影响力的同时，带动弱势产品的关注度。

2. 真材实料讲产品，产品形象新风格

保健产品最大的卖点不应局限于其功能性，"雪中送炭"的使命，交给药品；"锦上添花"的掌声，留给保健品。材料实实在在、工艺透明清楚，就是对消费者最大的诚意，"把产品剥开了给大家看，品牌之树，下自成蹊"，借此公司产品设计部对康恩贝高山铁皮石斛系列产品进行了全新的形象设计。

3. 多维度分销渠道创新结合

互联网时代，网络运营为产品销售开拓了全新的模式，与此同时，蓬勃发展的新零售，也为线下门店找到了新出路。本着两条腿走路的原则，运营部为康恩贝高山铁皮石斛规划了全面的市场托运路线，线上线下齐头并进。线下主要合作的门店及电商有：全国各大区域的知名药店、会员式品牌专卖店；线上布局电商平台，如天猫、京东等。

4. 线上线下互动传播，用户黏性大增

在基础品牌设施与全方位营销渠道基本健全，产品布局与生产工艺完备的情况下，从品牌的长远发展来看，康恩贝高山铁皮石斛现阶段的发展应以品牌知名度的提升与初步美誉度的构建为要义，从大众传播与人际传播着手，展开品牌营销，“互动搭台，活动唱戏”。

除了覆盖式的网络宣传以外，线下的终端公关活动也没被忽视，市场部策划了一系列的品牌宣传活动，包括消费者巡视活动、品质鉴定行、新春感恩季、公益节、“3・15”消费者回馈活动、劳动节致敬晚会、促销狂购节、中秋团圆晚会、岁末送温暖活动、地铁商场大幅宣传等，不错过任何一个能够打响品牌知名度的机会。

最终，通过一年的线上整合营销，康恩贝高山铁皮石斛的网络粉丝数量有了大幅度增长，其中，康恩贝高山铁皮石斛官方微信粉丝增长量为 10 万人，微博粉丝增长量为 2 万人，百度指数、微信指数、新浪微博指数均占据同行业第一位，品牌第一提及率、品牌首选购买率均位居行业第一位。一年内，公司实现营业收入 14.43 亿元，较前一年增长 28.43%。值得一提的是，康恩贝高山铁皮石斛在天猫上的成交量有近 10 万件，在同类保健品中排行第一位。随着康恩贝高山铁皮石斛发布上市以来，其舆情指数跃居行业前列，拥有了更高的话语权。大数据显示，康恩贝高山铁皮石斛目前已凭广泛的市场认可度成了国内保健品市场的主导产品。康恩贝首创的铁皮石斛山里种养模式，获得了业界的高度肯定，吸引了中国科学院、中国工程院等在云南的 12 位院士进行基点现场考察。康恩贝因此获批国内第一张“铁皮石斛中药饮片生产许可证”。

通过全方位布局营销，线上线下两手抓，以及注入产品运营创新思维，康恩贝在保健食品领域打开了健康、持续发展的新篇章。同时，消费者对于保健品的一贯成见也被扭转，已达到提及康恩贝就能想起健康可靠这一概念的程度，康恩贝再创市场新格局，掀起新健康主义的生活风潮。

资料来源：http://www.zjbert.com/ 和 http://www.linkshop.com.cn/web/archives/2016/367146.shtml.

讨论题

1. 运用所学知识为康恩贝做 SWOT 分析。
2. 结合本章所学知识对康恩贝的营销策略进行简要分析。
3. 阐述康恩贝采用该营销策略的原因。

案例作业2

撰写一份营销计划书

选择一家你熟悉的中国企业，假设你是它的营销经理，为该企业撰写一份下一年的营销计划书。

参考文献

[1] 王赛，曹虎，乔林，艾拉・考夫曼．数字时代的营销战略 [M]. 北京：机械工业出版社，2017.

[2] 菲利普·科特勒，加里·阿姆斯特朗著 . 市场营销：原理与实践 [M]. 楼尊，译 . 北京：中国人民大学出版社，2015.

[3] 菲利普·科特勒，凯文·莱恩·凯勒 . 营销管理 [M]. 何佳讯，于洪彦，牛永革，徐岚，董伊人，金钰，译 . 上海：格致出版社，2016.

[4] 迈克尔·波特 . 竞争战略 [M]. 陈丽芳，译 . 北京：中信出版社，2014.

[5] 乌尔瓦希·毛卡尔，等 . 客户关系管理 [M]. 马宝龙，姚卿，译 . 北京：中国人民大学出版社，2014.

CHAPTER 3

第三章 分析调研营销环境

内容提示

作为一名营销经理，在营销战略与营销计划确定之后，接下来要做的首要工作就是进行营销环境分析，也就是我们常说的市场调研。任何一家企业的市场营销活动都需要在一定的外界条件下进行，因此企业制定的营销策略必须与营销环境相适应。企业的市场营销环境是不断变化的，这种变化一方面会给企业带来新的市场机会，另一方面也会给企业带来威胁。因此，营销人员应审时度势，积极主动调研和预测其周围的市场营销环境的发展变化，并要善于分析和识别由于环境变化而产生的主要机会和威胁，及时采取适当对策，使企业经营管理与其市场营销环境的发展变化迅速适应。本章将为你介绍营销环境调研的常识与方法，使你熟练掌握营销环境分析的基本流程与常用工具，并能够利用这些方法对本企业的具体营销环境进行分析、评价。

专业词汇

市场营销环境（Marketing Environment）
微观环境（Micro Environment）
宏观环境（Macro Environment）
环境分析（Environmental Scanning）
机会 / 威胁矩阵（Opportunity / Threat Matrix）
营销调研（Marketing Research）
信息收集（Information Search）
问卷（Questionnaire）
访谈（Interview）
电话调查（Telephone Survey）
座谈小组（Panel）
数据来源（Source of Data）
观测数据（Observational Data）
实验数据（Experimental Data）
数据分析（Analysis of Data）
调研计划（Research Plan）
调研报告（Research Report）
营销计划 / 方案（Marketing Program）
定性预测（Qualitative Forecasting）
定量预测（Quantitative Forecasting）
德尔菲法（Delphi Technique）
波士顿矩阵（Boston Matrix）

兵法有云“知己知彼，百战不殆”。对于一名合格的营销人员而言，对企业内外部营销环境的分析，也就是市场调研，是他们必须要掌握的基本功。

开篇案例

经营之神如何利用数据分析走上人生巅峰

无论是大数据时代，还是传统经营时代，数据对企业的发展都至关重要。

台塑集团的创始人王永庆被称作“台湾经营之神”，他16岁时不满足于在米店打工，靠借来的钱开了一家米店。由于米店的规模小，当地居民对其认知程度不高，因此王永庆的米店生意很冷清，于是他只能推着车走街串巷地推销。

当王永庆在推销时，他都随身带一个小本子，仔细记录顾客家里的人口数量、每天大概用掉多少米、家里米缸的大小以及每月发工资的日期等信息。回去后，他就通过这些信息，计算出每个顾客大概何时需要新购多少大米，到时候就主动送米上门，并且可以等到发薪日再来收款。

就这样，在这个小本子的帮助下，王永庆米店的生意渐渐地红火起来。

第一节 如何理解市场营销环境

作为一名营销人员，要深刻理解“适者生存”既是自然界演化的法则，也是企业营销活动的法则。任何企业的市场营销活动都必须在一定的自然环境和社会环境中进行，也只有适应一定的环境，营销活动才能成功。而企业的市场营销环境是不断变化的，这种变化一方面会给企业带来新的市场机会，另一方面也会给企业带来威胁。企业必须密切监视和预测其周围的市场营销环境的变化，具备分析、识别由环境变化而造成的主要机会和威胁的能力，善于随着环境的变化而不断做出适应环境变化的反应，这样才能增强自己的生存与发展能力。

一、如何理解市场营销环境的概念

市场营销环境是指与企业有潜在关系的，所有外部力量与相关因素共同构成的有机体系，它是影响企业生存和发展的各种外部条件。

从市场营销环境概念的角度来看，对环境的研究是制定市场营销战略的基础，市场营销活动的开展必须以环境为依据。同时，分析营销环境也是企业实现营销目标、满足顾客需要的客观要求。此外，分析营销环境还可以帮助企业寻找营销机会和避免环境威胁，使之更好地适应环境和改善环境，增强自己的生存和发展能力。

二、如何理解市场营销环境的内容

一般来说，市场营销环境主要包括两类要素：一是宏观环境要素，二是微观环境要素。微观环境直接影响和制约企业的市场营销活动，而宏观环境主要以微观营销环境为媒介间接影响和制约企业的市场营销活动（见图 3-1）。

（一）宏观营销环境

企业的宏观营销环境主要由政治和法律环境、经济环境、社会环境以及科技环境组成，它们是企业赖以生存的外部空间。宏观营销环境一般不直接对一次特定的企业营销活动产生影响，而是通过那些可以对企业的市场营销活动产生直接影响的微观环境因素起作用，从而对企业的营销活动产生影响。营销人员对宏观环境的分析，一般可按 PEST 模型展开。

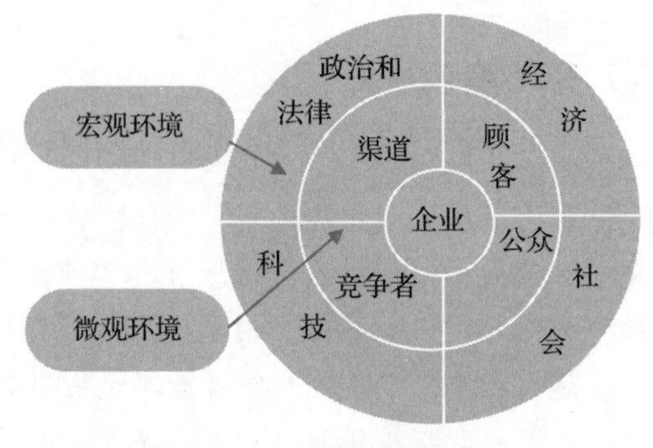

图 3-1　企业营销环境

1. 政治和法律环境

政治和法律是影响企业营销的重要的宏观环境因素。政治环境（Political Factor）是指企业市场营销活动的外部政治形势和状况以及国家方针政策的变化。这些因素会给市场营销活动带来或可能带来影响。

案例 3-1　观众去哪儿了

除电视转播、广告收入外，门票及带动旅游业的发展也是举办奥运会的重要收入来源。2018 年平昌冬奥会的举办者曾对门票及旅游业收入感到非常乐观，预计仅中国观众就能达到百万级规模。但由于萨德事件导致中韩关系遇冷，因此来自中国的游客大大减少。虽然韩国方面宣称来自中国的观众达到 69 万人，但据中国方面公布的数据，平昌冬奥会上的中国观众实际不足 8 000 人，空空的奥运场馆也从侧面验证了这一数字。

无独有偶，韩国著名企业乐天集团受“萨德”事件影响，乐天玛特在中国的业绩惨淡，不堪重负，最终决定出售在华超市。不仅如此，韩国本土经营的乐天免税店及乐天酒店同样因为中国游客锐减，仅 2017 年上半年就遭受了近 5 亿元人民币的损失，经营前景不容乐观。

资料来源：选自《纽约时代》杂志中的《门票售罄了，观众去哪了？》，内容经作者修改增减。

政治因素调节着企业营销活动的方向，法律则为企业规定商贸活动的行为准则。政治与法律相互联系，共同对企业的市场营销活动产生影响和发挥作用。对企业来说，必须依法进行各种营销活动，才能受到国家法律的有效保护。因此，企业开展市场营销活动，必须了解并遵守国家或政府颁布的有关经营、贸易、投资等方面的法律、法规。

2. 经济环境

经济环境（Economical Factor）是指企业营销活动所面临的社会购买力、消费者收入、消费者支出模式和信贷水平等外部社会经济条件，其运行状况及发展趋势会直接或间接地对企业营销活动产生影响。市场不仅是由人口构成的，这些人还必须具备一定的购买力，而一定的购买力水平则是市场形成并影响其规模大小的决定因素。市场也是影响企业营销活动的直接经济环境。消费者收入的变化，不仅对生产经营消费资料和服务的企业的营销活动有直接影响，而且会间接地对生产经营生产资料和服务的企业的营销活动产生重大影响。消费者支出模式指的是消费者个人或家庭的总消费支出中各类消费支出的比例关系。信贷允许人们购买超过自己现时购买力的商品，它创造了更多的就业机会、更多的收入以及更多的需求。

案例 3-2　　2018 年中国消费新趋势

2017 年年末，知萌咨询机构通过大量的行业专家访谈，凭借服务过近百个国际国内 500 强企业和创新企业的经验，以及针对中国 10 个城市的消费者调查，对 2018 年的十大消费趋势进行了解读，这些消费趋势将对驱动商业创新和营销创新产生重大影响。

这十大新趋势分别是：新精致主义、“Z 世代”来袭、跨次元经济、情绪商业、均衡生活、虚实共荣、普物时尚化、达 V 经济、轻量化生活、智能化陪伴。

中国消费者越来越注重生活品质，越来越注重精神消费，越来越注重个人兴趣，越来越注重健康，越来越萌宠化、二次元化，追求精简和平衡，关注智能前沿科技对生活的影响，以及关注细分领域专业达人的意见。伴随消费者的行为变化，品牌也要进一步提升自己的营销内容，紧跟消费者步伐。

资料来源：知萌咨询《2018 年中国消费趋势报告》，内容经作者删减。

3. 社会环境

社会环境（Social Factor）主要包括社会文化和人口两个方面。社会文化是指一个社会的民族特征、价值观念、生活方式、风俗习惯、伦理道德、教育水平、语言文字、社会结构等的总和。人口是构成市场的第一因素，人口的多少直接决定市场的潜在容量，人口越多，市场规模就越大。而人口的年龄结构、地理分布、婚姻状况、出生率、死亡率、人口密度、人口流动性及其文化教育等人口特性，也会对市场格局产生深刻影响，并直接影响企业的市场营销活动和企业的经营管理。

案例 3-3　　2017 年中国网民数量状况

截至 2017 年 6 月，我国网民规模达到 7.51 亿人，互联网普及率为 54.3%，我国手机网民规模达 7.24 亿人，较 2016 年年底增加了 2 830 万人。网民中使用手机上网的人数比例由 2016 年年底的 95.1% 提升至 96.3%，手机上网比例持续提升。

2017 年上半年，各类网络应用的用户规模不断扩大，场景更加丰富。网络购物、网上外卖和在线旅行预订用户规模分别达到 5.14 亿人、2.95 亿人、3.34 亿人，半年分别增长了 10.2%、41.6% 和 11.5%；互联网理财和网上支付的用户规模分别达到 1.26 亿人和 5.11 亿人，半年增长率分别为 27.5%、7.7%；在线教育、网约出租车、网约专车或快车的用户规模分别达到 1.44 亿人、2.78 亿人和 2.17 亿人，共享单车的用户规模达到 1.06 亿人；网络游戏用户规模达到 4.22 亿人，较 2016 年年底增长了 460 万人，占整体网民的 56.1%。

在网民结构中，农村市场增长迅速，90 后网民、学生和自由职业者、收入为 3 000 ～ 5 000 元者占比最高，中老年群体潜力巨大。

资料来源：《中国互联网络发展状况统计报告》(2017 年)，中国互联网络信息中心。

社会文化因素通过影响消费者的思想和行为来影响企业的市场营销活动。因此，企业在从事市场营销活动时，应重视对社会文化的调查研究，并做出适宜的营销决策。不同社会文化对同一产品可能持有不同的态度，直接或间接地影响产品的设计、包装、信息传递方法、被接受的程度、分销和推广措施等。如有些国家特定的文化习俗直接影响和制约消费者购买动机与购买决策的形成。

案例 3-4　　网络青年亚文化

所谓“亚文化”，是指在某些方面与社会主导性文化的价值体系有所不同的群体文化。文化人类学认为，亚文化通常会产生特殊的生活方式、语言体系。网络青年亚文化，可以概括为年轻人为了有别于主流文化而利用互联网媒介创造的属于他们自己的文化，以“个性”“颠覆”为主要特点，以示青年文化偏离主流文化的总体态势。

在虚拟世界里，青少年有着独特的话语体系、表达体系、审美体系乃至价值体系，比如去中心化、颠覆性、叛逆性、风格化等。同时，社会化媒体也为网络青年亚文化的传播提供了技术支持，微博、微信、博客、论坛等集人际传播、群体传播、大众传播于一体，事件一旦在网络上某个点或圈群爆发，就会在不同渠道和圈层中流动，瞬间“喷涌”和“刷屏”，使得“社会人小猪佩奇”“蓝瘦香菇”“C位出道”“锦鲤”等名词能够在几天内迅速走红。

在新媒介语境下，网络青年亚文化传播变成了一种“符号的消费”，成为商家争抢的对象。商家从不断创新的网络青年亚文化中获取个性化的创新符号，并在商品的生产和传播中使用，而亚文化群体也可以与商家合作，从中置换足够的资助和经费。如“蓝瘦香菇”事件，当事人南宁小哥开微博吸引粉丝10万人、开直播吸引100万人观看，以及各商家争抢注册商标，借势营销，便是商业与亚文化联姻的表现。

资料来源：新华网，《“蓝瘦香菇”走红背后的网络青年亚文化现象》，作者詹婧，该案例内容经作者修改。

4. 科技环境

现代科学技术是社会生产力中的决定性因素，科技环境（Technological Factor）作为重要的营销环境因素，不但可以改变消费者的消费习惯，还直接影响企业内部的生产和经营，而且与其他环境因素相互依赖、相互作用，影响企业的营销活动。

自20世纪以来，科学技术日新月异，二战以后，新科技革命蓬勃兴起，科学技术在现代生产中起着主导作用。工业发达国家的科技进步因素在国民生产总值中所占比重已从21世纪初的5%～20%，提高到现在的80%以上。科学技术特别是计算机技术的发展对于社会的进步、经济的增长和人类社会生活方式的变革都起着巨大的推动作用。

案例 3-5　　互联网对市场的新影响

2017年以来，计算机及网络技术的新发展继续对市场产生了重大影响，体现了新的发展趋势。

（1）即时通信成为移动互联网时代的核心流量入口。

（2）搜索引擎继续移动化、AI化。

（3）网络新闻从自主采编分发转化为按需供给资讯。

（4）社交应用重视内容，多产业融合催生出新的变现形式。

（5）消费升级推动网络购物增长，新零售与数据资源成为竞争焦点。

（6）网络外卖增速显著，然而盈利和安全仍是难题。

（7）国际酒店及精品定制成为现阶段在线旅游竞争的焦点。

（8）网络理财方面，收益率下降，规范度提升。

（9）线下支付与海外市场仍是网上支付平台抢占的热点。

（10）网络游戏市场平稳增长，产业联动加深。

（11）完善生态与扩展海外业务成网络文学现阶段的重点。

（12）网络视频内容监管逐渐加强，盈利模式多元化。

（13）网络音乐，版权资源的重要性日益提升。

（14）网络直播，用户规模首次出现下滑。

（15）在线教育，少儿英语和人工智能技术成为热点。

（16）网约车的规范化、拓展盈利方式成为下一步发展的重点。

（17）共享单车，用户规模已达 1.06 亿人，正在向三四线城市和海外市场拓展。

资料来源：《中国互联网络发展状况统计报告》，（2017 年），中国互联网络信息中心，本案例内容经作者修改。

（二）微观营销环境

微观营销环境又称直接营销环境。它是指与企业紧密相连的、直接影响企业为目标市场服务的各种参与者，主要由企业的供应商、营销中介、顾客、竞争者、社会公众以及企业内部参与营销决策的各部门组成（见图 3-2）。供应商—企业—营销中介—顾客这一渠道链条构成了公司的核心营销系统。此外，竞争对手和公众这两个因素也对企业营销活动的成功与否产生了直接的影响。

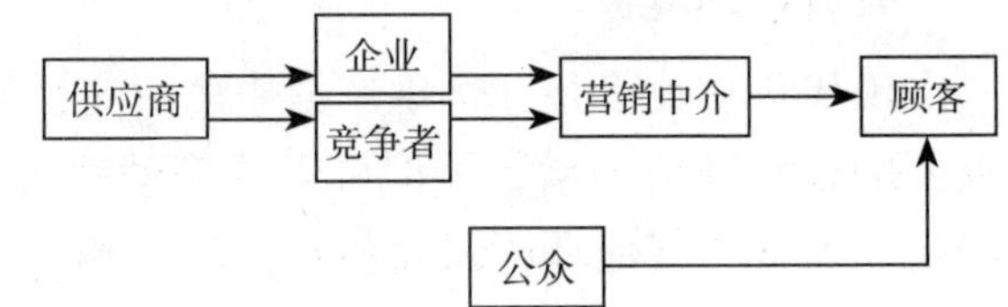

图 3-2 企业微观营销环境

1. 企业

市场营销是由营销和销售部门管理的，它由品牌经理、营销研究人员、广告及促销专家、销售经理及销售代表等组成。市场营销部负责制订现有的各个产品、品牌及新产品、新品牌研究开发的营销计划。企业各部门与营销部门在实际工作中，都有可能产生或大或小的矛盾与冲突，营销管理部门在制订营销计划时，必须考虑到与公司其他部门的协调，如与最高管理层、财务部门、研究开发部门、采购部门、生产部门和会计部门等的协调，因为正是这些部门构成了营销计划中的公司内部微观环境。

2. 供应商

供应商是指向企业及其竞争者提供生产产品和服务所需资源的企业或个人。供应商是影响企业营销的微观环境的重要因素之一，供应商所提供的资源主要包括原材料、设备、能源、劳务、资金等。供应商对企业营销活动的影响主要表现在三个方面：供货的稳定性与及时性、供货的价格变动、供货的质量水平。企业要选择在质量、价格以及运输、信贷、承担风险等方面条件最好的供应者。此外，在通常情况下，企业应从多方面获得供应，而不可依赖任何单一的供应者，以免受其控制。

3. 营销中介

营销中介是协助公司推广、销售和分配产品给最终顾客的企业。它们包括中间商、实体分配公司、营销服务机构及金融机构等，它们是企业营销链的中间环节，是连接消费者和企业之间的桥梁，是企业营销的重要因素，大多数的企业营销活动都需要有它们的协助才能顺利进行。比如生产集中和消费者分散的问题，必须通过中间商的分销来解决；资金周转不灵，则须求助于银行或信贷公司等。随着商品经济的发展，社会分工越细，这些营销中介的作用就越大。在营销过程中，营销人员必须处理好同这些营销中介的合作关系。

4. 顾客

企业与供应商和中间商保持密切关系的目的是有效地向目标市场提供商品与劳务。如图 3-3 所示，企业的目标市场可以是下列五种顾客市场中的一种或几种。

图 3-3 顾客的种类

（1）消费者市场，个人和家庭购买商品及劳务以供个人消费。

（2）工业市场，工业组织机构购买产品与劳务，供生产其他产品及劳务所用，以达到盈利或其他的目的。

（3）中间商市场，中间商购买产品及劳务用于加工或出售，从中盈利。

（4）政府市场，政府机构购买产品及劳务以提供公共服务或把这些产品及劳务转让给其他需要的人。

（5）国际市场，买主在国外，这些买主包括外国消费者、生产厂商、中间商及政府。

一家企业往往将自己的产品销往不同类型的主体市场，这些市场有着不同的需求和购买行为，因此要求企业以不同的服务方式提供不同的产品。企业要认真研究为之服务的不同顾客群，研究其类别、需求特点、购买动机等，使企业的营销活动能针对顾客的需求，符合顾客的愿望。

5. 竞争者

所谓竞争者，从广义上说是指向一家企业所服务的目标市场提供产品的其他企业或个人。从消费者需求的角度划分，企业的竞争者包括愿望竞争者、平等竞争者、产品形式竞争者和品牌竞争者（见表 3-1）。

表 3-1 竞争者分类

分类	定义	举例
愿望竞争者	提供不同产品以满足不同需求的竞争者	电视机制造商、冰箱制造商和洗衣机制造商之间是愿望竞争者
平等竞争者	提供能够满足同一种需求的不同产品的竞争者	自行车、摩托车、小轿车的生产经营者之间是平等竞争者关系，都提供出行交通工具
产品形式竞争者	生产同种产品，但提供不同规格、型号、款式的竞争者	服装制造商之间是产品形式竞争关系，都生产服装，但款式、型号不同
品牌竞争者	产品、规格、型号等相同，但品牌不同的竞争者	美白化妆品的制造商之间是品牌竞争者关系，功效相同，但品牌不同

竞争是市场经济的普遍规律，现代企业都处在不同的竞争环境中。企业在目标市场进行营销活动时，不可避免地会遇到竞争对手的挑战。竞争对手的营销战略及营销活动的变化会直接影响到企业的营销，比如最为明显的是竞争对手的价格、广告宣传、促销

手段的变化，新产品的开发，售前售后服务的加强等都将直接对企业造成威胁，企业必须密切注视竞争者的任何细微的变化，并采取相应的对策与措施。

6. 公众

公众就是对一个组织完成其目标的能力有着实际或潜在兴趣或影响的群体。由于企业的生产经营活动影响着公众的利益，因此政府机构、金融组织、媒介组织、群众团体、地方居民乃至国际上的公众必然会关注、监督、影响和制约企业的生产经营活动。公众可能有助于增强一个企业实现自身目标的能力，也可能妨碍这种能力。鉴于公众会对企业的命运产生巨大的影响，精明的企业就会采取具体的措施，从而成功地处理与主要公众的关系。但是，营销人员应该认识到，把公关工作仅仅交给公共部门负责是很不够的。所有员工，上至高层管理者，下至基层业务员包括电话接线员都应为建立良好的公共关系负责，这是企业适应和改善微观环境的一个重要工作。

政府公众、金融公众、媒介公众、社区公众、一般公众、社团公众（见图 3-4）构成了企业营销的微观环境，也是一个企业的市场营销系统。疏通、理顺这个系统，是营销部门极为重要的一项经常性任务。

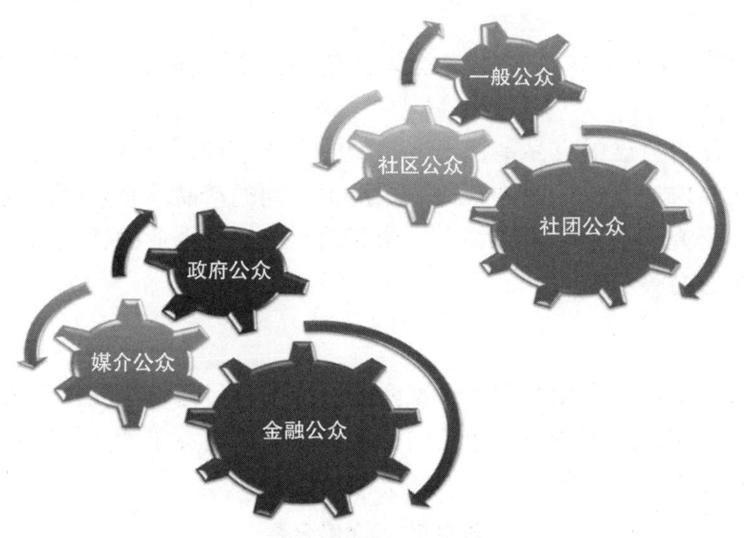

图 3-4　公众的构成

三、如何进行市场营销环境评价

企业的生存和发展与周围环境息息相关，企业必须积极地适应环境的变化，但这并不意味着企业对环境无能为力，只能消极、被动地改变以适应环境。企业既能够以各种不同的方式增加适应环境的能力，避免来自营销环境的威胁，也可以在变化的环境中寻找新的机会，并在一定的条件下改变环境，这也是营销人员在企业中的价值体现。

根据相关环境和相关环境要素发展变化对相关企业发生作用的性质，我们可以把环境变化的趋势分为环境威胁和市场机会。为了发现市场机会，避免环境威胁，营销人员必须对企业环境进行认真分析，环境威胁与市场机会分析是分析企业环境的有效工具。

企业营销管理层可采用“威胁分析矩阵图”和“机会分析矩阵图”来分析、评价营销环境。具体工作可以按照以下步骤展开。

（一）首先要找出影响企业营销的相关环境因素

影响企业营销活动的市场营销环境包括宏观环境和微观环境，它们又各自包含若干因素。这些因素数量多、变化快，相互关联，复杂性强，但它们并不一定都与该企业的营销活动相关，企业也不可能一一地详细分析、评价。因此，企业有必要先从各种环境因素中找出与本企业营销活动密切相关的重要因素，以便缩小范围。

分析辨别营销环境因素的实用方法是环境扫描法，即由熟悉外部环境的专家和营销人员组成环境扫描小组，将所有可能出现的与营销活动有关的因素都列举出来，最后将比较一致的意见作为环境扫描的结果，即发现相关的主要环境因素。

案例 3-6　某烟草公司营销环境评价

某烟草公司通过市场调查发现了影响企业营销的一些相关环境因素，最后确定以下因素足以影响其业务经营的动向。

（1）有些国家的政府颁布了法令，规定所有的香烟广告和包装上都要印上吸烟危害健康之类的严厉警告语。

（2）有些国家的某些地方政府禁止在公共场所吸烟。

（3）许多发达国家的吸烟人数在下降。

（4）这家烟草公司的研究实验室在研制用莴苣叶制造无害烟叶的方法。

（5）发展中国家的吸烟人数在迅速增加。

显然，上述（1）～（3）条环境因素会给这家烟草公司造成环境威胁，（4）～（5）条环境因素则会给这家烟草公司带来市场机会，使这家烟草公司可能享有“差别利益”。

（二）确定各影响因素的重要程度

当营销人员找出影响企业营销的主要环境因素后，还必须确定其重要程度。因为并不是所有的威胁因素对企业的威胁程度都一样，也不是所有的机会对企业具有同样的吸引力，因此企业可以用环境威胁矩阵图（见图 3-5）和市场机会矩阵图（见图 3-6）来加以分析、评价。

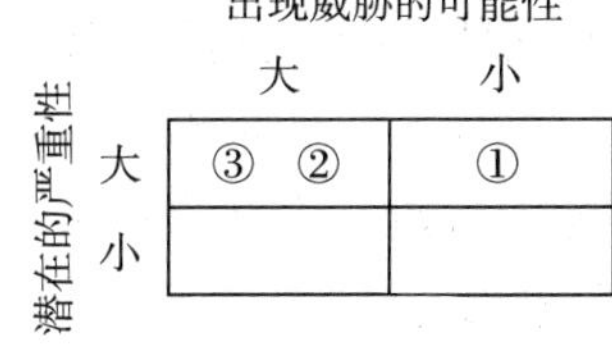

图 3-5　环境威胁矩阵图

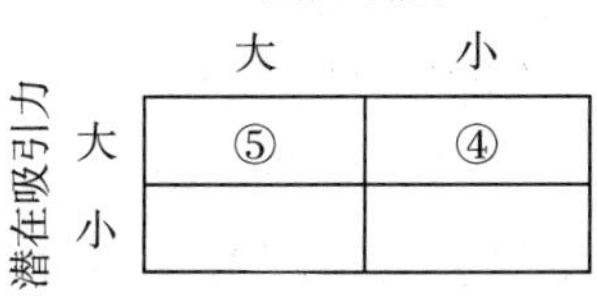

成功可能性

潜在吸引力	大	小
大	⑤	④
小		

图 3-6　市场机会矩阵图

环境威胁矩阵图的横轴代表出现威胁的可能性，纵轴代表潜在的严重性，即表示企业盈利减少程度。根据上述烟草公司的案例，在环境威胁矩阵图上有 3 个环境威胁，其中威胁②和威胁③的潜在严重性大，出现的可能性也大，所以，这两个环境威胁都是主要威胁，公司对这两个威胁应加以重视；威胁①的潜在严重性大，但出现的可能性小，即吸烟者看了警告后在目前水平下并不会接受警告而戒烟，所以这个威胁不是主要威胁。

市场机会矩阵图的横轴代表成功的可能性；纵轴代表潜在吸引力，表示潜在盈利能力。根据上述烟草公司的案例，在市场机会矩阵图上有两个“市场机会”。其中最好的市场机会是⑤，其潜在的吸引力和成功的可能性都大，市场机会④的潜在吸引力虽然大，但其成功的可能性小，可能不会被消费者所接受。

从上面的分析和评价可以看出，这家烟草公司共有两个主要威胁和一个最好的主要机会，也就是说，这家烟草公司属于高机会和高风险的冒险企业。

（三）评价企业营销环境及对策

用上述方法来分析和评价企业，可能会出现四种不同的结果（见图 3-7）。

（1）理想的企业，即高机会和低威胁的企业。

（2）冒险的企业，即高机会和高威胁的企业。

（3）成熟的企业，即低机会和低威胁的企业。

（4）困难的企业，即低机会和高威胁的企业。

这四种类型，我们还可用图 3-8 来表示。

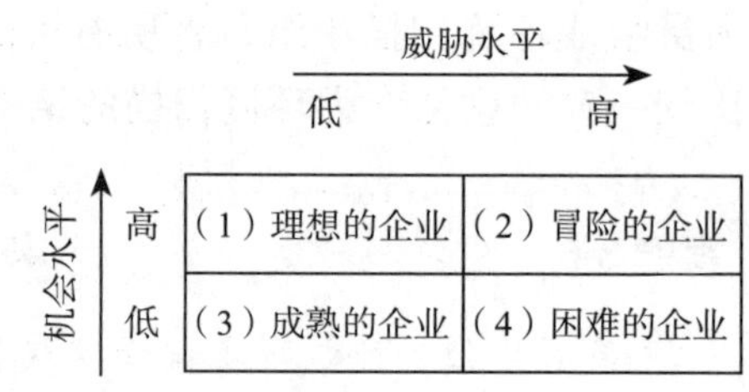

图 3-7　企业类型

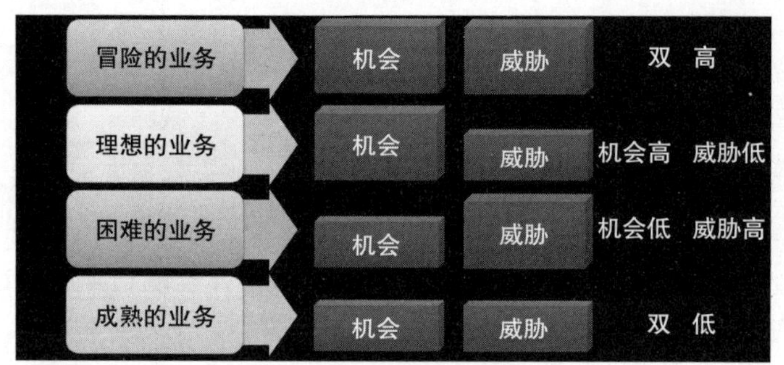

图 3-8　业务的种类

企业对所面临的市场机会，必须慎重地评价其质量。而对所面临的主要威胁，有以下三种可能选择的对策。

（1）反抗策略也称抗争策略，即通过自己的能力限制或扭转环境中不利因素的发展。例如，这家烟草公司可以疏通评论员，也可以通过一个法令，允许人们在公共场所随意吸烟。

（2）减轻策略也称削弱策略，即通过改变自己的营销组合等来改善环境，达到降低环境变化对企业的负面影响程度。例如，该烟草公司可大力宣传在公共场所设立单独吸烟区。本田汽车公司就曾通过“卖一辆车，种一棵树”的做法来减轻汽车尾气污染对汽车销售的负面影响。

（3）转移策略也称回避策略，即通过改变自己受到威胁的主要产品的现有市场，或将投资方向转移来避免环境变化对企业的威胁。如果行业中面临的环境威胁危及整个行业的发展，且又无法扭转和减轻，企业就必须对目前的经营方向等重大问题进行审定，做出决策，退出或部分退出目前的经营领域，寻找新的发展机会。例如，这家烟草公司可以适当减少香烟业务，增加食品和饮料等业务，实行多元化经营。

第二节 如何进行市场营销调研

市场营销调研就是企业为了达到特定的经营目标，运用科学的方法，通过各种途径、手段收集、整理、分析有关市场营销方面的情报资料，从而掌握市场的现状及发展趋势，以便对企业经营方面的问题提出解决方案或建议，供企业决策人员进行科学的决策时作为参考的一种活动。市场营销调研是从市场环境、市场参与、市场运营、市场行为、市场消费几个方面来层层逼近、刻画市场真实状况的活动，所以说无论是宏观市场环境还是微观市场环境，都是市场调研的研究对象和内容。

市场营销调研的任务就是为管理和决策部门提供相关的、准确的、可靠的、有效的信息。正确的决策不是通过直觉和猜测得到的，缺乏充分依据的信息很可能导致错误的决策。

那么，该如何开展市场营销调研呢？

一、进行市场营销调研的步骤

营销人员可以按照以下五个步骤展开市场营销调研（见图 3-9）。

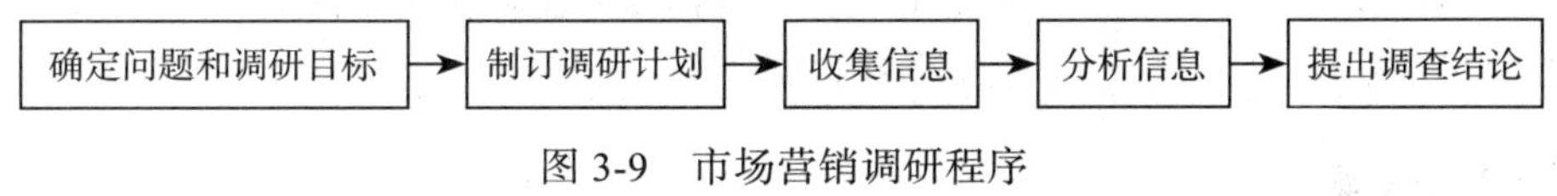

图 3-9 市场营销调研程序

（一）确定问题和调研目标

市场营销调研的第一个步骤是确定所要调研的问题及调研工作所要达到的目标。在任何一个问题上都存在许多可以进行调研的内容。例如，当某企业需要了解某种新型化妆品有多大市场时，可以提出如下问题："消费者喜欢什么样的化妆品""消费者使用化妆品的目的是什么""消费者愿意花多少钱购买化妆品"等，市场营销调研的侧重点可以有很多。这就要求企业营销管理者必须善于把握问题，对问题的规定要适当。

在组织每次营销活动时，营销人员应当首先提出需要解决的最着急、最迫切的问题，选定调研的专题，明确调研活动要完成的任务、实现的目标。调研专题的界定不能太宽、太空泛，避免调研专题不明确、不具体的现象。例如，"研究怎样才能使我们的顾客感到满意"就是一个过于空泛模糊的调研专题。因为对于任何一家企业来说，影响顾客满意程度的因素太多了，绝不是借助一两次市场营销调研就能真正弄清楚的。调研专题如果界定得太宽将会使调研人员无所适从，在大量的不必要信息面前迷失方向，反而不能让调研人员发现真正重要的信息。反之，如果调研专题界定得过窄，也不能充分反映市场营销的情况，使调研不能起到应有的作用。

案例 3-7　某航空公司如何确定调研目标

某航空公司在决定进行一项关于在飞机上提供电话服务的调研活动时，首先提出“去探求你能够发现的空中旅客所需要的一切”。结果，它得到了大量不需要的信息，而实际需要的信息却得不到。后来它又提出，“探求是否有足够的乘客在某航线的飞行中愿意使用电话，使这项服务不致亏损”。营销人员可能认为，如果这项服务能增加新乘客，不就可以从机票中盈利吗？最后它又提出：“如果这项服务成功了，竞争者的模仿速度是多快？”它据此确定了以下特定研究目标：在航行期间乘客通电话的主要原因是什么？哪些类型的乘客喜欢在航行中打电话？有多少乘客可能会打电话？各种层次的价格对乘客有何影响？这项新服务会增加多少新乘客？这项新服务对公司的形象会产生积极影响吗？电话服务和其他因素如航班次数、食物和行李处理等相比，其重要性如何？

（二）制订调研计划

市场营销调研的第二个阶段是制订一个最有效的调研计划，营销调研计划应由专业人员设计。营销管理人员必须具有充分的营销调研知识，以便能够审批该计划和分析调研结果。营销调研计划的内容应包括组织本次市场营销调研的目的、总体范围、搜集资料和信息的方法，确定调研人员，明确调研步骤的进度与工作内容，拟定调研提纲，审核本次调研的必要性，提出调研过程中可能遇到的问题及解决办法，同时还要确定调研资料的处理与分析方法，制定调研预算并报批等。

（三）收集信息

根据企业需要调查的问题和要求，调研人员必须寻找到科学、准确的调研资料。这是一个花费最高也最容易出错的阶段。调研人员在进行调研时应注意以下主要问题：如果未能拜访到被调查者，那么调研人员必须再度访问；如果被调查者拒绝合作，那么调研人员应重新设计问卷或对拒绝理由做深入追踪；如果被调查者的回答带有偏见或不够真实，调研人员应尽量使被调查者正确理解问题的原意，并对被调查者回答的准确性和可靠性做出判断。

在现代通信和电子技术的影响下，数据收集的方法正在迅速改变。计算机辅助电话调查在发达国家的应用日益广泛，企业可以使用中心网络终端，在一个集中的地点进行它们的访问工作。

案例 3-8　× 信贷公司如何实现快速贷款

× 信贷公司在业内以贷款审批速度快著称，一般地 10 万元以内的贷款只需一个工作日便可实现放款，远远快于业界 10 ～ 30 天的标准。而且 × 信贷公司的贷款手续非常简便，只需客户留下基本信息便可快速确认客户是否达到了放贷标准。× 信贷公司是怎样做到的呢？

首先，× 信贷公司需要客户填写一张表格，该表格中包括姓名、家庭住址、电话号码、任职公司和职位、工资卡卡号等基本信息。

然后，× 信贷公司就充分发挥其数据挖掘的能力，实现快人一步的贷款效率。第一步，通过姓名、身份证号查验客户的基本信息是否真实。第二步，根据客户的家庭住址查验客户所住的地方是何种档次的小区，是不是自有住房，查明客户的基本资产抵押能力。第三步，通过电话号码查验客户每月的电话消费、手机型号，了解顾客的消费水平。第四步，通过客户的任职公司和职位查验客户的收入水平。第五步，通过工资卡卡号查询客户每月的收支情况，验证客户的消费水平及还款能力。第六步，交叉验证上述信息，挖掘顾客是否存在虚报信息，验证客户的诚实守信状况。

凭借卓越的数据挖掘能力，× 信贷公司不但提高了业务办理效率，同时其坏账率也是同行中最低的一家。

资料来源：海天理财．一本书读懂大数据营销 [M]. 北京：清华大学出版社，2015.

（四）分析信息

对所收集到的各种信息，调研人员还需要进行整理分析，包括将资料分类编号并进行统计分析和整理，对实地调查得来的资料要检查误差，发现记录不完整和数据前后矛盾的地方，应审核情报资料的根据是否充分、推理是否严谨、阐述是否全面、结论是否正确。

调研人员可以把数据列成表格，还可以对主要变量计算其平均数和衡量数据分布特征，以期最大限度地利用收集到的信息，得出更多的调查结果，为营销决策提供更为有效的依据。一般来讲，按信息分析的性质不同，可以分为定性分析与定量分析；按信息分析方式的不同，可以分为经验分析与数学分析。当前的趋势是，越来越多的企业借助数学分析方法对调研资料进行定量分析。人们通常认为，利用先进的统计学方法和决策数学模型，辅之以经验分析与判断，可以较好地保证调查分析的科学性与正确性。

（五）提出调查结论

在对调查资料分析处理的基础上，调研人员必须得出调研结论，通常以调研报告的形式总结汇报调研结果。调研报告要简明扼要，避免占用营销决策人员太多的时间，并能使其抓住要点。调研报告一般包括以下几个部分。

（1）引言。引言包括标题和前言。在前言中应阐述调研的目的、时间、地点、对象、范围、采用的调研方法、样本的分配及调研的局限性（如问卷的回收率、有效率）等。

（2）正文。这是调研报告的主体。正文包括调研结果的描述和分析、提出的结论和建议等。

（3）结尾。这是调研报告的结束部分。结尾包括样本误差的说明，要和调研报告前言相照应，还可重申有关论点以加强认识。

（4）附件。附件包括所有与研究结果有关但不宜放在正文中的资料，如图表、附录、问卷、抽样设计的详细说明、决定样本大小的统计方法等。

案例 3-9　　一字千金的调研报告

就在朝鲜战争爆发的前 8 天，美国兰德公司通过秘密渠道告知美国对华政策研究室，他们投入了大量的人力和资金研究了一个课题："如果美国出兵朝鲜，中国的态度将会怎样？"而且第一份调研报告已经出来了，虽然结论只有一句话"中国将出兵朝鲜"，但是兰德公司索价 500 万美元。

当时，美国对华政策研究室认为这家公司疯了，他们一笑置之。但是几年后，当美军深陷朝鲜战争泥潭时，美国官方才想起这份报告。美军总司令麦克阿瑟将军得知这个研究之后，感慨道："我们最大的失策是怀疑调研报告的价值，舍不得为一条科学的结论付出不到一架战斗机的代价，结果是我们在朝鲜战场上付出了 830 亿美元和十几万名士兵的生命。"

事后美国政府花了 200 多万美元，买回了那份过时的报告。报告在结论后附有长达数百页的分析过程，详尽地分析了中国的国情，以充分的证据表明中国不会坐视朝鲜的危机而不救，必将出兵并置美军于进退两难的境地，并且断定：一旦中国出兵，美国将以不光彩的姿态主动退出这场战争。

这个案例给我们的启示是：没有调研失败了——可恨，做了调研却没有正确地使用调研结果——可悲。

资料来源：全洪臣．市场调研原理与应用 [M]. 大连：东北财经大学出版社。

二、市场营销调研可以采用的方法

市场调研的方法有很多，选用的方法是否得当，对调研结果的功效影响极大。一般有以下几种方法。

（一）询问法

询问法是以询问的方式了解情况、搜集资料，并将所要调查的问题，以面谈、电话、会议、书面等形式向被调查者提出询问，从而获得所需的各种情况和资料。这是一种最常用的市场营销调研方法，也可以说是一种特殊的人际关系或现代公共关系。正因如此，调研人员应清楚地认识到，通过调查不仅要收集到调查所期望的资料，而且还应在调查过程中给调查对象留下良好的印象，树立公司的形象，可能时应将被调查者作为潜在的用户，以进一步说服成为自己的用户。

按调查者与被调查者的接触方式和问题传递方式的不同，询问法可分为访问调查、电话调查和邮寄调查三种，企业可以根据自身的财力、物力、人力以及调查的时间限制情况加以综合选择。

（二）观察法

观察法是在不向当事人提问的条件下，通过各种方式对调查对象进行直接观察，在不知不觉中，观察和记录被调查者的行为、反应或感受。常用的方法有以下几种。

（1）直接观察法。直接观察法即在现场由调查人员直接对调查对象进行观察。例如，调查消费者对品牌、商标的爱好与反应，可派人到零售商店的柜台前观察购买者的选购行为。若要调查销售人员的工作表现，可派人员对调查对象的服务态度、方法、效率进行直接观察。

（2）间接观察法。间接观察法也称痕迹观察法，就是通过对现场遗留下来的实物或痕迹进行观察以了解或推断过去市场的行为。例如，美国汽车经销商都同时经营汽车修理业务。它们为了了解在哪一个广播电台做广告的效果最好，对开过来修理的汽车，要做的第一件事情，就是派人看一看汽车里的收音机的指针对准哪一个电台，从这里他们就可以了解到哪一个电台的听众最多，下一次就可以选择在这个电台做广告。

案例 3-10　　普拉达的试衣间

普拉达是意大利著名的时尚品牌，在全球各地都有零售店。在普拉达的纽约旗舰店中，每件衣服上都有 RFID（射频识别）码。每当一个顾客拿起一件衣服进试衣间时，RFID 会被自动识别。同时，数据会传至普拉达总部。每件衣服在哪个城市、哪家旗舰店、在什么时间被拿进试衣间，停留了多长时间，数据都被存储起来并加以分析。

如果有一件衣服的销量很差，以往的做法是直接下架处理。但如果 RFID 传回的数据显示这件衣服虽然销量差，但进试衣间的次数多，那就能说明一些问题。这件衣服的命运就会截然不同，也许对某个细节的微小改变就会重新创造出一款非常流行的产品。

（3）亲身经历法。亲身经历法即调查人员亲自参与某种活动从而搜集有关的资料信息。

案例 3-11　　马行长“自己做消费者”

要想了解市场对产品的反应，最简单的办法就是自己做一回消费者。

中国招商银行行长马蔚华先生自发明“一卡通”后，钱包里经常有十几张信用卡（主要是其他银行的产品），目的是通过尝试比较自己和他人的产品，吸取他行好的做法，改进自身的不足。

（4）行为记录法。行为记录法就是通过使用仪器设备来搜集有关信息。这方面最典型的案例是美国钢柜公司利用调查信息设计出别具一格的新办公家具。为了掌握办公室人员实际如何工作的第一手资料，该公司在不同的企业设置了录像机，并通过研究录像带，寻找顾客自身可能也未注意到的动作与行为方式。该公司发现办公室工作的最佳方式就是大家既能一起做某项工作，又具有独立性，所以钢柜公司成功地设计出了组合办公家具“个人港湾”。

案例 3-12　　《纸牌屋》背后的秘密

《纸牌屋》是一部热播美剧，热播到什么程度呢？当第二部《纸牌屋》播出的时候，就连前美国总统奥巴马都在网上发帖说：“你们谁也不能向我透露这部剧的剧情，等我下班以后，我要回家好好地看这部电视剧。”

这部电视剧是由一个名叫 Netflix 的网站制作的。该网站是一个视频点播网站，用户在这个网站上每天会产生成千上万条的行为数据，例如收藏、回放、暂停等。通过长期的积累，该网站已积累了海量的用户行为数据。

之后这家公司利用大数据分析了用户最喜欢的情节、最喜欢的演员组合、最喜欢的编剧等因素，将收视率最高的题材搭配上最受欢迎的演员，这些因素组合起来之后就生产出了一部非常热播的电视剧。

观察法的优点是可以比较客观地搜集资料，直接记录调查事实和被调查者在现场的行为，调查结果更接近实际；缺点是不易观察到内在因素，只能报告事实的发生，不能说明其原因，调查的花费较大，时间较长，所以观察法常与其他方法结合起来使用。

（三）实验法

实验法是指从影响调查问题的许多可变因素中选出一个或两个因素，将它们置于同一条件下进行小规模的实验，然后对实验结果进行分析，确定研究结果是否值得大规模推广，它是研究产生问题的各因素之间的因果关系的一种有效手段。实验法应用范围十分广泛，例如，改变某种产品的设计、质量、包装、价格、广告、陈设或改变该产品的销售渠道后，销售量会发生哪些变化，都可以先在一个小规模的市场范围内进行实验。通过观察顾客的反应和市场变化的结果，企业再决定是否推广该产品。常用的实验法有以下几种。

（1）实验室实验法，指在因素可以控制或消除的环境下进行实验而获得调研资料的方法。这种方法在研究广告效果和选择广告媒体时常常被使用。例如，某工厂为了了解什么样的广告信息最吸引人，就可以找一些人到一个地方，给每人发一本杂志，让他们从头到尾翻一翻，问他们在每本杂志里，哪几个广告对他们最具吸引力，以便为本厂在设计产品广告时提供一些有用的参考。

实验室实验法可以在较短的时间内完成，能有效地控制外来因素，还能持续地进行观察，并多次进行同种实验。正因为它对外来因素的高度控制，因而具有较高的内部有效性，即实验结果与刺激措施有关而与外来因素基本无关，但它的外部有效性，即实验结果应用于现实市场中的有效性相对较低。

（2）现场实验法，指在选定的有代表性的市场环境中进行实验的方法。如将产品在选定的具有可比性的几个市场上以不同的价格进行试销，从而测量价格对产品销量的影响，以确定产品的最终价格。这种方法是在正常情况下进行的，因而具有较高的外部有效性，但由于在现场实验法中实验人员对外来因素不能实现高度控制，因而它的内部有效性较低，即不能认为实验结果完全是由刺激措施所引起的。

案例 3-13　　一种有效的客户行为分析工具：眼动仪

哪一款商品包装能够更吸引顾客？商品摆放在货架的哪个部分最能吸引顾客眼球？一个网站页面的哪个区域最引人注目？这些都是营销人员经常遇到的难题。在现代科技条件下，我们可以通过实验借助眼动仪来解决这些问题。眼动仪是一种专门测度用户视线焦点的仪器，其原理与测度近视的仪器相似，能测试出视线的焦点停留在什么地方，从而帮助营销人员确定客户的关注焦点。

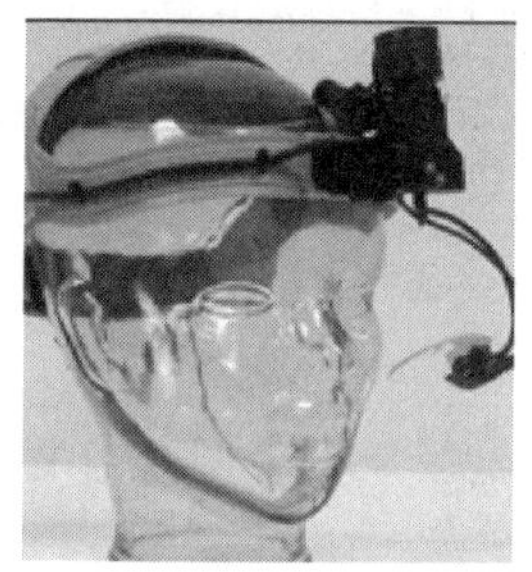

实验法的优点是：实验结果具有较大的客观性和实用性，可以按照调查需要，进行实验过程设计，有效地控制实验环境和调研过程，提高调查的精确性。另外，实验法具有主动性和可控性，这是其他几种调查方法无法做到的。

实验法的缺点是：实验时间长、费用大，只能掌握因果变量之间的关系，容易暴露企业的营销计划。此外，由于市场现象与自然现象相比，随机因素、不可控因素更多，政治、经济、社会、自然等各种因素都会对市场产生作用，因此这些因素必然会对实验结果产生影响，完全相同的条件是不存在的。

除询问法、观察法和实验法外，新兴的网络技术也为市场营销调研提供了现代化的技术工具，为企业快速充分地获得市场信息提供了巨大帮助。网络调研是一种通过网络来进行问卷设计和填写从而获得所需市场信息的方法。互联网给市场调查人员提供了一个全新的、具有很多先天优势的问卷调查工具。我们每天打开网页，几乎都能看到一些网络问卷。网络调研具有费用低廉，简单高效，不受时空、地域限制等优点，一般可以通过网站调研、电子邮件调研以及软件下载调研等方式进行。随着IT的发展，网络调研会越来越被市场调研人员重视，它将在市场调研中发挥更加重要的作用。

资料3-1　　在线问卷调查系统：问卷星

问卷星是一个专业的在线问卷调查、测评、投票平台，专注于为用户提供功能强大、人性化的在线设计问卷、采集数据、自定义报表、调查结果分析系列服务。与传统调查方式和其他调查网站或调查系统相比，问卷星具有快捷、易用、低成本的明显优势，已经被大量企业和个人广泛使用，可实现如下功能。

（1）在线设计问卷。问卷星提供了所见即所得的设计问卷界面，支持多种题型以及信息栏和分页栏，并可以给选项设置分数（可用于量表题或者测试问卷），可以设置跳转逻辑，同时还提供了数十种专业问卷模板。

（2）发布问卷并设置属性。问卷设计好以后可以直接发布并设置相关属性，例如问卷分类、说明、公开级别、访问密码等。

（3）发送问卷。通过发送邀请邮件，或者用Flash等方式嵌入到需调研公司的网站或者通过QQ、微博、邮件等方式将问卷链接发给好友填写。

（4）查看调查结果。可以通过网站自动生成的柱状图和饼状图查看统计图表，卡片式查看答卷详情，分析答卷来源的时间段、地区和网站。

（5）创建自定义报表。在自定义报表中可以设置一系列筛选条件，不仅可以根据答案来做交叉分析和分类统计，还可以根据填写问卷所用时间、来源地区和网站等筛选出符合条件的答卷集合。

（6）下载调查数据。调查完成后，调研人员可以下载统计图表到Word文件中保存、打印，或者下载原始数据到Excel，导入SPSS等调查分析软件做进一步的分析。

第三节　如何进行市场需求预测

一、如何认识市场需求预测

市场需求预测就是运用科学的预测理论与方法，对影响市场需求变化因素进行调查研究，分析和预见其发展趋势，掌握市场需求变化的规律，为市场营销决策提供可靠的依据。企业为了使自己的产品最大限度地适应市场需要，不仅要运用市场营销原理对市场需求进行各种定性分析，而且必须运用科学方法，从量的角度分析研究市场，估计目前和未来市场需求规模的大小。

案例3-14　　ZARA的市场需求调研与决策

ZARA是一家世界知名的时尚品牌。ZARA店铺的柜台和店内各角落一般都装有摄影机，记录顾客在每件衣服上的浏览时间。当客人向店员反映：“这个衣领的图案很漂亮”“我不喜欢口袋的拉链”时，店员会向分店经理汇报，经理通过ZARA的内部全球资讯网络，每天至少两次传递资讯给总部设计人员，由总部做出决策后立刻传送到生产线，改变产品样式。

关店后，销售人员会结账、盘点每天货品上下架情况，并对客人的购买率与退货率做出统计。再结合柜台现金资料，利用交易系统做出当日成交分析报告，分析当日产品热销排名，然后将数据直接传到ZARA仓储系统。

此外，ZARA还陆续在欧洲、美国、日本推出网店，除了增加营收外，更重要的是利用这些网店强化信息搜索与资料分析功能，让企业决策者可以利用回馈信息精确地找出目标市场。

通过先进的市场调研与决策手段，ZARA在服装领域里创造了一个供应链的神话——ZARA每年会设计1.8万种新样式，平均每2～3周就能够有新款上架，它可以做到7天生产、14天下柜、30天上柜，遥遥领先于行业水平。

二、如何进行市场需求预测

（一）大数据下的客户需求分析方法

企业要想在激烈的竞争环境下凸显其竞争力，捕捉客户需求要精确到个体，依据个体需求提供定制化服务。而企业想要知道客户需要什么，就要像医生给病人看病一样，学会望、闻、问、切，如图3-10所示。

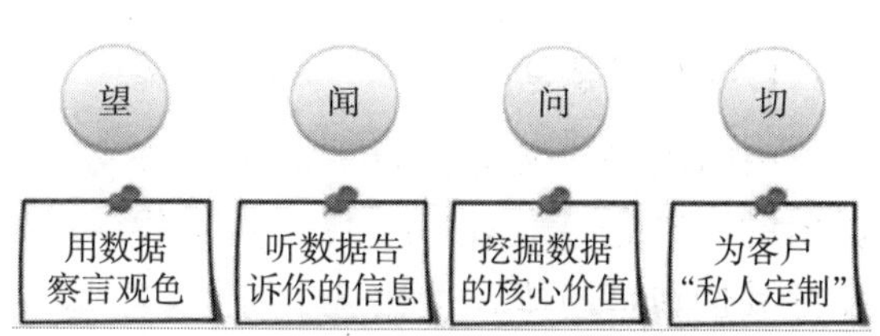

图3-10 大数据下的客户需求分析方法

1. 望：用数据察言观色

用数据察言观色就是用数据对客户进行全方位的分析和进行大致的定位，通过观察客户的所处环境和行为特点来对客户进行判断。

（1）环境信息包含客户的爱好、品位以及周围的环境，例如，某一商场的会员信息显示的是该会员住在高档小区，那么该会员的消费水平应该是很高的。

（2）行为特点是指客户的一举一动都是有特殊意义的，例如，某一客户经常在互联网上搜索某种化妆品，那么互联网的另一端就能对这名客户进行简单的刻画：她应该是一名女性，需要的是某种化妆品。

2. 闻：听数据告诉你的信息

数据带来的信息量的多少在于企业对用户进行了多少分析、倾听，目的是开始深入了解用户。例如，一家超市的会员购买记录显示在5月14日、5月28日、6月10日和6月22日，该会员除了购买日常生活用品之外，还购买了纸尿裤和奶粉。由此可以很容易得出结论，该会员的家里有婴儿。但是如果仔细分析，她下次购买用品的时间大概为

7 月 5 日，那么商场就可以在 7 月 5 日之前向这位会员发送促销短信，这就是深度分析数据带来的重要信息。

3. 问：挖掘数据的核心价值

数据最核心的价值不会主动浮出水面，可能需要更多的数据来佐证其是否为核心价值，而“问”的方法是挖掘数据核心价值的重要途径。还是以上述超市的会员购物为例，通过对该会员半年的消费记录进行分析，商场发现她前两次购买了 A 品牌纸尿裤，而之后每次都用 B 品牌纸尿裤，这就说明该会员逐渐偏向使用 B 品牌纸尿裤，那么商场在推荐时就尽量避免对 A 品牌的推荐。

4. 切：为客户“私人定制”

当分析并掌握了这些数据之后，企业就可以将客户精准定位到某一坐标点上，接下来要做的就是围绕这一坐标点对客户进行“私人定制”。例如，上面说到该会员放弃使用 A 品牌纸尿裤，那么 A 品牌纸尿裤肯定是有什么原因导致该会员放弃购买，因此就要找到 A 品牌纸尿裤的缺点，通过比较两种品牌，找到该会员想要的那种类型的纸尿裤，再通过类比的方式找到该会员对于其他商品的选择态度，帮助商家和企业推出更贴合客户实际需要的产品。

（二）客户需求预测方法

1. 头脑风暴法

头脑风暴法又称智力激励法、BS 法、自由思考法，是由美国学者奥斯本在 1957 年提出的，它是指通过一组专家共同开会讨论，进行信息交流和相互启发，从而诱发专家发挥其创造性思维，促进他们产生“思维共振”，以达到相互补充，并产生“组合效应”的预测方法。它既可以获取所要预测事件的未来信息，也可以弄清问题，形成方案，知道影响，特别是一些交叉事件的相互影响。

（1）头脑风暴法的实施步骤。头脑风暴法一般可以参照以下程序进行。

第一步，确定领导负责人。头脑风暴法会议的领导工作一般由预测专家负责。因为预测专家不仅熟悉预测程序和处理方法，而且对所提出的问题和科学辩论均有充足的经验。

第二步，确定主持人。头脑风暴法会议的主持人应具有良好的沟通技巧和一定经验。主持会议者在会议开始时要有诱发性发言，尽量启发专家的思维，引导专家产生思维共振。鼓励专家对已经提出的设想进行改造和综合，为对修改已有设想的专家提供优先发言的机会。

第三步，选择专家。选择专家要与预测的对象相一致。一般来说，要有预测专家和相关专业领域的专家参加会议。例如，对下一年度春秋时装流行款式的预测，可选择时装设计师、服装领域的销售专家和有较高判断能力的专家。另外，被挑选的专家应该尽量彼此不认识，这样更能激发各位专家各抒己见。如果各位专家是彼此相识的，那么应从同一职称或级别中挑选，以免造成相识的不同级别专家在议论时有顾忌。在会议上，不公布专家所在的单位、年龄、职称或职务，让专家认识到与会者是一律平等，一视同仁的。

第四步，创造良好的会议环境。会场的布置要轻松、活跃和随意，能激发与会人员的创造性。此外，会场还应该是一个真正自由发言的环境。会议主持者要说明政策，使专家没有顾忌，以便专家高度集中注意力于所讨论的问题，做到知无不言，言无不尽。

（2）实施头脑风暴法的注意事项。实施头脑风暴法的目的是要突破思考的固有框架，创造没有边界的思想，是一种思维上的剧烈运动。组织一次成功的头脑风暴，还应注意以下几点。

首先，要鼓励专家自由畅想。专家要放开思维，充分表达，不能因考虑其他因素而有所顾忌。

其次，组织者要延迟评判。头脑风暴法的开始阶段是尽可能多地提出各种新设想，此时不宜评判各种设想的质量，以免破坏会议气氛，阻碍专家提出更富创造性的设想。

最后，要注意把握会议节奏。头脑风暴法会议往往呈现出一系列的智能曲线。开始时观点表达不踊跃、不充分，焦点也比较分散。中间阶段专家们抓住要点后，集体智慧爆发，形成陡峭的智能曲线。在后期，确定观点的范围，并进入发言的平缓期。

2. 德尔菲法

德尔菲原为古希腊的城市名，据传因希腊神在此降服妖龙而闻名。后人以“德尔菲”比喻神的高超预见力。这种方法由美国兰德公司首创，在国外应用广泛。德尔菲法的特点是利用“背靠背”的方式，使参与预测的专家能够自由地发表看法。在用此法进行预测时，先要确定预测主题，根据预测主题，选择专家，组成专家预测组，专家组的人数一般以 20 人左右为宜。然后采用函询方式向专家分别提出问题，并提供有关资料，请专家提出自己的预测。将专家回答的意见经过综合、整理、归纳后，再匿名反馈给专家，征求修改意见，然后进行综合反馈。这样经过多次反复循环，滤去极端意见，最后得到一个比较一致的可靠性较大的意见。

（1）德尔菲法的实施步骤。

首先，要做好实施准备工作。

第一步要成立预测领导小组，确定预测项目。预测领导小组是预测的组织者，应由公司、企业领导人、各业务部门负责人和预测工作人员组成，负责组织、领导预测工作。预测项目的目标要明确，应根据决策和计划要求，选择对业务发展有重要影响的问题进行预测。

第二步是选定专家，准备背景资料。选定的专家是否合适，是德尔菲法成败的关键。应选择将见多识广、经验丰富、有真才实学、分析判断能力强、同预测问题有关的业内人士作为专家。专家组的人数可根据预测项目的复杂程度而定，一般为 10 ～ 50 人。背景资料是指有关预测项目的各种相关资料。这些资料通过整理、加工后，与征询表一同寄给专家，以便专家能更全面、系统地考虑问题。

第三步是设计征询表。设计征询表就是要根据预测的目的和要求，拟定需要了解的问题，列成预测意见征询表。征询表的设计应做到：紧紧围绕预测项目，从各个方面提出有针对性的问题；内容要简明扼要，问题数目不宜过多，含义要明确；为了使专家了解预测的意图，对容易出现歧义的问题应有特别说明；问题之间应有一定的内在联系，以便专家能够保持连贯的思路；问题的解答应当便于量化处理等。在征询意见的过程中，调研人员可以根据实际需要对征询表进行不断调整。

在做好实施准备之后，即可进入轮番征询阶段。这一阶段主要是反复地征询专家意见。

第一轮，预测组织者将预测项目、征询表、背景资料以书信的方式寄给每位专家。这一轮要求专家根据自己的依据，提出个人初步预测结果的论据和进一步研究所需要的资料，并在规定的时间内寄回征询表。收回专家征询表后，要把搜集到的不同的专家意见进行汇总整理，并准备下一轮的预测。

第二轮，将第一轮汇总整理的意见、预测要求、补充的背景资料、征询表，再寄给每位专家进行第二轮征询意见。请他们对别人的预测意见加以评论，对自己的预测意见加以补充说明。专家接到有关资料后，可以胸怀全局、慎重考虑，或附和其他专家的看法；或根据新的信息做出新的判断，修改自己原有的意见，提出新的看法。在规定的时间内收回专家意见，汇总整理和准备第三轮预测。

第三轮，重复第二轮步骤，根据实际情况可以进行若干轮征询，直到多数专家对预测问题的意见可以渐趋一致，少数专家的分歧意见也逐渐明朗化。

征询阶段结束后，就可进入预测结论阶段，把最后一轮的专家意见加以整理、分析、评价，得出代表专家意见的预测值。

（2）德尔菲法应用举例。某企业要对某种商品某年的销售趋势进行预测，它聘请了12位专家采用德尔菲法进行预测，具体的专家反馈结果如表3-2所示。

表3-2 专家反馈结果 （单位：百万台/年）

轮次\专家	1	2	3	4	5	6	7	8	9	10	11	12	预测差距
一	50	60	55	12	55	25	22	30	30	32	22	32	48
二	50	50	50	33	45	35	30	34	34	35	28	35	22
三	50	50	50	42	50	35	34	35	34	37	36	37	16

从预测结果可以看出，在第二轮中，大多数专家修改了自己的意见，预测差距（预测的最大值与最小值之差）大幅缩小，预测结果趋于一致，这说明第一轮的反馈意见起了作用。到第三轮时，修改意见的专家减少了，而且数字的变动幅度不大，这时可以根据具体情况将12位专家的预测平均数作为销售预测值。

3. 波士顿矩阵分析法

波士顿矩阵分析法以生产者为调研对象，通过市场增长率－市场占有率矩阵模型，评估一家企业的产品在市场中所处的态势，并预测其产品的未来市场趋势，进而提出对该企业投资战略和产品组合的改进措施，提高市场效益。该方法的具体实施过程已在本书的第二章中详细阐述，在此不再赘述。

4. 定量预测方法

常用的定量预测方法主要有时间序列分析法和因果分析法。时间序列分析法是将经济发展、购买力增大、销售变化等同一变数的一组观察值，按时间顺序加以排列，构成统计的时间序列，然后运用一定的数学方法使其向外延伸，预计未来的发展变化趋势，确定市场预测值。时间序列分析法主要包括简单平均法、移动平均法、加权移动平均法及指数平滑法等。

因果分析法是利用事物发展变化的因果关系来进行预测的方法。它以事物发展变化的因果关系为依据，抓住事物发展的主要矛盾与次要矛盾因素的相互关系，建立数学模型进行预测。运用因果分析法进行市场预测，主要采用回归分析方法。

回归分析的主要步骤为：先从一组原始数据（一般要求数据多于20个）出发，确定变量之间的定量关系式，即确定回归模型的具体形式和模型参数的估计值，然后对这些变量关系式的可信程度进行统计检验。接着从影响某一个经济变量的许多变量中，判断和选择重要的影响因素。最后，给出预测精度估计。

根据变量个数的多少，回归可以分为一元回归（1个自变量）和多元回归（2个以上自变量）；根据原始数据分布趋势，回归分析还可以分为线性回归和非线性回归。回归分析尤其是多元回归分析和非线性回归分析计算方法比较复杂，一般均需通过计算机来辅助完成，读者可参阅有关书籍，做进一步了解。

关键词

市场营销环境　微观环境　宏观环境　营销环境分析　市场调研　市场预测

本章小结

1. 市场营销环境包括微观营销环境和宏观营销环境。
2. 微观营销环境包括企业、供应商、营销中介、顾客、竞争者与公众等要素。
3. 宏观营销环境包括政治和法律环境、经济环境、社会环境、科技环境。
4. 机会－威胁矩阵常用来分析、评价市场营销环境。
5. 询问法、观察法、实验法是三种常用的市场调研方法。
6. 市场需求预测的主要方法有头脑风暴法、德尔菲法和波士顿矩阵法等。

思考题

1. 制订一份市场营销环境调研计划，针对你所在城市的某一行业的营销环境进行调查。将大家的调研计划放在小组内进行讨论，发现其中存在的问题。
2. 什么是市场营销环境？简述它的构成。
3. 企业营销与营销环境的关系如何？
4. 如何分析和评价企业所处的营销环境？
5. 营销调研对营销管理有何作用？
6. 市场营销调研有哪些程序，以及有哪些具体方法？
7. 市场需求预测的方法主要有哪些？

案例作业

市场预测实训

结合你所在的行业或亲身经历，选定一个营销预测项目，采用相关方法进行预测，并密切跟踪预测结果，对所选用方法及预测结果进行分析总结。

例如，对某几家银行推出的不同品牌的信用卡，在某固定群体（例如，某座城市、某所高校、某个单位等）半年内的推广量进行预测。

参考文献

[1] 王方华，等．市场营销学 [M]. 上海：复旦大学出版社，2005.
[2] 陈水芬，等．现代市场营销学 [M]. 杭州：浙江大学出版社，2002.
[3] 李农勤，等．市场营销学 [M]. 北京：清华大学出版社，2006.
[4] 徐井岗．市场调研与预测 [M]. 北京：科学出版社，2004.
[5] 张明立．市场调查与预测 [M]. 哈尔滨：哈尔滨工业大学出版社，2003.
[6] 姚小远，等．市场调查原理与方法 [M]. 上海：立信会计出版社，2006.
[7] 陶广华，等．市场调查与预测 [M]. 北京：北京理工大学出版社，2010.
[8] 许以洪，等．市场调查与预测 [M]. 北京：机械工业出版社，2010.
[9] 李军．实战大数据 [M]. 北京：清华大学出版社，2015.
[10] 于勇毅．大数据营销 [M]. 北京：电子工业出版社，2018.

第四章 分析消费者购买行为

内容提示

在对营销环境进行充分的调研与分析后，下一步，我们需要分析消费者的购买行为。何谓消费者市场？影响消费者购买行为的因素有哪些？消费者的购买决策是如何做出的？本章将对这一系列引人入胜的问题予以探讨。我们首先分析消费者市场与消费者购买行为的基本概念和特征，在第二节中分析影响消费者购买行为的因素，然后在第三节中讨论消费者究竟是如何做出购买决策的。

专业词汇

消费者行为（Consumer Behavior）
文化（Culture）
亚文化（Subculture）
社会阶层（Social Classes）
相关群体（Reference Group）
角色与地位（Role and Status）
动机（Motive）
认知（Perception）
短期记忆（Short-term Memory）
记忆恢复（Memory Retrieval）
品牌联系（Brand Association）
习惯性购买行为（Habitual Buying Behavior）
求变性购买行为（Variety-seeking Buying Behavior）
理性购买行为（Calculated Buying Behavior）
冲动性购买行为（Impulsive Buying Behavior）
诱发性购买行为（Induced Buying Behavior）
移动购买行为（Mobile Buying Behavior）
家庭生命周期（Family Life Cycle）
价值及生活方式（Values and Lifestyle, VALS）
长期记忆（Long-term Memory）
记忆编码（Memory Encoding）

什么是市场？我们可以这样理解，市场是指有购买力、购买欲望的顾客群体。为进一步研究市场，按购买的目的或用途不同，我们可以把市场分为消费者市场和组织市场。

开篇案例

淘宝大数据的精准营销

在这个时代能够存活下来的，不是最强大的企业，而是能够随环境变化而迅速做出调整的企业。

很多人有这样的体验。有一天在一个B2C商城中选剃须刀，发现没有合适的。第二天，浏览其他新闻网站的时候，看到了很多这类产品的推荐广告，于是忍不住点击浏览，甚至购买。

这项反复跟踪推荐技术，就是营销公司开发的“到访定位”技术，针对目标用户进行再次营销，其精准的效果要大大优于其他定向技术。而这背后则是数据分析在起作用，将数据运用于营销正改变着传统的传播方式和消费者洞察方式。

2013年是大数据爆发年，作为以数据和技术为驱动力的互联网营销，大数据将为其带来了巨大的应用价值，同时也会在广告营销层面上帮助企业做得更好。

无论是百度、腾讯还是淘宝网、新浪，每个平台上都有海量的数据，即使是一个单一的媒体平台，其数据也反映着网民的各种行为，例如百度的平台上呈现的是网民的各种与搜索有关的行为，而淘宝网上则显示着网民的购买行为，新浪的平台上则可以看到网民的阅读行为。

从商业本质上说，营销的过程就是满足需求、提供价值、完成交易、实现利润的过程，互联网的迅速发展，改变了消费者的消费模式和行为习惯，也飞速改变着传统的商业模式，“这是最好的时代，这是最坏的时代”，狄更斯的这句话，用在今天再合适不过。“巨变”是这个时代的特点，而企业要做出调整的，最重要的是一种思维模式。

在“大数据”时代之前，企业多从哪些平台提取数据，提取哪些营销数据呢？一般是CRM或BI系统中的顾客信息、市场促销、广告活动、展览等结构化数据以及企业官网的一些数据。但这些信息只能达到企业正常营销管理需求的10%的量能，并不足够给出一个重要洞察或发现规律。

而其他85%的数据，诸如社交媒体数据、邮件数据、地理位置、音视频等不断增加的信息数据，以及包括数据量更大、逐渐广泛被应用、以传感器为主的物联网信息，还有风起云涌的移动3G互联网信息等，这些就是大数据所指的非结构性或者叫作多元结构性所需的数据，它们更多地以图片、视频等方式呈现，几年前它们可能被置之度外不会被运用，而今大数据能进一步提高算法和机器分析的作用，这类数据在如今竞争激烈的市场上日显宝贵，且作用更突出，并能被大数据技术所充分挖掘和运用。

资料来源：中国鞋网。

第一节　如何分析消费者市场与购买行为

一、消费者市场及其特征

在日常生活中，我们每个人都是消费者市场中的一分子，每天都在进行各种各样的消费活动。消费者市场是个人或家庭为了生活消费而购买产品和服务的市场。我们只有深刻认识消费者市场的特点，准确把握消费者购买行为，才能科学确定产品的销售对象，有针对性地制定产品、价格、渠道和促销策略，提高市场营销的效率，在充分满足消费者需要的前提下实现企业的发展目标。消费者市场具有广泛性、分散性、差异性、易变性、发展性、替代性、地区性和季节性等特点，这些特点令消费者市场错综复杂、扑朔迷离。

案例 4-1　　大众点评为大众

传统的城市生活消费指南网站多是为广大商家提供一个免费的信息发布平台，目的是为商家降低推广宣传费用，优化商家的营销效果。而从消费者角度考虑，真正实用的信息几乎没有。大众点评网观察到消费指南类网站这个信息不对称的短板，反其道而行，把消费者放在主导地位，主张致力于做消费者自己互相分享信息的平台，重点突出中立的第三方点评模式，这一模式虽不是大众点评网的首创，但被其发扬光大。

相比传统商家自卖自夸的营销模式，这一主张无疑获得了更多消费群体的认可和喜爱。大众点评网鼓励消费者分享自己的消费经历和体验、店铺和美食口味等。它让消费者在此找到一个可以肆无忌惮交流的平台，也为消费者潜在的消费决策起一定的参考和推动作用。

据不完全统计，大众点评网第三方点评模式的信息覆盖范围在不断地快速扩大和自主更新中，由用户点评的包括餐饮、休闲、娱乐等生活服务商户已覆盖全国300多个城市，且不定期推出美食榜、生活服务排行榜等榜单，供消费者更加明了、直观地了解本地最佳消费场所的相关信息。

大众点评网的美食点评已经基本形成了一种消费引导体系。在北京、上海、广州、深圳、成都、西安、福州等地，大众点评网还依据网友点评和综合意见，编纂出版了《餐馆指南》等系列丛书，并且火速在各地畅销发行。大众点评网更敏锐地觉察到车载GPS的精确定位功能，率先与新科电子、MIO等展开合作，让所有的汽车用户可以利用车载的GPS导航系统找到自己的美食目的地，从而实现双赢。

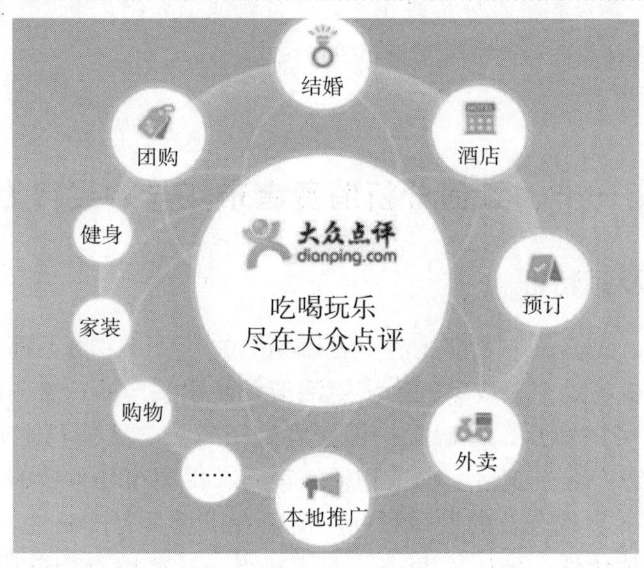

资料来源：http://www.shichangbu.com/thread-56476-1-1.html.

二、消费者的购买行为有哪些种类

资料 4-1 **“7Os”研究法**

由于消费者市场具有广泛性、分散性等特征，使得消费者的购买行为千差万别，也使得对消费者市场和消费者购买行为的研究具有很大的挑战性。市场营销学家认为我们可以从 7 个方面入手。

人们把这种方法称为“7Os”研究法（见图 4-1）。例如我们要研究手机的消费者购买行为，我们首先可以分析、研究以下问题：①手机的消费者市场由哪些人构成？②消费者购买什么样的手机？③消费者为什么购买这样的手机？④哪些人参与消费者的购买行为，对购买决策会产生什么样的影响？⑤消费者如何购买手机？⑥消费者何时购买手机？⑦消费者何地购买手机？这是我们分析手机消费者市场的基本思路和切入点。

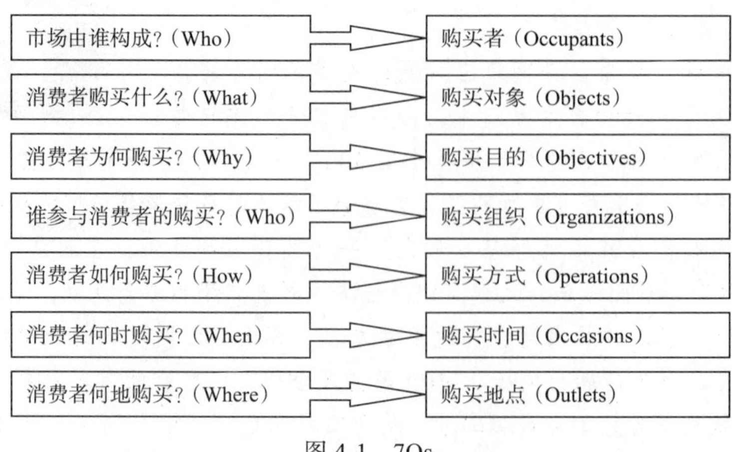

图 4-1 7Os

著名的营销学者刘宝成认为，消费者的购买行为类型主要分为以下几种。

1. 习惯性购买行为

习惯性购买行为是指消费者几乎不假思索而经常重复的购买行为。在这种购买行为的支配下，消费者只要走进商店，买回某个产品就够了，不需要对产品搜集更多的信息，也不需要比较各个品牌之间的差异，而且是毫不犹豫地做出购买决定。

针对习惯性购买行为，企业有两种策略。一是维持消费者习惯性购买行为，一方面尽量保持为消费者购买产品提供便利，因为此类消费者不会或不愿意投入过多的时间和精力，另一方面是杜绝招致不满的因素，防止消费者在购买和使用产品的过程中产生不良的体验。二是改变习惯性购买行为，利用新的信息刺激，改变其购买行为。这种信息刺激来源于两个方面：一方面是对现有产品的不良体验，对产品的不满会促使消费者主动寻找其他的产品来避免这种体验的再现；另一方面是如果竞争对手的优势已经深入人心，消费者也有可能放弃对原产品的购买习惯。

2. 求变性购买行为

求变性购买行为是指消费者在购买过程中经常寻求变化，而不是“从一而终”。这种行为只是为了丰富生活的内容，换一种口味，尝试一下新东西。由此可见，消费者在这种情况下更换品牌并不是因为他们对目前产品有任何不满，而是因为想要寻求一种变化，一种新的感受。

对于求变性购买行为，已有一定市场份额的企业可以考虑两种营销策略：一是当没有能力给消费者提供多种选择时，设法提高消费者的忠诚度；二是在企业实力允许的条件下，推出系列产品或多种品牌，这样既可以满足消费者的求变心理，又不会让消费者购买其他企业的产品，比如宝洁的洗发水产品有飘柔、潘婷、海飞丝、沙宣、伊卡璐等多个品牌。对于产品刚上市的企业来说，求变性购买行为意味着更多的机会，因为它们面对的不是那些已经被先入者套牢的消费者。它们的营销目标是鼓励其他品牌的消费者喜新厌旧，为这些消费者与本企业产品的第一次接触创造条件。

案例 4-2 **张裕用心良苦做市场**

烟台张裕集团有限公司的前身烟台张裕葡萄酿酒公司创办于1892年，至今已有100多年历史，是中国第一个工业化生产葡萄酒的厂家，也是目前中国乃至亚洲最大的葡萄酒生产经营企业。其主要产品有白兰地、葡萄酒、香槟酒、保健酒、中成药酒和粮食白酒六大系列数十个品种，年生产能力达到8万余吨，产品畅销全国并远销世界20多个国家和地区。

张裕百年
CHANGYU
SINCE 1892

1998年年底，张裕营销公司的市场调研部，在分析全国各地反馈回来的市场信息时发现沿海地区和中西部城市的葡萄酒的终端消费者结构存在较大差异。沿海地区的葡萄酒个人消费比例很高，市场销量比较稳定；内地城市主要为公款消费（占70%以上），市场销量起伏也较大。同时对终端消费者的心理调查表明：沿海地区的消费者看重的是葡萄酒的保健功能及文化品位，而内地消费者看重的是身份标志和时尚。这表明沿海地区的葡萄酒消费进入理性消费阶段，步入速度减缓的市场成熟期，而内地城市则处在感性消费阶段，处在市场上升期。但因为我国葡萄酒的主要消费区域在沿海，故而可以推测：1999年的葡萄酒市场增长速度将放慢，张裕公司必须相应地调整其营销策略，加大市场培育和开发的力度。

张裕很清楚：与啤酒、白酒相比，葡萄酒的市场规模实在太小，整个产业的市场规模充其量不到100亿元。现在平均每个中国人的葡萄酒年消费量只有0.3升，是世界平均水平的1/20。而国人以白酒为主的酒类消费习惯是在历史发展中逐渐形成的，是中国饮食业的一大特色，短期内很难改变，引导消费须下大功夫。假如每个中国人每年消费两瓶葡萄酒（1.5升），那么就需要195万吨葡萄酒，市场规模即可达到780亿元。这表明中国葡萄酒市场还存在着巨大的发展空间，关键在于市场的培育和开拓。

为了培养消费者，张裕着力于“沟通”。受价格因素限制，经常性的葡萄酒消费者，主要是中高收入阶层，另外，行政管理层人士也是不可忽视的主流消费群；偶尔性消费者，则以年轻人为主。张裕沟通的主要对象就是这些人，即将经常性消费者巩固下来，让偶尔性消费者逐渐转向经常性消费者，同时开拓新的大量新生性消费者。针对不同的消费层次，张裕采用了不同的沟通方式。

对经常性消费者而言，张裕通过一系列目标明确的整合传播，主要展示葡萄酒的健康、自然及其文化内涵——葡萄酒的品位和格调。张裕通过对经常性消费者主要的信息来源，如高品位杂志、体育节目、酒店等，进行“润物细无声”的文化渗透，提高葡萄酒在这些消费者心中的亲和力，同时通过一系列品牌策略，树立起张裕东方红酒的经典形象，以“传奇品质，百年张裕”作为主题，也使得对葡萄酒的系统传播得到了较好的效果。

对偶尔性消费者而言，张裕则侧重于展现葡萄酒本身的时尚色彩，通过对大众传媒的控制性传播，传达各种葡萄酒的时尚资讯，营造出一种氛围，即把葡萄酒作为一种身份的象征进行推广，使其成为时尚潮流中的一部分。如在报纸上开辟醒目的葡萄酒消费专栏，在电视台黄金时间段插播葡萄酒的各类专题，举办各种葡萄酒知识讲座等。通过日积月累的渗透式传播，让消费者开始树立这样一种心态：选择饮用葡萄酒就是在选择一种更好的生活方式。事后的调查表明：很多消费者都受到了这种传播的影响，并逐渐喜欢上葡萄酒。

资料来源：http://www.xuexila.com/success/chenggonganli/401417.html.

3. 理性购买行为

理性购买行为是指消费者在购买商品前要经过深思熟虑、精心盘算。理性购买行为大多是针对开支较大、风险较高的商品，如住房、汽车和假日旅游等。消费者在做出购买决策的各个阶段花费了相当多的时间和精力，对商品的特点、性能和使用方法等做到心中有数，在购买商品时往往心无旁骛，直奔目标，表现出十足的自信。

对于理性购买行为，企业应注重为消费者提供事实依据，帮助他们掌握产品的知识，甚至敢于将自己的产品和同类的竞争产品进行对比。情感或直觉能够吸引这类消费者的注意力，但难以促成其做出购买决策。比如车展可以很奢侈华丽，美女如云，但真正打动消费者的仍然是那些有经验的专业销售人员对汽车的性能、特点等做出的理性讲解和企业提供的各种承诺。从推广手段的效果来看，平面媒体上的长篇描述性广告要优于视觉媒体的短暂渲染，专业人员和消费者一对一的深度对话要优于面对大众的产品推介。

4. 冲动性购买行为

冲动性购买行为是指消费者在购买商品时，常常被商品的外观、样式或包装所吸引，不会进行过多的考虑和比较而做出购买决策。他们的购买模式通常是这样的：看到某种商品——眼前一亮——买下再说——不计后果，因此这种购买行为最容易令消费者后悔。

冲动性购买行为与理性购买行为是相互对立的。在消费者的日常购买活动中，理性购买行为并不多见，而冲动性购买行为则经常发生。企业对这类购买行为采取的营销对策主要是找出吸引眼球并能引发购买冲动的刺激物。

5. 诱发性购买行为

诱发性购买行为是指消费者的购买行为是在外部力量的诱导之下产生的，其心理过程常常是：好奇心——探究竟——被说服——掏钱买。它与冲动性购买行为十分相似，但两者又有不同，具有冲动性购买行为的消费者是主动的，而且其购买决策做得很迅速，而具有诱发性购买行为的消费者则是被动的，其中销售人员的诱导有很大的作用，其购买决策做得比较缓慢。

诱发性购买行为主要是受环境和他人的影响与诱导而产生的，这类购买行为的行使者多数是女性，因此商家往往会在化妆品柜台安排促销员，实施人员营销策略，目的是通过她们来诱导消费者采取购买行为。

三、移动购买

移动购买行为（在移动互联网情景下，顾客对需要的商品采取的购买行为），是移动互联网产业链中的主要推动助力。移动互联网视角下的顾客购买行为具有双重特性：一是移动的随时随地性，二是购买活动的目的性。移动互联网情景下的购买行为具有四个特征：①使用广泛性（移动购买不受时间、地域的限制）；②使用便携性（移动智能终端方便顾客随身携带，操作简单）；③使用个性化（能够实现定位等功能，给顾客带来多种特殊服务）；④搜索方便性（利用搜索功能查找需要的商品，方便日常生活）。

1. 谁在移动购买

移动购买者的一般特点为：喜欢购物，并易于接受新鲜事物；渴望移动购物的便利；对价格敏感；追求多样性；对网络交易持乐观积极态度；精通手机各项功能，喜欢频发短信。大多数移动购买者是年轻人，且主要是学生。相对其他群体而言，学生有更多的手机上网机会与明显的购物倾向。另外，白领阶层是重要的移动购买者，他们有较高的教育背景、足够的购买力，喜欢自助式购物，喜欢快捷、可靠、方便的付款方式。女性购买者享受整个购买过程，愿意花更多的时间购物；男性购买者比较明确自己的购买对象，更喜欢通过手机快速获取商品信息。

2. 移动购买什么

移动购买包罗万象，消费者日常生活涉及的衣食住行都可实现移动购买，比如服装、餐饮、旅游等产品。随着超市、百货等消费领域利用SMS、GPRS以及CDMA制式作为传递交易数据的通信载体，零售企业和饮食服务企业广泛应用POS系统，顾客能够通过移动终端在商场里轻松实现移动支付。

3. 什么时间、在哪里进行移动购买

移动购买突破了购物时间和地点的局限，为购买者提供了更大的灵活性，让购买者可以随时随地购买商品。只要你愿意，只要有网络，只要钱够，你就可以购物！

4. 怎样付钱

移动购物设备不但能够帮助购买者随时随地下订单，而且也可以进行移动支付，省去了使用现金或信用卡进行结算的麻烦。移动消费者生活在数字的世界里，工资是数字，消费也是数字。

资料4-2　**网店营销手段分析：以淘宝女装为例**

网络店铺在信息发布、服务、促销活动、推广方面各有不同，但都脱离不了一个主题：以消费者主要购买行为为准，制定相应的店铺营销手段。具体来说，这包括以下几个方面。①为顾客提供穿衣指导，如有些店铺在宝贝详情页处放置了店铺宣传短片或模特实时穿衣视频，给顾客带来了全新的购物体验；许多店铺卖家意识到有些买家可能不知道如何很好地搭配所买的衣服，便在宝贝详情页增加了搭配建议模块，给买家一些穿衣搭配上的参考，实用贴心。②买家秀，一些买家将自己买到衣服的上身效果拍照上传，给卖家提供了增设真人穿衣视觉体验的物质基础，更给买家提供了真正的无美化效果的试衣建议。③社会事件营销。④名人效应，明星同款，如高圆圆同款、孙俪同款、范冰冰同款、唐嫣同款、杨幂同款及各种电视剧同款，各种同款带动销售。⑤购物车营销，针对有些顾客把挑选到的产品放在购物车不付款的购买行为，淘宝推出了专门针对这部分客户的购物车营销手段，如限时打折（限时一天）。⑥引用淘宝直通车、钻展、橱窗推荐、淘宝客等推广工具引入流量，提高店铺的商品被消费者搜索到的概率。⑦淘宝卖家后台有一个实时客户访问量数据表，持续跟踪每个时段顾客的上访量，提炼出顾客上访最高的几个时间段，根据这几个时间段，在店铺人流量高峰期进行店铺商品的上新，这样消费者就能看到店铺上的新款了，提高店铺整体点击率，使排名上升。

资料来源：黄杰，何亚男．影响消费者购买行为的网络营销手段分析：以淘宝女装为例 [J]. 现代经济信息，2014（21）.

案例 4-3　　70 后、80 后、90 后的网络消费习惯对比

通过研究 70 后、80 后、90 后这三代用户的在线购物习惯，我们能够更了解他们的生活状态和需求，还原更加生动、真实的 70 后、80 后、90 后的群体形象与购物偏好。

70 后的购物时间集中在日间中午稍早时段。

80 后的购物时间集中在早晨与午间稍晚时段。

90 后的购物时间集中在午后与晚间，90 后在晚间 8：00 ～ 10：00 的成交笔数占总笔数的 13%。

图 4-2 是 70 后、80 后、90 后的成交笔数最高时段对比。

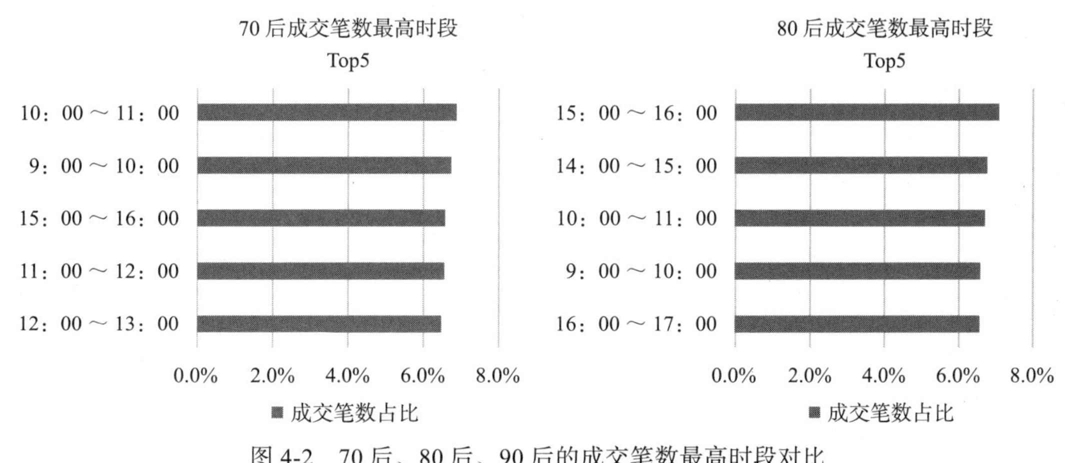

图 4-2　70 后、80 后、90 后的成交笔数最高时段对比

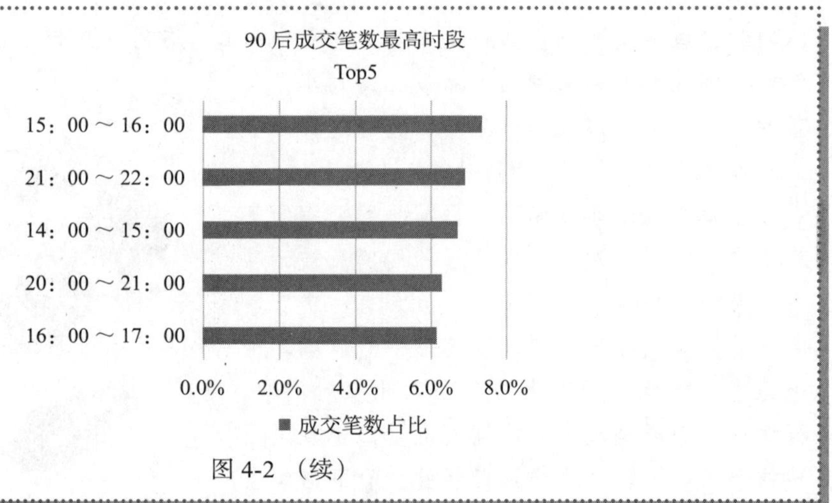

图 4-2 （续）

案例 4-4　　天猫“双 11”移动端的新玩法

2016 年的天猫“双 11”活动，在移动端的设计上又增加了新玩法。用户年龄在 35 岁以下，且是绝对主力，也就是说最有消费潜力和最有未来消费潜力的人都在天猫客户端上，中高端已经占了绝对的数量。天猫 App 的策略离不开整个天猫大环境的整体部署，可用三个关键词表示：品质、时尚和多元。2016 年，这三个关键词到底有什么新意？

在品质方面，天猫与很多集团和品牌都形成了战略合作伙伴关系，我们的消费者可以在天猫上买到更有品质保障的好货，目前天猫与全球 110 个集团形成战略合作伙伴关系。

在时尚方面，2016 年的趋势就是买遍全球，可以在天猫平台上买到全世界非常丰富的好货。天猫设立了 16 个国家和地区馆，这 16 个国家和地区馆是实实在在地和当地国家以及地区政府联合操作的，并且独家的品牌有 20 家，与国际品牌签约的有 160 多家，消费者可以在天猫这个平台上买遍全球。

在多元方面，2016 年更多的是做消费分层，天猫是一个大平台，消费者的需求是多方面的。2016 年最核心的几个特色是跨境购物、超市生鲜、新型首发和一站式服务。在这个环节中，天猫在信息、金融、数据、物流、服务方面都是一个更开放的平台，我们可以看到很多集团可以很轻松地接入天猫这个平台。比如苏宁整体入驻天猫，还有梅西百货，它们的入驻都是因为天猫有这样一个完整的生态链平台，并且足够开放。

对天猫 App 而言，2016 年最重要的任务还是继续领跑 B2C 市场，同时思考在这个阶段从购物入口升级为品牌体验入口，究竟该怎么做呢？

天猫在 2014 年更多的是实现了天猫的无线化，做了非常多的基础建设。2015 年，天猫做的是品牌旗舰店，消费者打开天猫就可以看到天猫平台就是一个品牌旗舰的阵地。2016 年，天猫在 15 年的基础上升级为品牌旗舰站。2015 年是旗舰店，2016 年是旗舰站，意味着天猫平台不仅只是卖货，而且各品牌商在天猫无线平台上可以充分地与自己的消费者和粉丝互动，从原来的销售经济转为粉丝经济。

资料来源：http://www.xuexila.com/success/chenggonganli/214137.html.

四、“刺激－反应”模型解释了消费者的购买行为模式

在研究消费者购买行为的众多理论中，最有代表性的是“刺激－反应”模型，如图 4-3 所示。

从这一模式中我们可以看到，具有一定潜在需要的消费者首先是受到企业的营销活动刺激和各种外部环境因素的影响而产生购买意向的。不同特征的消费者对于外界的各种刺激和影响又会基于其特定的内在因素和决策方式做出不同的反应，从而形成不同的购买取向和购买行为，这就是消费者购买行为的一般规律。

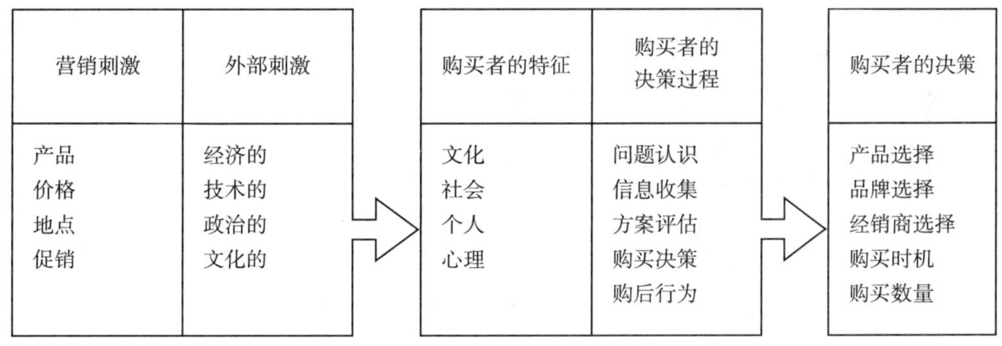

图 4-3　消费者购买行为模式

在这一消费者购买行为模式中，“营销刺激”和各种“外部刺激”都是可以看见的，购买者最后的决策和选择也是可以看到的，但是购买者如何根据外部的刺激进行判断和决策的过程却是看不见的。这就是心理学中的“黑箱”效应。购买者行为分析就是要对这一“黑箱”进行分析，设法了解消费者的购买决策过程以及影响这一决策过程的各种因素的影响规律。所以对消费者购买行为的研究主要包括两个部分：一是对影响购买者行为的各种因素的分析，二是对消费者购买决策过程的研究。

案例 4-5　　丑女营销

法国的一家化妆品公司在巴黎的《日日新闻》上刊登了一则广告：本公司选10名丑女，将于星期六晚上在巴黎大舞台与观众见面。广告刊出后，一时传为奇闻：世上只有选美女的，哪有选丑女的？还要在知名的巴黎大舞台上登台亮相。这则广告瞬间就勾起了人们的兴趣，于是不少人怀着好奇的心态赴会。当幕布徐徐拉开，10位丑女鱼贯而出时，观众发现她们果然是面目奇丑无比。随后该化妆品公司的老板出来致答谢辞说："此次征求丑女，并不是要贬低她们，而只是用以证明本公司化妆品的功效。如诸位存有异议，就请稍等片刻，让丑女们化妆后再出来与大家见面。"当幕布再次拉开时，涂脂抹粉后的丑女们在霓虹灯下果然是另一番模样，使赴会者无不叹服。自此，该公司的化妆品一炮打响，畅销巴黎。

其实，开展刺激营销也要有的放矢，不可眉毛胡子一把抓。就以化妆品市场为例，最有潜力的顾客群应该是中年妇女，因为在她们失去青春的光彩而又要保持女性的亮丽时，化妆品是她们必不可少的心爱之物。但是在众多的大商场中可以看到这样的场景：化妆品营销人员都是年轻美女，看不到中年妇女，而美女营销员又把目光只盯在来往的年轻女孩儿身上，对中年妇女则不屑一顾，难怪在商场中的化妆品销售区，总是销售者多于消费者。试想一下，化了妆的年轻女孩儿能刺激中年妇女的消费激情吗？如果让一些化妆后的中年妇女来推销化妆品，营销效果想必应该会更好，因为同龄人的演示才是最具有吸引力和说服力的。所以，刺激营销要讲究感应，注重效应。

资料来源：http://www.xuexila.com/chuangye/yingxiao/cehua/404507.html.

第二节　如何识别影响消费者购买行为的因素

无论是在线上还是在线下消费，消费者由于在年龄、性别、教育水平、收入状况、性格和心理特征等方面存在很大的差异，而且所处的外部环境也不尽相同，因此消费者拥有不同的审美观念和偏好是完全正常的。影响消费者购买行为的因素主要有文化因素、社会因素、个人因素和心理因素，如图 4-4 所示。

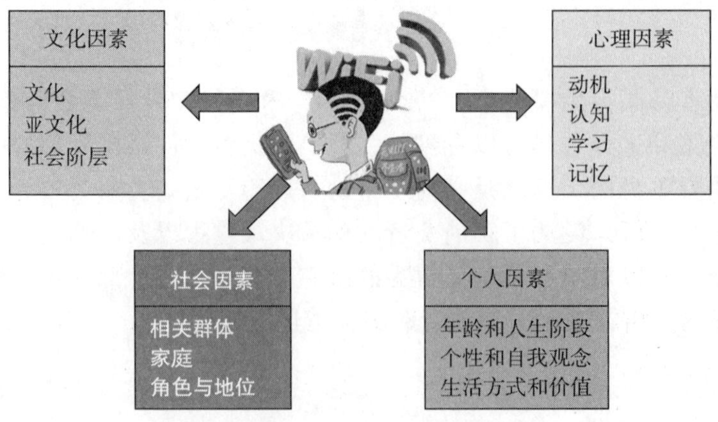

图 4-4　消费者购买行为影响因素

一、文化因素如何影响消费者

资料 4-3 **各种 Pizza 所反映的文化**

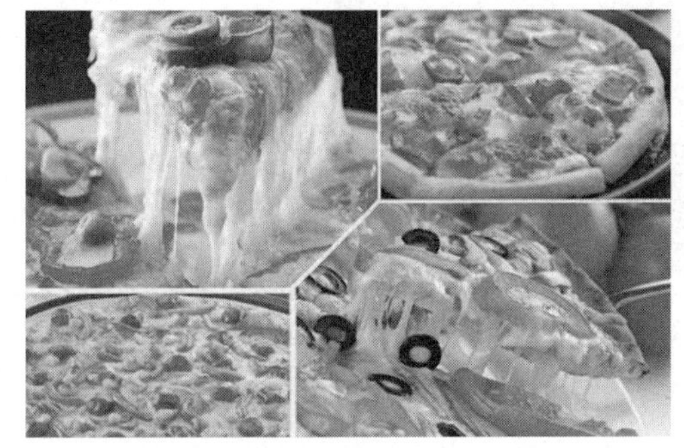

设想，你和朋友正在共享一大块比萨饼，如果你是美国人，比萨饼上面很可能是青椒；然而在日本，则最有可能是鱿鱼；在英国，可能是金枪鱼和玉米；在危地马拉，可能是黑色的豆酱；在智利，则可能是贻贝和蛤肉；到了巴哈马，可能变成了烤鸡肉；在澳大利亚，比萨饼上放的可能是鸡蛋；在印度，则可能放的是酱姜片。你可能会感到奇怪，为什么会如此五花八门？对于其中的一些添加食物，你甚至会觉得恶心。然而，对于其他文化背景中的人而言，比萨饼上面加上这样一些食品是十分自然的，这就是文化。我们并没有意识到比萨饼顶层所添加的食品，以及我们很多其他的偏好强烈地受到我们所处的文化背景的影响。

资料来源：德尔 I 霍金斯，等. 消费者行为学 [M]. 北京：机械工业出版社，2003.

文化、亚文化和社会阶层对购买行为起到了重要作用。

1. 文化

简而言之，文化就是特定的生活方式，而消费是生活方式的主要内容，每个人都在一定的社会文化环境中成长，通过家庭和其他主要机构的社会化过程学到和形成基本的文化观念。例如，在美国长大的儿童往往信奉以下价值观：成就与功名、活跃、效率与实践、上进心、物质享受、个人主义、自由、形式完美、博爱主义和富有朝气。我们还需要注意，尽管中国的传统文化支持将男性作为社会的主导，但当今的中国现实却发生了翻天覆地的变化。因此企业在考虑传统文化背景的同时，也必须考虑到时代的变迁。

案例 4-6 **全球营销的文化环境：迪士尼在法国的麻烦**

迪士尼于1955年在美国南加利福尼亚州建立全球第一个主题乐园就获得了极大的成功。之后它又分别于1970年和1983年在佛罗里达州和日本东京建立第二个和第三个迪士尼乐园，同样造成轰动。在东京，一家人到迪士尼乐园玩一次，并在其饭店住上一夜，轻轻松松就花掉600美元。游客都想获得他们眼中的美国式娱乐体验。有了这样的成功在先，迪士尼进入法国时，认为自己已经有了合适的模式，还会有什么不一样吗？而现实让迪士尼的管理者大吃一惊，欧洲人不像日本人那样，为“米老鼠”神魂颠倒。而且迪士尼及其顾问也没能预见到即将来临的经济衰退以及在竞争方面遇到的难题。开业2年后欧洲迪士尼乐园已经亏损了9亿多美元。游园人数、购物消费都远远低于预期。

欧洲迪士尼乐园的一些做法引起了法国民众的敌意：在早期广告中，它并没有强调众多诱人的娱乐项目，而是炫耀其规模，这反而激发了法国人的爱国情结，他们把迪士尼看成美帝国主义的象征。迪士尼的管理者确信自己无所不知，从而导致其对当地文化麻木不仁：在园内禁酒；禁止带宠物进入；认为欧洲人不吃早餐，导致早餐供应紧张且游客对食品种类不满意；对欧洲人的度假习惯考虑不周，还指望美国式的、短期的、频繁的度假方式会改变欧洲人的旅行传统，但法国公司的作息时间并没改变。对乐园工作人员衣着外表及要求都沿用在美国、日本的运作模式，这被法国人认为是一种不人道的“洗脑训练”。

法国人菲利普·邦圭根成为欧洲迪士尼乐园首席执行官后，改变了营销手段，采取了“本地化”营销策略，考虑了不同欧洲游客的不同习惯。新的经营方案主题是人们为了享受“真正的”迪士尼的一天而来，体验一点儿美国的感觉。公司的标志中的“欧洲”二字变小了，加上了“乐园”二字，随后又彻底去掉“欧洲”改名为“巴黎迪士尼乐园”。巴黎迪士尼乐园的首席执行官说，“我们认识到必须根据游客的文化和旅行习惯来欢迎他们”。如今，巴黎迪士尼乐园是欧洲最大的景点，甚至比卢浮宫和埃菲尔铁塔还受欢迎。

2. 亚文化

在主流文化的基础上，依据具体的文化因素又可以细分为若干不同的文化分支，即亚文化。亚文化包括民族、宗教、种族团体和地理区域的文化。具有亚文化特征的人群被称作亚文化群，如民族亚文化群、宗教亚文化群、种族亚文化群、地理亚文化群、特殊亚文化群等。

亚文化群共同遵守较大的文化规范，但也保持着自己独特的信仰、态度和生活方式，由此会表现出消费行为的差异，企业在选择目标市场和制定营销决策时，必须注意亚文化差异以及由此导致的消费者购买行为的差异。

案例 4-7

可口可乐瓶身包装的跨文化营销策略

1. 澳大利亚“姓名瓶”

2011 年，可口可乐公司在澳大利亚发起了“Shareacoke”的夏季营销活动，通过媒体搜集被提及次数最多的 150 个姓名，将这些名字印在上市的可口可乐瓶身上。可口可乐公司在澳大利亚发起这样的活动是因为它在前期调查中发现有 50% 的澳大利亚年轻人没有尝过可口可乐。“如果你知道一个叫 Kate 的人，和 Kate 一起分享一瓶可口可乐吧！”这则简单的广告语在澳大利亚随处可见，同时可口可乐公司在 Facebook 平台上发起话题“在澳大利亚，最想和谁一起分享可口可乐？”一系列借助媒体的营销活动为可口可乐总共赚到了 1 830 万人的媒体印象值，也就是说有近 2 000 万人看到了这则广告，Facebook 上的点击率增加了 870%，最终可口可乐在澳大利亚年轻人中的销售量增长了 7%。

2. 中国“昵称瓶”

2013 年，可口可乐公司在中国推出“昵称瓶”，可口可乐瓶身印有“天然呆”“喵星人”“高富帅”“闺蜜”等 20 款网络流行昵称，昵称上方写着小字“分享这瓶可口可乐，你的——”。在“昵称瓶”畅销之际，可口可乐公司又趁热打铁，推出“定制昵称瓶”活动，消费者可以根据自己的喜好为自己或他人定制一款独一无二的可口可乐。据可口可乐公司的数据显示，当季可口可乐独享装的销量较上年同期增长了 20%。

3. 从“昵称瓶”到“歌词瓶”

经历了 2013 年“昵称瓶”大获成功后，可口可乐公司在 2014 年又推出了“歌词瓶”，顾名思义就是在瓶身上印有一句歌词，这些歌词都是来自当下最流行歌手的出名单曲。相比较“昵称瓶”，“歌词瓶”的应用场景更为丰富，能够表达离别感伤、友情、爱情等情感，同时覆盖的人群范围也更广，符合不同年龄、性格的群体。扫描瓶身的二维码就可以快速欣赏几秒音乐和动画，微博转发话题“可口可乐歌词瓶”就有机会获得定制瓶。据数据显示，可口可乐在中国和印度这两个市场上的业务表现再度领先全球。可口可乐在中国2014年第二季度的业务增长达到9%，其中汽水的增幅达到10%。

资料来源：朱文馨.可口可乐瓶身包装的跨文化营销策略研究[J].新闻研究导刊，2016（13）.

3. 社会阶层

任何人类社会都存在社会阶层。社会阶层就是社会学家根据职业、收入来源、教育水平、财产数量和居住区域等因素对人们进行的一种社会分类。社会阶层是按层次排列的、具有同质性和持久性的群体，每一阶层的成员具有类似的价值观、兴趣爱好和行为方式。营销大师菲利普·科特勒认为，社会阶层有以下几个特点。

（1）来自同一社会阶层的消费者的行为要比来自不同社会阶层的更加相似。

（2）人们往往以自己所处的社会阶层来判断各自在社会中占有的地位的高低。

（3）一个人所处的社会阶层并不仅仅由一个变量决定，而且还受到职业、收入、教育和价值观等多种变量的制约。

（4）一个人的社会阶层并不是一成不变的。人在一生中可以改变自己所处的社会阶层，既可以迈向高阶层，也可以跌至低阶层，这种升降变化的程度随着所处社会的阶层森严程度的不同而不同。

二、社会因素如何影响消费者

消费者的购买行为不仅会受到文化因素的影响，还会受到一系列社会因素的影响，比如相关群体、家庭和社会角色地位。

1. 相关群体

相关群体是指那些直接或间接影响消费者的态度、意见和行为的群体。有营销学者认为，相关群体有两种基本类型：成员群体和非成员群体。相关群体为消费者提供了行为标准，主要通过信息性影响、规范性影响和价值表现影响三种方式体现出来。

（1）信息性影响。信息性影响是指相关群体的价值观和行为被消费者作为有用的信息加以参考。比如，消费者想要购买一台笔记本电脑，他们通常会提前做一番调查，观察朋友、同事、同学都在使用什么品牌的电脑，或者直接询问他们，并在做出购买决策时把所获得的信息作为重要的参考资料。

（2）规范性影响。规范性影响是指消费者接受了相关群体的价值观和行为方式后可以获得奖赏或避免惩罚。比如在日本，高中女生经常为她们在资生堂等化妆品上的巨大开支而借债，尽管如此，她们依然乐此不疲，因为她们觉得这样会受到同学圈子的认同。但如果消费者觉得他购买某个品牌的产品会受到圈子里的人嘲笑，那么他往往会避免这种购买行为的发生，比如成功人士不会购买低端产品。

（3）价值表现影响。价值表现影响是指相关群体的价值观和行为方式被消费者内化，不需要任何外在的奖惩就会依据群体的价值观或规范行事。这时，群体的价值观和行为规范已经完全被个体接受，成为个体价值观和行为规范。

资料 4-4　　营销中名人效应的运用

名人一般是指公众人物，他们的形象为社会公众所熟知，普通大众一般对有名望的人十分崇敬。于是在营销活动中，企业经营者会利用消费者对名人的敬慕心理来扩大销售量。美国就有一个非常成功的例子，普通的布娃娃一个卖 20 美元左右，而椰菜娃娃的设计者在布娃娃上签名后，最高可卖到 300 美元一个。

从心理学角度来说，名人效应是现代公关心理的表现。在当今社会，名人已经成为一种宝贵的资源，可以通过合适的方式转化成物质财富。名人效应的积极影响有以下几个方面。

第一，提高产品或企业的知名度。最常见的名人效应营销方式就是广告，在网络时代，微博、微信等营销方式中所应用的名人效应能有效提高产品的知名度。在广告中，名人通过自身的知名度引起受众的注意，然后再利用受众喜爱名人、崇拜名人、模仿名人的心理吸引广告受众，激发受众的购买欲，从而发挥良好的广告效果。企业可以利用受众对名人的敬慕心理，使受众爱屋及乌，增加产品的美誉度。在现实生活中，许多人都倾向于购买自己喜爱的名人代言的产品，这就是名人广告的另一个重要作用：影响消费者的观念和行为。

第二，通过名人魅力强化品牌形象。名人的特殊地位和富足的生活水平往往使得其代言的日常生活用品被认为是高档消费品，从而使得产品的信誉度和名誉度有所提升。

第三，引领潮流，增加社会正能量。名人作为公众人物，受到广大人民群众的关注，当名人积极从善时，就会给公众产生一种与人为善的心理暗示，从而使得社会上的从善者增加，正能量就会越多。比如，公益广告就是非常普遍地体现出名人从善的一种营销方式，普通公众会在潜意识里按照公益广告中的内容改变自己的一些行为方式和为人处世准则，从而促进文明、和谐社会的发展。

资料来源：钟涵，郑昱．微博营销中名人效应的运用形式及案例分析 [J]. 新闻传播，2014（02）.

2. 家庭

根据营销人员对家庭成员在各种商品和服务采购中所起的不同作用和相互之间的影响的研究，在传统的认知中夫妻在产品购买行为和购买决策作用方面分工不同。一般来说，妻子主要购买家庭的生活用品，特别是像食物、日用百货和服装等商品。但需要注意的是，现在传统的消费角色正在发生转变，对聪明的营销人员来说，不管是男性还是女性都可以成为他们的目标顾客。

研究表明，在耐用品的购买决策中，性别也起着一定的作用。一般来说，丈夫主要在汽车、电视等商品的购买决策中更具影响力，而妻子则对洗衣机、厨卫用具及地毯等商品的购买决策更有影响。在住房、家具等商品的购买决策中，双方的影响力相当。丈夫一般在是否购买、购买时间、购买地点等方面影响较大，妻子则一般对所购商品的款式、颜色等方面更有影响。

案例 4-8　　数据库销售如何拼装家庭消费

良好的数据库销售是节约大量营销成本的一种手段，家庭消费一直是数据库销售的重点，全家消费一种时尚品牌成为一种消费趋向。我们可以看到在日用品、健康品领域，全家同用一种商品是非常普遍的现象，所以企业在销售产品的同时应按照不同年龄、消费方式等确立新的产品设计与组合。有了数据库，如何拼装家庭消费成为关键，如果拼装得不合理就变成了搭配销售。怎样做到被家庭整体消费接受？这就需要在拼装上有一个主题，或者说有一个价值导向。

（1）目标装。通过数据库的运作，基本上可以掌握消费者的信息动态，围绕消费者的家庭数据信息拼装的家庭消费是目标装的最大卖点，家庭信息包括生活需求、家庭伦理、兴趣爱好、特定庆贺等。目标装的价值导向比较高，因此价格也比较理想，销售以批状现象出现，特别是针对家庭的特定需求而设计的套装具有很强的市场适应能力，比如亲子装、老年金婚装、全家旅行装、儿女孝顺装等，根据家庭的不同对象和产品的特性来拼装。

（2）行为装。行为是一种动感的消费，行为装的核心是强力需求的产品、每天必须使用的产品或者使用周期很短的产品，产品以类别相区别，其中需要产品品种多而全，适合家庭整天使用，比如食品类、保健类、工具类等。行为装分为多个品项，运动类与消耗类属于非常适合的对象，家庭行为装的消费目标对象明确。

（3）功效装。家庭功效装的拼装以全家使用与单人使用相区分，把功能型的单人使用归结到全家使用，功效装的拼装比较简单，按照什么样的家庭需要什么样的产品来制定即可。产品的功效的作用能够满足市场与消费者的愿望就可以拼装。

资料来源：http://www.boraid.cn/article/html/82/82473.asp#.

3. 社会角色地位

角色是由一个人应该进行的各项活动组成，每一个角色都伴随着一种地位。人们在购买商品时往往会结合自己在社会中所处的地位和角色来考虑。例如，公司的总经理会坐高级轿车，穿昂贵的西服，喝价值不菲的葡萄酒。营销人员必须意识到产品和品牌成为地位标志的潜力。

案例 4-9　　大宝护肤品：工薪阶层的选择

大宝是北京三露厂生产的护肤品，在国内化妆品市场竞争激烈的情况下，大宝不仅没有被击垮，而且逐渐发展成为国产名牌。在日益增长的国内化妆品市场上，大宝选择了将普通工薪阶层作为销售对象。既然是面向工薪阶层，销售的产品就一定要与他们的消费习惯相吻合。一般来说，工薪阶层的收入不高，很少选择价格较高的化妆品，而他们对产品的质量也很看重，并喜欢固定使用一种品牌的产品。因此，大宝在注重质量的同时，坚持按普通工薪阶层能接受的价格定价。其主要产品“大宝 SOD 蜜”的市场零售价不超过 10 元，日霜和晚霜也只有 20 元。价格同市场上的同类化妆品相比占据了很大的优势，由于本身的质量也不错，再加上人们对国内品牌的信任，因此大宝很快就赢得了顾客的青睐。许多顾客不但自己使用，也带动家庭其他成员使用大宝产品。大宝还了解到，使用大宝护肤品的消费者年龄在 35 岁以上者居多，这类消费者群体性格成熟，接受一种产品后一般很少更换。这种群体在向别人推荐产品时，又具有可信度，而化妆品口碑的好坏对销售起着重要作用。大宝正是靠着群众路线获得了市场。在广告宣传上，大宝曾经选用体育明星、影视明星做代言人，但效果不是很好。后来大宝一改化妆品广告代言人都选用美女与明星的做法，选用了戏剧演员、教师、工人、摄影师等实实在在的普通工薪阶层，他们在日常生活的场景中，向人们讲述了生活和工作中所遇到的烦恼以及用了大宝护肤品后的感受。广告的诉求点是工薪阶层所期望解决的问题，于是，“大宝挺好的”“想要皮肤好，早晚用大宝”“大宝明天见，大宝天天见”等广告词深深植入老百姓的心中。

资料来源：http://wenda.so.com/q/1379909974065083.

案例 4-10　　身份营销：让顾客非买不可的方法

商品种类千千万万，顾客为什么选择这种产品，而不是那种产品？这不仅是一个经济问题，还是一个社会问题，即我选择这种产品对我有什么意义，对我意味着什么？

现在是一个产品丰富得让你无法想象的时代，是一个产品的物理属性和功能的实际差别越来越小的时代，是一个感性的时代，是一个每个人都希望彰显个人价值、都想表达自己的想法和理念的时代。在这样一个时代，顾客选择的不只是一种产品，还是一种价值主张、一种身份。顾客通过选择某种产品来向别人宣告：我是谁？我的喜好、品位是什么？我的价值主张是什么？我是何种身份？等等。

在营销中，有这样一段历史，讲的是肥皂走进千家万户的故事。对于今天的人来说，需要肥皂似乎是再自然不过的事了，但是在100年前并非如此。那时，是如何营销肥皂的呢？

1887年，英国某杂志上的Pear公司的肥皂广告就是一个很好的例子。在广告中，一箱肥皂冲向海滩，箱子裂开；一名几乎全裸的非洲女黑人握着一块肥皂和一支矛。广告标题是“文明的诞生”，广告页的最底下写着，“肥皂消耗量是衡量财富、文明、健康、人的纯洁的标准”。Pear公司的广告很多以“非洲”为场景，但在那些广告问世了很久以后，该公司卖到非洲的产品仍是寥寥可数。Pear公司锁定的对象是中下阶层的英国消费者，广告的内容告诉他们如何向更优秀者看齐。在美国的某些广告里，它所要表达的信息：文明人应该使用肥皂，清洁肌肤、头发、碗盘、衣服等。

这样的营销之所以成功，就是因为通过肥皂界定顾客的身份需求，如果你使用肥皂，你就是文明人。如此这般，谁还能不使用肥皂？是非买不可，要知道，每个人都希望自己是一个文明人。

三、个人因素如何影响消费者

个人因素包括年龄和家庭生命周期阶段、个性和自我观念以及生活方式和价值等。

1. 年龄和家庭生命周期阶段

从年龄上看，儿童是玩具的主要消费者，青少年是文体用品的主流市场，成年人是家具和住房的主要购买者，老年人则是保健品的最大市场之一。青少年受广告的影响较大，购买决策的随意性和模仿性强；老年人则较少受广告影响，购买决策比较理性。

消费者所处的家庭生命周期阶段对消费行为也有很大的影响，西方营销学家把家庭生命周期划分为6个阶段：①单身阶段：几乎没有经济负担，新观念的带头人，追求自我表现，大量购买时装和从事文体、娱乐活动；②新婚无子女阶段：经济状况较好、购买力强，是电器、家具、汽车、旅游产品的主力购买者；③满巢阶段Ⅰ：子女不到6岁，家庭用品采购的高峰期，更注重产品的实用价值，对广告宣传敏感，购买大包装商品，是婴儿用品的主要需求者；④满巢阶段Ⅱ：子女在6岁以上但尚未独立，经济状况较好，对耐用品及日常用品的购买力强，对生活必需品、教育、医疗保健、旅游和娱乐产品有巨大需求；⑤空巢阶段：子女已经独立，经济状况良好且有储蓄，对旅游用品、礼品、奢侈品、保健品有一定的需求；⑥单身老人阶段：多数已退休，失去配偶，主要购买特殊食品、保健用品和医疗服务。

2. 个性和自我观念

个性是指一个人所特有的心理特征，它导致一个人对他所处的环境有相对一致和持续不断的反应。保守的人往往不容易接受新产品，自信的人购买决策过程较短，控制欲强的人喜欢在决策中居于支配地位。

此外，西方营销学家认为消费者在选择品牌时，常常努力使品牌个性与自我概念相一致。人的实际自我概念（即他如何看待自己）与理想自我概念（即他希望别人如何看待自己）和他人自我概念（即他认为别人是如何看待自己）是截然不同的。一些对他人看法比较敏感的消费者，很可能会选择一些符合消费趋势的品牌。

案例 4-11 **I'm lovin'it"见面吧"SNS 营销**

虽然年轻人在 SNS 网络上可以交到很多新朋友，但这种缺少真实见面的社交只是一种浅层次的社交。作为独生子女的一代，年轻人的社交需求更多的是现实中的好友，网络上的交流只是一种替代，或者仅仅是一个开始。他们迫切需要一种推动力，将这种交流现实化。准确了解消费者的心理需求以后，寄希望于进一步扩大市场份额的麦当劳，呼唤年轻人"线下真实见面，巩固友情"，将麦当劳作为他们最佳的"见面场所"，使他们更加喜爱麦当劳这个品牌，并进入麦当劳消费从而达到促进销售的目的。而人人网则凭借其在国内年轻人群体中的绝对垄断性以及其专业强大的 SNS 营销能力，成为麦当劳此次推广的最佳网络平台，一个覆盖全国年轻人的"见面吧"网络推广活动盛大启动。

让用户制造 101 个"见面吧"的理由：同在一个城市、一个校园，如果是真朋友就应该多见面；分处在两地的老同学再远也要见面；喜欢她就约她出来见面吧……一系列见面的理由，迎合了年轻人重视友情、喜欢与朋友分享的心理特点，备受用户欢迎。将近 60 万封见面邀请函被发送，400 万个网友登录了活动主页，产生了超过 700 万次的活动主页的浏览量，提交了 120 万个见面理由，有超过 7 万条甜言蜜语被发送，让更多的年轻人分享到了友谊的甜蜜。用户参加线上活动，不仅向好友表达了见面的愿望，而且也有机会得到麦当劳提供的种种"见面礼物"。当人人网有 10 万个用户修改状态支持真实见面时，麦当劳宣布在全国范围内推出一周限时全场半价的年轻人促销。另外，手机版人人网也有优惠券文字链接可供点击下载到手机，这样的方式更是抓住了"移动中的人人网用户"，"在路上的人"随时受到激励而直接进入门店消费。在这次活动中，共计超过 12 万张手机电子优惠券和普通优惠券被下载，提高了麦当劳的门店销售，众多的麦当劳产品在晚间更是售罄，其中在单品销售方面，麦当劳销量与往年同期相比增长了 80%，原计划销售五周的 Hello Kitty 礼物在三周内销售一空。

资料来源：橙沙 . i'm lovin'it 我就喜欢麦当劳"见面吧"SNS 营销案例解析 [J]. 广告人，2009（12）.

3. 生活方式和价值

在现实生活中，我们可能会接触到具有不同生活方式的群体，如节俭型、奢华型、守旧型、革新型、高成就型、自我主义型等。具有不同生活方式的群体对产品和品牌会有不同的需求，如节俭型消费者很少有对奢侈品的需求，守旧型的消费者不太会对创新产品感兴趣。营销人员需要深入了解产品与不同生活方式群体的关系，从而有针对性地开发和推广产品。

案例 4-12　　从豆浆到维他奶

豆浆改名维他奶，是我国香港一家有几十年历史的豆品公司为了把街坊饮品变成国际饮品，顺应不断变化的价值观和现代人的生活方式，不断改善其产品形象而采取的策略。维他奶的名称来源于拉丁文 Vita，英文为 Vitamin，意为生命、营养、活力等，而舍浆取奶，则来自 Soybean Milk（豆奶、即豆浆）的概念。

很多年前，香港人的生活不富裕，营养不良，各种疾病普遍。当时生产维他奶就是要为营养不良的人们提供一种既廉价又有营养价值的牛奶替代品。由于维他奶推出时一直标榜自己的健康形象，因此不少校规比较严的学校也破例容许维他奶在学校小卖部寄卖。在寒冷的冬季，喝小卖部出售的热维他奶，是不少香港人的童年回忆。

到了 20 世纪 70 年代，香港人的生活水平大大提高，对产品的需求也随之改变。豆奶公司观察发现，在汽水摊前喝汽水特别是外国汽水的人“大模大样”，十分潇洒，而喝维他奶的人，就在一旁遮遮掩掩，怕被人看见。于是豆奶公司对维他奶重新定位，相应的广告诉求也与该定位相吻合。例如，当时的一则电视广告，背景为现代化城市，一群年轻人拿着维他奶随着明快的音乐跳舞……

到了 20 世纪 80 年代，香港的年轻人对维他奶的“休闲饮品”定位已经不再满足。于是从 1988 年开始，广告重点突出维他奶亲切、温情的一面。对许多香港人来说，维他奶伴随着个人成长，是我国香港本土文化的一个组成部分，是我国香港饮食文化的代表作之一。维他奶对香港人而言就像可口可乐对美国人一样。

针对美国等国际市场上的消费者脂肪过多的问题，维他奶的定位转为高档的“天然饮品”，即没有加入色素和添加剂等人工成分，脂肪含量低，这一定位大受国际市场的欢迎。结果，维他奶演绎了历史性的趣事，从低价格的穷人“牛奶”到高价格的低脂健康“牛奶”。

同一种产品，在不同的时代或者社会中，应该随着人们的价值观和生活方式的变化而不断调整其市场定位，以不同的产品形象和营销沟通来满足消费者的需求，从而长期占领市场。

资料来源：阿里巴巴，https://baike.1688.com/market/answer/d148922.html。

研究表明，一个有趣的现象是，生活方式部分取决于消费者是比较在乎钱还是在乎时间。对于在乎钱的消费者，他们喜欢低成本的服务和商品，而那些缺少时间的消费者更倾向于多任务处理，即在同一时间做两样或更多的事，比如在开车的时候吃饭，或者骑车上班顺便锻炼身体。他们更愿意付钱让别人替他们做事，因为他们的时间比金钱更宝贵。

测量生活形态的著名工具是 VALS2（Values and Lifestyle 2）模型，如表 4-1 和图 4-5 所示。尽管 VALS2 是基于美国消费者开发出来的，但它目前也被用于欧洲的消费者。这种技术在略微修改后同样被用于日本市场。

表 4-1 八种美国大众生活方式

自我实现者（Actualizer）
自我实现者是指收入最高的人，其资源足以让他执着于所有任何一种自我导向。形象对他们来说相当重要，但形象并非指地位或者权势，而是品位、独立性和人格。他们兴趣广泛、个性开放
原则导向
履行者（Fulfilled）
履行者是指成熟、负责、有学识的专业人员。他们能熟知天下大事，并且易于接受新观念和社会的变迁。他们虽有高收入，但属于踏实、价值导向型的消费群
信仰者（Believer）
信仰者是指具有中等收入的原则导向者。他们相当保守内向，偏好本土产品并且有品牌忠诚，属于将家庭、教堂、社区和国家作为生活重心的消费者
地位导向
成就者（Achiever）
成就者属于以工作为导向的成功人士。他们的满足来自工作和家庭，其政治观念保守并尊敬权威和地位。他们偏好能夸耀其成就的产品及服务
奋斗者（Striver）
奋斗者是指具有与成就者相似的价值观，但在经济、社会及心理资源方面较差的人
行动导向
体验者（Experiencer）
体验者是最年轻的消费群，偏好以具体行动影响环境。他们喜欢新奇事物，充满消费欲望
制造者（Maker）
制造者属于以实际方法影响环境的人，他们重视自给自足，认同熟悉的环境
挣扎者（Struggler）
挣扎者的收入和资源很少，无法判断其属于何种消费导向。由于财力有限，他们倾向于对品牌忠诚

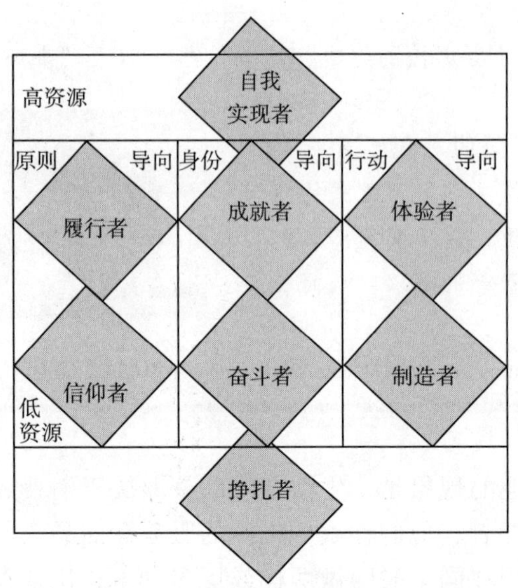

图 4-5 VALS 2 八种美国大众生活方式

四、心理因素如何影响消费者

心理因素是影响消费者行为的重要因素之一。四个关键的心理过程——动机、认知、学习和记忆，从根本上影响着消费者对外界刺激的反应，如图 4-6 所示。

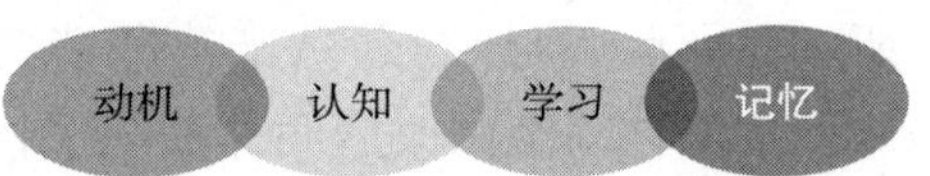

图 4-6 影响消费者行为的心理因素

（一）动机

动机就是人们为了满足某种需要，而采取某种行为的欲望和意念。在任何时期，每个人总有很多需要。有些需要是生理性的，诸如饥饿、口渴、焦虑不安等；有些需要则是心理性的，它是由心理紧张而引起的，例如尊重和归属等。当需要升华到一定的强度水平时，这种需要会变为动机。动机也是一种需要，它能够产生足够的压力去驱使人行动，如图 4-7 所示。

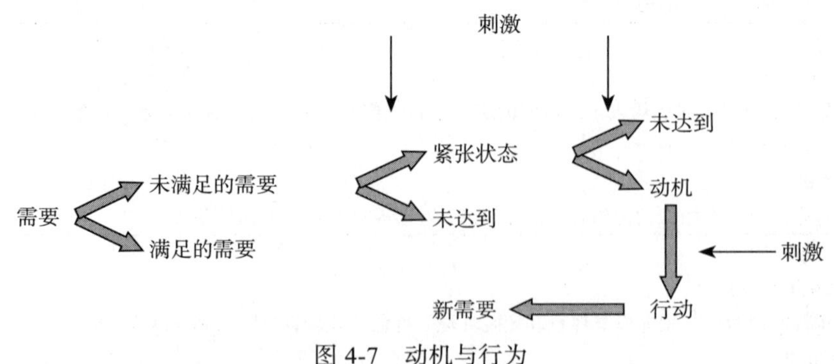

图 4-7 动机与行为

简·卡列波特确定了产品能满足人的各种动机。例如，不同的威士忌品牌能够使人获得放松感、地位或者快乐。另一位动机调查者克洛拉·拉贝利致力于破译隐藏在很多产品行为背后的密码。根据拉贝利对纸巾的研究表明，纸巾对母亲的吸引表面上看在于清洁的需要，深层次的原因则是保护家人健康的本能欲望。

案例 4-13

速溶咖啡为何卖不动

20 世纪 40 年代初，速溶咖啡首先在美国市场问世。它方便、省时，不会发生配料错误而且价格低于新鲜咖啡。于是，厂家踌躇满志，以为该产品一定会大受欢迎，广告制作者也觉得只要刻意宣传其价廉与方便，一定能拨动消费者的心弦而大获成功。结果，销售状况大大出乎他们的意料，速溶咖啡不受欢迎！公司请来消费心理学家调查其中的奥秘。初期的调查结果是，速溶咖啡的味道比新鲜咖啡要差，但消费者又说不出速溶咖啡和新鲜咖啡在味道上到底有何区别。在进行了进一步的调查研究之后，消费者拒绝购买速溶咖啡的深层原因被揭示出来。原来，当时美国消费者的社会心态是，购买速溶咖啡的人被看作懒汉，是一个生活无计划的、邋遢的、可能没有贤妻照顾的人，而购买新鲜咖啡的顾客，则是有经验的、勤俭的、讲究生活质量的、有家庭观念和喜欢烹调的人。有谁愿意被冠以懒汉的称号呢？有哪个家庭主妇愿意被他人看成是不能很好地照顾丈夫和家庭的妻子呢？广告制作者刻意宣扬的“方便”特征并没有与消费者的需求相契合，反而与消费者的精神需求相抵触。不难想象，这样的宣传越卖力，则越能引起消费者的反感与厌恶，正可谓事与愿违。在痛切地认识到这一点后，广告制作者便改变了策略，不再强调速溶咖啡方便的特点，而是着力宣传新鲜咖啡所具有的美味、芳香和质地醇厚等特点，速溶咖啡也同样具备。他们在杂志的整版广告上画了这样一幅图画：一杯美味的咖啡，在它后面很大的褐色咖啡豆堆得高高的，并在速溶咖啡罐头上写上“100% 的真正咖啡”的标签，很快消极印象被消除了，速溶咖啡成为西方咖啡中最受欢迎的产品。

上述实例表明，当未能了解消费者的需求倾向，仅凭主观想象盲目行事之时，公关宣传就是失败的。一旦掌握了消费者的需求倾向，并采取了相应的、有效的策略予以满足时，同样的商品便能大受欢迎。

资料来源：http://www.wenkuxiazai.com/doc/0af17900bed5b9f3f90f1cee.html.

案例 4-14

发泄消费

北京到纽约，从“发泄果”到“情绪食品”，涉足“减压经济”的商家盯上了全球白领阶层的钱袋。其实衣着光鲜的白领，也各有各的郁闷。写博客发泄是一个免费的好法子，但可不能一股脑地在博客上面全倾诉出来，还是得花点钱去求助“发泄果”之类的“减压商品”，这是比较“安全”的发泄方法，真的是吃睡听闻皆成生意。

据英国《独立报》2月25日报道，因为英国白领工作紧张，长期处于压力之下，“情绪食品”在英国逐渐大行其道，目前已经形成了一个11亿英镑的大市场。情绪食品是指富含茶多酚、氨基丁酸和维生素B等能帮助情绪稳定的天然或人造食品。专家指出，这类食品的销量在2006年增加了143%，未来甚至可能成为英国出口商的“拳头品种”。

不只是英国，日本白领的辛苦也是出了名的，商家对这个商机自然不会放过。卡拉OK这种我们郁闷了就能吼几嗓子的娱乐项目就是日本商家从“减压”角度出发进行的发明创造，如今已经形成了全球市场。

日本现在最流行的减压方式是岩盘浴，就是睡在一块温暖的天然岩石上，据说一觉醒来能让人神清气爽。虽然收费不菲，一次就要上万日元，但是白领们还是趋之若鹜。

除了睡以外，还有听和闻。日本有专为白领准备的“减压音乐吧”，在这里能听到“自然音乐”——混合了大自然中虫鸣鸟叫声音的轻音乐，让人如同置身大自然中。

也有更别出心裁的商家，东京2006年成立了一家“缝纫俱乐部”，专门请男士下班后到这里做一会儿针线活，商家本来抱着试试看的态度做起这门生意，没想到门庭若市，着实火了一阵子。光顾这个缝纫俱乐部的大多是白领男士，甚至不乏律师、导演等专业人士。

资料来源：http://blog.sina.com.cn/s/blog_58a367970101d7pm.html.

（二）认知

当消费者产生购买动机之后，就会采取行动，他们的行动取决于其认知过程。营销大师菲利普·科特勒认为，在产品营销中消费者的认知比真实更重要。人们会对同一刺激物产生三种认知过程。

1. 选择性注意

在日常生活中，人们每天都要面对众多的刺激物，但一个人不可能对所有刺激物都加以注意，其中多数被过滤掉，这个过程被称为选择性注意。研究表明：

（1）消费者会更多地注意那些与当前需要有关的刺激物；

（2）消费者会更多地注意他们期待的刺激物；

（3）消费者会更多地注意与一般刺激物相比有较大差异的刺激物。

2. 选择性扭曲

即使是消费者注意到的刺激物，也并不一定能与营销人员的预期相一致。选择性扭曲就是人们将信息加以扭曲，使之合乎自己意思的倾向。消费者对自己喜爱的品牌产品的忠诚，无形中往往改变了他们对于产品的认知。一项研究表明，当消费者被蒙住眼睛的时候，他们根本分不出自己喝的是可口可乐还是百事可乐。然而，在被指示品牌以后，他们就会觉得自己喜欢的品牌的可乐更好喝，尽管两种可乐基本上没什么区别。更有趣的是，人们往往感到，有品牌的啤酒似乎味道更好，有品牌的汽车开起来似乎更平稳，有品牌的化妆品似乎效果更好，甚至有品牌的银行连排队也会短一些等，尽管事实并非如此，这些认知都是由选择性扭曲导致的。很多假冒伪劣产品就是利用选择性扭曲来误导消费者的，如图 4-8 所示。

图 4-8　视觉上的选择性扭曲

3. 选择性保留

选择性保留是指人们会忘记他们知道的许多信息，但会倾向于保留那些能够支持其观念和态度的信息。由于选择性保留，因此我们很可能因为记住一个产品的优点，而忘记了其竞争对手同类产品的优点。选择性保留对强势品牌很有用，这也解释了为什么很多营销人员都在不断地向目标市场传递消息——这是为了确保自己的品牌被消费者关注。

资料 4-5　　**做生意要瞄准女人**

“做生意要瞄准女人”这一犹太商人的座右铭，已被许许多多的经商者所认识和注意。他们认为，如果说消费者就是企业的“上帝”，那么女性消费者就是更为活跃的主角，她们至少左右了现实生活购买力（包括女性、儿童以及家庭所需消费的大部分，甚至很多男性消费品的购买与否也基本取决于女性）的 3/4，因此，充分掌握并巧妙地运用女性消费心理特征，积极吸引并成功诱导女性消费，应当引起企业营销者的重视。在经营的实践中，有人总结出了女性消费心理引导的十大诀窍。

（1）激励女性的创造感。大部分女性认为，购物并使她们的家庭保持舒适且井井有条，就是最大的创造和骄傲，对创造性的向往是女性购物的主要动机之一。因此，应把握时机，引导她们对不同职业、年龄、家庭条件、兴趣爱好等方面的创造欲，从而触发购买欲。

（2）借助女性“幻想”的魔力。女性基于一种窘迫的现实意识，喜欢以自己的实际生活为基础进行幻想，并常把幻想当作现实的组成部分。所以，巧妙地运用女性所特有的不完全幻想，处处留给她们发挥幻想力的余地，同时满足幻想和实用价值两方面的需求，就极容易对她们产生作用。

（3）鼓励女性用指尖“思考”。女性的触觉远比视觉发达，致使她们对事物进行决断时，必须相当程度地依赖触觉。在百货公司，女性购买者肯定会要求触摸商品，经她们实际触摸后才可能决定是否购买，换言之，女性不只用大脑思考，也用指尖“思考”。因此对于那些在购物时表现得犹豫不决的女性，让其亲手触摸商品，效果会好得多。

（4）帮助女性缩小选择范围。女性购物时，最忌讳只拿一件商品强行推销。但是，奉劝她们多中择优，又只能徒增其选择上的困难。可见，促使女性购物最有效的办法，就是让她们参与做出决定的过程，布置出令她们感觉自己“慧眼识英雄”的情景，缩小购物范围，击破其迷梦而达到推销的目的。

（5）借“被斥感”激起购买欲。女性的从众心理尤其强烈，非常害怕自己属于“例外”之列，往往会舍弃选择的自由，乐于在“从众泥潭”里打转。因此，恰当地利用女性唯恐被大众排斥的心理，积极诱导女性购物意向并付诸行动。

（6）让虚荣女性拥有“唯一”。虚荣女性的心中常有一种“只有我一个”的“唯一”意识，经常希望自己是“与众不同的一个”。所以在向她们兜售商品时，若能提供大多数女性都向往的“唯有我用”的诱惑，会使其产生“我是唯一被选择的对象”之类的快感，不仅能如愿以偿，而且还能因她们向自己同伴吹嘘而连带收到免费广告的效果。

（7）不要撕破“书”的封面。“女性是一本内容和封面相去甚远的书”，为了迎合潮流，她们很可能表露出与真实想法（内容）相反或别的主张（封面）。故此，必须透过虚情假意的迷雾，先接受她们一口咬定的意见，给她们一个“面子”，再针对其真实本意发动攻势，这样才有希望探明她们深藏不露的真实意向。

（8）用赞扬消解女性的烦恼。女性希望自己给人一种完美无瑕的形象，也竭力让自己看起来完美无瑕，致使其最忌讳被他人揭了“伤疤”。对于体型肥胖的女性，“胖”是绝对的禁忌。因此，店员应尝试赞赏她的高级坤表、别致耳环、新颖装束等无关紧要但又令女性喜悦的特点，如此造成良好的气氛之后，引导女性消费就容易收到事半功倍的效果。

（9）"佩服"女性的一知半解。女性特别地无法容忍他人的指责，稍有冒犯，就会在一瞬间"勃然大怒"。对付这类女性，千万不能揭开她们的底牌，应耐心地将她们当作见多识广的人看待，使其自尊心得以满足，她们便自然会欣然接纳意见。

（10）运用权威意见促销。引导女性购买商品需要营销人员综合运用情感唤起和理性号召两种形式，热情地举出众多具有说服力的具体事例，显示出立即能得到的效果，而说出那些较有名气的、为女性所熟知的权威人士的经验，无疑是其中最为有效的方法。

资料来源：http://wenda.so.com/q/1476327072729431?src=140.

（三）学习

学习是指由于经验而引起的个人行为的改变。学习过程是驱动力、刺激物、诱因、反应和强化等因素相互影响和相互作用的结果，如图 4-9 所示。比如，我们购买某品牌的卧室家具，对其设计、质量以及售后服务都很满意，那么这种经验经过学习后就会被强化，以至于我们以后再有购买其他家具的需要时，就会联想到该品牌。

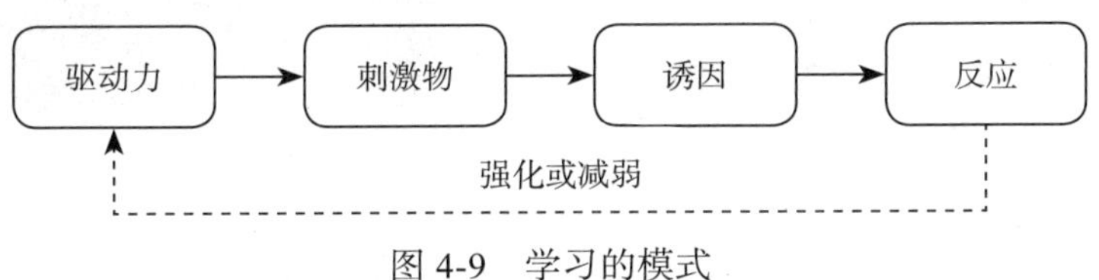

图 4-9 学习的模式

（四）记忆

在日常生活中，人们累积的信息和经验都可以发展成为他们长期的记忆。营销人员必须确保消费者对于产品和服务有正确的认识和评价，这样正确的品牌知识结构才能在他们的记忆中形成与维持。西方营销学家把记忆处理过程分为记忆编码与记忆恢复两个部分。

1. 记忆编码

记忆编码解释了知识是怎样和在哪里进入记忆中的。一般来说，在编码的过程中对于信息内容的关注程度越大，最终的记忆就会越强烈。当一个消费者主动去了解产品和服务的详细信息时，较强的关联性就会在记忆中产生。另一个对关联性起重要作用的因素是已经存在于记忆中的关于该信息的内容、结构和强度。如果消费者的记忆中已经对该信息有了一定的认识和组成了框架，那么再建立新信息的联系就很容易了。

2. 记忆恢复

记忆恢复是指信息是怎样从记忆中回想起来的。但消费者成功回忆起来信息不仅仅取决于存在记忆中的信息的强度，还取决于三个重要因素。

（1）记忆中其他产品的信息，特别是竞争对手产品的信息，会对记忆中的信息产生干扰，这会使得记忆中的信息变得混乱和模糊。

（2）所编码信息在头脑中的时间会对这种关联性的强度产生影响——时间越长，关联性越弱。在一般情况下，记忆强度从最后一次接受该信息开始就慢慢地在衰退。

（3）信息可能存在于记忆中，但没有适当的暗示或提示未必能够被回想起来。提示越多，就越有可能回忆起这些信息。

这些因素都从一定程度上说明了为什么各种广告铺天盖地地冲击我们的视听感官，为什么超市里有那么多的信息出现在产品包装上或是醒目的标牌上，从而提示我们各种产品的特色以及特价信息。

案例 4-15　　爵士岛咖啡

爵士岛咖啡的店面装修可以用“豪华”二字来形容，这也是姜永制定的一条重要标准。这样的装修标准起初是为了吸引二三线城市的高端消费人群，“上了档次才会吸引到这样一批有消费能力的人来”。姜永没有想到的是，豪华装修居然吸引到了90后消费者。“这只有一个解释，他们有着成人的消费观——好面子。”

姜永将大部分90后拒之门外，是想让他们对这个品牌更有感情。按照姜永的想法：先引导，等他们成熟了，再去发掘潜力。既然90后消费者成了商业目标，那么姜永做的事情就更有针对性了——培养这样一群潜在客户。

在西安等二线城市里，爵士岛咖啡开始联合学生会，让咖啡文化走进校园。比如为了培养学生对咖啡的兴趣，姜永设计了一个“味觉经典体验”活动，定期在校园和店内进行咖啡品尝，并为这些年轻消费者普及咖啡知识。

“咖啡拉花——我是咖啡艺术家”是爵士岛咖啡继品尝之后进行的兴趣升级活动。这种活动吸引了很多年轻的90后消费群体，提升了咖啡店的知名度，带动了消费。

姜永说，在西安的那家店里，除了一名咖啡师是1989年的外，其他人全部是90后，包括经常光顾爵士岛咖啡的消费者。“90后消费者的创新意识强，喜欢体验。这样的活动能让他们既认识朋友又学到有意思的东西，因此他们注定会成为我们的客户群。”

第三节　消费者怎样做出购买决策

在了解了上述消费者行为特征与消费决策的影响因素以后，我们不免要问：消费者究竟如何做出购买决策？消费者的购买决策过程有特殊性，也有一般性。我们首先来分析在消费者购买决策过程中有哪些参与者，然后再分析消费者通过哪五个阶段完成购买决策。

一、消费者购买决策过程的参与者有哪些

学术界普遍认为，消费者在一项完整的购买决策过程中，可能扮演下列五种角色中的一种或几种。

（1）发起者，是指提出购买要求或有购买欲望的人。

（2）影响者，是指影响购买决策的人，如家人、朋友、同事等。

（3）决策者，是指实际决定购买的人。

（4）购买者，是指实际执行采购任务的人。

（5）使用者，是指具体使用或消费产品的人，在很多情况下也是发起者。

比如，我们分析一次购买电脑的决策过程的参与者：家里上高中的孩子（发起者）提议买一台电脑，爸爸、妈妈（决策者）经过仔细的考虑，征求了亲戚、同事、朋友（影响者）的意见，觉得可以购买，由于孩子的叔叔（购买者）对电脑比较精通，所以请孩子的叔叔帮忙到现场采购，而一家三口都是使用者。如果你是营销人员，那么你会关心上述哪种角色呢？

显而易见，这里最重要的是决策者。统计数据表明：丈夫一般是烟酒产品的决策者，妻子一般是化妆品的决策者，小零食的购买一般由孩子说了算，高档耐用消费品往往由夫妻双方或所有家庭成员共同决策。有些消费品的决策者不容易被识别，这时就要分析家庭不同成员的影响力。我们关心的另一个重要人物是购买者，因为他们有可能在一定程度上更改购买决策，如改变购买的数量和品牌，改变购买的时间和地点等。了解这一点，企业就可以有针对性地采取广告促销活动。

案例 4-16　　**圣诞礼物**

2017 年圣诞节，我给一位很要好的同学（女性）买圣诞礼物。这位同学不喜欢简单的东西，也不喜欢价格较高，但是没有新意的礼物。

首先，我向班级的大部分女孩子询问，什么样的礼物能让她们看一眼就被深深地吸引住，同时能够明白作为一个朋友的良苦用心。得到的建设性意见有若干条，如只要对的，不要贵的。其次，我在学校附近所有的礼品店里参看，询问服务人员今年何种礼物销量最好。再次，我在网站上征求网友的意见，网友也给出了很多好的意见，如 DIY。最后，我又给和她关系不错的一位朋友打电话，她也给出了建议，如要有新意和心意。至此，我得出这份礼物要很独特，天下无双！那么，只有 DIY 符合要求了。下一步就是思考制作何种东西。

得益于同学的一句话："我高中时，有人送我这样一件东西——一个开心果壳，上面写了我的名字。"于是，我也萌发了这个念头，为何不做一份这样的礼物呢？

确定了目标后，我买了一个包装盒，在包装盒里，将自己PS过（乳白色纸上全是她喜欢的迷你熊）的一张卡纸分成小方格（结合开心果的大小，共计81个）。开心果上手刻了一首自己写的诗。包装盒分了两层，上面一层放了一个很大的棒棒糖，同时零散地放了几个开心果，至此，第一件礼物完成了。同时由于是圣诞节，班级中有同学卖苹果，并很有新意地在苹果的包装盒里放小礼物（如果运气好，还可以中奖）。我买了一个，因为和他们认识，特别强调要中奖，至此，第二件礼物完成了。班级还有卖孔明灯的，我也买了一盏孔明灯。自己私下还提前拆开看了一下孔明灯的结构，学会了如何使用，这样第三件礼物完成了。

圣诞节前一天晚上，我一并送出这三件礼物。其中孔明灯是和她一起在操场上带着我们年轻的梦想放飞的。放过孔明灯，我还问了一句好看吗？她兴奋地说：好看！我随后跟了一句更加年轻气盛的话——那我以后每年给你放一盏！关于她对第一件和第二件礼物的反应，我问了和她关系很要好的朋友，她说："她很高兴。"

资料来源：http://wenda.so.com/q/1364246554066854.

二、消费者购买决策的五步模式

消费者的购买决策过程有一定的规律性。这个过程早在实际购买行为发生之前就已经开始，而且一直延伸到购买结束之后。西方营销学者对消费者购买决策的一般过程进行了深入研究，提出了若干模式，采用较多的是五步模式，购买决策过程一般要经过识别需要、信息收集、方案评价、购买决策和购后行为五个阶段，如图4-10所示。

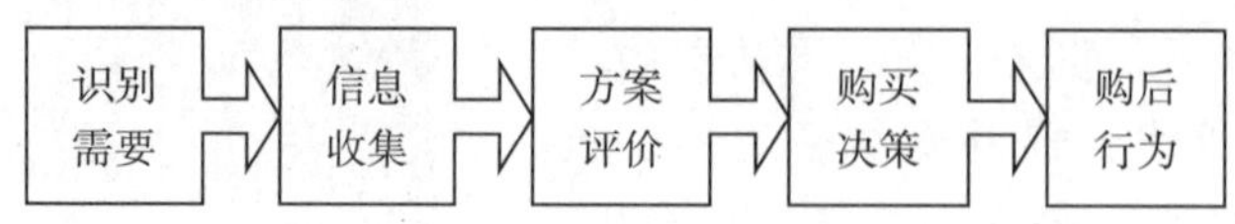

图4-10　消费者购买决策过程的五个阶段

1. 第一步：识别需要

这种需要可能由某种内在因素的演化得以激发，比如饥饿、寒冷等；也可能由外部刺激引起，新鲜烘制的面包、夏威夷海滩度假广告、同事的新手机，都可能激起消费者的购买欲望。营销人员需要识别一些常见的会让人们对产品感兴趣的刺激因素，这样就可以拟定引起消费者兴趣的各种营销战略。这对购买奢侈品、旅游产品和娱乐活动等来说尤其重要。

2. 第二步：信息收集

关于信息收集，消费者通常会采取两种方式：一种是加强注意，这是一种适度的收集状态，在这种状态下，消费者对某种产品的信息变得更加关心；另一种是积极收集信息状态，在这种状态下，他们会寻找阅读材料，与朋友电话联系，上网查询或者直接向商店里的营销人员询问。

在这一步中，营销人员关心的是消费者的各种主要信息来源，以及每种信息对今后的购买决策的影响。消费者的信息来源可分为四种：①个人来源：家人、亲戚、邻居、朋友、同事、网友等；②商业来源：广告、推销员、经销商、包装、展览；③公共来源：电视、报刊、网络等大众传播媒体；④经验来源：处理、检查和使用产品。

一般来说，由企业控制的商业性信息来源起通知作用，消费者从该处获得最多的信息；其他非商业性信息来源起验证和评价作用，而消费者最信任的信息来源是经验来源和个人来源。互联网正在改变着人们的生活。如今的市场是由传统消费者、网络消费者和混合消费者（两者兼而有之）组成。其中混合消费者占大多数，他们既在网上消费，也在卖场亲手挤挤番茄，摸摸布料，并且乐于和营销人员打交道。因此许多公司同时提供网络和实体店铺两种购物方式来迎合这些混合消费者。

3. 第三步：方案评价

消费者如何评价可行方案？这是营销人员关心的问题，可是消费者从来都不是采用一种简单、单一的评价方法，并且也没有一个所有消费者都适用的统一评估模式或评估过程。

有时候，消费者的购买决策只不过是凭直觉或冲动做出的，这种状况分析起来比较复杂；另一些时候，消费者通过逻辑思考以及计算进行品牌评价，我们在这里介绍一种期望价值模型，举一个实际的例子来说明。

假设某消费者通过信息收集已经把笔记本电脑的品牌选择范围缩小，并最后确定为四种：A、B、C、D。他所关心的产品属性是速度、大小与重量、外观和价格，并且根据自己对不同属性的关心程度赋予各属性以不同的权重：由于工作原因，速度最重要，权重为 0.4；电脑要随身携带，所以大小与重量也很重要，权重为 0.3；外观不能太差，要在同事、朋友中拿得出手，权重为 0.15；价格方面，由于刚刚涨工资，所以对价格不像以前那么敏感了，权重也为 0.15。通过各种渠道的考察，他已经按属性对各品牌的产品进行了打分，分值范围为 1 ～ 10 分，分数越高，表示越符合要求（注意：价格属性则相反，价格越高，打分越低），如表 4-2 所示。

表 4-2　消费者对不同品牌的笔记本电脑的打分

笔记本电脑	产品属性			
	速度	大小与重量	外观	价格
A	7	9	10	3
B	10	7	8	5
C	6	6	7	8
D	9	10	7	6

显然，如果某一品牌的笔记本电脑在一切标准方面都优于其他品牌，消费者就会毫不犹豫地购买这一品牌。但这种情况非常少，更多的是不同品牌的各个产品属性各有千秋，让消费者难以选择。如果消费者只比较他最看重的产品属性（速度），他就会选择此项属性得分最高的品牌（B）。但大部分消费者不会只考虑一种属性，而是权衡多种属性后，做出判断，我们可以做出以下计算。

A 笔记本电脑 =0.4 × 7+0.3 × 9+0.15 × 10+0.15 × 3=7.45 分

B 笔记本电脑 =0.4 × 10+0.3 × 7+0.15 × 8+0.15 × 5=8.05 分

C 笔记本电脑 =0.4 × 6+0.3 × 6+0.15 × 7+0.15 × 8=6.45 分

D 笔记本电脑 =0.4 × 9+0.3 × 10+0.15 × 7+0.15 × 6=8.55 分

由于 D 笔记本电脑得分最高（8.55 分），所以经过综合权衡，该消费者会选择 D 品牌的笔记本电脑。

4. 第四步：购买决策

消费者对购买方案进行评价以后，便会做出购买他所偏好的品牌产品的决策，包括品牌决策、卖主决策、数量决策、时间决策和支付方式决策。但现实中，消费者并不一定全部实现购买行为，即便购买也不一定是他最初选定的品牌，原因有三。

（1）其他人的否定态度。他人的否定态度越强烈，且此人与消费者的关系越密切，消费者就越有可能会修改他的购买决策，反之亦然，消费者对品牌的偏好也因其喜欢的人的喜欢而增强。

（2）意外情况发生。某些突发事件可能会改变消费者的购买决策，比如失业或者计划购买的品牌突然出现负面消息，还可能仅仅是因为营销人员的态度不好。

（3）预期风险。消费者在购买性能复杂、价格高昂的商品时，往往会承担较大的风险，为了降低风险，可能会采取暂缓购买的决策。

5. 第五步：购后行为

现代市场营销观念最重要的特征之一是重视对消费者购后行为的研究以提高其满意度。消费者的购后行为分为三个阶段。

（1）购后使用和处置。营销人员应关注消费者如何使用和处置产品。如果产品的使用频率很高，那么说明该产品有较大的价值，会增强消费者对购买决策正确性的信心。如果一个应该有高使用频率的产品而消费者实际使用频率很低或闲置不用，甚至丢弃，那么说明消费者认为该产品无用或价值较低，或不满意，进而怀疑或懊悔自己的购买决策。

消费者对所购买产品的使用和处置过程，如图 4-11 所示。

（2）购后评价。消费者通过使用和处置过程对所购产品和服务有了更加深刻的认识，检验自己购买决策的正确性，这些经验都会作为以后类似购买活动的参考。

（3）购后行动。顾客对产品的评价会形成其对该产品忠诚或者排斥的态度，顾客的态度决定了相应的购后行动：信赖产品，重复购买同一产品；推荐、介绍产品给周围人群；抱怨、投诉，直接向生产厂商索赔；个人抵制，不再购买，并劝阻他人购买；控诉，通过大众媒体和法律手段维权。

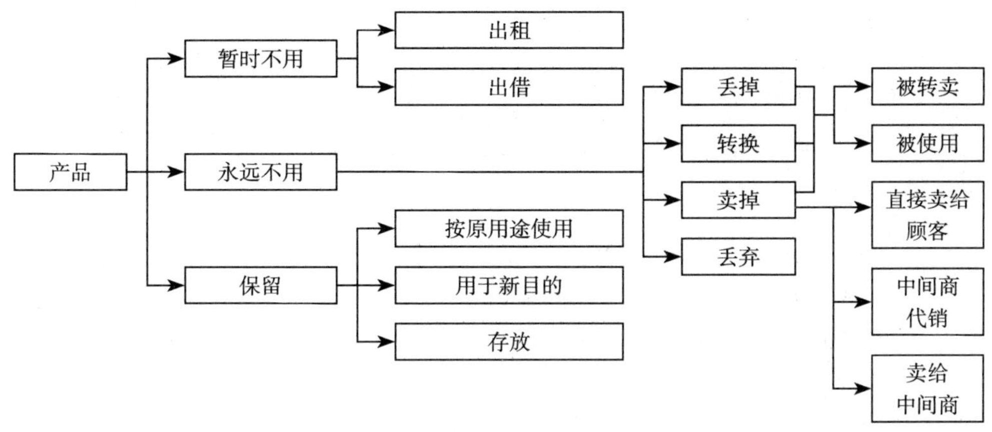

图 4-11　消费者使用和处置产品的过程

资料来源：菲利普·科特勒，凯文·莱恩·凯勒．营销管理 [M]．上海：上海人民出版社，2006.

研究表明，有 13% 的人会把他们不愉快的经历告诉 20 个以上的人。“好事不出门，坏事传千里”的谚语提醒营销管理人员要采取积极主动的措施，定期检查消费者的满意度。并且，除了对消费者的意见进行收集和处理之外，营销管理人员也可以采取措施减少消费者购买之后的不满意情绪或者增加他们的满意度。

资料 4-6　网络评论对女性护肤品购买决策过程的影响

（1）网络评论对女性购买护肤品的需求动机的影响。通过对填写问卷的统计，发现 18.3% 的女性会在没有明确购买需求的情况下随意浏览网络评论。而对购买护肤品的女性进行深入了解后发现，很大一部分消费者都是自身的意识促使其产生需求动机，很少一部分人会通过网络评论中的信息去刺激意识，从而采取购买行为，女性在此阶段还是处于比较理性的状态。

（2）网络评论对女性购买护肤品的信息搜集的影响。对于在网络上购物的女性来说，网络评论在此阶段发挥着举足轻重的作用。通过对拥有网上购物经验的 20 名女性进行调查，发现 17 名女性都会通过网络评论来搜集护肤品的信息，她们会将网络评论作为信息搜集的主要方式之一。

（3）网络评论对女性购买护肤品的方案评价的影响。根据调查发现，45.7% 的女性消费者会在对产品产生兴趣时关注网络评论，24.3% 的女性消费者会在自己有明确的购买欲望时关注网络评论，这两个时期都属于购买护肤品的方案评价阶段，可见网络评论在这一阶段会对女性购买护肤品产生较大的影响。

（4）网络评论对女性购买护肤品的购买决策的影响。女性在对某一品牌的护肤品产生购买倾向之后，如果过去没有购买或使用过该产品，往往她们心中仍然犹豫不决。在调查中发现年轻女性更多地偏向于从网络中征询他人的意见，其中包括熟知的朋友和不认识的陌生人。这些人的看法会直接影响此产品在女性消费者心中的品牌形象，进而影响其购买决策。而中老年女性则不会依赖网络。

（5）网络评论对女性购买护肤品的购后行为的影响。根据调查发现，女性消费者在对网络评价和实际使用效果进行比较时，如果达到了网络评论中的评价效果则会产生满足的心理，从而愿意继续购买该产品或者该品牌的其他产品，并且更加信赖评价该产品的网络社区以及信息传播者。此阶段对女性护肤品重复购买行为以及评论信息的再传播产生重要的影响。

资料来源：刘莉．网络评论对女性护肤品购买决策过程的影响研究 [A]. 美国 James Madison 大学、武汉大学高科技研究与发展中心、美国科研出版社，2011.

关键词

消费者市场　　消费者行为　　文化　　心理因素　　购买决策

本章小结

1. 消费者市场是个人或家庭为了生活消费而购买产品和服务的市场。生活消费是产品和服务流通的终点，因而消费者市场也称为最终产品市场。消费者市场具有广泛性、分散性、差异性、易变性、发展性、替代性、地区性和季节性等特点。

2. 消费者的购买行为是指消费者为满足各自的需要，在寻求、购买、使用及评估产品的过程中表现出来的行为。消费者的购买行为主要包括习惯性购买行为、求变性购买行为、理性购买行为、冲动性购买行为和诱发性购买行为。

3. 移动购买行为是在移动互联网情景下顾客对需要的商品采取的购买行为，具有双重特性：一是移动的随时随地性，二是购买活动的目的性。移动互联网情景下的购买行为具有四个特征：①使用广泛性；②使用便携性；③使用个性化；④搜索方便性。

4. 消费者购买行为受多种因素的影响，概括起来主要有文化因素、社会因素、个人因素和心理因素。其中，文化因素和社会因素属于外在因素，个人因素和心理因素属于内在因素，而在所有因素中，文化因素的影响最为广泛和深远。

5. 购买决策过程是购买动机转化为购买活动的过程。在这一过程中，消费者可能扮演以下五种角色中的一种或几种：发起者、影响者、决策者、购买者、使用者。

6. 消费者的购买决策过程有一定的规律性。这个过程早在实际购买发生之前就已经开始，而且一直延伸到购买结束之后。购买决策过程一般需经过识别需要、信息收集、方案评价、购买决策和购后行为五个阶段。

思考题

1. 联系实际简述消费者市场的特点。
2. 消费者的购买行为有哪些类型，请举例说明。
3. 移动购买行为的特征有哪些？
4. 影响消费者购买行为的文化因素有哪些？
5. 相关群体有哪些类型？对消费者的购买行为有哪些影响？

6. 消费者的购买决策过程分为哪五个阶段？

7. 在消费者购买决策过程中，企业应该采取哪些营销对策？

8. 假设你是某化妆品公司的营销经理，当你注意到有些消费者对公司新上市的美白产品效果持不相信态度时，你将如何针对这些消费者制订营销方案？

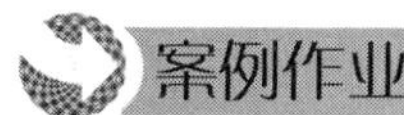

案例作业

方小萌的“双 11”

方小萌从10月就开始想给自己买一件黑色羽绒服，用来在冬天穿，但她一直等到11月11日。她看网上的各大页面都在宣传“双 11”这一天，天猫的很多商品都会降价。身边的朋友也对即将到来的“双 11”感到非常兴奋，跃跃欲试。她对天猫上的黑色羽绒服进行了筛选，黑色、加厚、大帽子，在加入购物车之前，方小萌还特别关注了“商品评价”栏，她特别关注的是那些买家秀。在 1 个月的耐心等待之后，在“双 11”这一天，羽绒服果然降价了！还能包邮！只是它是限时抢购的，没有过多的犹豫，方小萌选择了立即购买。当快件到她手中时，方小萌迫不及待地打开包裹：“是我想要的那种，摸着质量也不错。”忙完手头的事，方小萌赶紧给了店家五星好评。

资料来源：http://www.docin.com/p-1652781114.html.

讨论题

1. 在案例中，天猫如何缩短购买时间？除了这种方法外，还有哪些方法可以缩短购买时间，请举例说明。

2. 该案例具体体现了哪些消费者决策过程？

参考文献

[1] 菲利普·科特勒，凯文·莱恩·凯勒．营销管理 [M]. 何佳讯、于洪彦、牛永革、徐岚、董伊人、金钰，译．上海：格致出版社，2017.

[2] 德尔 I 霍金斯等，消费者行为学 [M]. 符国群，等译．北京：机械工业出版社，2014.

[3] 吴健安．市场营销学 [M]. 北京：高等教育出版社，2004.

[4] 吕一林．市场营销学 [M]. 北京：科学出版社，2005.

[5] 刘宝成．营销学简明教程 [M]. 北京：对外经济贸易大学出版社，2006.

[6] 吴垠．关于中国消费者分群范式的研究 [J]. 南开管理评论，2005（2）.

[7] 王旭．消费者行为学 [M]. 北京：电子工业出版社，2009.

第五章
实施STP营销战略

内容提示

对于营销经理来说，在分析完消费者的购买行为之后，下一步应该是实施营销战略的过程。然而，随着消费需求差异化的不断发展，在通常情况下，企业无法为市场内的所有顾客提供最佳服务。因此，企业为了取得竞争优势，就要识别自己能够有效服务的最具吸引力的细分市场，从而确定哪些市场是适合自己的目标市场，同时也需要在目标市场中树立自己的独特优势，即进行正确的市场定位。作为现代目标市场营销理论的核心，STP营销，即细分市场（Segmentation）、目标市场（Targeting）、市场定位（Positioning），是企业制定有效营销组合策略的基础和前提。如何进行市场细分？如何选择目标市场？如何进行市场定位？这些问题都是企业营销经理需要掌控的。因此STP营销战略的制定与实施是企业制定产品策略、价格策略、渠道策略和整合营销传播等策略的必备前提与基础。

专业词汇

STP（Segmentation、Targeting、Positioning）
细分变量（Segmentation Variable）
目标营销（Target Marketing）
产品专业化（Product Specialization）
无差异营销（Non-differentiation Marketing）
选择性专业化（Selective Specialization）
消费者市场（Consumer Market）
选择策略（Selection Strategy）
竞争优势（Competitive Advantage）
集中营销（Concentrated Marketing）
营销方案（Marketing Plan）
市场细分（Market Segmentation）
目标市场（Target Market）
市场专业化（Market Specialization）
差异性营销（Differentiation Marketing）
市场定位（Market Positioning）
产品－市场集中化（Product-Market Concentration）
全面覆盖（Complete Overage）
营销策略（Marketing Strategy）
产业市场（Industry Market）

开篇案例

如霖配餐如何快速提升业务

如霖饭店为了攻占青岛庞大的写字楼送餐市场，通过送餐市场调查对比，专门建立了配备 8 位厨师的配餐部，设置了 5 辆送餐车，从容器、卫生到配餐种类进行了分类，本着丰富产品线的原则设了近 30 种套餐品类，按路段划分安排专人专车进行负责，在开展业务的当天组织了专门的宣传队伍一大早就在写字楼逐一进行 DM 广告发放，如霖饭店的经营者完全有信心让送餐业务拥有青岛外卖市场的最大份额。

然而事与愿违，第一天，宣传人员同时对香港中路 13 座写字楼进行了 DM 广告发放，总共接到的订单不到 80 份，按每份套餐均价 8 元的价格，毛利润才 200 多元，远不能达到盈亏平衡线。如霖饭店的经营者认为，因为第一天可能有的公司没来得及订餐，就期待第二天的业绩会好转，结果第二天的订餐量却下降到 60 份左右。如霖饭店的经营者为了拉动人气增加订单，制订了一个为期三天的促销计划——订餐送礼品，订一套送水果一个，5 份以上送大瓶可乐一份，当天订餐量上升到 130 份，但毛利率却下降了 10%，依然是在赔本。三天活动结束后，订餐量一下子滑落到 50 份，如霖饭店的经营者感到无计可施，于是向专业营销咨询公司寻求帮助。

因为营销调研公司也在写字楼，营销调研公司工作人员本身对外卖的事就感慨颇深，一般在写字楼工作的上班族都能体会到，希望自己订的餐在中午下班时能准时送到，一般在上午 10:00 之前订餐，但送餐者的速度却是快慢不一，往往要等很长时间才能送来，更有甚者，11:30 下班，外卖却要等到快 13:00 了才送到，导致这些上班族顾客怨言颇大。

通过调研，如霖配餐总结出“送餐准时度”是影响顾客消费的重要因素之一。在配餐外卖业务上，大多数配餐公司只注重套餐品类的丰富，却忽略了写字楼工作人员对午餐最核心的要求是快速，然后才是口味。配餐公司如果只注重丰富品类，肯定会影响整体出餐效率。

营销公司给如霖饭店的经营者制订了一个方案，在顾客打电话订餐时，与顾客确认几点之前送达，如延迟到达，则每晚一分钟，倒扣餐费一元，上不封顶，依此类推。配餐部将原先宣传的 30 多种套餐品种压缩到 6 种，并划分了人气产品与利润产品，保证能快速大量地进行流水线作业，保证效率与利润的同步达成，将均毛利率提高到 45% 以上。然后重新选择了三座写字楼作为试点，路线划分明确，并对套餐种类进行了宣传，而且显著地标示了公司的送餐政策。

11:00，送餐队伍陆续出发并特意安排了每个送餐员工选择五家公司晚点送达，大约晚 5 ～ 15 分钟，并且由送餐人员当场将承诺晚一分钟扣一元的款项从餐费里扣除，当日毛利润近 170 元。

第二天，前一天客户全部返单，加上新客户，三座写字楼的订餐量突破 800 份，依然安排送餐人员每天选择不同的客户特意晚点送到。不同的是，别的外卖单位送餐晚到听到的是抱怨声，而如霖饭店的送餐人员晚点到达得到的却是客户聚在一起看手机核对时间的欢笑声。

随着在写字楼的配餐业务慢慢展开，招商银行、华夏银行等数家银行和如霖饭店达成了配餐协议。

资料来源：http://www.docin.com/p-84887607.html.

门店经营在进行顾客调研时，营销人员要把目标顾客的心理作为主要的研究对象，不能流于表面工作，但大多数调研机构都把表面的工作做足了，却忽略了顾客的心理核心需求层面。门店经营要切身体会顾客群体的所有消费习惯与对消费品项的要求，确认门店所针对顾客的核心需求才能真正做到对症下药，结合目标顾客的最核心兴趣点来进行品项、环境与服务的优化，才能真正迎合顾客心理，达到稳赢的目的。

营销经理在制定有效的营销战略时需要问以下三个问题。

- 一是我的顾客在哪里？
- 二是以何种方式参与竞争？
- 三是我的资源能力是否允许我以这种方式为我的顾客提供价值？

探寻这三个问题答案的过程，就是企业制定营销战略的过程，最终制定的营销战略被称为目标市场营销战略。目标市场营销战略决策过程包含三个重要步骤。

- 一是市场细分（Segmentation）。
- 二是选择目标市场（Targeting）。
- 三是市场定位（Positioning）。

人们也称这三步骤为 STP 营销。

第一节　如何进行市场细分

一、什么是市场细分

市场细分是 1956 年由美国学者温德尔·斯密提出的一个重要概念。通常来讲，市场细分是指根据消费者需求的不同特性，把整体市场分割为若干个具有类似需求消费者群的过程。其中，每个消费者群可以说是严格的细分市场，各个细分市场都是由具有共同消费者需求的顾客组成。那么，具体来说，实行市场细分对企业会产生什么作用呢？让我们先看一个案例。

案例 5-1　**小油漆厂的市场细分**

英国的一家小油漆厂，在投产之前对室内装饰用漆市场进行了调查研究。企业营销人员访问了许多潜在消费者，了解了他们对产品的各种不同需求，并对市场做了以下细分：油漆市场的 60% 是一个大的普及市场，这个市场对各种油漆产品都有潜在需求，但这家油漆厂无力参与这个市场的竞争，因此不予考虑。另外，还有四个细分市场：一是没有劳动力的家庭主妇市场，这个市场的消费者群的特点是不懂得室内装饰需要什么油漆，但是要求油漆质量好，并且要求油漆商提供设计，油漆效果美观；二是油漆工助手市场，这个市场的主顾需要购买质量较好的油漆替住户进行室内装饰，他们过去一直从老式金属器具店或木厂购买油漆；三是老油漆技工市场，这些主顾的特点是一直不购买已调好的油漆，而是购买颜料和油料，自己调配油漆；四是对价格敏感的青年夫妇市场，这一市场的消费者群的特点是收入较低，租赁公寓（单元房）居住。按照英国的习惯，租赁公寓住户在一定时间内必须油刷住房，以保护房屋。因此，这些住户购买油漆，不求质量好，只要比白粉刷浆稍好一点就行，但要求价格低。

该厂经过研究，根据自己的人力、物力资源条件，决定选择将对价格敏感的青年夫妇这一细分市场作为目标市场，并制定了适应的营销策略，取得了很大的成功。

资料来源：https://wenku.baidu.com/view/312ae6c7da38376baf1fae50.html.

通过案例，我们可以清楚地看到市场细分对企业的重要意义。归纳起来，市场细分的意义具体有如下三个方面。

（1）进行市场细分，有利于企业分析、发掘新的市场机会，合理运用企业资源，提高企业竞争能力。在市场细分的基础上，企业可以深入了解各细分市场的不同需求，通过比较，发现有利于企业的营销机会，以便运用本身的有利条件，制定最佳营销战略，迅速获得市场的优势地位。

（2）进行市场细分，有利于企业制定最佳营销战略和适当的营销方案。企业可以掌握市场特点，有针对性地制定市场营销组合，执行有效的营销计划。

（3）进行市场细分，有利于企业更好地满足潜在客户的需要。在市场细分的基础上，企业可以增强市场调研的针对性，切实掌握目标市场消费需求的变化情况，分析潜在需要，发展新产品，开拓新市场。

二、市场细分的依据

消费者的需要、动机以及购买行为因素的多元性，是市场细分的内在根据。如果所有消费者的需要、产品要求以及购买习惯等都十分相似，则该市场就具有高度同质性。假设所有食盐的购买者每月购买的数量相同，而且都要求简单、方便的包装与最低的价格，则食盐市场就具有高度同质性，营销活动将较为简单。但如果消费者对产品品质或数量要求极不相同，则该市场就呈多元性或异质性。例如，家具的购买者寻求不同的款式、规格、颜色、材料与价格，此类市场即呈现多元性或异质性，企业在开展营销活动时就需要进行市场细分，以便从中选择适当的目标市场。事实上，市场需求的多元性是客观存在的，市场上任何一项商品或劳务，只要拥有较多的顾客，就可以细分为许多具有不同需求的消费者群。

根据消费者对产品各种属性的偏好程度，差异性与类似性常呈现不同的形态，基本上可以分为以下三类（见图5-1）。

（1）同类型消费者偏好（Homogeneous Preference）。所有消费者的偏好大致相同，不存在显著差别。对于这类市场，企业可提供基本相似的产品和服务，以满足偏好接近的所有消费者的需求。

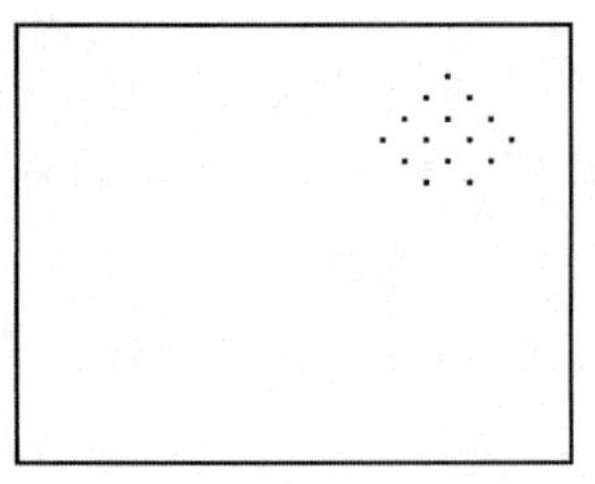
a）同类型消费者偏好

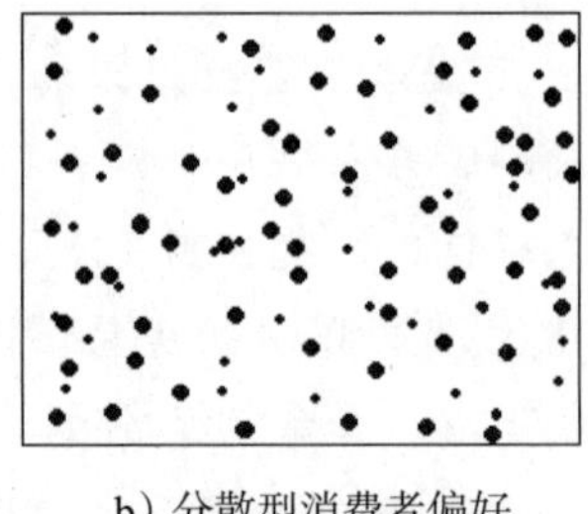
b）分散型消费者偏好

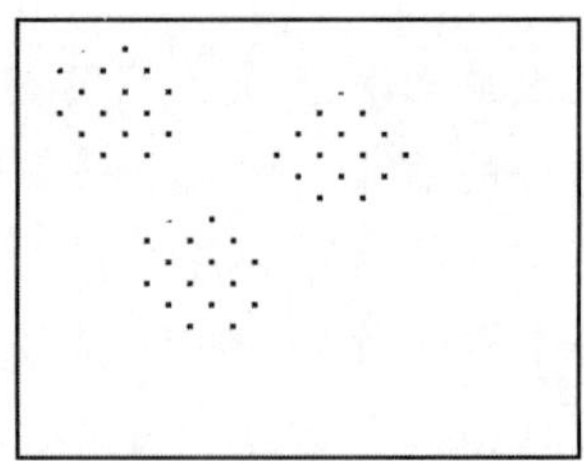
c）群集型消费者偏好

图 5-1 消费者偏好的类型

（2）分散型消费者偏好（Diffused Preference）。消费者偏好很不集中，类似性不明显，集合较为困难。对于这类市场，企业必须适应众多消费者某些方面的需要，力求满足尽可能多的消费者的需求。

（3）群集型消费者偏好（Clustered Preference）。整体市场上存在若干个自然细分市场，在各细分市场之间，消费者偏好差异性大，在各细分市场内，消费者偏好类似性大。对于这类市场，企业应根据自身的条件，发挥优势，提供某一个或少数细分市场所需的产品，设法先占领一个或数个细分市场。

三、消费者市场细分的变量

营销经理应该知道，企业不可能用一种产品满足所有消费者的需求，也难以做到为每位消费者量身定制产品。产生消费者需求差异的原因有很多，通常情况下，营销经理需要分析产生这些需求差异的因素来进行市场细分，然后从中选择目标市场。

细分消费者市场可使用不同的变量，这些变量可分为两大类。

一类是反映消费者特征的变量，包括人口变量、地理变量、心理变量等。

另一类是反映消费者对产品的反应，即反映消费者行为特征的变量，包括消费者与市场的密切程度、使用数量、购买时机与频率、追求利益和忠诚程度等。

表 5-1 列举的是消费者市场细分的常见变量。

表 5-1 消费者市场细分的常见变量

细分标准		市场细分的具体标志
人口变量	年龄	6 岁以下、6 ～ 11 岁、12 ～ 19 岁、20 ～ 34 岁、35 ～ 49 岁、50 ～ 64 岁、65 岁以上
	性别	男性、女性
	家庭人口	一两人、三四人、5 人以上
	家庭生命周期	未婚期、新婚期、满巢期Ⅰ、满巢期Ⅱ、空巢期、孤独期
	职业	工人、农民、军人、机关干部、职员、学生、科技人员、教师、个体经营者等
	文化程度	小学、初中、高中、中专、大专、大学、硕士及以上
	年收入（元）	20 000 元以下；20 000 ～ 100 000 元；100 000 ～ 500 000 元；500 000 元以上
地理变量	区域	东北、华北、西南、东部、中部地区等
	城乡规模	100 000 人以下、100 000 ～ 250 000 人；250 000 ～ 500 000 人；500 000 ～ 1 000 000 人；1 000 000 ～ 4 000 000 人；4 000 000 人以上
	人口密度	城市、郊区、乡村
	气候	南方（湿润）、北方（干燥）

（续）

细分标准		市场细分的具体标志
心理变量	购买类型	实惠型、显示型、时髦型
	社会阶层	国家与社会管理者阶层、经理人员阶层、私营企业主阶层、专业技术人员阶层、办事人员阶层、个体工商户阶层、商业服务人员阶层、产业工人阶层、农业劳动者阶层、城乡无业失业者阶层
	生活方式	传统型、新潮型、节俭型、奢靡型、严肃型、活泼型等
行为变量	消费者与市场的密切程度	从未使用者、曾经使用者、潜在使用者、初次使用者、经常使用者等
	使用数量	大量使用者、中量使用者、少量使用者
	购买时机与频率	日常购买、特别购买、节日购买、季节性购买、规则购买、不规则购买等
	追求利益	质量、服务、价格、品牌、安全、新奇等
	忠诚程度	完全忠诚者、适度忠诚者、无品牌忠诚者

案例 5-2　人口变量：淘宝网细分年代用户网络消费习惯

淘宝网汇集了3.86亿名消费者、超过1 000万个商家、10亿件商品的基本信息和行为数据，大数据分析报告结果表明：70后的网络消费行为表现出以家庭为核心、高消费能力、高品位的一面，同时也兼顾精打细算的特征，是最热衷户外运动品牌的人群，家具、家装、理财、大家电、五金、厨房电器等为其消费的主要领域；80后作为绝对的主力消费人群，消费理念结合了70后与90后消费者的特征，一方面讲究实用和实惠，另一方面也追求个性，是购买二手商品和众筹类商品的主力，经常购买优惠券与参与团购，是母婴用品的主要消费者；90后作为最年轻的也是最活跃的一群消费者，表现出极强的个性需求，对各类新兴商品的接受度最高，同时也注重商品的社交性、娱乐性以及便利性，喜欢各类数码产品，生活离不开手机，精力充沛，更喜欢夜间购物。淘宝网根据不同年代用户的网络消费习惯的不同适时地采取恰当的网络推送信息等营销手段。

资料来源：第一财经商业数据中心。

案例 5-3　地理变量：欧莱雅化妆品

法国欧莱雅集团从一个小型家庭企业跃居为世界化妆品行业的领头羊，用近一个世纪的努力，成为全球500强企业之一，它的化妆品产品遍及150多个国家和地区。欧莱雅认为美的概念在不同国家、不同地区是不同的，针对中国市场，欧莱雅就曾进行了长达6年的、非常细致的、针对中国女性皮肤的研究。由于中国地域广阔，以及南北、东西地区气候、习俗、文化等的不同，因此人们对化妆品的偏好具有明显的差异。如南方由于气温高，人们一般比较喜欢清淡的装饰，因此较倾向于化淡妆，而北方由于气候干燥以及文化习俗的缘故，一般都比较喜欢化浓妆。同样地，东西地区由于经济、观念、气候等缘故，人们对化妆品也有不同的要求。欧莱雅集团敏锐地意识到了这一点，按照地区推出不同的主打产品。

资料来源：http://www.doc88.com/p-9621834004895.html.

案例 5-4　　心理变量：麦当劳细分方便型与休闲型

按照人们生活方式划分，快餐业通常有两个潜在的细分市场：方便型和休闲型。在这两个方面，麦当劳做得都很好。例如，针对方便型市场，麦当劳提出“59 秒快速服务”，即从顾客开始点餐到拿着食品离开柜台的标准用时为 59 秒，不得超过一分钟。针对休闲型市场，麦当劳对餐厅店堂的布置非常讲究，尽量做到让顾客觉得舒适、自由。麦当劳努力使顾客把麦当劳作为一个具有独特文化的休闲好去处，以吸引休闲型市场的消费者群。

资料来源：https://www.guodun.com/91300csy.

案例 5-5　　行为变量：天美时钟表公司细分三类消费者

美国天美时钟表公司刚开始还是一家不大起眼的公司，因此该公司极力想在美国市场上撕开一条口子，大干一场。当时，著名的钟表公司几乎都是以生产名贵手表为目标，而且主要通过大百货商店、珠宝商店推销。但是，美国时钟表公司通过市场营销研究发现，实际上市场可进行划分，把市场上的购买者分为三类：第一类消费者希望能以尽量低的价格购买能计时的手表，他们追求的是低价位的实用品，这类消费者占 23%；第二类消费者希望能以较高的价格购买计时准确、更耐用或样式好的手表，他们既重实用，又重美观，这类消费者占 46%；第三类消费者想买名贵的手表，主要是将它作为礼物，这些消费者占整个市场的 31%。由此企业发现，以往提供的产品仅以第三类消费者为对象。美国天美时钟表公司意识到，一个潜在的充满生机的大市场就在眼前。于是根据第一、二类消费者的需要，制造了一种叫作“天美时”的物美价廉的手表，一年内保修，而且利用新的销售渠道，广泛通过商店、超级市场、廉价商店、药房等各种类型的商店大力推销，结果很快就提高了市场占有率，成为世界上最大的钟表公司之一。

资料来源：https://wenku.baidu.com/view/be252df4376baf1ffd4fadb3.html.

四、细分产业市场的变量

我们可以借鉴细分消费者市场的很多变量来细分产业市场，比如地理变量、人口统计变量、利益变量等都可以作为细分产业市场的参考变量。但是在购买行为、购买目的等方面，产业市场用户与消费者市场用户存在明显的差异，因此两个市场在细分变量选择上也存在很多不同之处。

细分产业市场常用的主要依据有以下几个方面。

（1）顾客类型。在产业市场上，不同类型的顾客对同一种产业用品的市场营销组合往往有不同的要求。例如，名牌产品的制造商在采购时较重视的是产品质量、性能和服务，价格并不是他们要考虑的最主要因素，而有些制造商则过分追求价格低廉，甚至明知低价产品的质量较差也愿意采购。因此，对于不同的顾客，企业要相应地运用不同的市场营销组合，以投其所好，促进销售。

（2）地理位置。消费者对某些产品的需求因地区的不同而存在很大的差异。一些市场趋向地域性，是因为购买者喜欢从当地供应商那里购买产品，远处的供应商在价格和服务方面通常没有竞争优势。因此，向地理位置集中的顾客群销售产品的企业往往从就近经营中获利。

（3）顾客规模。购买量（大量、中量、少量）通常用来作为产业细分的依据之一。另一个细分依据是进行购买的组织的规模，它可以影响购买过程、所需要的产品类型和数量以及顾客对不同营销组合的反应。在现代市场营销实践中，许多企业都建立了适当的制度来分别与大客户和小客户打交道。

（4）产品用途。很多产品，尤其是像钢铁、木材、石油这样的原材料，都具有多种用途。客户如何使用产品会影响他们的购买数量、购买标准以及对卖主的选择。

五、如何细分市场

任何企业都可运用上述标准，对市场进行细分。但是每家企业的经营方向及具体产品不同，在市场细分方法上必然会有所不同。这种差别表现在运用标准的内容、选用标准的数量及选用标准的程度三个方面。如科技书刊，造成需求区别差异的因素主要是受教育程度、职业和追求利益等，而不是性别、家庭规模等因素；服装需求则比较容易受到年龄、性别、生活方式、社会阶层、地区及收入等因素的影响。

（1）单一因素法，即选用一个因素进行市场细分。这个因素应当对购买者的需求影响最大。

（2）综合因素法，即一般采用两个以上的因素，同时从多个角度进行市场细分。例如，依据收入（高、中、低）、家庭规模（一两人、三四人、五人以上）和车主年龄（18 ～ 25 岁、26 ～ 35 岁、36 ～ 50 岁、51 ～ 60 岁、60 岁以上）三个因素细分轿车市场，可得到 45（=3 × 3 × 5）个细分市场，如图 5-2 所示。这种方法适用于消费者需求差别情况较为复杂，要从多个方面分析、认识的情况。

（3）系列因素法，即采用两个以上的因素，但根据一定的顺序逐次细分市场。细分的过程也是一个比较、选择细分市场的过程。下一阶段的细分，在上一阶段选定的细分市场中进行。

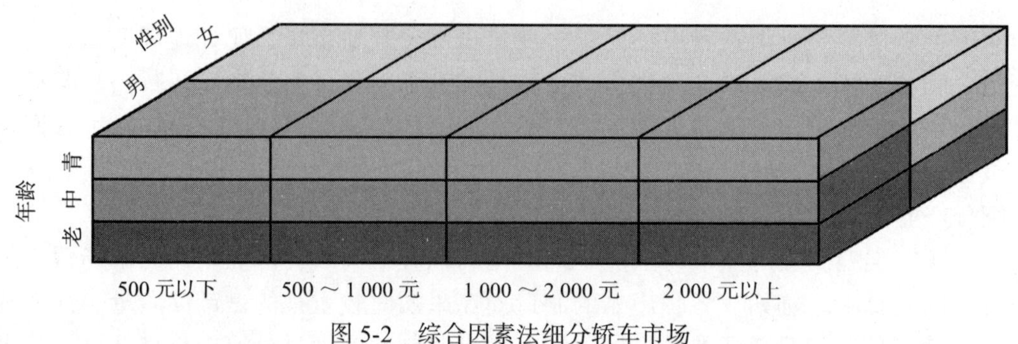

图 5-2 综合因素法细分轿车市场

六、如何衡量市场细分的有效性

衡量营销经理的成功与否，关键在于企业营销战略的成败，而 STP 战略是营销战略的首要步骤，所以营销经理必须衡量市场细分的有效性，为以后的战略实施提供保障。衡量的标准主要有四个。

（1）可测量性，即细分市场的规模、购买力及其他特征是可以测量的。细分后的市场不仅范围比较明晰，而且能大致判断其市场容量和潜力。为此，细分市场时所参考的各种因素要有明显的特征，并有可能获得表明购买者特性的资料。

（2）可进入性，即企业能有效地集中力量进入并满足目标市场。企业对自己所选中的细分市场，要能有效地集中营销能力，开展营销活动。也就是说，企业的人力、财力、物力和营销组合，必须可以触及被选中的细分市场。

（3）可获益性，即目标市场的容量及获利性值得企业进行开发的程度。一个细分市场是否大到可以实现满意的利润，取决于这个市场的人数和购买力。市场划分范围必须合理，细分市场要有足够的销售量，保证企业有利可图。

（4）可区分性，即设计出能够吸引并满足目标顾客群的有效方案。顾客对产品的需求具有不同的偏好，对某一产品能够产生不同的反应，这样的市场才能被区分开来，也才值得进行细分。相反，如果顾客对产品的需求差异不大或没有差异，就不必进行细分。比如，人们对食盐、面粉的需求在年龄、性别等方面就没有实际的差异，如果进行细分市场，显然没有意义。

第二节 如何选择目标市场

一、什么是目标市场

对于营销经理来说，STP 战略的第二个战略即明确目标市场是非常重要的。目标市场是企业决定准备为其服务、满足其需求的顾客群市场；是在市场细分的基础上，企业为满足现实或潜在的消费者需求而开拓的特定市场；是在细分后的市场中选择一个或多个细分市场。市场细分与选定目标市场既有联系又有区别，市场细分是选择目标市场的基础和前提，正是在市场细分的基础上，企业才可以选择一个或更多的细分市场作为目标市场。我们先来看一个案例。

案例 5-6　　QQ 营销案例

有一位经营茶叶生意的商家，经过实地调研，他将自己的目标客户群体定位为以中年人为主。接着，为了开展 QQ 营销，商家注册了 5 个 QQ 号。他分别设置好基本资料、头像等，均开通了邮箱与空间。

然后，商家通过 QQ 群搜索一些中年人相对聚集的群，比如高尔夫球兴趣群、汽车爱好群、60 后与 70 后群等。商家的每个 QQ 号都加了 10 个以上的群，并努力地把群里的每个人都加为好友。于是，商家的每个 QQ 号里都加了 100 位左右的好友。这样商家就有了 500 位左右的潜在客户。

接下来，商家通过在百度里搜索，找来一些关于茶叶种植、绿色生长、品茶识茶的文章，并把它们重新编辑成对爱好茶叶的人很有阅读价值的文章，且在文章中配了几张赏心悦目的图片，在文章最后加上了商家销售茶叶的网页链接。

做完这项工作后，商家在一个 QQ 号的空间里发布了这篇文章，然后用其他 QQ 号的空间来转发，转发时还在文章后面写下了阅读后的感受。

第二天早上，商家打开电脑，在自己的网上店铺里竟然发现有 200 多个不同的 IP 地址前来访问，也就是说，已经有 200 多个潜在客户访问了自己的店铺。由于该商家并未做过其他形式的推广，所以这些访问量几乎全部是从 QQ 空间来的。

商家又迫不及待地打开 5 个 QQ 号的空间，发现那篇日志的阅读量已经在 1 万次以上，分享量在 2 000 次以上。商家当天销售茶叶 50 盒，每盒茶叶 60 元左右，也就是说商家通过 QQ 营销，当天完成销售额 3 000 元。

资料来源：https://www.douban.com/note/527736118/.

一个理想的目标市场必须具备下列三个条件。

（1）有足够的销售量，即一定要有尚未满足的现实需求与潜在需求。理想的目标市场应该具有可观的潜在需求量和相应的购买力，其销售规模能使企业有利可图。如果市场规模过小或趋于萎缩，贸然进入必定难以发展。

（2）企业必须有能力满足目标市场的需求。在整体市场中，有利可图的细分市场有许多，但不一定都能成为某个特定企业的目标市场，企业必须根据人力、物力、财力和经营管理水平，有能力较好地满足目标顾客的需要，且能立足于该市场并求得发展，这样才可将其选定为自己的目标市场。

（3）企业必须在选定的目标市场中拥有竞争优势。竞争优势可以表现为没有或少有竞争；市场未被强手控制，有竞争但不激烈；有足够的实力可以击败竞争对手。

二、目标市场的覆盖模式

企业的营销经理需要根据企业的自身情况，选择企业想要覆盖的目标市场，目标市场的覆盖模式按照产品和市场两大指标划分，共有五种，如图 5-3 所示。

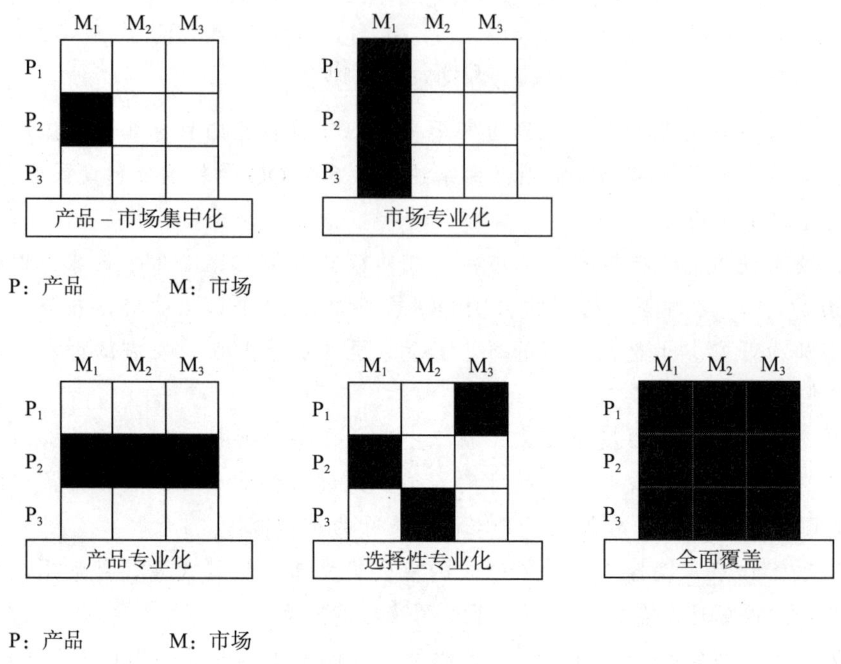

图 5-3 目标市场选择的五种模式

1. 产品－市场集中化

在产品－市场集中化模式下，企业为单一市场提供单一产品，是一种完全专业化模式。企业可以更清楚地了解细分市场的需求，从而树立良好的信誉，在细分市场上建立巩固的地位。同时，通过生产、销售的专业化分工，企业可以实现规模经济效益。但是，单一市场的风险比较大。

2. 市场专业化

企业选择某一类顾客群作为目标市场，并为这一目标市场生产开发所需要的各种产品，这种目标市场的覆盖模式就是市场专业化模式。如很多家电生产商为居民家庭提供产品，从冰箱、彩电、洗衣机、吸尘器到电熨斗、吹风机、电源插座等，应有尽有。这种市场专业化模式可以帮助企业树立良好的专业化声誉，多产品经营在一定程度上分散了市场风险。但相对于产品－市场集中化模式，市场专业化对企业的生产能力、经营能力、资金实力提出了更高要求。

3. 产品专业化

产品专业化是指企业同时向几个细分市场销售一种产品。如冰箱生产企业同时设计、生产出家庭、饭店、车载、科研实验室等不同类型的客户在不同环境下使用的用途各异的冰箱。企业通过这种战略可在特定的产品领域树立良好的形象。但一旦新技术、新产品出现，企业会面临很大的风险。

4. 选择性专业化

选择性专业化模式是指企业选择若干个符合市场细分选择原则的市场作为目标市场，并为各个市场分别提供所需的产品。选择性专业化模式的最大优点在于能够分散市场风险，但所选的细分市场之间有可能缺乏内在的逻辑联系，属于非相关的多元化发展，很难获得规模效应，而且对单个市场的规模要求比较高。此外，选择性专业化模式还要求企业具备很强的驾驭市场的能力。

5. 全面覆盖

全面覆盖是指企业选择所有的细分市场作为目标市场，并分别为这些细分市场提供不同的产品。一般只有实力雄厚的大企业才采取这种全面覆盖模式。如通用汽车公司、可口可乐等企业采用了这一模式。采用这一模式的企业，既有成功的案例，也有失败的案例。

案例 5-7　　腾讯公司即时通信业务

腾讯公司成立于1998年11月，是目前中国最大的互联网综合服务提供商之一，也是中国服务用户最多的互联网企业之一。腾讯公司通过即时通信QQ、腾讯网（QQ.com）、腾讯游戏、微信、QQ空间、无线门户、搜搜、拍拍、财付通等成为中国领先的网络平台。

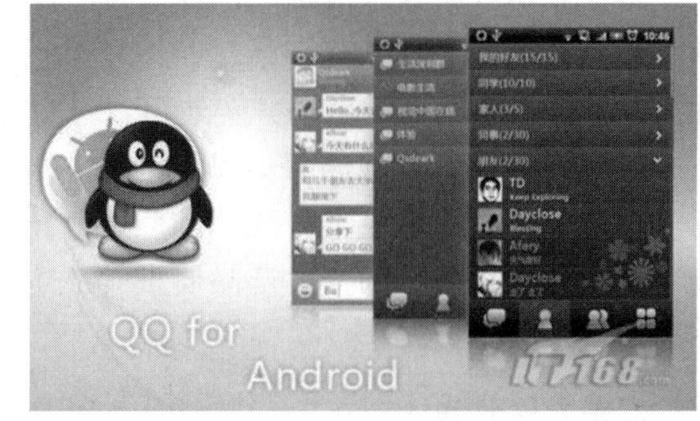

其中，根据消费者的用途不同，腾讯公司将即时通信业务又分为QQ、企业QQ办公版、TM、RTX、IT浏览器、QQ医生、QQ邮箱、Foxmail、QQ影音、QQ拼音、QQ旋风、QQ软件管理，这些细分尽可能满足了消费者在通信方面的需求。

腾讯QQ是腾讯公司推出的一个基于互联网的即时通信平台，具有在线聊天、即时传送语音、视频、在线（离线）传送文件等全方位的基础通信功能，并且整合了移动通信手段，可通过客户端发送信息给手机用户，允许用户在电脑、手机以及无线终端之间随意、无缝切换，为用户构建了完整、成熟、多元化的在线生活平台。

腾讯企业QQ办公版是在个人QQ平台的基础上，为中小企业用户提供量身定制的、高效的企业级即时通信产品。

Tencent Messenger（TM）是腾讯公司针对办公环境精心设计的一个即时通信平台。

腾讯通RTX（Real Time eXchange）是腾讯公司推出的企业级即时通信平台。

腾讯TT是一款多页面浏览器，具有亲切友好的用户界面，可提供多种皮肤供用户根据个人喜好使用，另外TT更新了多项人性化的特色功能。

QQ医生是腾讯公司开发的一款免费安全软件。

QQ邮箱是腾讯公司网络平台服务的重点产品。

Foxmail客户端是最成功的国产软件之一，在2005年加入腾讯公司后，持续进行优化和发展，目前除基础的邮件管理功能外，还新增了全文检索、邮件档案、支持 IMAP4 协议、待办事项等特色功能，为邮件用户不断提供更好的体验。

资料来源：http://m.doc88.com/p-9912676952620.html.

三、目标市场选择战略的实施

（一）三种基本的目标市场选择战略

企业营销经理根据不同的目标市场覆盖模式需要选择相应的目标市场选择战略予以配合。根据消费者三类不同的基本偏好，以下三种基本的目标市场选择战略可供企业选择，即无差异营销、差异性营销、集中营销。

1. 无差异营销

当企业不考虑细分市场间的差异性，把整体市场视为同质市场，用单一产品、单一营销组合方案开展市场营销活动时，其采用的就是无差异营销。比如食盐市场就可以被视为差异性很小的同质市场，企业可以针对该市场采用统一的营销方案。

采用无差异营销战略可以节约企业成本。大量生产和销售单一产品，降低了生产、运输、库存以及销售成本；统一的广告宣传，也减少了促销费用；不需要对市场进行细分，也就减少了市场调查、产品研发等成本。但对于大部分产品市场而言，这种战略并不适用。

2. 差异性营销

以市场细分为基础，选取其中几个细分市场作为目标市场，为这些目标市场设计不同的产品和营销组合，以满足各个细分市场的差异化需求，即差异性营销。例如，宝洁为洗涤市场推出了 10 多个品牌，每个品牌分别针对一个细分市场。实施这种战略带给宝洁的好处是：首先，很好地满足了各个细分市场消费者的需求，为赢得顾客忠诚奠定了基础；其次，有效地抵御了竞争者在不同细分市场中的进攻；最后，树立了企业在洗涤市场中的良好的品牌形象，促进整体销售收入增长。

采取差异性营销的企业可以获得各细分市场目标顾客的忠诚，有效抵御竞争对手的攻击，在市场中树立良好的品牌形象等好处，但实施差异性营销会增加企业的营销成本和管理难度。设计、生产不同的产品，很难做到像无差异营销一样采取大规模生产方式，这势必会增加生产成本；市场调研费用、促销费用、分销费用都会随着选择更多的细分市场而增加。企业能否采用这种目标市场选择战略，需要结合自身的实力和目标通盘考虑。

案例 5-8　　国家电网福建电力大数据背后的差异化营销

国家电网福建省电力有限公司运营监测（控）中心（简称国网福建电力）在国家电网公司系统率先开展基于大数据挖掘的客户用电行为分析，建立客户用电行为分析模型，以庞大的客户用电行为数据为基础，对不同客户群体的用电行为特征进行识别，提前预测客户用电风险，挖掘大客户用电效益，实现科学的客户认知、风险管理、个性化营销和服务的目的。

国网福建电力建立了客户用电行为特征数据挖掘库，根据对大客户的定义，抽取1 187名大客户全年的用电信息数据，建立大客户价值细分模型并进行聚类分析，根据大客户对该公司的贡献度、用电变化趋势、风险程度等情况，将大客户细分为优质客户、发展型客户、风险型客户、普通客户四大类。

优质客户的用电需求量最高，且呈现一定的增长趋势，用电基本集中在平时段用电，用电波动较小，表现较沉默，但投诉率较高，占总的大客户数量的5.05%；发展型客户当前用电量需求较其他类客户偏低，但年用电量增长最快，峰谷平用电相对较均匀，业扩报装需求较高，但发生欠费的可能性较高，占总的大客户数量的8.93%；风险型客户用电需求相对较高，但电量增长较缓慢，主要集中在平时段用电，改类、高压减容、暂停及恢复用电业务需求较高，违约用电和欠费风险均为最高，占总的大客户数量的8.42%；其他客户为普通客户，该类客户数量最多，占总的大客户数量的77.59%。

国网福建电力根据客户用电行为信息，综合分析客户的缴费习惯及偏好、客户投诉热点及趋势问题，提前采取有针对性的应对措施，提升服务水平，提高客户满意度；通过客户风险识别，预判客户未来一年内的用电风险，提升公司的风险管控能力，有效防范和降低企业经营风险。

资料来源：http://www.indaa.com.cn/zz/gjdwzz/gjdwzz201405/201405/t20140513_1515007.html.

3. 集中营销

集中营销是指企业专注于某一个细分市场，为该市场量身定做产品，实施高度专业化的生产和销售。实施这种战略，企业可以获得专业领域的声誉，在某一个小的细分市场里占据很大的市场份额，也有可能因此而获得可观的利润。

一般来说，中小企业很难与大企业进行全面抗争，有效的做法之一就是集中资源于小的细分市场。大企业没有注意到的，或者是不愿顾及的小的细分市场，往往能够使中小企业获得成功。当年日本的汽车公司就是通过开发轻便、省油的小型轿车击败了美国三大汽车公司。当然，这种策略也面临一定的市场风险，尤其是当市场不景气，消费者需求偏好发生变化时，有可能导致企业陷入困境。因此采用这种策略的企业一是要关注环境变化，适时调整经营方向；二是要在适当的时机，遵循一定的发展逻辑，进军其他细分市场。

案例5-9　　稀世宝的市场选择

瓶装水市场，是高度同质化的市场，市场如何细分，企业如何立足？中原大地崛起的水族新星——“稀世宝”选择了矿泉水市场。

“稀世宝”水源地的坐标位置位于北纬 30 度——“世界硒都”湖北恩施建始县境内，属于自然涌出泉水。稀世宝矿泉水含稀有元素硒。硒有很多功效，如抗癌，改善心脑血管疾病等。稀世宝的核心价值可分为三个层次：第一是解渴；第二调节维生素的吸收与利用；第三是提供人体所需的各种微量元素。

从市场竞争来看，矿泉水市场前景广阔，潜力巨大。国内的瓶装水市场的强势品牌有乐百氏、娃哈哈、康师傅等，此外，在不同区域市场中还有众多的地方品牌，市场竞争激烈。但是，这些品牌多生产纯净水，或纯净水的产量远远高于矿泉水。消费者已逐渐认识到长期饮用纯净水无益，在发达国家，饮用矿泉水才是追求健康、有品位的标志。

从企业的资源情况看，稀世宝矿泉水是我国硒含量少数达标的天然矿泉水，是国内仅有的硒、锶、低钠重碳酸钙三项矿物质同时达标的优质矿泉水。企业占据这一稀缺水资源，是实现竞争制胜的立足点。

资料来源：https://wenku.baidu.com/view/b667513dee06eff9aef807ae.html.

三种基本的目标市场的选择战略实施要点，如表 5-2 所示。

表 5-2 目标市场选择战略

基本战略	适用条件和组织要求	通常所需的基本技能和资源	实施战略的基本途径
无差异营销	当企业不考虑细分市场间的差异性，把整体市场视为同质市场时，用单一产品、单一营销组合方案开展市场营销活动	产品容易制造；低成本的分销系统	企业可以针对该市场采用统一的营销方案
差异性营销	差异化的途径很多，并且这种差异被顾客认为是有价值的；顾客需求是有差异的；采用类似差异化途径的竞争者很少；技术变革很快	企业资金雄厚；管理成熟；具有很强的基础研究能力；具有很强的销售渠道网络	以市场细分为基础，选取其中几个细分市场作为目标市场，为这些目标市场设计不同的产品和营销组合，以满足各个细分市场的差异化需求
集中营销	企业专注于某一个细分市场，为该市场量身定做产品，实施高度专业化的生产和销售	企业的灵活度较高，有较好的风险管理系统	集中资源于小的细分市场

（二）选择目标市场战略时应考虑的因素

企业营销经理在选择目标市场覆盖战略时需要全面考虑企业自身的资源能力、产品差异性、市场差异程度、产品生命周期、竞争对手的策略选择等因素，然后在此基础上慎重选择具体的目标市场策略。

（1）企业资源能力。哪种模式适合自身，企业需要根据自身资源能力来进行决策。资源能力有限的企业更不能分散自己的资源于众多细分市场，也不能进入自己不能把握的细分市场，而应采取集中营销，走专业化经营道路。如果企业资源条件好，则可以考虑采取差异性营销或无差异营销。

（2）产品差异性。战略的有效性取决于产品本身的差异程度。如果是标准化的产品，那么所有的消费者都具有大体相同的需求特征，市场主要围绕产品价格和服务展开竞争，企业采取无差异营销战略就比较合适。而服装、化妆品、家用电器等消费者需求差异程度较高的产品，就适合采取集中营销或者差异性营销。

（3）产品生命周期。战略选择还要结合产品所处的生命周期的阶段来考虑。企业的新产品在初次投入市场时，处在产品生命周期的引入阶段，企业应采用无差异营销或者集中营销，以探测市场需求与潜在的顾客情况；但在产品生命周期的成长和成熟阶段，市场竞争越来越激烈，企业选择差异性营销更适合，以开拓新的市场；当产品进入衰退期时，企业应采取集中营销，以集中力量于少数尚有利可图的目标市场。

（4）市场差异程度。如果一个市场中的消费者有类似的需求偏好，对营销组合有大约一致的反应，企业就应采用无差异营销，否则应采用差异性营销或者集中营销。

（5）竞争对手的战略选择。市场竞争是一个相互博弈和制衡的过程，战略选择也需要根据竞争对手的不同战略选择而变化。如果竞争对手较弱，企业就可以考虑采取无差异营销，否则，应尽量避免同竞争对手采取相同的营销策略，以防止加剧竞争，两败俱伤。

第三节 如何开发和传播一个定位

一、什么是市场定位

营销经理在选择适当的标准将市场进行细分，并选择了适合企业情况的目标市场之后，接下来要完成的任务就是进行准确的市场定位。那么，什么是市场定位呢？我们先来看一个案例。

案例 5-10　　顺丰速运的市场定位

顺丰速运（集团）有限公司（简称顺丰）于1993年成立，总部设在深圳，是一家主要经营国内、国际快递及相关业务的服务性企业。顺丰在大中华地区建立了庞大的信息采集、市场开发、物流配送、快件收派等全国性的业务机构网络。

国内快递行业发展迅速、竞争激烈。要想脱颖而出，必须准确地进行细分市场，并在细分市场中找到适合自己的具有竞争力的目标市场，顺丰选择将高价值的“小众市场”或者按照现代流行的说法是“利基市场”作为目标市场，将目标客户锁定在月结客户，所有的营销、运营、服务策略都要围绕目标客户的利益点进行。

什么是目标客户最关心的利益点？顺丰对此进行了细致的调研与分析。最终顺丰把“快速、准确、安全、经济、便利、优质服务”作为利益定位点，并在快速方面做到出色，远远超出其他竞争对手，在准确和安全方面做得非常优秀，高于行业水平；在便利、经济和优质服务方面不低于行业平均水平。

速度是快递市场竞争的决定性因素，顺丰自建网点、两级中转，全天候不间断提供亲切和即时的领先服务。从客户预约下单到顺丰收派员上门收取快件，1 小时内完成；快件到达顺丰营业网点至收派员上门为客户派送，2 小时内完成，实现快件“今天收明天到”，尽量缩短客户的贸易周期，降低经营成本，提高客户的市场竞争力。

资料来源：https://wenku.baidu.com/view/bfc094ea0975f46527d3e159.html.

市场定位是在 20 世纪 70 年代由美国营销学家艾·里斯和杰克·特劳特提出的，其含义是指企业根据竞争者现有产品在市场上所处的位置，针对顾客对该类产品的某些特征或属性的重视程度，为本企业产品塑造与众不同的、给人印象深刻的独特形象，并将这种形象生动地传递给顾客，从而使该产品在市场上确定适当的位置。

企业的营销经理在营销上首先要明确你的“市场”在哪里？你的消费群体是哪些人？在竞争激烈的市场上想要取得高效，最有力的做法就是开发和传播一个准确的定位。“市场定位”不能靠“拍脑袋”，也不能靠主观臆想。有经验的营销经理在“市场定位”方面做出常规判断后，都会亲自进行实地考察，通过去看、去听、去问，了解当地消费者的风俗习惯、收入状况、需求状况、金钱观，以及当地市场的竞争状况，当地商业经营方式与商业道德，当地政府的限制等。在掌握第一手资料，获得客观环境市场信息的基础上，营销经理才能做出比较正确的“市场定位”决策。市场定位准确意味着企业已向成功迈出了第一步。

二、市场定位的影响因素

营销经理需要了解影响企业市场定位的因素，这样才能更准确地进行市场定位。影响企业市场定位的主要因素有产品属性、产品性价比、产品功能、使用者、产品类别和竞争者。

1. 产品属性

每个产品都有其不同的属性，企业可以依据产品鲜明的属性特征来定位。例如，在 20 世纪 60 年代，在照相机市场上，主要产品都是结构复杂、操作烦琐的相机，而一般人只要求照相机的影像清晰即可，操作尽可能简单。柯达公司为此研制出的全自动“傻瓜”相机，一上市就被抢购一空。再如，七喜汽水的定位是非可乐，强调它是不含咖啡因的饮料，与可乐类饮料不同。

2. 产品性价比

产品性价比是一种产品区别于另一种产品的重要特征，基于产品性价比优势进行市场定位是一个有效的战略选择方式。例如，我国台湾的顶新国际集团将其方便面品牌“福满多”定位为价廉物美的产品，将“康师傅”方便面定位为高品质产品。

3. 产品功能

强调产品具有独特的功能会吸引相当一部分消费者，原因在于现在的消费者越来越喜欢独特功能的产品，例如，手机的拍照功能。于是，许多企业就以其手机具有强大的拍照功能进行产品定位。

4. 使用者

根据使用者进行定位，关注的是使用者的个性特征和类型。不同的用户类型对产品有不同的需求，那么不同类型的产品应适合不同的用户。例如，美国米勒啤酒公司曾将其原来唯一的品牌“高生”啤酒定位为“啤酒中的香槟”，吸引了许多不常饮用啤酒的高收入妇女。后来发现，占30%的狂饮者大约消费了啤酒销量的80%，于是该公司在广告中展示了石油工人钻井成功后狂欢的镜头，还有年轻人在海上冲浪后在沙滩上开怀畅饮的镜头，塑造了一个“精力充沛的形象”。其广告语是“有空就喝米勒”，米勒啤酒成功占领啤酒狂饮者市场长达10年之久。

5. 产品类别

企业也可以根据产品类别的不同（如餐饮类、卫生用品类等）进行产品的市场定位，以突出不同产品类别的差异。产品类别和特定需求直接能够产生品牌联想。例如，利用类别定位寻求消费者头脑中的空隙，如由快餐联想到麦当劳。

6. 竞争者

根据竞争对手的定位去确立企业产品的市场定位是一种有效的定位方法。在快餐业，麦当劳与肯德基是一对强劲的竞争对手，针对麦当劳服务标准化的定位特点，肯德基提出了“鸡肉烹调专家”的差异化定位策略。

三、市场定位的类型

市场定位多种多样，营销经理同样需要根据企业自身的不同情况来选择不同类型的市场定位。以下是几种重要的市场定位类型。

（1）初次定位。刚刚成立的企业刚开始进入目标市场时，企业新产品同样也进入了一个新市场，这时企业必须从零开始，整合所有营销策略，使产品能满足自己所选择的目标市场的需要。

（2）重新定位。在出现下列情况时，企业需要对其产品进行重新定位：一是竞争者和其竞争产品的出现，使本企业品牌的市场占有率有所下降或者无力抵抗；二是由于多种原因，消费者的偏好发生转移；三是由于市场的低迷或者饱和，企业需要开拓新的市场。企业进行产品的重新定位，会改变目标顾客对其原有的印象，恰到好处的重新定位能够给企业带来新的发展机会。

案例5-11　　宜家家居的重新定位

宜家家居（IKEA）于1943年创建于瑞典，其创始人是英格瓦·坎普拉德。宜家集团在全球43个国家和地区设有分支机构，在28个国家运营328家门店，年客流量达到7.7

亿人次。

“为大多数人创造更加美好的日常生活”是宜家家居自创立以来一直努力的方向。宜家家居的产品定位为“低价格、精美、耐用”的家居用品，形式上为单一风格的家具用品。同时，宜家家居的目标客户群年龄主要集中在20～45岁。目标消费者锁定为既想要高格调又付不起高价格的年轻人——他们非常乐意牺牲服务来换取成本的降低。这是宜家家居的总定位，也是在欧美市场中的品牌定位。

宜家家居入驻中国之初，其经营模式和理念与中国消费者的传统家居用品购买思维产生强烈的碰撞，宜家家居的市场定位为“想买高档货，而又付不起高价的白领”，很多中国白领把“吃麦当劳，喝星巴克咖啡，用宜家家居的家具”作为一种风尚，去宜家家居购物已然成为一种都市时尚。随着宜家家居在中国市场规模的扩大，价格优势的凸显，宜家家居的经营理念确定为“提供种类繁多、美观实用、老百姓买得起的家居用品”。时至今日，我们在宜家家居的产品上看到的是：简约、自然、匠心独具，既设计精良而又美观实用。

资料来源：https://www.docin.com/p-713917950.html.

（3）对峙定位。企业选择靠近现有竞争者的市场位置，争夺同样的顾客，彼此在产品、价格、分销及促销等方面差别不大。这种定位方法有一定的风险性，但也能激励企业学习竞争者的长处，发挥自己的优势。如美国七喜汽水在国际市场出现时，软饮料市场几乎为可乐型饮料所垄断，七喜汽水打出“非可乐”的旗号与之相抗衡，一举成功。

（4）避强定位。企业避开目标市场上强有力的竞争对手，将其位置确定于市场“空白点”，开发并销售目标市场上还没有的某种特色产品，开拓新的市场领域。避强定位的优点是能较快地立足于市场，在目标顾客心中树立一种形象。由于风险较小，成功率较高，很多中小型企业乐意采用这种方法。但是，空白的细分市场往往也是有一定难度的市场。

四、市场定位的步骤

如何定位市场是有一套准则的，企业的营销经理需要掌握这套准则。企业市场定位的全过程可通过以下三个步骤（见图5-4）来完成。

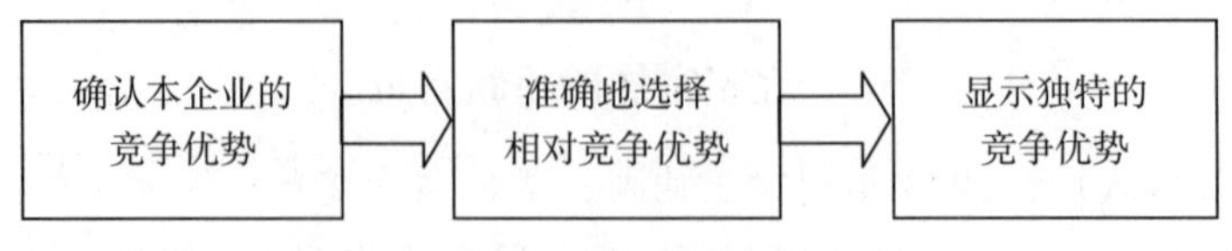

图5-4 企业市场定位的全过程

（一）确认本企业的竞争优势

这一步骤的中心任务是要弄清以下三个问题：一是分析竞争形势，确定主要竞争对手；二是评估目标市场的潜力，目标顾客的欲望满足程度如何，他们确实还需要什么；三是针对竞争者的市场定位，决定企业应该做些什么。企业只要通过调研、分析回答了上述三个问题，就可从中把握和确定自己的潜在竞争优势是什么。

（二）准确地选择相对竞争优势

相对竞争优势表明企业能够胜过竞争者的能力。这种能力既可以是现有的，也可以是潜在的。准确地选择相对竞争优势是一个企业各方面实力与竞争者的实力相比较的过程。比较的指标应是一个完整的体系，通过分析、比较企业与竞争者在经营管理、技术开发、采购、产品、生产、市场营销、财务等多方面的优势与劣势，知己知彼，才能准确地选择相对竞争优势。

（三）显示独特的竞争优势

这一步骤的主要任务是企业通过一系列的宣传促销活动，将其独特的竞争优势准确地传递给潜在顾客，并在顾客心中留下深刻印象。为此，首先，企业应使目标顾客了解、知道、熟悉、认同、喜欢和偏爱本企业的市场定位。其次，企业通过一切努力保持对目标顾客的了解，稳定目标顾客的态度和加深目标顾客的感情，从而巩固与市场定位相一致的形象。最后，企业应注意目标顾客对其市场定位理解出现的偏差或由于企业市场定位宣传上的失误而造成的目标顾客模糊、混乱和误会等情况，及时纠正与市场定位不一致的形象。

关键词

市场细分　　目标营销　　目标市场　　目标市场策略　　市场定位
产品－市场集中化市场专业化　　产品专业化　　选择性专业化　　全面覆盖

本章小结

1. 目标营销战略决策过程包含三个重要步骤：一是市场细分；二是目标市场选择；三是市场定位。

2. 市场细分，有利于企业发掘新的市场机会；有利于企业正确选定目标；有利于企业更好地满足潜在需要；有利于针对目标市场制订适当的营销方案。

3. 对消费者市场进行细分，使得细分市场内的众多消费者对于某一产品具有极其类似的需求，而隶属于不同细分市场的消费者对某一产品具有明显的需求差异。

4. 我们可以借鉴细分消费者市场的很多变量细分产业市场，并将这些变量作为细分产业市场的参考变量。但是在购买行为、购买目的等方面，产业市场用户与消费者市场用户存在明显的差异。

5. 目标市场营销通常采取三个主要步骤：第一步是市场细分；第二步是选择目标市

场；第三步是市场定位。

6. 市场定位是指企业针对潜在顾客的心理进行设计，创立产品、品牌或企业在目标顾客心中的某种形象或个性特征，保留深刻的印象和独特的位置，从而取得竞争优势。

思考题

1. 为什么说市场细分是制定市场营销战略的关键环节？
2. 消费者市场细分主要依据哪些变量？
3. 产业市场细分主要依据哪些变量？
4. 企业选择目标市场应考虑哪些因素？
5. 目标市场战略有哪几种，分别适用于哪些情况？
6. 企业如何进行市场定位？

案例作业

800buy 珠宝新天地电商平台的市场细分

在网络经济中，由于技术和购物环境、实现途径上的差异等因素，导致网络消费者的购买行为与传统消费者的购买行为产生了较大差异。网络消费者的购买行为发生了较大变化，企业可以通过市场细分，了解各个不同的网络消费者群的需要情况和目前的满足程度，从而发现哪些消费者群的需要没有得到有效满足或充分的满足，在满足水平较低的细分市场中，可能存在最好的市场机会。

北京八佰拜（800buy）互动技术有限公司不失时机地进入电子商务市场的高端领域，开通了中国首家在网上以专业销售名牌钻石、翡翠和铂金等顶级珠宝饰品为主的电子商务网站——“800buy 珠宝新天地”。它的目标客户群就是 20 ～ 35 岁比较成功的年轻人士。在众多电子商务网站进行“一元起拍”的今天，“800buy 珠宝新天地”为什么会想到逆流而上，在网上销售名贵珠宝和手表呢？“在我看来，中国的市场非常大，只要有自己的特色就能取得一定的地位。”北京八佰拜互动技术有限公司的 CEO 张毅女士解释道。

“在中国的互联网发展过程中，一些先驱用户是以学生为主体的，伴随着互联网的发展以及经济的发展，这部分人群已经进入了他们收入的鼎盛时期，他们很需要有高质量的服务和高质量的产品，而这两者也是相互匹配的。这部分中产阶级的快速成长，说明中国电子商务的高端消费时代已经到来。”

据了解，800buy 珠宝新天地线上销售推出 1 个月来运营情况非常好，每月的营业额在 1 000 万元以上，仅仅在网站开通的 15 天内就产生了一次消费达到 3.2 万元的消费用户，这曾是 B2C 网站纯粹个人消费历史上的首例。

资料来源：https://max.book118.com/html/2017105261109222002.

参考文献

[1] 菲利普·科特勒. 营销管理 [M]. 何佳讯，于洪彦，等译. 上海：上海人民出版

社，2016.

[2] 艾·里斯，杰克·特劳特．广告攻心战略：品牌定位[M]．刘毅志，译．北京：中国友谊出版公司，1991.

[3] 菲利普·科特勒．市场营销管理[M]．洪瑞云，等译．北京：中国人民大学出版社，1997.

[4] 兰姆，海尔，迈克·丹尼尔．营销学精要[M]．王慧敏，王慧明，等译．北京：电子工业出版社，2007.

[5] 路易斯E布恩，大卫L库尔茨．当代市场营销学[M]．赵银德，等译．北京：机械工业出版社，2005.

[6] 吴健安．营销管理[M]．北京：高等教育出版社，2017.

[7] 吕一林．市场营销学[M]．北京：中国人民大学出版社，2014.

[8] 李强．市场营销学教程[M]．大连：东北财经大学出版社，2004.

[9] 彭代武．市场营销[M]. 北京：高等教育出版社，2016.

[10] 甘碧群．国际市场营销学[M]. 北京：高等教育出版社，2014.

[11] 谢宗云．市场营销实务[M]. 成都：电子科技大学出版社，2007.

[12] Gu Lixia, Wang Junling, Peng Jing. Market positioning based on consumers' brand preference [P]. Business Management and Electronic In formation (BMEI), 2011 IEEE International Conference on, 2011.

[13] Lopez, R.F. Positioning market segments facing product policy using both linguistic and numerical data through SOFMS [P]. Systems, Man and Cybernetics, 2002 IEEE International Conference on, 2002.

第六章 超越竞争，塑造品牌定位

内容提示

企业家应该明白一个道理：如果想要自己的企业在激烈的市场竞争中立于不败之地，就必须树立超越竞争的观念，制定准确的市场定位战略，摆脱同质化竞争的“红海”危局，赢得“蓝海”胜券，努力取得竞争的主动权。对于现代企业来说，品牌日益成为生存和成功的核心要素之一。强势品牌意味着市场地位和利润。因此，正确地塑造品牌定位是超越竞争的重要手段之一。在品牌营销中，网络品牌成了企业关注的新焦点，它对品牌宣传的广度和深度是以往任何一种传统的品牌营销策略都无法媲美的。所谓的“网络品牌”就是企业通过一定的方式帮助自身及所提供的产品和服务在网络中树立良好的形象与口碑，从而促进企业整体形象的提升，以及品牌概念的传递。网络品牌是跟随互联网以及网络媒体发展的脚步诞生的。网络品牌的形成对于企业的发展和营销行为都会产生巨大的影响作用，对企业品牌的传播力度的影响也十分大。由此可见，若是牢牢抓住了网络品牌的优势，将会给企业带来巨大的品牌效益和经济利益的提升，成为企业发展的新机遇。网络品牌是品牌营销中不可或缺的一部分，对网络品牌的建设和维护会推动企业的长远发展。通过本章学习，我们首先应了解市场竞争的相关知识，在此基础上，进一步了解基本竞争战略、竞争战略的选择与制定以及其在实施过程中的注意事项，最后掌握如何通过塑造品牌定位来超越竞争。

专业词汇

竞争（Competition）
竞争者近视症（Competitor Myopia）
选择型竞争者（Selective Competitor）
随机型竞争者（Casual Competitor）
总成本领先竞争战略（Cost Leadership Strategy）
差异化竞争战略（Differentiation Strategy）
竞争战略轮（Competitive Strategy Wheel）
战略实施控制（The Implementation and Control of the Competitive Strategy）
品牌（Brand）
品牌资产（Brand Equity）

品牌知名度（Brand Awareness）
品牌联想（Brand Association）
产品生命周期（Product Life Cycle）
超越竞争（Transcend Competition）
冷漠型竞争者（Apathy Competitor）
凶狠型竞争者（Ferocious Competitor）
集中化竞争战（Composed Competitor）
品牌定位（Brand Positioning）
品牌战略（Brand Strategy）
品牌忠诚（Brand Loyalty）
品牌品质（Brand Quality）
品牌延伸（Brand Extension）

开篇案例

红牛如何通过精准的品牌定位成为“功能饮料”的代名词

困了、累了怎么办？——“困了、累了喝红牛”，大多数人的脑海里估计都出现过这样一句话。是的，这就是红牛的广告语，可以说，这句大家耳熟能详的广告语已经深入人心。红牛，从1995年进入中国到现在，为何依然如此之红？它获得成功的关键在哪里呢？

红牛是全球首先推出且被人熟知的功能饮料之一。20世纪70年代，红牛饮料创始人许书标的工厂研制出了一款内含水、糖、咖啡因、muco–纤维醇和维生素B等成分的滋补性饮料，取名为红牛。当时红牛的目标销售群体是倒班工人和卡车司机等蓝领，帮助他们在通宵熬夜工作时保持清醒。红牛推出市场后大受欢迎，产品供不应求，凭着卓著的品质和功能，产品行销全球140个国家和地区，凭借着强劲的实力和信誉，红牛创造了非凡的业绩，功能饮料的销售规模位于世界前列。

1995年12月，红牛凭着对中国市场发展的信心和全球战略眼光，从泰国来到中国，成立了红牛维生素饮料有限公司，大力开拓中国市场。一时间，“提神醒脑、补充体力”“渴了喝红牛，困了、累了更要喝红牛”的广告语，广为传诵，红牛品牌为广大消费者所喜爱，为相关社会公众所熟知。红牛建立了覆盖全国的销售网络及机构。秉承国际先进经营理念和管理模式，重在引导和培养消费观念，以“功能饮料市场先入者”的地位和优势，红牛逐步发展成为中国饮料行业的领军品牌。

首先，红牛明确提出了其功能饮料的定位，将其与有竞争力度的品牌进行区隔；其次红牛进入中国市场后入乡随俗，进行本土化营销，这从它的品牌标志设计上可以很好地体现出来：两头相抵的红牛中间有一个太阳，红牛给人以充满能量与力量、斗志昂扬、活力四射的感觉，太阳同样有阳光向上之感。在颜色设计上选择将红与黄相结合，红、黄色调是中国传统色彩的主色调，十分符合中国人吉祥如意的寓意。另外，进入中国之后，红牛一直宣传自己虽来自泰国，但配方是由中国人研制的，这就将红牛与中国进行了关联，使国人对红牛具有认同感。

同时，红牛作为功能饮料，自然会与运动联系在一起，红牛也就顺势成了声援申奥的企业之一，并成为各种体育活动的赞助商，在不少运动赛事上都能看到红牛的身影。

资料来源：https://wenku.baidu.com/view/bf4cfd71eff9aef8941e06f7.html.

第一节　市场竞争综述

一、什么是市场竞争

为了了解市场竞争，先来看一个案例。

案例 6-1　　中国网约车市场的竞争

自从“滴滴”与“快的”合并，“易到”休整以后，网约车市场的打车红利也进入了淡季，在基于出行需求的刚需下，网约车市场开始出现滴滴一家独大的局面。

不过，“美团跨界”“摩拜升级”“易到重生”三者的高调亮相为网约车市场带来了一阵热闹的景象。在开启一波又一波网约车市场红利的背景下，滴滴网约车独大的局面还能维持吗？

2017 年 12 月 28 日，美团宣布正式在美团 App 上上线打车入口，首批城市包括北京、上海、成都、杭州、温州、福州和厦门。上述 7 座城市均已启动“美团打车用户报名”活动。用户可领取 3 张当地出租车起步价的等值无门槛优惠券，司机注册成为车主还能获得美团打车“零抽成”特权。而且在南京地区从 2017 年 12 月 26 日开始，美团打车将满单奖励金额提升至完成 8 单奖励 60 元，完成 13 单奖励 100 元，完成 20 单奖励 150 元，此外，在用车早晚高峰阶段完成订单还有额外奖励。

2017 年 6 月，摩拜成立了出行公司，通过摩拜 App 可以领取 5 折专车优惠券，享受首汽约车的服务。作为全球智能共享单车首创者与领导者，摩拜单车与首汽约车签署战略合作协议，在业内率先接入专车入口，在部分城市开通顺风车业务。用户无须更换 App 和账号，即可在骑车和乘车之间自由切换，一个平台、一个账号即可满足不同场景、不同距离的城市出行需求。

至于涅槃重生的易到，为了赢回品牌价值，当然也免不了要开启补贴大战。据新浪科技的消息，2018 年 1 月 2 日，易到宣布将平台四大车型之一的 Young 车型升级为易达车型，并在北京、上海、成都、杭州、福州、温州和厦门 7 座城市下调易达车型车主端佣金，佣金比例调整为 5%。自 2018 年 1 月 1 日起，上述 7 大城市的易达车型车主在完成接单后，易到仅扣除订单费用的 5% 作为平台佣金。在这 5% 的佣金中，绝大部分为订单税金和需要向租赁公司支付的服务费用。而降低司机佣金，相当于变相补贴。

资料来源：http://wemedia.ifeng.com/43655992/wemedia.shtml.

从这个竞争实例中我们看到，“滴滴出行”“美团跨界”“摩拜升级”“易到重生”是参与竞争的各方（竞争者），它们所共同需要的对象是中国网约车市场占有率（竞争目标），正是为了这一目标，它们采用各种有效手段展开激烈的角逐。

（一）如何理解市场竞争：波特的竞争五力模型

通过分析上面的案例，我们可以对市场竞争做如下界定：作为经济范畴的竞争，也就是市场竞争，通常是指在市场经济条件下，经济行为主体为了维护和实现自己的经济利益，而采取各种自我保护和扩张行为。具体地说，竞争也可以理解为在市场组织方面相互独立的市场生产者，为了获得有利的产销条件或投资领域而互相制衡、各尽其能的过程。

从系统、科学的角度来分析，如果把竞争作为一个大系统来看，其包括竞争环境、竞争目标和竞争者三大要素。竞争环境是竞争者角逐的舞台和影响因素。竞争目标就是参加竞争的各方所要达到的目的，即共同需求的利益。战略大师迈克尔·波特教授认为竞争者是由同行业竞争者、潜在进入者、替代品、供应商和购买者五个因素构成的，上述五种基本竞争力量的状况及其综合强度，共同决定着行业的竞争激烈程度，决定着行业中获得利润的最终潜力（见图 6-1）。

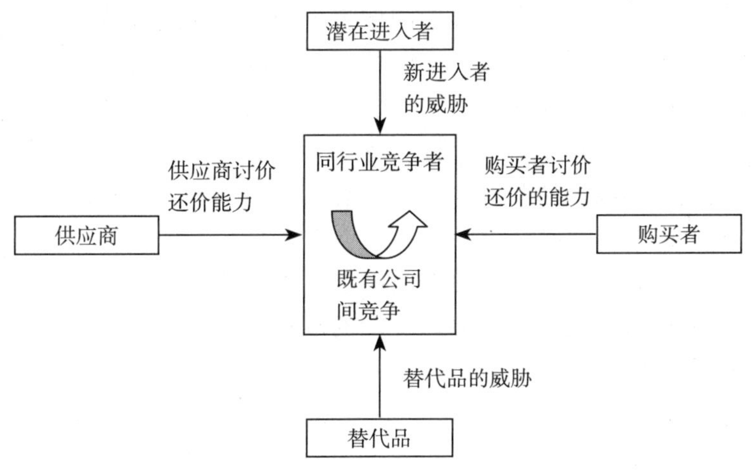

图 6-1 波特的竞争五力模型图

迈克尔·波特教授提出的五力竞争理论给企业经营者分析企业所处的竞争环境提供了富有启发性的帮助。外在的五种压力迫使企业不断地改变竞争策略，有助于企业在竞争中掌握主动权，但市场不同的竞争力量，对企业产生的竞争压力是不同的。

（二）市场竞争的类型

市场竞争的内在动因在于各个经济行为主体自身受物质利益的驱动，以及因丧失自己的物质利益被市场中同类经济行为主体所排挤的担心。市场竞争的方式多种多样，比如，产品质量竞争、产品服务竞争、广告营销竞争、价格竞争、产品式样和花色品种竞争等，这也就是通常所说的市场竞争策略。通常，我们按市场竞争的程度把市场竞争划分为如下两种主要的类型：完全竞争、不完全竞争（垄断竞争、寡头垄断、完全垄断）。它们的具体特征如表 6-1 所示。

表 6-1 市场竞争的类型与主要的表现特征

表现特征 / 市场竞争类型	企业数量及企业市场份额的比例	产品的差异性与购买者的选择权	企业影响力及竞争状况	新企业进入的难易程度	举　例
完全竞争	企业数量众多，产品丰富，单个企业所占市场份额小	商品基本相似，购买者可以自由选择	卖方、买方都难以影响商品价格	进入或退出都很容易	日用小商品市场、零售业
垄断竞争	企业数量较多，企业规模较大，占有一定的市场份额	产品出现差异，购买者有一定的选择权	对同行业企业开始产生一定的影响，存在非价格竞争行为	有一定的难度	航空、汽运、海运、客运、货运市场
寡头垄断	形成少数大企业，占有很大的市场份额	产品有小差异或无差异，消费者很难选择	少数大企业之间有依赖性，达成默契	很难进入	电信市场
完全垄断	独一无二	差别很大，无法替代，消费者不能选择	品种、产量、价格由一个企业控制	无法进入	铁路运输市场，一些公用事业

以上四种竞争类型之间还存在很多中间地带市场。企业应该从实际情况出发，对动态的竞争行为进行仔细分析研究，针对实际情况，采取竞争策略。但是企业应清楚地明白一点：竞争只是一种手段，而非目的，竞争最重要的目的在于壮大自己，而非直接打击竞争对手，过分强调市场竞争的排斥性，忽视市场竞争互惠互利的前提，忽视更重要的合作性，使企业之间难以沟通与互助，只注意到可能侵害自身利益的竞争者，而忘了能相互促进的协作者，那将不再是原来意义上的竞争。

企业能够在竞争中脱颖而出，前提是它能建立并保持与竞争对手之间的差异，它必须给顾客创造更高的价值，或者是能够以更低的成本为他们创造出相同的价值，而不是一味地强调竞争的重要性。

企业如果不想与竞争对手“死缠乱打，你死我活”，不仅要善于竞争，还要善于“艺术”地规避竞争，尤其是在知识经济对企业提出新的挑战以后，当今企业如果只是满足于低层次的竞争，难以取得竞争优势，终究会被淘汰。在这种情况下，超越竞争这一新概念逐步浮出水面，这也是一种竞争形式，而且是一种高层次的竞争形式。它达到了有效避免强烈竞争的目的，可以让企业“不战而胜”，可以避免企业之间的直接对抗，这样企业就可以把更多的资源用于获得经营利益和创造更多的价值。下面我们将为大家进一步阐述超越竞争的相关知识。

二、市场竞争新思维：超越竞争

对于企业的营销经理来说，为了企业的生存，你需要竞争，但为了成功，你需要超越竞争。企业不仅要赢得竞争，还要规避竞争，更重要的是要超越竞争。战略大师告诉我们：战略就是“差异化”。企业为了获得市场上的竞争优势，为了在激烈的市场竞争中生存和发展，必须与众不同。同时战略大师还指出企业可以在价格、产品、渠道、服务、品牌等方面实现差异化，超越竞争。

（一）超越竞争的意义

超越竞争的基本指导思想是用差异化定位，为顾客创造更多的价值，从而有效避免强烈的同质化竞争。

也许你并不是第一个进入市场的，但可以是第一个采用某种新技术的，第一个对产品进行改进创新的，第一个采用新的服务措施的，等等。市场竞争遵循“第一”法则，在竞争中，第一个进入消费者的心里和记忆，这就意味着胜利，而第二个进入的就意味着丧失先机。有人计算过，第一个进入消费者心里的品牌的市场占有率比第二个进入的品牌多 1 倍以上，而第二位比第三位又多 1 倍以上，因而竞争者就是要争第一。

案例 6-2　　汤臣一品的竞争战略

汤臣一品是由汤臣集团有限公司开发的楼盘，位于上海市陆家嘴滨江大道旁，占地 2 万多平方米，总建筑面积达 11.5 万多平方米，由 4 幢超豪华滨江住宅和 1 幢高级会所组成，其中最高楼层为 44 层，高度达 153 米。2006 年 8 月 3 日，汤臣一品以单价 13 万元 / 平方米成交后，一夜间创造了中国豪宅的最高天价，成就了其“中国第一豪宅”的传奇。2017 年 10 月，汤臣一品大厦售出一套面积 597 平方米、总价 2.05 亿元的豪宅，成交均价达 34.3 万元 / 平方米。

在汤臣一品看来，汤臣一品并不仅仅是一个居住的寓所，更是一件顶级奢侈品，是绝无仅有的艺术品，是古董！汤臣一品的整体建筑风格汲取了中国传统建筑的人文理念，建筑造型设计观念源自东方瑰宝——玉器，汤臣一品的外形设计为玉琮形状，以表达其贵气的外在气质。

汤臣一品独一无二的地理区位使其可以全览上海陆家嘴一线景观，每间卧室都设置了阳台，睡在床上向外看，窗外的景色就像一幅生动的油画，让人流连忘返。

（二）超越竞争的特性

在当今知识经济时代，传统上具有战略意义的竞争的作用已越来越微乎其微。而且，竞争战略只能满足企业最低的生存要求，企业要想在市场中居于领先地位，在市场中出类拔萃，就必须超越竞争。超越竞争是企业持续发展、走向成功的关键途径，它与竞争的主要区别在于以下几个方面。

（1）超越竞争，寻求新的突破口，超越行业条件，开创新的发展领域，以差异化赢得市场，而不是维持现状。市场是处于动态之中的，竞争力量的对比也在发生变化。有些企业认为，自己占有许多市场份额，或取得了类似的主体地位，维持现状就够了。这种思想在竞争中是极其危险的。

案例 6-3 **百度的竞争战略**

通过搜索引擎行业分析，我们可以看到，百度在中国搜索引擎市场中的最主要的竞争对手是谷歌。二者在中国搜索引擎市场的市场份额总和占整个中国搜索引擎市场的94%。在成立之初，百度作为一个刚起步的搜索引擎提供商，很多方面都与谷歌存在明显的差距，之所以能够在中国搜索引擎市场中领先于谷歌和其他搜索引擎运营商，与其通过正确分析内外部环境后，准确地采用差异化、集中化的竞争战略密不可分。

首先，尽管谷歌在世界范围的搜索引擎市场上稳居第一的位置，其品牌优势和技术上的成熟都是百度不可比拟的，但是百度聪明地利用了本土化优势，提供差异化产品。百度定位于全球最大的中文搜索引擎，以避免与谷歌产生直接、正面的冲突。在中文搜索方面，百度确实有着超过其竞争对手的能力。百度拥有世界上最大的中文信息库和领先的中文语料分析技术，另外其对中文搜索市场的整体把握以及对中国搜索引擎用户习惯及爱好的了解都是谷歌无法比拟的。另外，百度的定位是致力于提供全球最优秀的中文搜索引擎支持技术，在注重民族文化的中国，百度树立的形象也有助于增强中国网民用户对它的忠诚度。

资料来源：http://www.doc88.com/p-203229622824.html.

（2）超越竞争讲究灵活有效，随环境的变化做出相应的调整战略，而不是一味地提高效率。传统的竞争方式讲究效率，以较少的投入取得较大的产出，过去的情况是这样的，但现在的情况就完全不同了。目前，如果企业不能随时适应市场的变化，及时做出相应的调整，则效率越高，损失越大。

案例 6-4 **沃尔玛大力转型网络营销**

沃尔玛于2016年10月6日公布了一份年度报告。这家世界最大的零售销售连锁企业计划将长期目标放在网络营销上。该公司预计，在未来2年公司的营业额可能会仅仅与目前的状态持平。

沃尔玛正在计划将现有的零售连锁实体店营销模式逐渐转型成为集零售与网络营销于一体的模式。鉴于包括亚马逊在内的网络销售平台在近些年已经开始不断地侵蚀零售连锁的市场份额，沃尔玛决定加大对网络营销的投资。

沃尔玛的首席执行官董明伦（Doug McMillon）表示：“我们如果从更加长远的方向来看，在未来沃尔玛可能更像是一家电子商务公司。”

实际上，在网络营销刚刚兴起的时候，沃尔玛就已经开始尝试向此方向发展，2000年沃尔玛就开通了网上营销平台。近几年，沃尔玛计划将美国地区面向网络购物的仓库增加1倍至10个，现在已经拥有向美国大部分地区推行1天内到货送货服务的物流运营能力。同时沃尔玛在2016年8月以30亿美元收购了网上购物平台Jet.com。通过收购，沃尔玛也获得了线上平台运营的前沿有生力量。

在2016年下半年，沃尔玛的全球网络营业额增长了20%～30%，而这个增长比例还不包括沃尔玛在中国地区的全资旗下公司1号店。沃尔玛计划在未来继续增加对电子商务的投资。2016年该公司在电子商务上的投资已经达到11亿美元。沃尔玛首席财务官布雷特·比格斯（Brett Biggs）表示，预计未来沃尔玛仅有20%的投资会放在开设新的实体店上，更多的投资将会被用于开发公司的电子商务业务。

沃尔玛还开通了沃尔玛手机应用程序，消费者只要用手机下载并启动Walmart App，就可以更便捷、更深入地浏览最新的商品目录，获取沃尔玛最新商品推广信息和活动资讯，以及掌握最近的沃尔玛分店地址、距离及相关信息。

资料来源：东方财富网。

（3）超越竞争强调改革创新，而不只是简单地解决工作过程中存在的问题。为增强竞争能力，企业通常集中精力考虑存在的问题。企业忙于解决问题，纠正错误，这种做法本身并没有错，问题是当我们解决了存在的问题后，企业只是回到原先的样子，并没有达到增强竞争能力的目的。

案例6-5　马云的无人汽车店

没有一个销售员，没有一个服务员，更没有一个收银员。自无人超市之后，马云看准了“固若金汤”的汽车销售，无人汽车店来了！先用手机上天猫下单，再用支付宝完成付款，最后到无人汽车店提车。全部流程只需20分钟，一切公开透明，没有后顾之忧。由于全程不需要人工，节约了大量成本，因此在价格上无人汽车店将比传统4S店低很多。

仅用了3天，天猫就卖出了3万多辆汽车，所有烦琐和可能产生暗箱操作的流程都全部放到了线上，例如合同、车价、保险、贷款等一系列手续，均在网上完成！与芝麻信用分结合，750分以上的即可瞬间通过贷款审核，付一成首付就能将车开走，每月月供通过支付宝缴纳。

以前，买车的所有流程都在线下，全部手续掌控在4S店手中，让消费者成了被人任意宰割的羔羊。现在，看车、付款、贷款、保险甚至签合同，最能滋生暗箱操作的流程全部放到了网上，4S店只剩下提车、修车、保养。而“无人汽车店”的面世，让顾客提车都不用再去4S店了！

此案例是超越竞争的典型例子，阿里巴巴集团灵活地寻找新的突破口，开发了新的发展领域，合理利用创新的竞争观念超越竞争。这样的例子在现实的市场竞争中数不胜数。超越竞争战略并不只是大企业的专利，小企业同样也可以，只要具备战略眼光，善于发现战略机会，通过合理的战略安排，就可以获得超越竞争所能够带来的“超值利益”。

资料来源：https://dwz.cn/50T HQAyL?u: 233b485bbfoe7bb5.

（4）超越顾客现状，引领顾客需求。索尼公司的领导人盛田昭夫曾说：“我们的计划是用新产品引导公众而不是问他们想要哪种产品，公众不知道自己需要什么，可我们知道。因此，我们不做大量的市场研究而是完善自己对产品和产品用途的构思，并通过教育公众、与公众交流的方式设法为产品创造市场。”在这种理念的指导之下，企业经营者不仅要把目光着眼于消费者的现有需求，而且还要在理解人的本性期盼的基础上，设计出能为消费者带来更大价值的产品，从而引导消费者的需求。

案例 6-6　　人工智能：亚马逊的无人零售店

2018年1月22日，经过了长达5年的筹备和1年多的测试，亚马逊首个无人零售店——Amazon Go终于面向公众开放了。据报道显示，这家Amazon Go坐落在西雅图亚马逊新总部的一楼。

根据亚马逊官方的说法，Amazon Go是技术创新的成果，在Amazon Go内应用了计算机视觉、深度学习算法、无线射频识别、图像分析和感测融合等多种技术，其原理类似无人驾驶汽车。这家无人零售店使用计算机视觉和机器学习算法跟踪购物者，并根据他们选择的商品收取费用，从而彻底消除了收银台。作为一款试验性的服务，Amazon Go也是亚马逊重塑消费者购物方式这一努力的一部分。

零售技术专家总是痴迷于如何提高客户体验，越来越多的证据表明消费者不再需要销售人员了。整个行业都将准备迎接这一转变。

资料来源：http://news.hexun.com/2018-01-23/192297965.html.

第二节　如何实现超越竞争

企业经理人要想更好地让企业实现超越竞争，仅仅了解顾客是不够的，还必须明确谁是企业的竞争者，并对竞争者做出正确的分析，所谓"知己知彼，百战不殆"，掌握企业真正的竞争对手所要采取的竞争策略，有利于企业制定合理有效的应对策略，以及进一步地选择、制定并实施企业的竞争战略。制定竞争战略时最为基本的问题是：谁是你的竞争对手？你相对于竞争对手的优势有哪些？你的竞争对手是那些与你在同一个产品市场上具有与你相同能力的竞争者，还是那些潜在的替代者？

一、识别和分析竞争者

（一）识别竞争者

竞争者一般是指那些与本企业提供的产品或服务相类似，并且所服务的目标顾客也相似的其他企业。例如，收购 IBM 全球 PC 业务的联想公司把戴尔公司看作主要竞争者，可口可乐公司把百事可乐公司视为主要的竞争者，通用汽车公司把福特汽车公司视为主要竞争者。

识别竞争者看起来简单易行，其实并不尽然。企业的现实竞争者和潜在竞争者的范围很广。从现代市场经济实践来看，一个企业很可能被潜在竞争者，而不是当前的主要竞争者超越。通常，企业可从产业竞争观点和市场竞争观点两个方面来识别企业的竞争者。

1. 产业竞争观点

从产业方面来看，提供同一类产品或可互相替代产品的企业，构成了一种产业，如汽车产业、医药产业等。如果一种产品价格上涨，就会引起另一种替代品的需求增加。如果某个打字机生产商将该企业生产的打字机价格大幅度提高，则不少顾客将转而购买其他打字机生产商的产品。所以，经营者认为，任何企业若想在本行业里卓有成效，就必须充分了解同行业内的竞争伙伴。

2. 市场竞争观点

从市场方面来看，竞争者是那些满足相同市场需求或服务于同一目标市场的企业。例如，从产业竞争观点来看，打字机生产商只把其他打字机生产商看作它的竞争者。然而从市场竞争观点来看，顾客真正需要的是"写字工具"，这种需要也可以由铅笔、钢笔、电脑等予以满足。所以企业的竞争者也包括其他的生产"写字工具"的企业。此外，企业在更大的范围内还应注意那些力图以更有吸引力的产品满足消费者不同需要的竞争者。虽然它们生产的产品并不能成为本企业产品的替代品，但它们有可能使消费者的消费倾向发生改变。尤其是当本企业的产品市场已非卖方市场时，这一类的竞争者对企业极具威胁力。图 6-2 是识别竞争者的一个典型例子，呈现的是柯达公司在胶卷行业的竞争者。

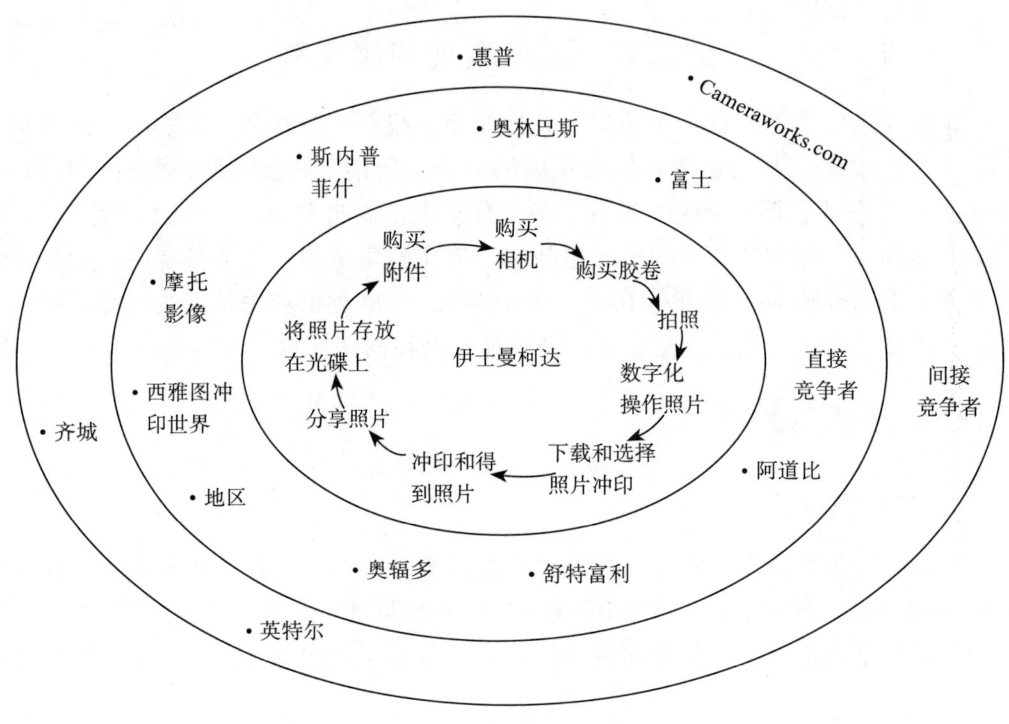

图 6-2 柯达的竞争者

资料来源：Jeffrey F-Rayport, Bernard J.Jaworski. E-Commerce [M] New York:McGraw-Hill, 2001.

图 6-2 犹如剥洋葱一样，一层一层地逐层剥开，最外面的一层表示的是柯达的潜在竞争者：惠普、cameraworks.com 和其他的间接竞争者，在一定条件下，它们很可能变成现实的竞争者。中间的一层是柯达的现实竞争者，即主要竞争者：当顾客购买相机时，奥林巴斯是主要竞争者；当顾客购买胶卷时，富士是主要竞争者，等等。在每个领域，柯达都会有主要竞争者，这时就需要正确地识别竞争者。图的最中间层是顾客所从事的一系列活动：购买相机、购买胶卷、拍照、处理照片等。从行业的角度看，奥林巴斯、富士是企业的主要竞争者；从市场的角度看，惠普和其他一些潜在的竞争者（如考虑某地理城市的竞争者）就是企业的竞争者。

总之，既要依据行业标准识别竞争者，也要注意市场细分，这样有利于企业较准确、及时地识别竞争者，为下一步开展竞争策略打下良好的工作基础。

（二）竞争者分析

在经过识别企业的竞争者以后，企业将进入竞争者分析的实质阶段。我们会问：每个竞争者在市场上寻求什么？竞争者每项行为的真正动机是什么？竞争者采用什么样的竞争战略？竞争者的优劣是什么？对竞争行为有什么反应？

竞争者分析是指企业通过某种分析方法识别出竞争者，并对它们的目标、资源、市场力量和当前战略等要素进行评价。其目的是准确判断竞争者的战略定位和发展方向，并在此基础上预测竞争者未来的战略，准确评价竞争者对本组织的战略行为的反应，估计竞争者在实现可持续竞争优势方面的能力。对竞争者进行分析是确定组织在行业中的战略地位的重要方法。

一般情况下，我们按照以下几个步骤来分析竞争者，如图 6-3 所示。

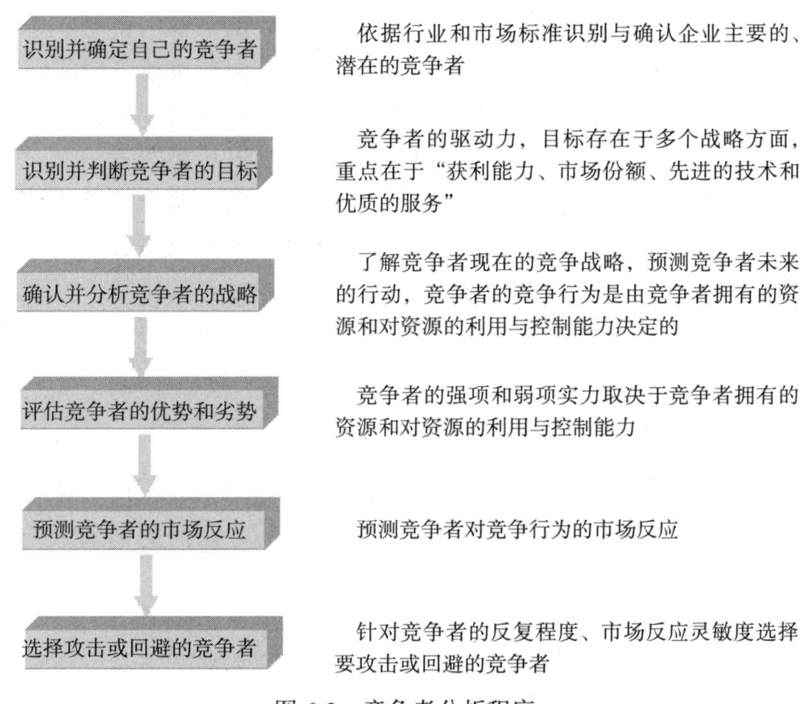

图 6-3　竞争者分析程序

1. 竞争者的目标

竞争者的目标决定着竞争者的行动。竞争者的最终目标无可厚非是追求利润，但每个企业有不同的侧重点和目标组合，如获利能力、市场占有率、现金流量、技术领先和服务领先等。企业要了解每个竞争者的重点目标是什么，才能针对不同的竞争行为做出适当的反应。例如，一个注重销售额稳步增长的企业和一个注重保持投资收益率的企业对经济衰退或另一个企业市场占有率有所提高的反应可能不同。

2. 竞争者的战略

企业间的战略越相似，它们之间的竞争越激烈。在大多数行业里，根据竞争者所采取的主要战略的不同，可将竞争者划分为不同的战略群体。一个战略群体就是在某一目标市场上采取同一或相似战略的一组企业。

因此，企业首先要做的就是按照行业内各企业战略地位的差别，认清自身所处的战略群体。这样，与自己处于同一战略群体的企业才是最合适的竞争者。

虽然在同一战略群体内部的竞争非常激烈，但是不同的战略群体之间通常也会成为竞争者。这主要是因为：第一，不同战略群体可能具有相同的目标顾客；第二，顾客可能分不清不同战略群体的产品差异；第三，每一战略群体的成员都要扩张其市场份额，可能进入新战略细分市场，例如，提供中档货的企业可能转为生产高档货。

3. 竞争者的优势和劣势

企业需要估计竞争者的优势和劣势，了解竞争者执行各种既定战略的情报，以及其是否达到了预期目标。

为此，企业需要收集竞争者在最近几年的情报和数据，如销售量、市场份额、现金流量、投资收益率、新的投资方向和设备能力利用等。但在市场营销实践中，其中有些信息收集比较困难，有时要通过间接的方式取得，通常是通过二手资料、别人的介绍或别人的和自己的经验等了解竞争者的优势和劣势，还可以从消费者、供应商和经销商那里获取信息进而分析竞争者的优劣势。如企业可以通过问卷调查的形式请顾客给本企业的产品和竞争者的产品在一些重要方面打分，通过分数了解竞争者的优势和劣势，还可以看出自己和竞争者在竞争地位上的差异。如果发现竞争者的优势，企业就要认真地分析取得优势的途径和方式，并加以完善，创造出自己的竞争优势。一旦发现竞争者的劣势，企业就可以利用对手的这一劣势，出其不意，攻其不备。

4. 竞争者的市场反应

竞争者对降价、促销及推出新产品等市场竞争策略的反应主要取决于竞争者的目标、战略、优势和劣势。每个竞争者的反应都是不同的，我们依据竞争者不同的市场反应把竞争者归结为以下四种类型。

（1）冷漠型竞争者。这类竞争者不会迅速、强烈地反击竞争者的行动。冷漠型竞争者可能认为，它们的顾客高度忠诚，不会转移购买；它们对竞争者的行动缺乏足够的注意力；其他人不可能在该领域内获利；它们没有足够的资源和能力支持等。

（2）选择型竞争者。这类竞争者只对某些行动做出反应，而忽视其他的竞争行动。如有的企业可能对削价进行反应而对广告费用的增加以及促销置之不理。了解竞争者会在哪些方面做出何种反应，有利于企业确认最为可行的攻击路线。

（3）凶狠型竞争者。这类竞争者对所有的攻击行为都能做出迅速而强烈的反应。例如，宝洁就是一个凶狠型竞争者，一旦受到挑战就会立即发起猛烈的全面反击。因此，同行企业都避免与它直接交锋。

（4）随机型竞争者。这类竞争者对攻击的反应具有随机性，有无反应和反应强弱并没有展示出可预见的响应模式。许多竞争实力不强的中小企业属于此类竞争者，如果它们能负担一场战争，它们就会在某些前沿领域开战。反之，它们就会自动放弃。

5. 攻击或回避的竞争者

经过前面的分析，我们认为企业应该对要攻击和回避的竞争者做出选择。在这里，竞争者有强竞争者或弱竞争者、近竞争者或远竞争者、好竞争者或坏竞争者之分。当竞争环境和行业环境发生变化时，攻击准备不足、热情不足或竞争者比较弱的细分市场或市场战略，使竞争者处于目标混淆或自相矛盾之中。如果竞争者可能对发起的进攻进行报复，则企业的战略重点就要转移到选择最佳战场与竞争者作战。

反之，对那些可能报复强烈、市场反应较敏感的竞争者，企业要衡量自身的条件，适当地、适时地回避竞争者避免与竞争者展开激烈的正面交锋是最佳决策。

二、如何选择和制定竞争战略

案例 6-7　　亚马逊的竞争战略

亚马逊成立于1995年，是一家《财富》500强公司，也是美国最大的一家网络电子商务公司，总部位于华盛顿州的西雅图，是最早在网络上开始经营电子商务的公司之一。亚马逊的前身是美国的一家以出售书籍为主的网站，由于其合理的价格和周到的服务成为美国最大的网上图书音像零售商。亚马逊的运营也成为全球电子商务运营的成功代表，亚马逊根据买家的购买心理，不断增加货物品种，满足不同需求，力争做到“人无我有、人有我全、人全我廉、人廉我便”。

亚马逊致力于成为世界上最能体现“以客户为中心”的公司。客户能在亚马逊的网站上找到和发现任何他们想在线购买的商品，同时亚马逊也努力为客户提供最低的价格。

在消费服务方面，关键点在于 Prime 服务计划。简单来说，亚马逊 Prime 是美国亚马逊的一种类似 VIP 的收费会员制度，当然这种制度不仅限于美国，日本亚马逊、英国亚马逊、德国亚马逊等也同样有 Prime 会员制度。

2015 年，亚马逊在美国发布 Amazon Business。上线仅 1 年，Amazon Business 线上成交额已达 10 亿美元，服务超过 40 万个企业和机构客户。超过 45 000 家第三方卖家入驻 Amazon Business，并完成 Amazon Business 超过一半的订单交易。Amazon Business 第三方业务总监罗伯·格林（Rob Green）表示：“通过 Amazon Business，卖家能够直接接触到全球几十万个商业采购客户。对于商业采购客户而言，Amazon Business 为其提供了丰富的选品以及便捷的采购体验，从而节省了采购成本与时间。”为了帮助中国卖家在 Amazon Business 上更好地拓展业务，亚马逊在中国成立了本地卖家招募团队。

“2017 年亚马逊全球开店卖家峰会”于 12 月 6 日在厦门隆重召开。作为亚马逊全球开店业务及整个跨境出口电商行业最有影响力的年度盛会之一，亚马逊全球开店在此次峰会中发布了其在 2018 年的重大战略举措，为致力于拓展全球市场商机的中国企业提供指导与借鉴，持续推进中国企业在新时代的转型升级。

资料来源：https://baike.baidu.com/item/%E4%BA%9A%E9%A9%AC%E9%80%8A/21766?fr=aladdin.

我们一旦了解了竞争对手和竞争对手的优劣势、可能采取的行为，企业所面临的下一个挑战就是如何制定动态的竞争战略来超越竞争（见图 6-4）。

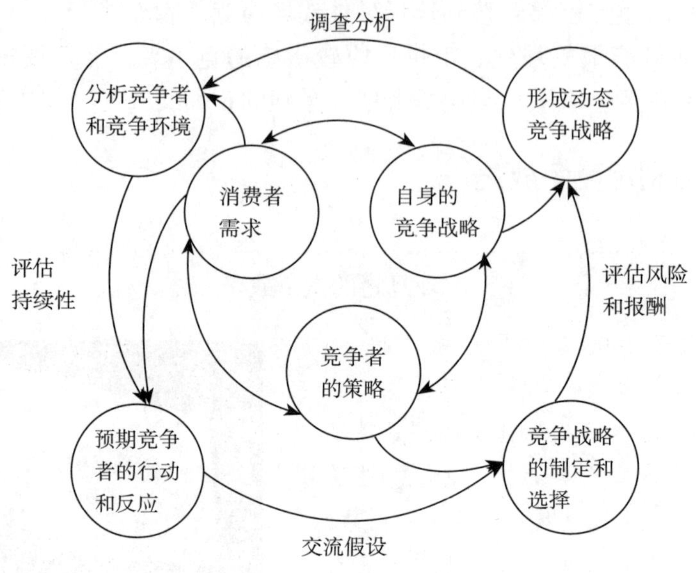

图 6-4　构建动态竞争战略

（一）如何选择竞争战略

有位著名的学者曾说，“企业的竞争战略是实现企业业务战略目标的手段，通过实施动态的竞争战略可以形成业务的相对优势，从而实现企业战略管理的目标，战略本身只是提出了实现目标的方式和手段，并不能保证目标的实现，而战略管理则着眼于通过对战略制定和实施过程的系统管理，来保证战略目标的实现”。

下面我们将通过一个典型的案例来进一步剖析企业的竞争战略。

案例 6-8　伊利与蒙牛的竞争战略

两大乳业巨头——伊利与蒙牛，在数个回合的竞争与博弈中，打破了低端乳业市场鹬蚌相争的格局，开启了空间广阔的高端市场。两家企业都不约而同地向高端奶市场进军，希望以最快的速度走出乳业利润低的怪圈，但近几年两家企业几乎高度同质化，肉搏战越来越多。

继优酸乳和酸酸乳之后，蒙牛与伊利扛起了优质奶源的大旗。蒙牛自主研发出国内第一款 0MP 牛奶——特仑苏，取金牌牛奶之意，声明其奶源是中国乳都核心区。伊利不甘示弱地推出了金典，与特仑苏叫板。这两种贵族牛奶的定价均为普通液态奶的两倍以上。值得注意的是，针对这种高端产品，两家企业都选择了弱化企业品牌、强化子品牌的方法。

但此次两家推出的贵族牛奶——特仑苏和金典，命名独特，差异性大，也没有与企业品牌放在一起做宣传，这种考虑是对的。一直以来，伊利和蒙牛的企业品牌走的都是亲民路线，面对的是普通大众，而非高收入人群。如果高端产品继续用企业品牌来做背书，容易造成定位的混乱。其实这种方式在多元化品牌的企业里比较常用。实施多元化品牌战略的企业，可能在高中低三档市场中都有相应的产品，但每种产品均以自身的品牌来做宣传推广，消费者并不知道这个产品就是某某公司旗下的，但产品的市场表现同样出色。

伊利和蒙牛最开始都是以绿色草原、天然牛奶起家，进而走向全国市场。但在向高端奶市场迈进的过程中，它们都改变了自己的品牌价值主张。蒙牛选择联姻超女，品牌价值主张是青春、健康与个性。伊利则选择结盟奥运，请刘翔做品牌代言人，品牌价值主张是活力、自强与自信。

资料来源：http://www.docin.com/p-232820935.html?docfrom=rrela.

两大乳业公司各自不同的竞争战略，让人们深刻地认识到竞争战略的重要性。

1. 基本竞争战略

在激烈的市场竞争中，企业能够长时间持续取得高于其他竞争者的效益，其根本前提是企业拥有强大的竞争优势，它形象地体现在成本优势和产品优势两个方面。迈克尔·波特教授依据这两大基本优势提出了三种比较权威的基本竞争战略，即总成本领先竞争战略、差异化竞争战略、目标集中竞争战略。这三种基本竞争战略长期为各企业所采用。

2. 竞争战略的选择

三种基本竞争战略是可供选择的、具有抗衡性的可行性方案。三种基本战略均适合同一个企业的情况绝无仅有。所以，保持采用其中一种战略作为首要目标通常是十分必要的。除按照以上三个方向选择竞争战略的企业外，还有一种企业未能按照任何一个方向制定自己的竞争战略，这种企业一般正处于很糟糕的战略条件下。它的市场占有率很低，没有足够的资本投资新领域，也不具备利用低成本优势的能力，不能在全产业范围内实现差异化，更不能在比较有限的范围内建立起产品差异化或低成本优势的集中差异化。

在竞争如此激烈的市场中，唯一能够获得高于平均水平利润率的途径就是集中化和差异化竞争战略。但更重要的是，随着市场的不断变化，常常会出现这样的问题：三种基本竞争战略究竟哪一种更适用于本企业？选择的基点在于所选取的战略能最大限度地利用企业的优势并且最不容易被竞争者模仿使用。

（二）如何制定竞争战略

为了取得竞争的胜利——超越竞争，企业需要制定一套行之有效的竞争战略。竞争战略是为战略目标服务的，是企业为了应对竞争者和适应竞争环境的变化而制定的策略及方法的总称。

从根本上说，制定竞争战略就是制定回答某个企业准备如何参与竞争，企业的战略目标是什么以及贯彻这些目标需要哪些策略等问题的一个广泛适用的定理。如图 6-5 所示，它被称为竞争战略轮。它表达了制定竞争战略的基本步骤以及关于战略目标的笼统含义。

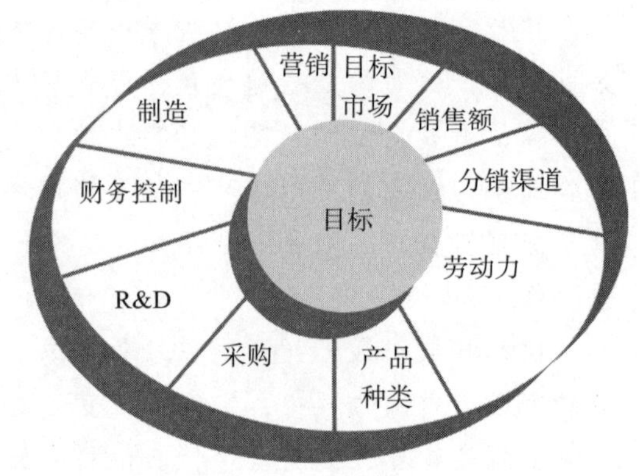

图 6-5 竞争战略轮

轮辐表示企业为实现战略目标所采用的基础性策略，在轮盘的每一栏下，根据企业的行动对一些专门的策略进行大概的解释。管理者可根据业务的性质将这些策略与实际更好地结合起来，正如一个车轮一样，轮辐（策略）必须以轮轴（战略目标）为出发点并体现目标，而且轮辐必须相互联结，否则车轮将无法运转。

根据企业的目标与策略，我们在制定竞争战略时需要遵循一定的步骤，以下是制定竞争战略的基本步骤。

（1）明确并分析企业现行的战略，从现行战略实施的结果中找出可行之处与不足的地方，并加以利用和改进。

（2）竞争环境和竞争者分析。这是最重要的一步，我们可以从以下几个方面来分析竞争环境。

1）行业分析。行业分析的重点是了解企业所在行业的基本竞争环境和行业发展情况以及行业中的潜在发展机会等。

2）市场演进情况分析。无论企业属于哪种行业，我们都需要动态地观察和分析本行业所处的市场演进阶段。

3）社会分析。它是指分析将会给企业带来机会和挑战的重要的政府机构、社会和政治因素等。

4）竞争者分析。竞争者分析是制定竞争战略的重要环节。只有了解竞争者的情况才能赢得竞争的主动权。分析竞争者一般包括分析实际的和潜在的竞争者的能力与劣势，预测竞争者的发展方向、发展意图，理解竞争者现行的竞争战略，预测未来的竞争策略以便本企业采取恰当的应对措施。

5）企业的优势和劣势。这一点需要依据我们对行业和竞争者的分析来确定，对于现在的和潜在的竞争者，企业的优势和劣势是什么？

（3）确定市场竞争战略目标。竞争战略目标要求有可行性、有资源保证、定量和定性相结合、易于理解、总目标和分目标相一致。

（4）确定可行的市场竞争战略备选方案。市场竞争战略方案是如何执行和实现竞争战略目标方法的总称。正如前面所述，有很多竞争战略可供选择，如根据市场占有率可制定相应的竞争战略：市场领先者、挑战者、追随者和补缺者的竞争战略。但我们至少需要依据三种基本竞争战略确定战略方案，即总成本领先竞争战略、目标集中竞争战略、目标集中竞争战略。

（5）竞争战略的选择。依据企业自身的条件，比较和评价各备选方案，从多种可行的竞争战略方案中选择使企业情况与外部机遇和挑战最适应的方案。

（6）竞争战略总结，确定适合企业的最佳的竞争战略方案。在进行战略总结时，我们主要考察三个基本问题：第一，现在的实际情况和确定竞争战略前所估计的情况是否相符；第二，竞争者的反应和行动是否符合预计；第三，检查已制定但还未执行的竞争战略方案是否有需要修改或调整的部分。

制定竞争战略大概要遵循以上步骤，当一个完整的、行之有效的竞争战略制定好后就可以运用到实际的市场竞争中了。因此，每个企业都要根据其在特定阶段充当的市场角色，来制定相应的市场竞争战略。

三、如何实施竞争战略

企业竞争战略方案一经选定，管理者的工作重心就要转移到实施竞争战略上来。实施竞争战略是把企业竞争战略付诸实践的过程。在既定的战略方案下，考虑怎样更有效率地实现战略计划，强调“把事情做正确”，是贯彻执行既定战略规划所必需的各项活动，也是竞争战略管理过程的一个重要部分，只有让其不断完善，才能达到超越竞争的目的。

（一）实施竞争战略的原则

实施企业竞争战略和实施企业总体战略一样，必须遵循一些基本原则。成功的竞争战略实施，要遵循以下几种原则。

（1）动态原则。随着竞争环境的变化而调整战略，适应环境才能使企业竞争战略充满生机和活力。在实施竞争战略的过程中，我们最忌讳的是：竞争战略一经制定就被束之高阁；在竞争战略实施过程中一遇到麻烦就将其放一边；忽视企业的内外环境、条件的变化；以教条主义来对待竞争战略。这些做法都是违背动态原则的。

（2）全员参与原则。竞争战略的实施在很大程度上是由中下层管理者和全体员工对战略的理解、掌握和支持投入决定的，但也少不了高层领导和管理人员的指挥、监督和协调。从竞争战略的实施、控制到修订，只有全体员工同心协力、分工合作才能实施好。

（3）统一领导、统一指挥原则。在实施竞争战略的过程中，这一原则是很重要的，如果没有正确的领导指挥竞争战略实施过程，那么再好的竞争战略也不可能取得好的业绩，也达不到预期的战略目标。它是在企业的高层管理者的统一领导和统一指挥下的行政性管理工作，所以企业总经理应当对竞争战略的实施承担主要责任，每个部门只接受一个上级领导的指挥。这样，才能基本保证竞争战略的实施为实现战略目标而卓有成效地运行。

（二）竞争战略实施的阶段

竞争战略实施一般分为两个阶段，即竞争战略实施的准备阶段和竞争战略实施的执行阶段。

1. 竞争战略实施的准备阶段

俗语说，“好的开始是成功的一半”，所以竞争战略实施的前期准备工作也是一个完全不能忽视的重要环节。竞争战略实施的准备阶段需要做好以下几个方面的工作。

（1）企业应首先回答谁是竞争战略的实施者。明确竞争战略实施的领导者，并进一步细化分工，明确责任和权力。

（2）重视竞争战略实施前的动员工作，提高员工对竞争战略的认同度。在竞争日益激烈的市场中，一项新竞争战略的出台和实施，需要做好宣传和发动工作，但是大多数企业忽视了这一点。只有在广大员工了解企业竞争战略意图，并认同企业竞争战略目标的前提下，才能调动他们的积极性和主动性，激发出他们的热情。在这个过程中，企业领导者需要向员工阐述内外部环境给企业带来的机遇和挑战以及实施新竞争战略对员工自身和长远利益的影响，依靠竞争战略勾画出生动且富有创造性的愿景来鼓舞员工士气，从而使企业竞争战略得到员工的充分拥护和支持，使员工具有很强的归属感和使命感，从而奠定竞争战略实施和推进的基础。

（3）制订具体的和可操作的实施计划，并把竞争战略目标具体化、实际化。企业竞争战略制定出来以后，往往由于领导者想尽早看到竞争战略实施效果的迫切愿望而匆匆被执行，有人甚至认为制订实施计划是浪费时间或延误战机，这种想法是错误的。其实“磨刀不误砍柴工”，“凡事预则立，不预则废”。

竞争战略计划又分长、中、短期战略计划，它可以避免实施过程中出现混乱局面，要做到有备无患。实施计划主要包括以下内容：一是将企业总目标、总任务做时间上的分解，明确进度规划和分阶段目标，并分析论证既定时间框架下的可行性；二是做空间上的分解，制定各事业部和职能部门相应的分战略，在分战略和分任务明确之后，进一步制定相应的措施和策略；三是明确企业不同时期，不同部门的战略重点，哪些指标需要确保，哪些指标可以相对灵活，当遇到指标之间相互冲突时的取舍即战略目标优先权的问题时，以便有重点地全面推进企业战略，保证战略目标顺利地实现。

（4）创建支持企业竞争战略的组织结构和有效的企业文化。一个有效的企业竞争战略的实施必须要有好的组织机构来匹配，在战略实施的过程中，组织机构可能会有所改变。任何一种战略组织结构均有利弊，因此不可能适应所有的战略要求。为了使企业的组织结构与各种单位的各种要求相匹配，一方面可以进行基本组织形式的组合，扬长避短；另一方面可以把基本的组织设计根据具体情况加以变通。如果组织结构依然如旧，“脱胎不换骨”，那么竞争战略实施的结果也就可想而知。

加强企业文化建设，保证企业文化同企业宗旨、理念、目标的统一，是企业竞争战略实施成功的一个重要环节。通过企业文化的导向、激励和凝聚作用把员工统一到企业的战略目标上是竞争战略实施的保证。因此，企业文化应适应并服务于新制定的竞争战略。

2. 竞争战略实施的执行阶段

做好竞争战略实施的前期准备工作以后，竞争战略实施的执行就被提上了日程。一般程序有以下几个方面。

（1）预算与规划。在竞争战略实施过程中，预算和规划具有很重要的作用。企业必须把有关的资源配置到下属单位，以便让它们完成竞争战略目标。下属各单位要根据自己的竞争战略任务规划各种业务活动，并制定工作进度表。预算则是规划业务活动的费用，是构成资源配置的基本步骤。

竞争战略资源的配置既可促进又可抑制竞争战略实施过程。太少的资金和不足的人力会使下属单位无法完成其竞争战略任务，太多的资金和过剩的人力又会造成浪费，降低竞争战略的实绩。竞争战略资源的配置必须考虑到竞争战略的变动，使预算和规划具有一定的弹性。

（2）竞争战略实施过程中的调整和变革管理。竞争战略是在不断变化的竞争环境下实施的，环境变化的某些不可预测性会使企业的战略意图和战略行动之间产生不一致。因此，在竞争战略实施的过程中要求竞争战略随环境的变化做出相应的调整和变革，即战略的动态管理。

彼得·圣吉在《第五项修炼：学习型组织的艺术与实务》一书中举过一个生动的例子。如果把一只青蛙放在 50 摄氏度的水中，它会立即跳出来，但是如果把它放在 15 摄氏度的水中，它可能会待着不动，我们慢慢地把水温升到 20 摄氏度左右，它可能会变得怡然自得了，我们不断地给水升温，最终发现，青蛙会待在水中一直到被煮熟为止。为什么会这样呢？因为青蛙的感觉器官只能感觉出环境中的激烈变化，而对缓慢渐进的变化反应迟钝。企业系统同样如此，它对缓慢渐进的变化难以察觉，即使察觉也不以为然。但“温水煮青蛙”的例子清楚地告诉我们，企业如果忽视外界竞争环境的渐进变化将是灾难性的。

（3）竞争战略实施的控制。要使企业竞争战略能够不断顺应变化着的内外部环境，除了使竞争战略决策具有应变性外，还必须加强对竞争战略实施的控制。

竞争战略实施控制主要是指在企业竞争战略的实施过程中，检查企业为达到目标所进行的各项活动的进展情况，评价实施企业竞争战略后的企业绩效，把它与既定的战略目标与绩效标准相比较，发现战略差距，并分析产生偏差的原因，纠正偏差，使企业竞争战略的实施能更好地与企业当前所处的内外部环境、企业目标协调一致，让企业竞争战略目标得以实现。

（4）竞争战略实施情况反馈和实施结果的评价。反馈竞争战略实施情况和评价实施结果，有利于企业根据具体的情况对与预定的战略目标有偏差的实施结果采取措施并加以修正，从而得以顺利地实现企业的竞争战略目标。

图 6-6 是竞争战略实施执行阶段的流程图。

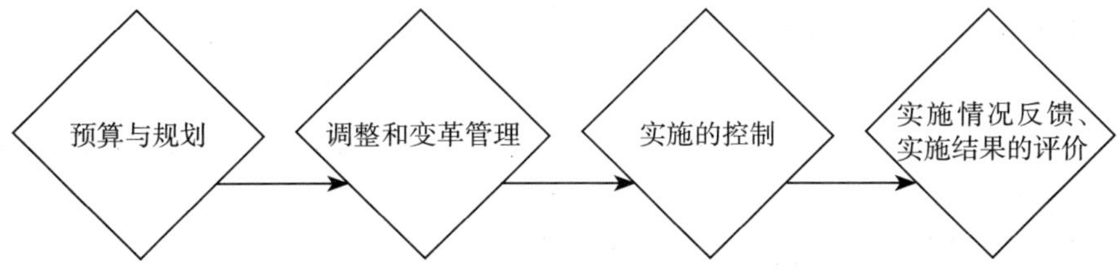

图 6-6 竞争战略实施执行阶段的流程图

竞争战略实施是一项系统工程，做好从战略发动、战略计划、战略匹配到战略调整等多方面的工作是保证竞争战略实施的关键。在将战略转化为行动的过程中，管理实施者还会遇到各种各样的管理问题：将企业组织结构与战略相匹配、将业绩与报酬挂钩、创造有利于变革的企业环境、管理企业内的政治关系、建立支持经营战略的企业文化、调整生产作业过程及管理人力资源等。从这里也可以看出：竞争战略实施是比竞争战略制定更复杂、更有创造性的一项工作，它更需要管理主体具备良好的激励和领导技能。

不同的企业，在竞争战略实施过程中会遇到各种各样的问题，这些问题具有突发性、偶然性、不确定性。因此，竞争战略实施者必须根据具体情况具体处理，必须调动一切积极因素，对企业竞争战略进行完整的全过程动态的权变管理，根据各种纷繁复杂的、具体的情景灵活地、创造性地采用恰当的手段解决所面临的问题。

一个合适的竞争战略如果没有被有效地实施，那么会导致整个竞争战略的失败。而有效的竞争战略实施不仅可以保证一个合适的竞争战略成功，而且还可以挽救一个不合适的竞争战略或者减少它对企业造成的损害，创造比预期的竞争战略目标更好的收益。

通过对竞争战略的管理，即竞争战略的制定、选择和实施这一系列过程，企业可以达到首先是创造竞争，其次是赢得竞争，最终是超越竞争的目的。

那么，我们不禁会问：在千变万化的竞争性市场里，企业要想超越竞争，必须成功地塑造品牌形象和品牌美誉度，那么如何通过品牌差异化竞争战略达到此目的呢？第三、四、五节我们将告诉大家企业应如何通过品牌定位有效地超越竞争。

第三节　如何认识品牌

无数成功企业的经验表明：要想成功地超越竞争对手的产品或服务，通过成功地塑造品牌定位来实现超越竞争这一目标，将是一条极为有效的途径。在本节将要开始的时候，请你先思考，在人们的日常生活中经常出现的品牌有哪些？这些品牌具有哪些共同的特性？

资料 6-1

我们常见的品牌有可口可乐、苹果、雀巢、麦当劳、脑白金、香奈儿、GM、TOYOTA、周大福、奔驰、海尔、联想、IBM、索尼、微软、英特尔、诺基亚、麦肯锡、迪士尼、德勤……其中，据福布斯统计2018年全球最具价值的品牌排前几位的是苹果、谷歌、微软、Facebook、亚马逊、可口可乐、三星、迪士尼。

从这些品牌可以看出，采用品牌战略的产品多为科技产品和消费者日常生活中高度关注的食品饮料、保健品、耐用消费品以及奢侈品。

资料来源：https://www.jb51.net/news/616318.html.

一、怎样理解营销中的品牌

（一）品牌的定义

一个企业的营销经理致力于打造属于自己企业的品牌，这说明越来越多的企业意识到品牌的重要性，品牌意识已深入人心，那么究竟什么是品牌呢？美国营销协会（American Marketing Association）对“品牌”的定义是：品牌是“一种名称、术语、标记、符号或设计，或是它们的组合运用，其目的是借此辨认某个销售者，或某群销售者的产品及服务，并使之与竞争对手的产品和服务区别开来”。

早期的品牌界定主要强调品牌是一个同其他产品相区别的标志，随着品牌营销实践的不断发展，品牌的内涵和外延也在不断扩大，当今时代的品牌已经成为消费者的价值源泉。品牌实质上代表着卖者对交付给买者的产品特征、利益和服务的一贯性承诺。一个品牌凝聚着消费者的综合印象，在顾客心中发挥着重要的经济职能。品牌不只是手机上“iPhone”的名称和标识，而是苹果的名称以及标识能在消费者心中唤起对该品牌手机的一切美好印象之和。

（二）品牌的特征

案例 6-9　“蝌蝌啃蜡”到“可口可乐”

19 世纪 20 年代，上海街头悄然增加了一种饮料——“蝌蚪啃蜡”（Coca-Cola），它棕褐色的液体、甜中带苦的味道，以及打开瓶盖后充盈的气泡，让不少人感到既好奇又有趣。其实它当时准确的译名应该是“柯口肯那”，听起来还算好，只不过在方言语境下，就成了“蝌蚪啃蜡”，这样的名字再搭配它接近黑色的外表，让人一想起来就会觉得毛骨悚然。

Coca-Cola
可口可乐

这个古怪的音译名使爱听吉利话的中国人联想到了“味同嚼蜡”，结果导致该商品无人问津，古怪的味道，加上古怪的名字，这种饮料的销售情况自然很差。这家美国公司在中国遭遇到了前所未有的“滑铁卢”，这使得它不得不想办法来缓解这么尴尬的现状。

第二年，这家饮料公司公开登报，以 350 英镑的奖金征求译名。最终，身处英国的一位上海教授蒋彝从《泰晤士报》得知消息后，给这家饮料公司起的中文名字叫“可口可乐”，击败了所有对手，拿走了奖金。而这家饮料公司也获得了迄今为止被广告界公认为翻译得最好的品牌名——可口可乐。它不但保持了英文的音译，还比英文更有了几分寓意。更关键的一点是，无论是书面还是口头，都易于传诵。这个贴合中国文化的名字，给这家饮料公司带来了此后在中国每年数十亿元人民币的销量。

资料来源：https://m.sohu.com/a/200404167_109524/?.pvid=000115_3w_ahttps://baike.so.com/doc/888247-938933.html.

品牌的特征主要表现在以下四个方面。

（1）品牌是以消费者为中心的。国际现代品牌理论特别重视和强调品牌是一个以消费者为中心的概念，没有消费者就没有品牌。品牌的价值体现在品牌与消费者的关系之中，品牌具有一定的知名度和美誉度是因为它能够给消费者带来利益，创造价值。

（2）品牌是企业的一种无形资产。品牌是有价值的，品牌的拥有者凭借品牌能够不断地获取利润，但是品牌的价值是无形的，它不像企业的其他有形资产能够体现在资产负债表上。

（3）品牌具有排他专有性。品牌的排他专有性是指产品一经企业注册和申请专利等，其他企业就不得再用。

（4）品牌是企业竞争的一种重要工具。品牌可以向消费者传递信息，提供价值，它在企业的营销过程中占有举足轻重的地位，因此品牌经营成了企业经营、超越竞争的重要组成部分。

（三）品牌的作用

1. 品牌对于消费者的作用

首先，消费者可以通过不同的品牌来评价相同性质的产品。消费者可以利用过去使用这种产品的经验或对它保留的感性认识来了解该品牌。当消费者时间紧迫无暇去“货比三家”然后做出消费决策时，一个品牌就可以简化消费者的购买过程并降低其购买风险。

另外，消费者购买品牌产品不仅仅是因为消费者对品牌产品或服务的信任以及对品牌的忠诚，还是因为该品牌彰显了对消费者的社会地位和身份。劳力士名表是尊贵和品位的象征，香奈儿的香奈儿 5 号香水则体现了女士高贵典雅的气质。品牌的社会象征意义，可以体现出消费者与众不同的特质，从而加强个人自我形象的塑造，帮助消费者有效地表达自我。

2. 品牌对于制造商或服务提供商的作用

一个成功的品牌可以促成企业拥有消费者对品牌较高的忠诚度，使得企业可以靠此优势继续扩大市场，并降低了新产品投入市场的风险。同时，强势品牌能减少价格弹性，增强对动态市场的适应性，减少未来的经营风险。另外，品牌的成功塑造还有助于产品制造商或服务提供商抵御同行业竞争者的攻击，保持竞争优势，从而在市场上占据领导地位。例如，统一集团在成功地向市场推出统一方便面以后，又借用其已有的品牌优势，成功地推出统一绿茶等一系列饮品，品牌的力量保证了新产品顺利地进入市场。

二、如何理解品牌资产

请看下面这个案例并思考，我们在想起特百惠的品牌时，还会想到什么？

案例 6-10 **特百惠品牌的核心价值**

特百惠公司（Tupperware Brands Corporation），是一家塑料保鲜容器厂家，总部在美国。特百惠公司在全球设有 70 多家分公司，并在美国、法国、澳大利亚、日本、韩国、中国等 15 个国家设有分厂。

特百惠公司之所以能从一个生产塑料盒子的小作坊成长为家居用品行业的奢侈品牌公司，很大程度上是因为特百惠公司明晰的品牌塑造脉络。

纵观特百惠公司的品牌发展史，不难发现特百惠品牌最中心、最不具时间性的要素以及最能让消费者明确、清晰地识别并记住的利益点与个性是优质。特百惠品牌具有过硬的质量是其备受消费者推崇的主要原因，特百惠公司也很自信地对外宣称“用过的都说好”，这句话也成了特百惠品牌的全球口碑。

虽然特百惠品牌的核心利益是优质，但其并没有局限于产品实体角度来提炼品牌核心价值，而是紧扣产品实体特征为消费者带来的独特利益，从而提出“在家享受生活”，这不仅延展了品牌的外延，更是可以直达消费者内心的承诺，获得消费者情感的认同。围绕这一个核心价值，特百惠公司推出了几千种产品，完全可以满足人们家居生活中各个方面的需要。特百惠公司的产品是艺术美和生活实用性完美结合的典范，某些经典产品甚至被美国纽约现代美术博物馆、大英帝国现代美术博物馆等世界级博物馆视为艺术品长期陈列。每一件实用与美观完美结合的产品，无一例外地受到消费者的极力追捧。

资料来源：肖玉琴．特百惠：小产品的大营销 [J]. 销售与市场（战略版），2008（12）.

特百惠不仅仅简单地代表某一品牌的三个字，当人们想起特百惠时，脑海中往往会浮现“优质、实用、美观、享受，用过都说好”等印象，品牌背后所代表的意义就是品牌的资产。

菲利普·科特勒对“品牌资产”的定义是这样的：“品牌资产是附加在产品和服务上的价值。这种价值可能反映在消费者如何思考、感受某一品牌并做出购买行动，以及该品牌对公司的价值、市场份额和盈利能力的影响上。”品牌资产是与企业的心理价值和财物价值有关的重要的无形资产。品牌资产可以通过品牌的名称、标识等帮助消费者梳理并积累与品牌相关的产品或服务的信息，以增强消费者对该品牌的信赖感，简化消费者购买产品或服务的决策过程。

品牌资产在不断培养消费者对企业品牌拥有高忠诚度的基础上，确定该品牌产品或服务在市场上的稳定地位。同时，品牌资产为品牌的进一步扩张提供了有利条件。因为高知名度的品牌意味着其具有较高的社会认同度，在此情况下，新产品的推出也较容易获得消费者的认可。知名度高的品牌所体现的质量以及由此取得的深刻的品牌认知也是竞争对手难以超越的障碍。比如珠宝饰品，对于消费者所钟爱的品牌——周大福，这种知名度高并能体现消费者品位与社会身份的品牌，他们会愿意付出更高的价格。从某种意义上说，品牌资产可视为在产品被冠上某种品牌后所产生的额外收益，这种收益对企业来说无疑是一种财富的来源，所以企业进行成功的品牌定位，从而获得品牌资产是非常必要的。

第四节　如何进行品牌定位

一、品牌定位的内容

为了打赢品牌战，营销经理首先要做的就是给企业的品牌以正确的定位，品牌定位一般是指以产品的某一特征或某一些特征为基础，将本品牌与竞争对手的品牌区别开来。品牌定位策略通常是将目标集中于目标顾客或竞争对手身上，这两种方式都是围绕品牌的独特价值而展开的，目的就是获得目标顾客对该品牌的独特认识，从而给品牌成功定位，并最终实现超越竞争。

国内学者黄静等人认为企业为实现超越竞争而进行的品牌定位应该从以下几个方面着手努力。

1. 产品性能定位

此项内容特别适用于具有某种特殊用途或同时具有多种用途的产品或服务。例如，现在手机生产商推出层出不穷的新产品，既包含了简单的接听拨打电话、收发短信息等功能，又具有收听广播、在线上网、多功能词典等功能。这些功能在满足消费者最基本的通信需求时，又使手机扮演着越来越多的角色，以适应时代的不断发展。

2. 产品价格定位

企业产品价格的高低要受到市场需求、成本费用和竞争情况等因素的影响和制约，企业在进行价格定位时要全面考虑到这些因素。

产品价格定位的两种方式：一是用各种手段进行宣传，强调该品牌所具有的高质量，突出其与竞争对手相比较所具有的较高性价比，二是着重强调自身所具有的竞争性的价格，关于这一方式的实施前提是让消费者体会到产品或服务质量上的保障。例如，“飘柔”9.9 元家庭装是企业通过对价格的调整来不断占据并扩大在中低档洗发水市场上份额的有效方法（见图 6-7）。

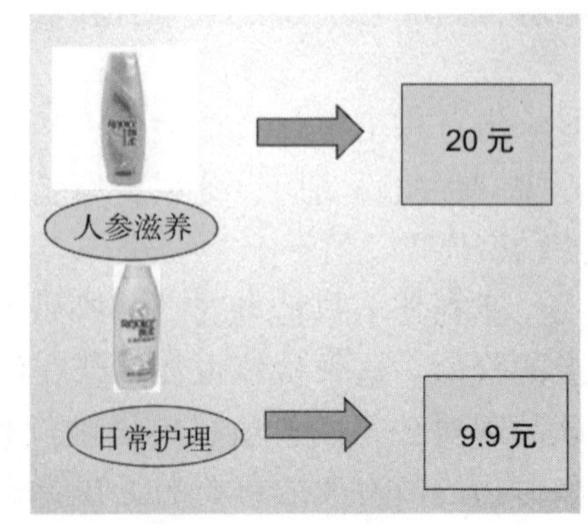

图 6-7　不同价位的飘柔

3. 目标顾客定位

这种定位要求企业必须抓准自己的目标市场、目标消费群，并且企业的目标消费群要为数众多和便于区分，这样才能突出品牌的形象。《参考消息》将目标顾客定位为关心国内外时事的读者群，以求为其提供全面、及时、有效的实事信息；凤凰台中文资讯频道，也是将自己的目标市场定位为关心国内外时事的观众，时刻更新资讯，并及时对资讯做出有价值的评价，以满足观众的需求。

4. 竞争对手定位

竞争对手定位是指企业为了给本品牌定位要借用竞争者品牌，也就是间接地和竞争对手的品牌联系起来。最能说明这个问题的例子是七喜一直将自己定位为“非可乐饮料”，避免了与可口可乐和百事可乐的正面交锋，成功地实现了超越竞争。这种方式为很多企业所采用，成功的可能性很大，存在的市场竞争风险相对较小，但存在的问题就是要找到被市场接受的新的独特定位并非易事。

5. 文化定位

文化定位意味着将产品或服务与某一特殊的文化相联系，以其所蕴含的文化底蕴感染目标顾客。江苏省红豆集团利用“红豆”作为品牌名称，巧妙地把唐代诗人王维的千古绝唱中的“红豆”一词与其产品——红豆衬衫进行结合，将产品赋予了情爱、温馨的文化内涵，给消费者留下了深刻的印象。

二、品牌定位的意义

品牌定位是在预期顾客的头脑中占据一个有利的位置，给预期顾客留下深刻、独特、鲜明的印象。品牌定位之所以受到企业的高度重视，是因为它具有不可低估的营销意义。

1. 品牌定位可以使企业在竞争中脱颖而出

市场竞争经历了产品竞争阶段，在产品竞争的条件下，企业可以凭借提供给顾客质优价廉的产品来获得他们的心，或者给产品一个独特的销售主张来吸引消费者购买，并以此从竞争中胜出。

2. 品牌定位有助于企业整合营销资源打造强势品牌

品牌定位是企业打造一个品牌的起点，当有了一个好的品牌定位后，企业还要围绕这个定位组织企业的营销资源为该定位服务，加强这个定位。品牌通过它的定位来整合企业的营销资源，形成策略的一致性，一方面加强了品牌的定位，另一方面定位为企业的营销活动指明了努力方向。

3. 品牌定位为顾客提供差别化利益

品牌定位的目的就是要在目标顾客心中形成一个对该品牌的独特印象，即认为该品牌与众不同。定位的目的就是要提炼出品牌的差别化利益，这种利益可能是价值上的，也可能是功能上的、情感上的。另外，企业还要向顾客传递这种差别化利益，以获得顾客的认同。

三、品牌定位可选择的策略

关于品牌定位策略的选取，本书借鉴了荷兰三位营销大师里克·莱兹伯斯、巴斯·齐斯特和格特·库茨特拉所归纳的企业品牌定位的相关策略。

1. 品牌定位策略之品牌延伸策略

品牌延伸是指将现有品牌的名称用于新产品，其包括：产品延伸、名称延伸、概念延伸三种具体的品牌延伸策略。

（1）产品延伸策略。产品延伸策略是指新产品与原有产品同属一类产品时所应用的品牌延伸策略。在品牌延伸策略中，首先使用某品牌的商品被称为该品牌的“原产品”，应用和原产品同一品牌的新产品称为“延伸产品”。但是，如果产品延伸不恰当，这个扩张也会带来巨大的损失。比如美国的派克笔，一直以价高质优著称，是上层人士身份的象征，但后期生产的低端笔，不但没有顺利地打入低档笔市场，反而影响了高贵的品牌形象（见图 6-8）。

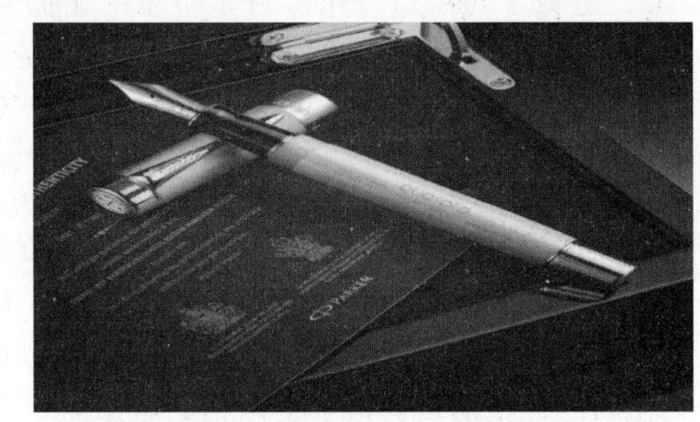

图 6-8 派克笔赔了夫人又折兵

（2）名称延伸策略。名称延伸攻略是指新产品采用与原有品牌一致的名称作为其产品名称。“无印良品”商品种类已由当初的几十种发展到今天的几千种，其覆盖了从牙刷到汽车等各种产品，目前这个数字依然在继续增加。“无印良品”品牌让消费者联想到众多的优良产品，没有行业和具体品类的局限，为品牌延伸提供了很好的基础（见图 6-9）。

图 6-9 无印良品的名称延伸策略

（3）概念延伸策略。概念延伸策略是指原有的品牌名称被用于不同于原产品性质的新产品上。“康师傅”从方便面领域不断延伸至茶饮料领域，就是利用了“康师傅”这个强有力的品牌，从容地在茶饮料市场上占据了一席之地。但值得注意的是，概念延伸并不能保证所有的新产品在推向市场后都可以很好地被消费者接受，例如，广药集团从2011年起启动“王老吉”品牌延伸之路，在2012年3月宣布成立广药王老吉大健康产业公司，构建出500亿元“大健康产业”战略。在大健康产业战略的主导下，王老吉通过授权白云山推出王老吉百世康绞股蓝饮料，授权广粮集团推出王老吉固元粥、莲子绿豆爽、月饼等产品等（见图6-10），以此向食品、保健品、药酒、药妆等多个领域延伸扩展。

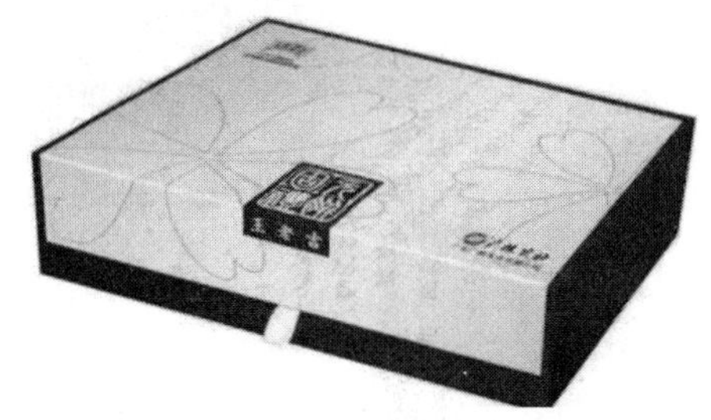

图6-10　王老吉从凉茶到月饼

2. 品牌定位策略之品牌认可策略

品牌认可策略是指通过认可者的品牌认可，利用新的品牌名称推出新产品。具体而言，认可策略是指新产品拥有自己的品牌名称，而其企业名称用来作为认可者，此时，认可者的作用是为新产品提供支持和保证。作为认可者需要具备一个条件，那就是其品牌应具有很高的品牌附加值。同时在采用该种策略时，认可者的名称必须突出地显示在新产品名称的旁边，只有这样，消费者才能意识到这种新产品和已经获得成功品牌效应的企业之间的密切关系，从而接受该产品。例如，大众公司认可的轿车品牌斯柯达。

3. 品牌定位策略之多品牌策略

多品牌策略是指企业为其生产和经营的不同产品分别命名，不同的产品使用不同的商标。利用多品牌策略的企业追求的是利用新的品牌名称推出新产品，不与任何其他品牌产生联系。

案例6-11　联合利华的多品牌定位

联合利华是世界上生产快速消费品的主要企业之一，每天都有10多亿人使用联合利华的产品，来自联合利华旗下超过14个品类的400个品牌的优秀产品在全球170多个国家内出售，在世界各地人们的生活中占据了独特的地位。联合利华优质的产品和服务，使人们心情愉悦。

联合利华是多品牌战略的成功典范。家庭及个人护理用品有中华、洁诺、夏士莲、力士、旁氏、多芬、凡士林、清扬、奥妙、金纺等；食品及饮料有家乐、立顿、四季宝、老蔡等；冰激凌有梦龙、百乐宝、可丽波、可爱多等品牌。

资料来源：https://www.xzbn.com//view-13000587.html.

4. 品牌定位策略之成分品牌策略

成分品牌是指一个品牌只能作为另一个品牌商品的一部分而存在。这里需要强调的是成分品牌只能是品牌的一部分，不能被独立出来。尽管“米其林”轮胎可作为机动车的一部分而存在，但它并不是成分品牌，其原因就在于轮胎也可以作为商品单独出售（见图6-11）。

图 6-11　英特尔成分品牌策略

一些成分品牌之所以被消费者所熟知，是因为自身的单独营销方式，而有些则是通过被包含在其他知名品牌中而被市场认可。一个典型的例子便是英特尔，它是通过自己为自己做广告宣传等方式，让尽可能多的消费者了解它，从而使得内置英特尔的电脑生产商不需要再进一步向消费者说明这一成分的质量高低。实践表明，英特尔作为成分品牌，积极促进了主品牌电脑的销售，并对主品牌产品的形象提升有很大的帮助。

5. 品牌定位策略之品牌联合策略

品牌联合策略是指将两个或更多的品牌合并为一个联合产品或者以某种方式共同销售产品。例如，在茶饮料市场上，“雀巢”和“可口可乐”两个企业曾强强联手，决定对付“联合利华”的“立顿”。整个产品的创意以及设计由“雀巢”负责，而“可口可乐”则负责产品的销售，然后推出了新产品“雀茶”，但这个被称为“雀茶”的产品并没有标明是联合品牌，“可口可乐”的大名也只是在产品包装上一带而过。采用品牌联合策略，一方面拓展了双方企业的新业务领域，使自己的产品覆盖到更广的市场空间；另一方面也正是由于这种优势合作，使它们在各自领域中的品牌价值得到了提升。

另外，这种策略有助于品牌树立起良好形象，提升品牌价值。很多国际知名企业都很注重采用该类策略从而表明其产品优良的品质、良好的形象。这种策略还有助于合作双方或多方利用各自的品牌优势，取长补短，在市场中取胜，达到“双赢”或“多赢”。

具体来说，品牌联合策略有三种不同层面上的形式：产品层面的联合品牌、销售层面的联合品牌和传播层面的联合品牌。

（1）产品层面的联合品牌。产品层面的联合品牌是指以两个品牌商品为基础，形成一个新的品牌商品。要形成产品层面的联合品牌需要保证两种品牌同时面向消费者，不能将其中任何一个品牌置于不太明显的位置。另外，联合品牌中的两个品牌应是相互独立的品牌，不存在两个品牌同时属于相同的企业或业务部门的情况。适用该种策略的著名例子应是带有百利甜酒口味的“哈根达斯”冰激凌，两个知名品牌的联合促使两个品牌原有的目标消费群都有兴趣尝试另一个品牌的产品。

（2）销售层面的联合品牌。销售层面的联合品牌是指一个品牌产品或服务和另一个品牌产品或服务同时出售，倘若新品牌和知名品牌同时出售，前者可以借助后者已经建立起来的在销售渠道等方面的优势迅速占领市场。

（3）传播层面的联合品牌。传播层面的联合品牌是指一个品牌在另一个品牌的营销宣传中受到赞扬，而且这种联合品牌设计的产品最好具备互补性，就像是照相机和胶卷的关系，如果某品牌胶卷制造商表明自己是另一个生产照相机企业的特约合作商，那么该照相机的品牌形象也会因此而得以大幅提升。

四、品牌定位的步骤

企业的品牌定位过程基本上遵循以下几个步骤（见图 6-12）。

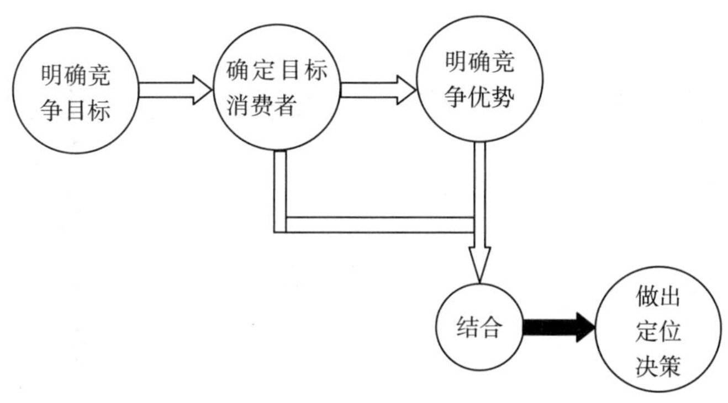

图 6-12 品牌定位步骤

1. 明确竞争目标

企业在瞬息万变的市场环境中，首先要明确自身的竞争目标，确定自己将要发展以及不断壮大的目标市场，制定适合自身发展的竞争战略。

2. 确定目标消费者

在明确了竞争目标并选择了恰当的竞争战略之后，企业需要做到的就是确定自己产品的目标消费者。营销学家霍尔（Hoyer）和布朗（Brown）在 20 世纪 90 年代初的研究论述中就曾指出，消费者在采取购买行动之前，心中就已经有了既定的需求以及偏好，只有极少数的消费者才会临时起意产生冲动性购买。由此看来，消费者的消费需求和偏好将对消费者的购买行为产生重要影响，因此企业在考虑自身品牌定位问题时，就不得不将消费者的消费需求以及消费偏好作为品牌定位决策中的重要因素。

3. 明确竞争优势

即使找到了没有其他企业涉足的市场发展空间，企业也面临着那些可能拥有对自身产品或服务有间接替代作用的产品或服务的威胁，所以为了能在市场上不断发展壮大，企业应该对竞争对手的情况进行全面细致的考虑，并进行对比分析，明确自身的相对竞争优势，并以此优势作为超越竞争的有力武器，从而使品牌定位更有利于强化自己的竞争优势。

4. 把竞争优势与消费者心理结合起来

明确自身的竞争优势和确定目标消费者这两个步骤是品牌定位不可或缺的前期工作，而关键的环节在于将两者有效地结合起来。在品牌定位过程中，将两者成功地相结合，特别是使企业的竞争优势与消费者强烈的购买意愿、购买动机结合起来，直至形成消费者的购买决策是至关重要的。这样，品牌定位才可能实现它的最初目标，吸引消费者的注意力并不断扩大市场。

5. 做出品牌定位决策

经过上述流程，企业最终做出正确的品牌定位决策，具体包括在前面章节中所提到的品牌定位内容。

第五节　如何进行品牌战略决策和设计

一个企业的品牌战略是成功塑造企业品牌的重中之重，是关乎企业长远发展的重要一环，企业经理人需要对企业内外部环境和条件进行全方位细致的评估，制定适合本企业的品牌战略。我们首先了解一下什么是品牌战略。

一、品牌战略

著名的营销大师菲利普·科特勒对“品牌战略”的定义是：“一个公司的品牌战略反映了公司用于不同产品的品牌因素的数量与性质。换言之，设计品牌战略意味着定位已有品牌以及新品牌元素的性质，以适应已有产品和新产品。”

战略的本质是在塑造企业核心竞争力的基础上，确保企业的长远发展。在现今社会发展情势下，科技高度发达、信息传播非常迅速，产品或服务、技术以及管理诀窍等较容易被对手模仿，因此很难形成企业的核心专长，而品牌一旦被树立，它不但能体现出产品与众不同的价值，而且它也是极难被其他企业所模仿的，因为品牌是一种消费者认知，是一种消费者在心理上的感觉，这种认知和感觉是不能轻易被模仿的。

将战略具体到品牌的层面上来说，品牌战略就是企业将品牌作为其核心竞争力，以期获取长期利润的企业经营战略。需要特别指出的是，品牌战略强调企业需要确保品牌作为核心竞争力的地位，只有这样，企业才能在市场中生存下去并不断发展壮大，以具备持续盈利的能力。

二、如何进行品牌战略决策

（一）品牌战略的适用性分析

企业在考虑产品或服务适合采用哪种品牌战略之前，应该先弄清楚该产品或服务是否具备适用品牌战略的特质。所以企业需要做出的第一个决策是品牌化决策，即是采用品牌战略还是不采用品牌战略。

品牌战略的形成主要基于两个方面的内容：差别化和附加值。

（1）差别化。差别化是指企业的产品或服务有别于竞争对手的产品或服务。这也就说明了实施品牌战略的目的是提高自身的竞争优势。对于大型原材料、中间产品的生产商，比如能源产业中的石油、煤炭等；建材产业中的木材、铝材等；化学产业中的一些有机物、添加剂以及机械设备等产品，由于其提供的产品与同类竞争者提供的产品之间存在的差别很小，有些差别甚至可以忽略不计，因此这些产品不适合采用品牌化战略。

即使采用了品牌化战略，也很难获取竞争优势从而在市场上占据领导者的地位。

（2）附加值。附加值是指品牌产品对于消费者来讲，具有比产品本身更大的价值。因此在讨论某一产品或服务是否适合采用品牌战略时，企业首先要考虑该产品或服务是否具有与竞争对手相区别的差异化以及在成功实施品牌战略后可以给消费者带来的附加价值的大小。使用派克笔除了能带来书写上的流畅性之外，还能赋予该品牌钢笔的使用者一种“身份和地位”的附加价值，如此品牌化战略才会获得成功。

（二）品牌战略的内容

1. 差异化战略

差异化战略指的是设计一系列有意义的差异，以使得本企业的产品或服务同竞争对手的产品或服务区别开来的行动。依据营销学中的 4P 理论可将差异化战略分为产品差异化、人员差异化、渠道差异化、价格差异化等方面。

案例 6-12　　易到用车的差异化

2010 年周航创办了“易到用车”，这是国内最早一批进入商务用车网上预订的公司。时至今日，居市场第二位的易到，新一轮融资将会达到 60 亿元人民币，投后估值将达到 230 亿元，直逼滴滴快车。

易到如何和滴滴等对手竞争？易到的机会在哪里？汤鹏表示，易到主要从消费升级的角度，命中了消费升级的精准人群，从战略差异化、模式差异化、产品差异化和服务差异化四个方面打造差异化发展。

易到锁定消费升级，为精准人群创造高附加值服务。易到在满足用户对快捷、便宜的出行需求的基础上，通过开展“生态充返”等活动，赠送用户生态产品和服务，给用户提供更加丰富多样的服务体验。易到长久以来积累的中高端用户，正是消费升级的精准人群，易到也会基于这部分人群给他们创造更多高附加值的服务。

易到的战略和模式与滴滴完全不同，是两个方向。滴滴做的是全出行解决方案，有快车、出租车、拼车等，而从新政的要求来看，一些低端的服务在今后会面临限制，市场自然会萎缩。而易到布局的是整个汽车生态圈，包括汽车金融、二手车、保险、车辆的养护等都会连接到易到生态。这既符合共享经济，也符合乘客和车主的利益。

从产品和服务层面来看，易到和竞品也有明显的差异化。汤鹏表示，易到一直坚持双向选择逻辑，支持用户和司机的双向选择。“在易到可以选择一辆车，到底是用帕萨特，还是伊兰特，还是奔驰、宝马，这才是共享经济要倡导的主动权和让用户更有选择权。我们看到在优步和滴滴合并以后，补贴取消，单价上涨，调整了司机计费方式，很多用户和司机选择离开。我们也收到大量反馈很多人不希望市场只有一家，而易到的存在就是给司机和用户多一种选择的自由。”

资料来源：http://www.cctime.com/html/2016-9-27/1223236.htm.

（1）产品差异化。菲利普・科特勒给出的关于“产品差异化”的概念很具体，即产品或服务的形式、特点、性能、可靠性、环保性、风格和设计，以及订货、交货、安装、客户培训、客户咨询和维修保养等方面与同类竞争产品或服务之间存在差异。其中，很多国际性大企业都很注重通过产品独特的包装来形成与同类产品的差异化。例如，可口可乐的红色标志色对消费者的视觉刺激很强烈，容易给消费者留下深刻的印象，当消费者需要饮用饮料时，可能首先想到的便是可口可乐。再者，一提起雀巢咖啡，消费者就会联想到以下品牌形象（见图 6-13）。

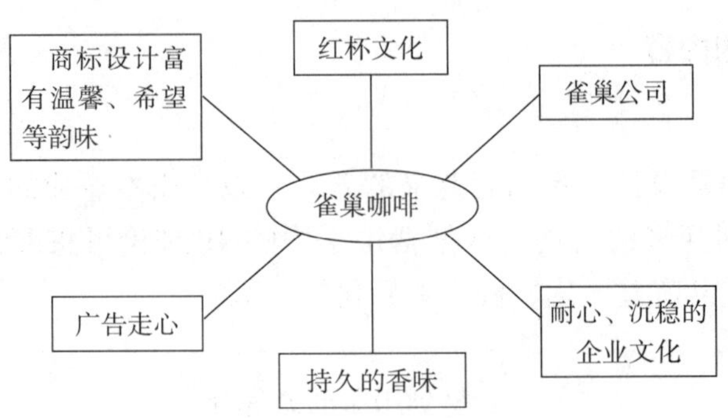

图 6-13　雀巢咖啡的品牌形象

另外，值得一提的是在形成产品差异化的过程中，包装策略的实施占据了重要地位。包装在为运输、携带、销售、保管和使用提供方便的同时，也反映了商品的特色或风格，并准确地传递了商品的信息。产品包装在市场营销中是一个强有力的武器，企业应该充分利用包装策略来为商品创造差异化。包装策略主要有类似包装策略、等级包装策略、综合包装策略、再利用包装策略、附赠品包装策略、改革包装策略等。例如，雀巢咖啡就采用了各具特色的不同包装（见图 6-14）。

图 6-14　雀巢咖啡的多种包装

（2）人员差异化。随着 21 世纪的到来，人才的重要作用已经在社会上引起了广泛关注。企业可以通过培养专业人员来保证自己独特的竞争优势。特别是对于提供服务的企业来说，拥有一支充满激情并且专业素质很高的员工队伍可以作为企业与行业内同类竞争者的差异化优势。一般来说，人员的差异化可以从以下几个方面出发：是否具有敬业精神，是否具备工作所需要的技能以及知识，是否具有团队合作的态度，是否诚实可靠，是否可以准确、有效地传达消费者的意愿等。

案例 6-13　　海底捞员工的细致服务

海底捞虽然是一家火锅店，它的核心业务却不是餐饮，而是服务。在海底捞，顾客能真正找到“上帝的感觉”，甚至会觉得“不好意思”。有食客点评，“现在都是平等社会了，海底捞的服务让人很不习惯”。但他们不得不承认，海底捞的服务已经征服了绝大多数的火锅爱好者，顾客会乐此不疲地将在海底捞的就餐经历和心情分享在网络上，越来越多的人被吸引到海底捞，一种类似于“病毒传播”的效应就此显现。

几乎每家海底捞都是一样的情形：等位区里人声鼎沸，等待的人数几乎与就餐的相同，这就是传说中的海底捞等位场景。等待，原本是一个痛苦的过程，海底捞却把这种痛苦变成了一种愉悦：手持号码等待就餐的顾客一边观望屏幕上打出的座位信息，一边接过免费的水果、饮料、零食；如果是一大帮朋友在等待，服务员还会主动送上扑克牌、跳棋之类的桌面游戏供大家打发时间；或者趁等位的时间到餐厅上网区浏览网页；还可以做一次免费的美甲或得到免费的擦皮鞋服务。

当客人坐定点餐的时候，围裙、热毛巾已经一一被奉送到眼前了。服务员还会细心地为长发女士递上皮筋和发夹，以免头发垂落到食物里；戴眼镜的客人则会得到擦镜布，以免热气模糊镜片；服务员看到你把手机放在台面上，会不声不响地拿来小塑料袋为你装好，以防油渍溅到上面；每隔 15 分钟，就会有服务员主动为你更换面前的热毛巾；如果你带了小孩子，服务员还会帮你喂孩子吃饭，陪他们在儿童天地做游戏；抽烟的人，他们会给你一个烟嘴，并告知烟焦油有害健康；为了消除口味，海底捞在卫生间中准备了牙膏、牙刷，甚至护肤品；过生日的客人，还会意外得到一些小礼物……如果你点的菜太多，服务员会善意地提醒你已经够吃；如果随行的人数较少，他们还会建议你点半份。

餐后，服务员会马上为你送上口香糖，一路上所有服务员都会向你微笑道别。

资料来源：https://wenku.baidu.com/view/5b9eda1dff00bed5b9f31d49.html.

（3）渠道差异化。企业可以通过在设计分销渠道的覆盖面、专长和绩效等方面的差异化来保证自己的品牌与众不同的差异化之处。雅芳能够在中国化妆品界占据重要的地位，很大程度上是它的直销手段为它带来了差异化，这种差异化手段一方面降低了销售成本，另一方面由于销售人员直接面对的是消费者，可以及时反馈消费者需求，以便企业适时做出调整。

（4）价格差异化。价格差异化包括两方面的内容：一是针对企业生产的不同档次、不同包装、面对不同消费群体的产品或服务制定不同的价位档次；二是针对竞争对手提供同类产品或服务但制定不同的价格，以获得竞争的胜利，也就是我们常提到的“价格大战”。

那么，一个企业应该怎样更好地运用差异化战略使自己同竞争对手区分开来呢？差异化战略的实施步骤如图 6-15 所示。

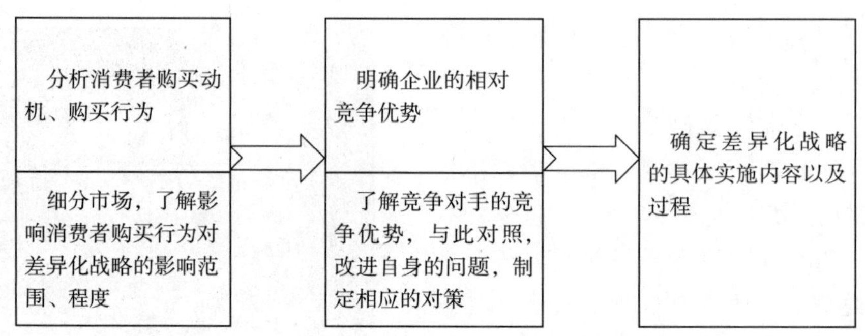

图 6-15　差异化战略的实施步骤

差异化战略的实施可以分为 3 个步骤。

首先，企业要深入了解消费者的消费需求，分析目标消费者的购买动机以及实施购买行动的过程，从而细分市场，明确可能会对消费者的购买行为产生影响的各种主客观因素，以及这些影响因素对差异化战略实施的影响范围以及程度。

其次，与生产同类产品或提供同类服务的竞争对手进行比照，明确企业自身的竞争优势，另外，还要理智地评判出竞争对手的竞争优势，若企业本身不具备竞争对手所具备的某种优势或存在不够完善之处，企业要尽快地制定相应的对策以不断改进。

最后，确定差异化战略实施的具体内容和实施过程以及步骤，明确实施该战略的主要部门以及需要为战略实施提供相关支持的部门，落实任务，确保企业内部合力实施差异化战略。

2. 产品生命周期战略

根据前面章节对于产品生命周期的阐述可知，企业的产品或服务的生命周期包括：导入期、成长期、成熟期以及衰退期四个阶段。在不同的周期阶段，企业在销售、利润、竞争对手等方面都有其与众不同的特征，适用何种品牌战略是要根据其不同的发展情况以及现有的资源来决定的。本节主要就产品生命周期和品牌定位的结合来做进一步的分析。

（1）导入期。这一阶段是产品从设计到投入市场后，销售缓慢增长的阶段，因为产品刚刚进入市场，消费者对产品不太了解，除了少数追求新奇的顾客之外，几乎无人实际购买新产品，其伴随的市场风险最大。因此，我们可以总结出，由于处于这一阶段的提供产品或服务的企业扮演的角色是市场开拓者，那么在这一阶段，企业的品牌战略应做到的是抢占市场，塑造良好的市场开拓者形象。

（2）成长期。该阶段的产品被市场认可，消费者逐渐接受并购买该产品，同时其他企业开始纷纷效仿和追随，新的竞争者开始涌入市场，这一时期，企业应该做出的是对品牌不断进行扩展的战略。在此发展阶段，企业品牌战略应着重于如何能够进一步促使更多消费者建立起对该品牌的品牌偏好。企业可以考虑进一步改进产品，增加产品的种类以及服务保证，采取渗透性价格策略，进行密集式的分销，以及在广告上进行高密度宣传，推动消费者的消费需求不断增加。

尽管实施品牌扩展战略可能会减少企业眼前的部分利润，但能够加强企业的市场地位和竞争能力，有利于维持和扩大企业的市场占有率，从长期发展的角度来看，采取这种战略更有利于企业的长远发展。

（3）成熟期。在这一阶段，随着购买产品或服务的人数增多，市场需求趋于饱和。此时，销售增长速度缓慢。同时，为了对抗同类产品或服务的竞争，营销费用不断增加导致利润也不断下降。全行业产品出现过剩的现象，企业之间的竞争不断加剧，一些缺乏竞争能力的企业逐渐被淘汰，新进入的竞争者比较少。竞争者之间各有其各自特定的目标顾客，市场份额变动不大，突破比较困难。在成熟期，企业应不断改进品牌发展战略，以促使顾客形成对品牌的忠诚度来带动进一步的销售。菲利普·科特勒认为品牌改进战略具体可以包括市场改进、产品改进、营销组合改进。

1）市场改进。品牌产品的销售量受以下两方面因素的影响。

销售量＝品牌使用人数 × 每个使用者的使用率

为了增加产品的销售量，企业应该从增加品牌使用人数以及提高每个使用者的使用率两个方面来努力。通过转变非品牌使用者对品牌的态度，说服其使用品牌产品或服务，企业可以增加品牌的使用人数；通过进入新的细分市场，企业也能够扩大品牌的使用者数量，“王老吉”就是通过进入茶饮料市场中的凉茶市场，大大增加了销量；争取竞争对手顾客的方法也是一种通过增加品牌使用人数从而提高销售量的方式。

为了提高每个使用者对品牌产品的使用率，企业可以通过增加产品使用次数、增加产品的新功能来实现。索尼爱立信新设计的手机支持MP3、MP4播放功能，这不仅增加了产品的新用途，而且使得品牌使用者使用产品的次数大大增加了；海尔洗衣机强大的水流转动力，不仅可以用于清洗难洗的衣物，甚至还可以用来洗涤沾满泥土的马铃薯等蔬菜，这一功能提升了品牌的形象，获得了更多消费者的青睐。

2）产品改进。产品改进是指企业在对产品的质量、特点、式样等进行改进后再将其投放市场。

质量改进，顾名思义在于改进产品的质量或功能特性，特别是产品的耐用性、可靠性、可维修性等。这种战略可以有效发挥功效的前提条件是该类产品或服务确实存在可以被改进的方面。例如，中华牙膏向社会公众宣传它的牙膏中注入了珍珠岩成分用来增强对牙齿的美白功能，以表明中华牙膏在牙齿美白方面的完美功效；特点改进，是指为产品增加某些与众不同的新特点，如增加产品的多功能性、安全性和便利性等。新特点的引入，可以使企业迅速赢得欣赏这些新特点的消费者的青睐；式样改进，是指通过改进产品的包装、颜色、结构等，以获得更多消费者的追随。

3）营销组合改进。营销组合改进是指通过改变定价、销售渠道、促销等营销组合的方式来延长产品的成熟期。企业可以考虑通过降低销售价格来加强竞争力；通过改变广告的内容或播放方式来引起顾客的兴趣；通过采用多种促销方式来扩大影响范围；或者通过扩展销售渠道，改进结算方式等来实现这一目标。

（4）衰退期。产品的销售量由缓慢下降转变为迅速下降，价格也已经下降到最低水平，消费者的兴趣已经转移到其他产品上，多数企业已经由于无利可图而被迫退出该市场，留在市场上的企业逐渐减少了产品的附带服务，削减广告、促销等费用，以求维持最低水平的经营。此时，企业必须要认真研究自己在市场上所面临的真实情况，然后决定企业是继续维持现状还是放弃经营。

如果企业想要在市场上继续维持现状，就要考虑通过品牌的影响力继续在目标市场、价格、销售渠道、促销等方面维持现状，并要不断采取措施来延长企业产品寿命周期，具体可以从以下几个方面入手：一是通过科学研究，增加产品的功能，或是开辟产品的新用途；二是改进生产工艺，进一步降低产品的生产成本，使产品可以以更低的价格继续停留在市场上。

如果企业想要从市场上撤出，要及时果断地撤出资金、设备等，同时还可以考虑品牌作为一种资源是否可以转让或者出卖。

三、如何设计品牌战略

案例 6-14　　“人头马”推出全新品牌概念

创建于1724年的人头马酒庄，是最早向中国出口干邑产品的干邑酒庄之一。早在20世纪90年代初，“人头马一开，好事自然来”一经推出便成为至今仍让国人津津乐道的经典广告语之一。

人头马的品牌故事，就体现了在传承品牌历史精髓的同时，不懈追求创新与挑战的品牌战略。2015年，人头马在全球范围内发布“一生 / 活出不止一生”（One Life / Live Them）的品牌概念，倡导“斜杠”（Slash）式的品牌生活，通过包括人头马大中华区代言人黄晓明在内的众多“斜杠先锋”人士来积极推广。2018年，在美酒佳肴的助兴与恭贺吉祥的祝福声中，RémyMartin 正式荣耀宣布，人头马推出全新品牌概念——“人头马一开，人生更多彩”。“多彩”的中文发音与“多财”和“多才”发音相似，其衍生出的吉祥含义与美好祝愿更是精彩，这句融合了东西方文化中对美好人生的祝愿，鼓励并赞颂每个人进一步释放自己的多样才华，不断发掘、释放自身潜能，让自己的人生可以活得更加多姿多彩。

资料来源：http://www.vogue.com.cn/invogue/brand-news/news_16330d1522afc2f8.html.

品牌战略是总体市场战略的关键部分。品牌战略通过提升品牌文化传递企业目标。因为各个公司的品牌、企业环境以及企业目标有很大的区别，设计品牌战略没有通用的规则。然而，一个系统的四步流程可以运用到战略中，使得战略对特定的环境能做出恰当的反应。

（一）辨别品牌所表述的目标

当通过提升可感知的产品价值来实现企业目标的时候，品牌战略就是合适的。识别产品的关键企业目标并且询问：这个目标对品牌而言可以修正吗？不是所有的目标都需要用品牌来解决。虽然品牌通常是有效市场战略的核心组成部分，但是还有很多问题与品牌是不相关的。这时候，考虑非品牌战略（如降低服务成本，通过促销追求价格歧视）是否对品牌造成了预料之外的后果也是非常重要的。

（二）规划已经存在的品牌文化

通过品牌价值评估已经存在的品牌文化以及相关的影响势力。这种评估需要设计和搜集与品牌文化相适的市场研究内容。考虑一下公司目前的品牌战略，分析它在哪里与品牌文化分离了。

（三）分析竞争环境以辨认品牌推广的机会

品牌战略的一个重要驱动力是发布对竞争者而言更具有优势的品牌价值。品牌价值竞争优势需要与竞争品牌相对的品牌来体现。企业在规划自己品牌的同时也要规划一下竞争对手的品牌文化。考虑了品牌和公司的优势以后，企业就要识别机会改善以及与关键竞争对手相对的品牌文化，并识别竞争者能够乘虚而入的机会。

在品牌上，如果仅仅关注竞争对手是很危险的。品牌价值最重要的进步来自识别环境中的机会，因为竞争者还没有采取行动，也没有设计品牌战略来利用这些机会。

（四）设计战略

品牌战略描述了从现有品牌到希望的品牌文化的转换以及这一途径的逻辑。一个战略文件应当描述当前的品牌文化，概括提升品牌价值最具前景的机会，这些机会都考虑了环境变化、竞争者商标，最后还详细描述了期望的品牌文化。

关键词

竞争　超越竞争　基本竞争战略　竞争战略轮　品牌　品牌定位
品牌战略　品牌资产　品牌设计　差异化战略　品牌文化

本章小结

1. 市场竞争可以理解为在市场组织方面相互独立的市场生产者，为了获得有利的产销条件或投资领域而互相争衡、各尽其能的过程。

2. 超越竞争的核心思想是以差异化定位，为顾客创造更多的价值从而有效避免强烈的同质化竞争。

3. 公司现有的和潜在的竞争者的范围是很宽的。如果不能正确地识别和分析竞争者，就会患上“竞争者近视症”。一个公司更有可能被它的潜在竞争者而不是现有竞争者所超越。

4. 三种基本竞争战略是可供选择的、具有抗衡性的可行性方案。三种基本战略均适合同一个企业的情况绝无仅有，所以保持采用其中一种战略作为首要目标对赢得竞争通常是十分必要的。

5. 选择和构建动态的竞争战略是超越竞争的重要手段。

6. 品牌是一种名称、术语、标记、符号或设计，或是它们的组合运用，其目的是借以辨认某个销售者或某群销售者的产品及服务，并使之与竞争对手的产品和服务区别开来。

7. 品牌是一种重要的无形资产。企业要想实现成功的品牌定位，需要在明确竞争目标和目标消费者后，将自身的竞争优势同消费者心理相结合，找到进入市场的切入点。

8. 品牌战略是企业将品牌作为其核心竞争力，以期获取长期利润的企业经营战略。

9. 企业是否需要品牌战略要先进行品牌适用性分析，然后进行相关品牌战略的制定和实施。与品牌相联系的战略主要包括差异化战略以及从产品生命周期出发的品牌战略。

思考题

1. 竞争与超越竞争的区别是什么？
2. 企业如何才能够达到超越竞争的目的？
3. 竞争战略有哪些？基本竞争战略又有哪些？
4. 企业应如何选择和制定有效的竞争战略？
5. 企业在竞争战略的实施过程中有哪些需要注意的问题？
6. 当一种新产品即将上市时，企业可以采用的品牌策略有哪些？各种策略的优缺点是什么？
7. 企业如何才能进行有效的目标市场定位？
8. 在产品生命周期的各阶段，企业应该采取怎样的品牌战略？企业是否可以跳出产品生命周期的循环？如果可以，将凭借怎样的品牌战略来实现？

案例作业

天猫与京东的竞争

中国电商的发展，可以说已经取得了全世界瞩目的成就。网购所产生的销售额不仅仅超过了全国社会零售总额的10%，也在全面地改造着中国的商业基础设施。移动支付让“双11”每秒达到将近30万笔的交易峰值，远远超过了维萨、万事达。数据驱动线上线下融合的新零售，正在引领新一轮海外学习中国的热潮。

中国电商如此快速的发展，自然离不开巨头的引领。其中，阿里巴巴旗下的天猫和电商企业京东，自然是其中的佼佼者。天猫，致力于为用户提供高品质购物体验的B2C综合购物网上平台。京东，是专业的综合购物网上商城。市场的快速发展，必然产生充分的市场竞争。而天猫和京东之间，也一直是在竞争中不断发展。

2013年6月，在京东发起“网购狂欢节”之际，有消息称，天猫让商家必须在6月5日

24 时前撤出京东大促。对此情况，京东指责阿里巴巴“二选一”的行为有违开放精神，属不正当行为。6 月 6 日，天猫针对“二选一”指责回应称“真正的回馈消费者”不是文案秀和公关秀，暗指京东自欺欺人，并宣布启动 6 月“年中大促”。正是这一年，京东将品牌标志更换为机械狗，这与天猫在 2012 年将品牌标志换成卡通猫的行为形成对比。此后，两大平台间的竞争被戏称为电商界的“猫狗大战”，且不断轮番上演。

天猫和京东的高管，也在不同场合中开始表达自己的观点。在央视《对话》节目上，京东创始人刘强东表示，只要有足够的时间，京东一定可以超越阿里巴巴。阿里巴巴的执行副主席蔡崇信则在 9 月接受美国媒体采访时表示：“京东真的不是竞争对手。”

2017 年 7 月 12 日，京东携手唯品会联合发出“抵制不正当竞争行为”的声明，称有某电商平台利用其垄断地位，要求商家签署所谓的“独家”合作，裹挟商家“二选一”。当日，天猫对“碰瓷式竞争”发声明，称“越来越多的品牌已经把天猫作为自己商业全域运营的唯一阵地和独家平台”，“这恰恰是商家对市场的选择，也是真正的市场的选择”。虽然两份声明没有点名，却遥相呼应，暗指对方。

京东到家和天猫超市——京东到家官方承诺下单后 2 小时送货到家，送货速度十分可观，可见京东在物流体系的打造方面已经到了炉火纯青的地步。与京东商城自营物流不同，京东到家采用了一种“众包物流”的方法提供配送，很好地利用了社会的闲散资源。另外，京东到家是满 79 元免运费。天猫超市在物流配送方面采用的是次日送达服务，从这个方面来看，天猫超市较京东到家逊色不少。在业务方面，天猫超市也不及京东到家，实付订单金额大于 88 元且在 10 千克内才能免除运费。

京东虽然是电商起家，但日后逐渐将触角伸到了行业的各个领域，而且做得风生水起。在行业内还没有足够看好 O2O 项目时，京东到家已经逐渐稳步发展起来，解决生鲜配送以及“最后一公里”问题。未来的竞争必然是速度与服务的竞争，只有足够了解用户，充分接触用户，才能拥有市场。

天猫成立于 2012 年，至今为止一直专注于零售，近年来的“双 11”，天猫已连续刷新纪录，势头正劲。但物流对天猫来说一直是一个很严重的问题，而京东早已通过自建物流，保证了物流的品质和速度。物流将会是网上购物的核心问题，这是大部分电商企业都无法解决的，唯独京东牢牢把握住优势不放，这也是未来京东在零售上有望超过天猫的核心因素。

纵观京东和天猫如此多年的竞争，带来的好处显而易见。双方在你追我赶之间，中国电商变得越来越强大。在世界上，阿里巴巴已经成功进入世界前十大市值公司的行列，市值超过了 4 800 亿美元，京东也逐步稳定实现了 500 亿美元的市值。

资料来源：http://www.sohu.com/a/156685230_183802

讨论题

1. 天猫与京东采取了什么样的竞争战略？
2. 有人说天猫就是阿里巴巴对抗京东的主要武器，你认可这一说法吗？为什么？

参考文献

[1] 菲利普·科特勒. 营销管理 [M]. 何佳讯、于洪彦，等译. 上海：上海人民出版社，2016.

[2] 余鑫炎. 品牌战略与决策 [M]. 沈阳：东北财经大学出版社，2012.

[3] 黄静. 品牌管理 [M]. 武汉：武汉大学出版社，2015.

[4] 里克·莱兹伯斯，巴斯·齐斯特，格特·库茨特拉. 品牌管理 [M]. 李家强，译. 北京：机械工业出版社，2007.

[5] 王玉. 企业战略管理：理论与方法 [M]. 上海：上海财经大学出版社，2014.

[6] 菲利普·科特勒. 营销管理 [M]. 梅清豪，译. 上海：上海人民出版社，2006.

[7] 乔治 S 戴伊，戴维 J 雷布斯坦因. 动态竞争战略 [M]. 孟立慧，等译. 上海：上海交通大学出版社，2003.

[8] 勒妮·莫博涅，W 钱·金. 蓝海战略 [M]. 吉宓，译. 杭州：浙江大学出版社，2018.

[9] 李建峰，董媛. 市场营销实务 [M]. 北京：北京师范大学出版社，2011.

[10] 程宇宁. 品牌策划与管理 [M]. 北京：中国人民大学出版社，2018.

[11] 韦明，李扬. 品牌管理 [M]. 大连：东北财经大学出版社，2017.

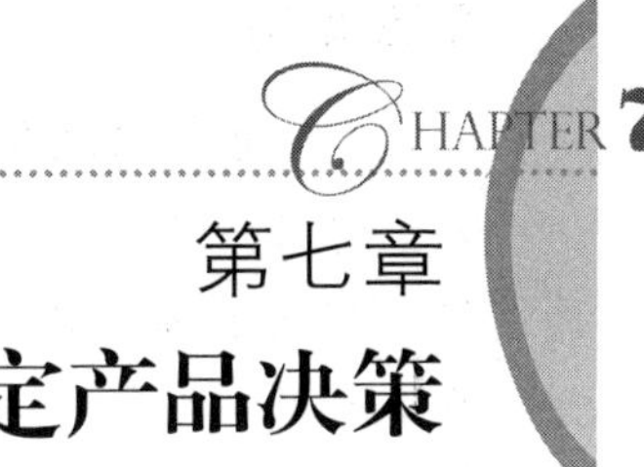

第七章 制定产品决策

内容提示

一般来说，产品是企业生产经营活动的核心，在确定品牌定位之后，营销经理下一步就应该明确要向消费者提供何种特色优质的产品，正确的产品决策是实现品牌定位的保证，也是后续做出定价、渠道、促销等决策的基础，那么，什么是产品？它具有什么特征？企业如何做出产品决策？影响企业做出产品决策的因素有哪些？本章将从市场营销实务的角度出发，向你介绍产品组合决策和新产品决策，以及如何在产品的不同生命周期制定合适的营销策略等问题，并说明在一般情况下如何根据环境及条件的约束进行相应的策略选择。

专业词汇

产品（Product）
形式产品（Basic Product）
消费品（Consumer Product）
产业用品（Business Product）
选购品（Shopping Product）
非渴求物品（Unsought Product）
产品组合（Product Mix）
产品组合的宽度（Product Mix Width）
产品组合的长度（Product Mix Length）
产品组合的关联度（Product Mix Consistency）
产品线扩展（Product Line Extension）
产品线延伸（Product Line Stretching）
产品多元化（Product Diversification）
商业化（Commercialization）
导入期（Introductory Stage）
成熟期（Maturity Stage）
初始设备生产商（Original Equipment Manufacture）
核心产品（Core Product）
期望产品（Expected Product）
便利品（Convenience Product）
特殊品（Specialty Product）
产品线（Product Line）
产品线深度（Product Line Depth）
新产品（New Product）
市场渗透（Market Penetration）
产品生命周期（Product Life Cycle）
成长期（Growth Stage）
衰退期（Decline Stage）

开篇案例

必胜客南京首家“Pizza Hut BISTRO”概念店落户雨花客厅

温馨舒适、简约时尚、自然，墙壁的橱柜里摆放着各种精美的小物件，敞开的保鲜柜里，盖了“小红帽”戳的罐装饮料、绿油油的色拉、精致的甜品让人无法拒绝，舒适的沙发让人看到就想陷进去躺一下午……这样的餐厅，就像在自己家里一样。

2017 年 9 月 15 日，这样一家“不普通”的必胜客餐厅——南京首家“Pizza Hut BISTRO”概念店落户雨花客厅，成为周围小区的“新邻居”，并于 9 月 16 日正式对外开业。

Bistro 其实是小餐馆的意思，在 Bistro 体验到的更多的是休闲和舒适。必胜客 BISTRO 致力于打造家一般的休闲自在的用餐环境，2016 年，全国首家必胜客“Pizza Hut BISTRO”模式店落户上海龙茗路；2017 年开始，深圳、天津、南京……“Pizza Hut BISTRO”概念店在全国陆续“开花”。

“Pizza Hut Bistro 必胜客概念店，用居家的餐厅氛围、简洁直白的菜单、自助的饮料和最直接的保鲜餐柜展示，让顾客可以在第一时间做出最爱的选择。”与传统必胜客餐厅不同，走进“Pizza Hut BISTRO”，扑面而来的都是自在、轻松的惬意氛围：整体布局很宽松，这里的服务员不再是西装革履的打扮，大小错落的简洁吊灯投射出柔和的光，取代传统卡座式桌椅的是更像小餐馆氛围的小圆桌，最适合呼朋唤友围桌嬉闹。比环境更自在的是全新的就餐流程。在这家必胜客，用餐的流程被大大简化，餐具是自取的，开放的保鲜柜里一眼可见的饮料也是自取的；点一杯自助饮料，百事可乐、果缤纷、苹果气泡果汁饮料就可以无限畅饮；当然，咖啡、比萨、意大利面……这些冒着氤氲热气的食品是需要现做的，你可以在收银台买好单，拿上餐牌，选择一张最舒适的座椅，一边悠闲地吃着沙拉一边安静地等待，顺便还可以透过半开放的厨房欣赏“大厨们”的 COOKING 秀！最酷的是“自选比萨”环节，69 元自选比萨，比萨酱、肉类、海鲜、蔬菜……可以自己随意选择 5 种馅料，搭配出自己喜爱的比萨款式。在南京首家必胜客 BISTRO 店开业发布会现场，媒体也实地体验了“自选比萨”环节，大呼过瘾，“终于可以吃到一款自己搭配的限量版独家款比萨了”！

“BISTRO”餐厅与社区居民们“比邻而居”，就是让他们一旦起念想去吃个便饭，喝杯咖啡，“抬脚便到”，沙发和桌子换成了更舒服的样式，坐在这里更像是回到了家中的客厅，在全新的必胜客 BISTRO 店吃饭再也不需要坐着点餐然后进入刷手机的等待模式了。无论是慵懒、温暖的午后，还是风尘仆仆的傍晚，在这样一个充满家庭和社区氛围的地方吃一顿饭，真是一件幸福的事情。

资料来源：http://news.xhby.net/system/2017/09/15/030745471.shtml.

第一节　如何把握产品的整体概念

一、从整体概念的角度来分析产品

产品是什么？虽然这是貌似一个很浅显的问题，因为企业时时刻刻都在开发、生产、销售产品，消费者时时刻刻都在使用、消费和享受产品，但是这个问题是产品经理在确定产品相关策略时首先应该明确的。我们首先来看一个案例。

案例 7-1　　拉手网曾经的落败

吴波在互联网行业最出名的是创办了拉手网，拉手网曾引领整个国内团购行业发展。不过，拉手网一度在行业竞争中落败，吴波也因此从团队出局，拉手网也被投资人卖给了传统企业宏图三胞。

拉手网采用快速扩张的战略，目的是一统市场，但是规模扩张得越大，忽视的问题就越多，从一开始就没有将注意力放在品质上的经营理念就注定会“失败”，因为这种经营方法给自己制造了太多的隐患。

拉手网混乱的后台管理，与其 CEO 吴波日前高调表示的“三包”理念背道而驰。资料显示，拉手网在华丽高调的“7 天无条件退款”“消费不满意，拉手就买单”“过期未使用自动退款”政策宣传的背后，却是不审查合作商家的资质、无视把关职责的运行机制。在拉手网上团购 KTV 消费券的顾客却在对应的 KTV 里吃了闭门羹。而拉手网单方面提出“换店”或“赔款”的二选一方案令花费了时间和精力的消费者难以接受。

资料来源：http://www.xzhichang.com/zixun/detour-121262.html.

在上面的这个案例中，拉手网在产品销售中出现的问题很明显，即对于产品整体的概念理解不足。我们可以从狭义与广义两个角度来理解产品。

狭义的产品是指由劳动创造、具有使用价值的有形物品，这里所指的产品具有某种物质的形态和特定的用途。

广义的产品则是指通过交换提供给市场的，能够满足消费者某种需求和欲望的一切东西，这里所指的产品既包括产品实体及其品质、款式、特色、品牌和包装等，也包括其可以带给顾客的心理满足感、信任感，以及各种售后支持和服务保证等。

从概念中我们可以看出，狭义的产品仅仅关注产品或服务的物质要素和功能要素，而现实中的购买者购买的不仅仅是具体的物品，更重要的是需求得到满足，从满足需求的角度去认识产品，就会使产品的概念得到大大的扩展和延伸。例如，人们需要手表是为了计时，对同样能计时的手表，人们又会对其外观、色彩、体积、材质形成不同的偏好；人们在选购手表时，又会被其不同的包装所吸引，并根据自己的认识选择不同的品牌；同时人们还会关心若在使用期间手表发生了问题，能否进行退换，能否得到及时的维修等。总之，人们对于同一产品的需求是会不断延伸和扩展的。因此，产品对这些延伸和扩展了的需求满足程度越高，其被消费者接受的可能性就越大。作为营销人员，深刻理解广义的产品概念具有重要的意义。为了更好地确定产品范围，我们可以把产品的整体概念分解为五个层次，分别是核心产品、形式产品、期望产品、附加产品和潜在产品（见图 7-1）。

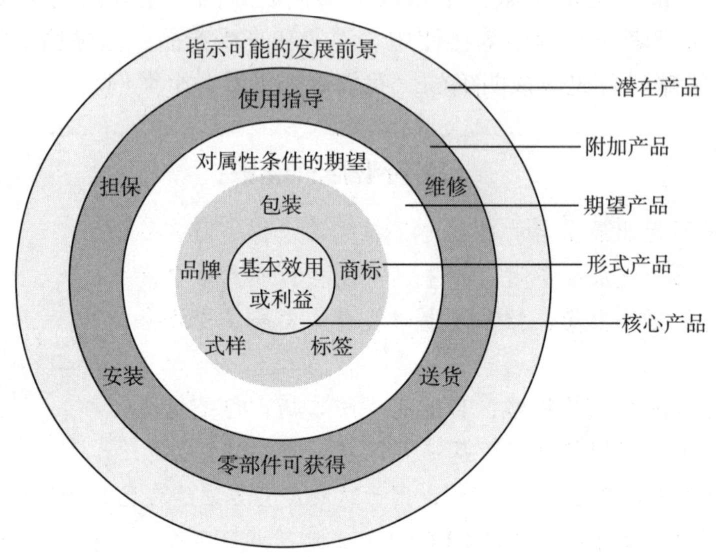

图 7-1 产品整体概念的五个层次

（1）核心产品是指向顾客提供的产品的基本效用或利益，是构成产品最本质的核心部分。从根本上说，每种产品实质上都是为解决顾客问题而存在的。例如，人们购买空调不是为了获取装有某些电器零部件的物体，而是为了在炎热的夏季满足凉爽舒适的需求。因此，市场营销人员向顾客销售的任何产品都必须具有满足顾客核心需求的基本效用或利益。

（2）形式产品是指核心产品借以实现的形式或目标市场对某一需求的特定满足形式。形式产品由品质、式样、特征、商标及包装等特征构成。即使是纯粹的劳务产品，也具有相类似的形式上的特点。产品的基本效用必须通过特定形式才能实现，市场营销人员应努力寻求更加完善的外在形式以满足顾客的需要。

（3）期望产品是指购买者在购买产品时期望得到的与产品密切相关的一整套属性和条件。例如，旅馆的客人期望得到清洁的床位、便利可用的洗浴设备等。因为大多数旅馆均能满足旅客这些最低限度的期望，因此旅行者对不同的旅馆不会形成特殊的偏好，一般会选择一家最便利的旅馆。

（4）附加产品是指顾客购买产品时所能得到的附加服务和附加利益的总和，包括产品说明书、保证、安装、维修、送货、技术培训等。由于技术的发展，企业之间竞争激烈，不同企业提供的同类产品在核心利益上越来越接近，很难有大的差别，因此，正确发展延伸产品便成了企业获得竞争优势的有效手段。美国营销学家里维特曾指出，“未来竞争的关键，不在于工厂能生产什么产品，而在于其产品所提供的附加价值：包装、服务、广告、用户咨询、消费信贷、及时交货和人们以价值来衡量的一切东西”。

（5）潜在产品是指现有产品包括所有附加产品在内的，可能发展成为未来最终产品的潜在状态的产品。潜在产品指出了现有产品可能的演变趋势和前景。潜在产品成为公司努力寻求的满足顾客并使自己与竞争者区分开来的新方法。

接下来我们试着来用整体概念来分析小米手机，看看它是如何满足消费者的各种需要的。

案例 7-2　小米手机的产品整体概念分析

小米手机是北京小米科技有限责任公司（简称小米公司）研发的高性能发烧级智能手机。中国手机市场竞争激烈，但小米手机却能异军突起，小米公司自创办以来，保持了令市场惊讶的增长速度。以下是对小米手机在营销中关于产品整体概念的五个层次的分析。

（1）核心产品。小米手机作为一款手机，它的核心功能是通信功能。

（2）形式产品。小米的标识是一个“MI”形，是 Mobile Internet 的缩写，产品具有高端的做工和舒适的手感。小米手机现在研发的主要产品有小米 M1、小米手机青春版、小米手机 1S、小米手机 1S 青春版、小米手机 2、小米手机 2S、小米手机 2A、红米手机 1、小米手机 3、小米 4、小米 note 等。

（3）期望产品。小米手机作为“性能怪兽”活跃在中国手机市场上，在相同价格的手机中，具有高出同类手机的硬件配置。小米手机 MIUI 系统是当今中国手机市场上用户交互体验最好的系统之一，实时更新。小米手机有自己独特的理念：为发烧而生。

（4）附加产品。小米以小米手机为中心，推出一系列相关产品，小米耳机、保护套、移动电源、小米玩偶、小米主题软件等，这些产品与小米手机息息相关，消费者在购买小米手机后可以得到全套的小米产品服务。同时，小米手机良好的售后保障也为消费者称道，为用户提供全新的交互式服务模式，小米手机在微博客服上有个规定：15 分钟快速响应，包括所有的工程师，是否按时回复论坛上的帖子是工作考核的重要指标。

（5）潜在产品。小米之家是小米公司成立的直营客户服务中心，为广大米粉提供小米手机及其配件自提，小米手机的售后维修及技术支持等服务，是小米粉丝的交流场所。小米之家定期举办活动，使得小米与米粉、米粉与米粉之间发生更多的互动。

资料来源：https://wenku.baidu.com/view/2e4d8f17c8d376eeafaa3167.html?from=search.

二、对产品进行适当的分类

市场上的产品包罗万象，消费者在购买不同类别产品时的决策心理肯定是不一样的，所以作为企业的营销人员一定要了解与每一类产品相适应的市场营销组合策略，并能够对自己企业的产品进行科学的分类。在传统营销观念下，对产品的分类主要是根据产品的特征进行的。在现代营销观念下，对产品的分类更多的是从消费者的需求差异出发的。下面我们了解一下普通消费品的分类。

根据消费者的购买习惯和特点，消费品一般可分为便利品、选购品、特殊品和非渴求品四种类型。

（1）便利品。便利品是消费者不需要耗费精力采购就能买到的商品。也就是说，消费者不愿为了购买这些商品而进行大范围的采购。消费者经常购买便利品，并且一般不做任何计划。糖果、软饮料、梳子、阿司匹林、小物品、干洗剂等都属于便利品的范畴。

便利品可以进一步分成常用品、冲动品以及救急品。常用品是顾客经常购买的产品。例如，某顾客也许经常要购买可口可乐、高露洁牙膏。冲动品是顾客没有经过计划或搜寻而顺便购买的产品。例如，棒棒糖和杂志经常被放在收款台旁，因为顾客在见到之前可能没有想到要买它们。救急品是当顾客的需求十分紧迫时购买的产品。例如，在下暴雨时购买雨伞，在停电时购买蜡烛和手电筒。救急品的地点效用很重要，一旦顾客需要，就能够迅速实现购买。

（2）选购品。选购品是指顾客在选购过程中，对适用性、质量、价格和式样等基本因素要做认真权衡比较的产品，例如家具、服装、汽车等。

选购品可以划分成同质品和异质品。购买者认为同质选购品的质量相似，但价格却明显不同，所以有选购的必要。销售者必须与购买者“谈价格”。但对顾客来说，在选购服装、家具和其他异质选购品时，产品特色通常比价格更重要。经营异质选购品的销售者必须备有大量的品种、花色，以满足不同顾客的偏好；经营者还必须有受过良好训练的推销人员，为顾客提供信息和咨询。

（3）特殊品。特殊品是指具备独有特征和品牌标记的产品，对于这些产品，有相当多的购买者一般都愿意做出特殊的购买努力。例如，特殊品牌和特殊式样的花色商品、精美手表、小汽车、立体声音响以及摄影器材。特殊品的经销商经常运用突出地位感的精选广告保持其商品的独有形象，分销也经常被限定在区域内的一个或很少的几个销售商店里。所以，品牌名称和服务质量非常重要。

（4）非渴求品。一项产品不为其潜在的购买者所了解或虽然知道也并不积极去寻求，那么这项产品就叫作非渴求物品。新产品在通过广告和分销增加了其知名度以前都属于非渴求物品。

一些商品永远都作为非渴求品在市场上买卖，特别是我们不愿意想起或不喜欢为它们花钱的必需商品。保险、葬礼策划和类似的物品都是传统的非渴求品，都需要有经验的人员销售和有高度说服力的广告。销售人员总是想方设法地接近潜在消费者。企业则必须通过销售人员、直接邮件广告直接地接触消费者，因为消费者大多不会主动地去寻找这类产品。

第二节　如何制定产品组合决策

从消费者的角度，我们购买的绝大多数产品其实掌握在很少的几家公司手里，不管你购买哪个品牌的产品，最后很可能来自这些巨头：可口可乐、百事可乐、通用磨坊、家乐氏、联合利华、强生、宝洁、雀巢、卡夫。

世界上很多著名企业经营的产品都是种类繁多的，通过制定合适的产品组合决策，提高市场占有率和销售利润（见图 7-2）。

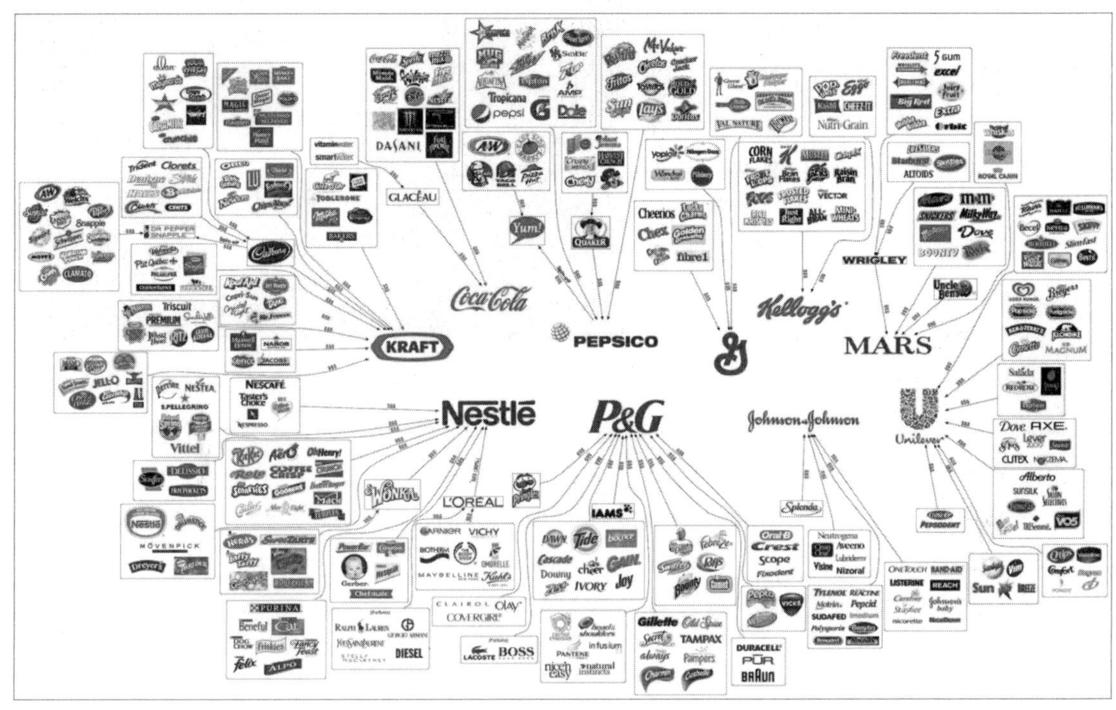

图 7-2　世界著名企业的产品组合决策

案例 7-3　　**索尼公司的产品组合策略**

索尼是日本的一家全球知名的大型综合性跨国企业集团。索尼是世界视听、电子游戏、通信产品和信息技术等领域的先导者，是世界便携式数码产品的开创者，是世界最大的电子产品制造商之一、世界电子游戏业三大巨头之一、美国好莱坞六大电影公司之一。索尼在第二次世界大战后成立后，以技术研发为中心，研发出了晶体管技术、特玲珑映像管技术，在之后凭借着 Walkman 随身听、PS 游戏机等注重用户体验的产品占领了大部分电子产品市场，也通过收购哥伦比亚三星电影公司、米高梅电影公司等美国企业打进了欧美市场，发展了娱乐影音领域。凭借这些成就，索尼成了世界上民用及专业视听产品、游戏产品、通信产品核心部件和信息技术等领域的先导之一。它在音乐、影视、电脑娱乐以及在线业务方面的成就也使其成为全球领先的电子和娱乐公司。

索尼的电子业务涉及家用视听产品、数码摄像机、数码照相机、个人电脑、个人音频产品、专业广播电视器材以及电子零部件和其他领域。

以下是索尼的部分产品组合。

家用视听产品：BRAVIA 电视机、WEGA 家庭影院、DVD 播放器等。

个人电脑：VAIO 个人电脑、电脑显示设备、电脑外设、数据媒体设备。

数码照相机：Cyaber-Shot 数码照相机、a 数码单反照相机。

电子零部件和其他产品：半导体产品、液晶屏、电子零部件、阴极射线管、拾光头、电池、FA系统等。

个人音频产品：Walkman品牌的MP3、MD、CD等，以及录音产品和耳机等相关配件。

数码摄像机：在Handycam品牌下，拥有包括MiniDV、DVD、硬盘、高清等多种格式在内的家用数码摄像机。

专业产品：高清晰度及标准清晰度的电影电视节目制作系统、媒体资产管理系统、视听服务器系统、专业显示设备、视频通信、网络监控和数字展示等面向宽带网络的系统解决方案，已被广泛应用于节目制作、网络通信、政府机构、工矿企业、医疗和教育等行业。

游戏业务：由索尼电脑娱乐公司负责，包括Sony家庭电脑娱乐系统PlayStation2、PSP主机与软件。

音乐业务：由Sony BMG公司负责，电影故事片和电视业务主要由索尼电影娱乐公司（SPE）负责。

资料来源：http://ishare.iask.sina.com.cn/f/21736996.html.

索尼就是通过良好的产品组合策略既提高了市场占有率，同时又规避了部分风险。产品好比人，都有其从成长到衰退的过程，因此很少有企业只经营单一的产品，比如美国通用电气公司经营的产品多达25万种，当然，也并不是说企业经营的产品越多越好，一个企业应该生产和经营哪些产品才是有利的，产品之间应该有哪些配合关系，这就是产品组合的问题。

一、明确企业产品组合及其四个维度

一个企业所提供给市场的全部产品线和产品项目的组合或结构就是产品组合。产品线是产品组合的一大类，是能够满足同类需要，相互间密切关联的一组产品。产品项目是在产品线中具有不同规格、品种、质量和价格的特定产品。例如，海尔集团有彩电、冰箱、洗衣机等多条产品线，每个产品线上又包括很多不同的产品项目。

具体来讲，产品组合就是企业生产经营的全部产品线、产品项目的组合方式，表现为产品组合的宽度、长度、深度和关联性，也称产品组合的四个维度。

表7-1为可口可乐旗下部分产品的组合示意。

（1）产品组合的宽度是指一个企业向市场提供的产品线的数量。例如，表7-1表明可口可乐公司产品组合的宽度包括三条产品线（实际上，该公司还有许多其他的产品线）。

表 7-1　可口可乐部分产品组合的长度与宽度

	产品组合的宽度			
	汽水类饮料	非汽水类饮料	水类	……
产品组合的长度	雪碧 醒目 芬达 可口可乐 健怡可乐	酷儿 美之源 健康工坊 茶研工坊 雀巢冰爽茶	冰露 怡泉 天与地 水森活	

（2）产品组合的长度是指产品线中产品项目的总数。在表 7-1 中，产品项目的总数是 14 个。产品线的长度是指一条产品线中产品项目的数量。在表 7-1 中，汽水类饮料产品线中包含了 5 个产品项目。产品线的平均长度为总长度除以产品线数，在此例中产品线的平均长度为 4.7。

（3）产品组合的深度是指产品线中每个产品项目有多少品种。如可口可乐有 3 种配方（香草味可乐、无糖可乐、经典可乐）、5 种规格（355 毫升、600 毫升、1.5 升、2.5 升、2 升），则产品深度为 15（=3 × 5）。

（4）产品组合的关联性是指各条产品线在最终用途、生产条件、分销渠道或其他方面相互关联的程度。由于可口可乐公司的上述产品并没有跨行业的产品经营，都是通过同样的分销渠道出售，因此可以说，该公司的产品线具有较强的关联性。

上述产品组合的四种维度，为企业确定产品战略提供了依据。我们可以看出，企业可以采用以下四种方法发展业务组合。

（1）加大产品组合的宽度，扩大企业的业务范围，实行多样化经营，分散企业投资风险。

（2）增加产品组合的长度，使产品线丰满充裕，成为更全面的产品线公司。

（3）增强产品组合的深度，占领同类产品更多的细分市场，满足更广泛的市场需求，扩大总的销售量。

（4）增强产品组合的一致性，使企业在某一特定的市场领域内加强竞争和赢得良好的声誉。

因此，产品组合决策就是企业根据市场需求、竞争形势和企业自身能力在产品组合的宽度、长度、深度和相关性方面做出的决策。

二、对现有的产品组合进行优化分析

了解了企业现有产品组合的基本情况及其四个维度之后，营销人员必须对现行产品组合做出系统的分析和评价，并决定是否加强或剔除某些产品线或产品项目，以期对现有产品组合进行优化。优化产品组合的过程，通常是分析、评价和调整现行产品组合的过程。分析、评价产品组合的方法有很多，如波士顿矩阵法、GE 矩阵法、产品项目分析法、产品定位图分析法。这些方法都是分别从两个方面对产品组合进行分析，首先是从产品线的角度，其次是从产品项目的角度。

（一）分析产品线的销售额和利润

产品线上的每个产品品种对总销售额和利润所做的贡献是不同的。产品线的销售额和利润分析主要是分析、评价现行产品线上不同产品项目所提供的销售额和利润水平。

案例 7-4　RED 公司宣布简化产品线

RED 公司是行业领先的专业数字摄影机及配件制造商。2006 年，RED 发布 4K RED ONE，引领了数字电影行业的革命。2008 年，RED 发布的 DSMC（数字静动态摄影机）系列用于拍摄了好莱坞巨制《银河护卫队 2》《霍比特人》三部曲、《怪奇物语》和《无神》等电视剧集，也拍摄了 *VOGUE* 和《时尚芭莎》等杂志封面。RED 的 DSMC2 摄影机系列提供三种感光器选择：GEMINI 5K S35、HELIUM 8K S35 和 MONSTRO 8K VV，融合了紧凑轻巧的设计、超高画质、惊人的动态范围、模块化及高端性能等特点。

2018 年 5 月 21 日，RED 公司宣布，从即日起，RED 摄影机的产品线将简化为有三款感光器可选的通用 DSMC2 主机：MONSTRO 8K VV、HELIUM 8K S35 和 GEMINI5K S35。无论选择哪一款感光器，通用的 DSMC2 主机都可提供高帧速率和高数据速率。此外，新的产品线比当前产品将有更低的价格。“RED 公司的目标是希望通过领先技术的发展使数字电影摄影在行业里得到更广泛的普及与应用。”RED 公司总裁 Jarred Land 说，“这个使命从来没有改变过。我们一直致力于提高效率，并与战略合作伙伴一起优化我们的供应链。因此，我今天很高兴地宣布我们可以简化产品线为单一 DSMC2 摄影机主机配合多种感光器选择，并全面降低产品价格。”

RED EPC-W 和 WEAPON 的主机将退出市场。RED 公司将开始为客户提供新的升级方案，包括主机及感光器的升级置换。“我们会一如既往地对我们的客户提供持续支持。”Jarred Land 说，“经过与大量客户的沟通，我们相信现在是最合适的时机宣布最新的客户升级计划，让更多的人有机会体验 RED 最新的产品与技术。”

资料来源：https://107cine.com/stream/101742/.

（二）分析产品项目的市场地位

产品项目市场地位分析是将产品线中的各产品项目与竞争者的同类产品做对比分析，全面衡量各产品项目的市场地位。其中，产品线产品定位图是一种有效的分析工具，有助于企业了解自己的产品线与竞争者产品线的对比情况，明确竞争形势。具体做法是根据产品的某两种主要特征属性，建立二维坐标图，按照每种属性的程度分成若干等级，在图中分别标出企业产品的位置及竞争者同类产品的相应位置，从而明确企业各产品的优劣势，全面衡量产品项目的市场地位。

案例 7-5 **华为不同系列手机的市场地位分析**

我们都知道，每个品牌都有自己的产品线，通过划分不同的产品线、产品项目来区分目标用户，并达到将自己的产品更精准地推送给用户的目的。下面盘点一下华为手机的不同系列，分析不同产品项目的市场地位，明确企业各产品的优劣势。

Mate 系列：Mate 20 就属于该系列机型高端商务系列，主要面对人群是商务人群，麒麟高级处理器、4 000mAh 大电池，消费人群以男性居多。

P 系列：当家花旦 P20，时尚旗舰，以其出色的性能、强悍的拍照和惊艳的外观成了不折不扣的安卓旗舰。整体比 Mate 系列更加娇小，主要面对女性消费人群。

nova 系列：主要面向年轻女性用户，价格相对低一些。处理器采用的是华为中低端的处理器，升级电池，增强了续航能力和相机功能，主打拍照功能，代言人多是当红的年轻明星。

畅享系列：用户与畅玩有些重合，搭载的处理器主要是以高通为主，主打中低端市场，主要针对 2 000 元以下的市场，是入门级别的机型。

麦芒系列：手机定位为年轻手机，麦芒主要是华为和运营商合作而定制的系列，它在华为手机系列里的存在感一直不是很强，是一款主推线下销售的机型。

再来说说华为荣耀手机，华为荣耀是华为旗下的互联网手机品牌，它是为年轻人而做的独立品牌，主狙小米，有较高的性价比，其产品线也覆盖了高中低端。

荣耀系列：作为华为销量最大的手机系列，荣耀系列的地位其实比 Mate 系列更加重要。荣耀主流以旗舰机为主，2018 年的主打产品是荣耀 10，搭载了麒麟 970 芯片，而且接连更新了 GPU turbo 与超级夜景功能，性能更强劲。

荣耀 V 系列：V10 和荣耀 10 比较，主要就是外观、拍照和续航有所区别。V 系列更像 Mate 系列，想买 Mate 系列，但是囊中羞涩的人，可以考虑这一系列的手机。

荣耀畅玩系列：号称“千元屏霸，高屏占比”荣耀 8X 就属于这个系列，该系列采用中低端处理器，主打中低端市场，主要针对 2 000 元以下的市场，搭载的是麒麟处理器。

Note 系列：新机荣耀 Magic 2 就属于荣耀 Note 系列产品，主打大屏，适合爱好大屏影音娱乐的用户。

资料来源：https://baijiahao.baidu.com/s?id=1612725898845716707&wfr=spider&for=pc.

通过以上两个角度的分析，营销人员基本可以掌握产品线上各个产品品种对企业利润的贡献能力，以及在市场竞争中所处的地位，为接下来要做的产品组合决策提供依据。

三、进行产品组合的决策

根据以上的产品线分析，我们可以看出，一个企业生产或销售的产品组合就可以划分为：目前虽不能获利但有良好发展前途、预期成为未来主要产品的新产品，目前已达到高利润率、高成长率和高占有率的主要产品；目前虽仍有较高利润率而销售成长率已趋降低的维持性产品；已决定淘汰、逐步收缩其投资以减少企业损失的衰退产品。我们可以针对市场的变化，调整现有产品结构，从而寻求和保持产品结构最优化。比如，一般来说，拓宽、增加产品线有利于发挥企业的潜力，开拓新的市场；延长或加深产品线可以适合更多的特殊需要；加强产品线之间的关联性，可以增强企业的市场地位，发挥和提高企业在有关专业上的能力等。有关这些方面的决策就是产品组合决策。

产品组合决策主要包括以下几种。

（一）产品线延伸决策

每个企业的产品线一般都会定位于该行业的整个范围的某个部分。如果企业超出现有范围来增加它的产品线的长度，即产品线延伸。企业可以向下延伸、向上延伸，或双向延伸（见图 7-3）。

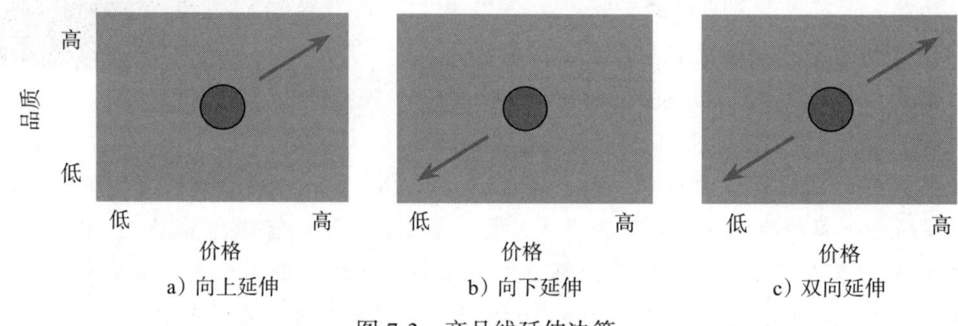

a）向上延伸　　b）向下延伸　　c）双向延伸

图 7-3　产品线延伸决策

（1）向下延伸，即在原有的产品线下面增加低档产品项目。例如，精工和西铁城的手表最初定位在高价市场，随后则为低档市场推出了手表产品，如精工在亚洲市场推出了阿尔巴牌手表，在美国市场推出了帕萨牌手表，而西铁城则推出了艾得克牌手表。实行这一决策需要具备以下市场条件：利用高档名牌产品的声誉，吸引购买力水平较低的顾客慕名购买此产品线中的廉价产品；高档产品销售增长缓慢，企业的资源设备没有得到充分利用，为赢得更多的顾客，将产品线向下伸展；企业最初进入高档产品市场的目的是建立厂牌信誉，然后再进入中低档市场，以扩大市场占有率和销售增长率；补充企业的产品线空白。但是，实行这种策略也有一定的风险，如果处理不慎，就会影响企业原有产品特别是名牌产品的市场形象，因此必须辅之以一套相应的营销组合策略，但这样可能会大大增加企业的营销费用开支。

案例 7-6　派克笔品牌延伸

乔治·派克先生于1888年创立了派克公司，并一直致力于以“拔萃之作，智者之选”的理念制造“更好的笔”。著名作曲家普契尼、小说家柯南·道尔和中国著名作家张爱玲都曾用派克笔创作出传世佳作。百年辉煌历史，铸就了派克的卓越品质。自1962年以来，派克一直是英国皇室御用品牌，并多次作为重要条约的签署用笔而见证历史。派克钢笔质优价高，是身份和体面的标志。

然而，1982年美国派克公司新任总经理詹姆斯·彼特森上任后，不把主要精力放在改进派克笔的款式、质量上，而是转向低价位的产品开发，争夺低档笔市场。把派克品牌用于每支售价仅3美元的低档笔，由此降低了派克在消费者心中的高贵形象，而其竞争对手则趁机侵入高档笔市场。派克公司非但没有顺利地打入低档笔市场，反而丧失了一部分高档笔市场。因此，其市场占有率下降到20%，销售额只是其竞争对手克罗斯公司的一半。

资料来源：http://www.cnki.com.cn/Article/CJFDTotal-HZJJ199906038.htm.

（2）向上延伸。在市场上定位于低档产品的企业可能会打算进入高档产品市场。它们也许被高档产品较高的增长率和较高的利润率所吸引；或是为了寻找机会把自己定位成完整的产品线制造商。在原有的产品线内增加高档产品项目，采用这一策略也要承担一定的风险，要改变产品在顾客心中的地位是相当困难的，处理不慎，还会影响原有产品的市场声誉，并且企业原有的销售代理商和经销商可能没有能力经营高档产品。

案例 7-7　　大众汽车做高档车遭遇挫折

辉腾是大众集团推出的一款顶级豪华车型，并与奥迪A8、宾利欧陆GT基于同一平台打造，于2002年正式量产上市，因其全铝车身结构、手工打造等特点而颇为引人注目。辉腾动力强劲、外观流畅、内饰优雅，有8缸、12缸两个型号，车速可达300千米/小时，即使与同级别的宝马7系、奔驰S级相比，辉腾也毫不逊色，《福布斯》甚至称其为“伟大的车”。然而就是这样一款“伟大的车”，上市两年仅售出3 715辆，最终不得不挥泪撤出美国市场。

为什么辉腾不被消费者接受，原来在辉腾车身的前盖和后箱上都嵌有大众的标识，大众品牌在消费者心中留下的“平民车、中低档”的形象已经根深蒂固，说起德国的大众车，很多人还是会想起桑塔纳、帕萨特、朗逸这些大众化的汽车，很难将大众与超跑和豪车联系在一起。把辉腾和大众捆在一起，只能让消费者怀疑辉腾高贵基因的纯正性。

大众集团禁不住高档车市场的利益诱惑，推出的辉腾在销量方面并未达到其预期，最终于2016年3月将辉腾生产线关闭。

资料来源：https://wenku.baidu.com/view/bedfb53ebe1e650e53ea9959.html.

（3）双向延伸，即原定位于中档产品市场的企业掌握了市场优势以后，向产品线的上下两个方向延伸，一方面增加高档产品，另一方面增加低档产品，扩大市场阵地。成功的双向延伸战略可以使企业成为某类产品市场的领导力量。德克萨斯仪器公司以中等价格和中等质量推出了第一批计数器，然后它逐渐在低端产品上增加机型，从玻玛公司夺取了市场份额；它又推出了一种价格低于惠普公司的计数器，控制了高档市场。双向延伸战略使德克萨斯仪器公司很快占据了袖珍计数器市场的领导地位。

（二）产品线填补决策

产品线填补决策是在现有产品线的范围内增加一些产品项目，以强化产品线的策略。采取该策略的企业主要基于以下考虑。

- 通过扩大经营增加利润。
- 满足消费者的差异化需求。
- 防止竞争对手乘虚而入。
- 利用过剩的生产能力等。

当企业决定实施产品线现代化决策时，应注意合理调配企业的各种资源，防止企业的新旧产品之间的过度竞争；要根据实际存在的差异需求来增加产品项目，以使消费者能明显地感觉到其产品线内各个产品项目之间的差异；必须使新的产品项目有足够的销量；在决定发展某种产品项目时，一定要考虑此种产品的市场需求状况，而不能仅仅是为满足企业内部产品定位的需要。

（三）产品线现代化决策

在某些情况下，产品线长度是适当的，但是产品线的生产方式已经落后，并且影响了企业生产和市场营销效率。在这种情况下，企业就必须实施产品线现代化决策，对现有产品线的技术进行更新或改造。这一策略强调把现代化科学技术应用到生产过程中。

当企业决定实施产品线现代化决策时，有两种方式可供选择。

（1）逐步实现。

（2）以最快的速度、用全新的设备更换原有的产品线。

选择逐步实现的方式可以节省资金，但也容易被竞争者发现和模仿，而快速实现产品线现代化决策，需在较短的时间内投入大量的资金，但可以快速产生市场效果，并对竞争者形成威胁。

（四）产品线特色决策

产品经理经常在产品线中选择一个或少数几个产品项目进行特别号召。有时，企业以产品线上的低档产品型号进行特别号召，使之充当开拓销路的廉价品，吸引顾客购买；有时企业以产品线上的高档产品型号进行特别号召，以提高产品线的等级。如人头马推出的路易十三的价格比正常的 XO 要高十倍。此种产品起到了“旗帜”或“王冠上的珠宝”的作用，提高了整条产品线的地位。

（五）产品线削减决策

较长、较宽的产品组合会在市场繁荣时为企业带来更多的盈利机会，但在市场不景气或原料、能源供应紧张时期，或者产品线中有大量积压的存货时，企业可以考虑缩减产品线，把更多的资源投入到利润率较高的产品线上，以增加产品的获利能力。有时产品线延长的压力较大，如生产能力过剩促使产品经理开发新的产品项目；经销商和销售人员为适应顾客的需要，要求增加产品项目；产品经理为了扩大销售和提高利润增加产品项目。在这种情况下，产品线有不断延长的趋势。但是，随着产品线的加长，营销费用也随之增加，这样会相应减少利润。在这种情况下，企业需要对产品线的发展进行相应的遏制，剔除那些得不偿失的产品项目，使产品线缩短，以提高获利水平。

第三节　如何制定新产品决策

一、明确新产品的种类和获取方式

案例 7-8　　**海尔的“手搓式”洗衣机**

在经过大量的市场调研、分析及模拟对比实验后，海尔第三代“手搓式”洗衣机问世了。该款洗衣机独有的“三维水流”，即回旋水流、全瀑布水流、偏心波轮万层水流，实现了搓洗衣物更干净，冲洗衣物更彻底，洗涤衣物防缠绕，真正形成了对衣物的全方位立体洗涤。同时，海尔第三代“手搓式”洗衣机还拥有包括手搓技术、健康技术、双10技术、节水技术、透明技术在内的五大技术，达到更净、更省的效果。“波轮与内桶同时双向旋转，双倍搓洗，内桶与波轮采用抗菌材料，防霉抗菌”，使衣物不仅洗得更干净，而且更健康。“10分钟速洗和10种水位选择”与“脱水孔自上而下，由大变小，利于脱水节水”，使得海尔第三代“手搓式”洗衣机比普通洗衣机更省时、更节水。另外，引领国际潮流的透明设计还可满足用户追求时尚的个性化需求。

资料来源：https://baike.so.com/doc/1810101-1914286.html.

海尔是以新观念、新产品取胜的典范。在科技日益发展的今天，企业不能以一成不变的产品来面对激烈的市场竞争，必须适时地推出新产品，以满足顾客不断变化的需求和购买欲望。此外，伴随着科技进步步伐的日益加快，产品生命周期迅速缩短，新产品开发已经成为关系到企业生死存亡的战略重点，成为企业市场竞争的核心内容。市场营销学对新产品概念的界定比较宽泛，产品只要在功能或形态上发生了改变，与原来产品产生差异，甚至产品只是单纯地由原有市场进入新的市场，都可以视为新产品。所以企业若想以新产品取胜，先要决策提供哪一种“新”产品，因此就要了解新产品的四种基本类型。

（1）完全创新产品。完全创新产品是指采用新原理、新技术和新材料研制出来的市场上从未有过的产品。这是绝对的新产品，它的创新程度最高，具有其他类型的新产品所不具备的经济、技术上的优势：可取得发明专利权，享有独占权利；能通过其明显的新特征与新用途改变传统的生产生活方式，取得全新的市场机会，创造需求。比如汽车、飞机最初出现在市场上的时候就属于完全创新产品。但研制这种产品是一项相当困难的工作，需要技术、资金、时间的保证，还要承担巨大的投资风险。因此，实力较强、规模较大的企业出于市场战略上的考虑，为引领市场潮流，重视开发完全创新的产品固然必要，但为了应对眼前的市场竞争，也应重视开发相对的新产品，即在原有产品的基础上进行更新换代、改革与仿制。

（2）换代新产品。换代新产品是指采用新材料、新元件、新技术，生产使原有产品的性能有飞跃性提高的产品。换代新产品的技术含量比较高，是在原有产品基础上的新发展。因此它是企业进行新产品开发、提高竞争能力的重要创新方式。

（3）改革新产品。改革新产品是指从不同侧面对原有产品进行改革创新而创造的产品。如采用新设计、新材料改变原有产品的品质，降低成本，但产品用途不变；采用新式样、新包装、新商标改变原有产品的外观而不改变其用途；把原有产品与其他产品或原材料加以组合，使其增加新功能；采用新设计、新结构、新零件增加其新用途。改革新产品的技术含量低或不需要使用新技术，是较容易设计的新产品形式。它可以增强竞争能力，延长产品生命周期，减少研制费用和风险，提高经济效益。图 7-4 中的电风扇就属于改革新产品。

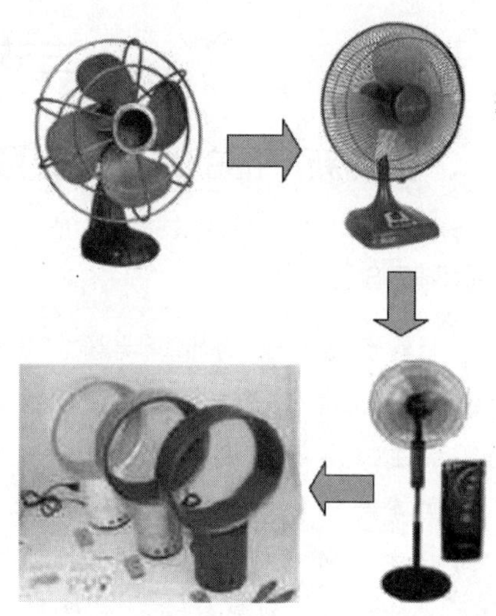

图 7-4　改革新产品

（4）仿制新产品。有些产品在市场上已经出现，但是本企业从来没有生产过，因而通过模仿制造其他产品可以成为仿制新产品。仿制新产品是开发新产品最快捷的途径，风险也较小，只要有市场需求又有生产能力，就可以借鉴现成的样品和技术来开发本企业的新产品。日本汽车扬威世界，它的第一步是从仿制新产品开始的。但仿制新产品需要在专利法等法律法规的约束下，对原有产品进行适应性的修正。

为了获取新产品，不同的企业可以采用不同的方式。有些可以从其他企业获取，比如通过兼并其他企业、购买专利等方式获得；有些也可以通过自己开发来获得，这就需要企业具备一定的研发能力和科研力量。企业需要结合“新”产品的类型和自身的能力，合理地选择获取方式、开发方式或者两者并用来发展新产品。

二、确定新产品开发策略

案例 7-9　　**苹果公司新产品的失败**

苹果公司作为一家知名的 IT 公司，如今已走过 30 多年的发展历程。同许多公司一样，苹果公司在创新过程中也走过许多弯路，出现过诸多的创新败笔。

苹果Lisa电脑以乔布斯女儿的名字命名，是全球首款将图形用户界面和鼠标结合起来的个人电脑。然而，在Lisa电脑于1983年面市时，苹果公司没有充分考虑到消费者对电脑消费的承受能力，当时售价为令人难以置信的1万美元。高昂的售价令不少用户退避三舍，导致其销量不佳。据有关苹果公司成长历程的传记*Apple Confidential 2.0*记述，1989年，苹果公司将数千台没有售出的Lisa电脑扔进了犹他州的垃圾堆。

从今天的视角来看，Newton好像既是一款超前设备，又是价格高昂、体积硕大的PDA。但在1993年时Newton与上述两个方面都没有联系：消费者根本不清楚怎样使用。Newton的售价为700～1 200美元，机长8英寸[⊖]，宽4.5英寸，刚刚有手掌大小。然而，由于屏幕分辨率不佳，字迹辨认能力极差，一度成为人们的讽刺对象，甚至连《辛普森一家》也拿它来调侃。在更薄、更便宜、更易使用的Palm Pilot1996年问世后，Newton更没了市场，最终消失在人们的视野中。

同Newton一样，苹果公司可能出于自身利益的考虑，对QuickTake数码相机做了大胆创新，但这些创新并不成功。QuickTake的售价为750美元，记忆存储容量只有1MB，只能存储8张0.3兆像素的相片，没有LCD屏幕和变焦功能。另外值得一提的是，用QuickTake相机拍摄的照片只能下载至Mac机上，苹果的用意不言自明。

资料来源：https://wenku.baidu.com/view/14157c502af90242a895e59c.html.

前面我们提到，开发新产品可以是开发全新产品，也可以是在老产品的基础上进行改进，如增加新功能，改进产品的结构，简化操作，甚至只是改善外观造型和包装等，都可视为进行产品开发，都有可能收到意想不到的市场效果，但也有可能面对失败的结局。新产品开发策略通常包括进攻式开发策略、防御式开发策略、系列化开发策略、差异化开发策略、超前式开发策略、滞后式开发策略等。结合考虑企业现有的产品组合以及现行产品与公司总体营销目标的匹配程度，我们又可以将产品开发策略划分为以下四种：市场渗透、市场开发、产品开发以及产品多元化，如图7-5所示。

（1）市场渗透策略。市场渗透策略力求在现有的市场上增加既有产品的销售量。公司可以通过改良产品、提高产品质量、开发产品不同的用途来试图扩大市场渗透率。对于完全开发市场上的成熟型产品，公司常采用该策略来增加市场份额。

	现有产品	新产品
现有市场	市场渗透	产品开发
新市场	市场开发	产品多元化

图7-5　可供选择的产品开发策略

（2）市场开发策略。市场开发策略集中于为现有产品寻找新市场。例如，香烟制

⊖ 1英寸=0.025 4米。

造商采用一种针对酒吧师的市场开发策略。烟草公司纷纷向酒吧师馈赠各种礼物，如聚会、免费度假、礼品券、音乐会和电影票等，有些公司则直接开给酒吧师每年数额不等的支票。与这些礼物相伴的还有印着公司品牌名称的免费酒吧用品。作为交换，酒吧师被要求在其酒吧内仅备有该公司生产的香烟，并向吸烟的顾客推荐它们的香烟。

（3）产品开发策略。产品开发策略是指为原有的或可识别的市场提供新产品。公司可以选择通过在已经占领的市场上推出新产品来扩大总体市场份额。这些新推出的产品被称作侧翼产品。

（4）产品多元化策略。此策略着重为新的市场开发全新的产品。一些公司寻求与现有市场互为补充的新的目标市场，其他公司则选择完全不同的新方向。如图 7-6 所示，云南白药推出了“云南白药急救包”、健康类个人护理产品“理肤套装”、千草堂“滇橄榄含片”等产品，又推出了“云南白药痔疮膏”。近年该公司的业绩主要靠牙膏等日化业务的推动，药品业务的收入增长主要由气雾剂拉动。

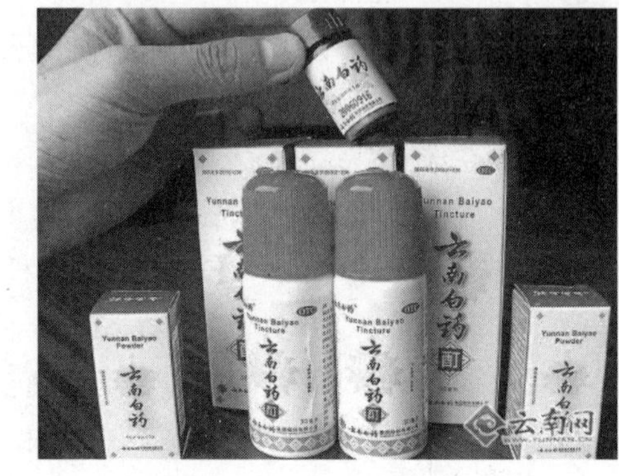

图 7-6　云南白药的多元化策略

所以，企业在进行产品开发之前，就要做出产品开发的决策，决定企业新产品类型和新产品开发的力度。

三、按程序进行新产品开发

案例 7-10　　**丰田的 A3 报告**

为什么丰田可以给世界带来一款又一款出众的汽车？全世界的汽车制造商和研究者都在寻找答案。多数研究者认为，丰田的总工程师体系是丰田产品开发的动力源泉，因此很多公司引进了类似的体系。尽管如此，这些引入了类似体系的公司却抱怨：“我们的总工程师体系没有丰田这套系统来得有效。”原因在于，丰田的产品开发系统是总工程师的卓越才能与丰田管理层的领导力和指导相互配合的结果，配合可以将开发系统的效果最大化，并使参与产品开发的人员协同工作的组织方式更有效。

A3 报告现在已经成为丰田产品开发过程中的一种重要工具。A3 报告是丰田公司开发的一种精益报告方法，把问题的源头、分析、纠正和执行计划放在一张 A3 的纸上表达出来，并及时更新或报告结果。在丰田，A3 报告已经成为一个标准方法，用来总结解决问题的方案，进行状态报告，以及绘制价值流图。

实际上，A3 报告更多的是一种思维方式，而不仅仅是工具。A3 报告可以用在很多方面，最多的使用情况是用来展示如何发现问题和解决问题。同时企业也可以使用 A3 报告来进行企业战略规划和业务计划，进行价值流程分析和快速改善以及可以用来分享成功的改善方案等。但在所有用途中，A3 报告都提供了一个组织改善思维的框架，就是精益思想中的持续改善。使用 A3 报告这个工具，会使得所有参与者深入地思考问题的发现、分析、改善和持续改善这个过程。也就是说，它讲求的是一个完整开端，随时追踪，完美收场并随时改善的过程。

资料来源：https://wenku.baidu.com/view/c826410a7cd184254b353530.

新产品的开发经历了从新产品构想到生产进而全面商业化的过程。一个新产品的开发，对企业来说是一件大事。但对于新产品的构思，许多企业经营者都会不自觉地产生这样的错觉，认为不过就是突然萌发出的一种新的想法而已，尤其是小企业开发的小产品，大多都是如此。其实产生一种新的想法只是新产品开发过程中的一小步，即使它是一个不起眼的小产品，余下的过程依然很长。在这余下的过程中，有些开发程序相当艰难。在每一阶段，管理人员都需要进行调查研究，慎重地做出决策。为了提高新产品开发的成功率，需要建立科学的新产品开发管理程序。不同行业的生产条件与产品项目不同，管理程序也有所差异，但一般企业研制新产品的管理程序大致如下。

1. 新产品构想

在开发新产品的过程中，首先要考虑的是根据某种新的需要提出产品设想。在这一阶段，营销人员的主要责任是：积极地在不同环境中寻找好的产品构思；积极地鼓励公司内外部人员提供产品构思；将汇集的产品构思转送公司内部有关部门，征求修正意见，使其内容更加充实。

有关新产品构思的产生可以来自很多方面，如消费者、雇员、经销商、竞争对手、顾问等。营销人员寻找和搜集新产品构思的主要方法有如下几种。

（1）产品属性列举法。将某一产品的主要属性列成一览表，然后对每一种属性进行分析研究，提出改进意见，从而在原有产品的基础上发展新产品。

（2）强行关系法。先列举出若干个不同的产品，然后把某一种产品与另一种产品或几种产品强行结合起来，产生一种新的构思。

（3）多角分析法。首先将产品的重要因素抽象出来，然后具体地分析每一种特性，最后形成新的创意。例如，洗衣粉最重要的属性是其溶解的水温、使用方法和包装，根据这三个因素所提供的不同标准，便可以提出不同的新产品创意。

（4）头脑风暴法。一般地，头脑风暴法是由 6 ～ 10 人在一起就某个问题进行讨论的方法。运用头脑风暴法可以激发与会者极大的创造想象力，可以帮助人们产生许多构思。这种方法的有效运用要求与会者在会前提出若干问题并有所准备，然后在会上畅所欲言，彼此激励，相互启发，提出种种设想和建议，在此基础上经分析归纳，便可形成新产品构思。

（5）征集意见法。产品设计人员通过问卷调查、召开座谈会等方式了解消费者的需求，征求科技人员的意见，询问技术发明人、专利代理人、大学或企业的实验室、广告代理商等的意见，并且坚持经常进行，形成制度。

2. 产品构想的筛选

获得大量构想后，企业应组织力量对构想进行评估，运用一系列评价标准，对各种构想进行比较判断，从中找出最有希望的构想。通过筛选，可以权衡各个构想的费用、潜在效益和风险，尽早发现和放弃不良创意，找出不可能成功的创意。

在进行筛选时，营销人员通常应考虑以下几个方面的因素。

（1）市场成功的条件，包括产品的潜在市场成长率、竞争程度及前景、企业能否获得较高的收益。

（2）企业内部条件，主要衡量企业的人、财、物等资源，企业的技术条件及管理水平是否适合生产这种产品。

（3）销售条件。企业现有的销售结构是否适合销售这种产品。

（4）利润收益条件。产品是否符合企业的营销目标，其获利水平及新产品对企业原有产品销售的影响。

这一阶段的任务是首先剔除那些明显不适当的产品构想，然后按一定标准从余下构思中选出企业可以接受的产品构思，这一问题可以使用加权平均法分别计算各构想成功的分数值来解决，表 7-2 举例说明了运用此方法评价某一产品构想的具体过程，可见此产品构想的综合评分为 0.720，超过最低接受标准 0.70，尚可采用。

表 7-2　产品构想加权平均法举例

指标	相对权数（A）	企业能力水平（B）											评分
		0.0	0.1	0.2	0.3	0.4	0.5	0.6	0.7	0.8	0.9	1.0	（A×B）
企业声誉	0.20							√					0.120
营销能力	0.20										√		0.180
研发能力	0.20								√				0.140
人力资源	0.15							√					0.090
财务能力	0.10										√		0.090
生产能力	0.05									√			0.040
地理位置和设备	0.05				√								0.015
采购和供应能力	0.05										√		0.045
总计	1.00												0.720
评分标准：0.00 ～ 0.40 为差；0.41 ～ 0.75 为尚佳；0.76 ～ 1.00 为佳													
最低接受标准：0.70													

3. 产品概念发展与测试

消费者不是要购买产品构想，而是要购买产品概念。任何一个产品构想都能转化为几种产品概念，比如某企业获得了一种营养液产品的构想，由此可形成多个产品概念，诸如延年益寿适于老年人饮用的补品、有助于儿童增强记忆健壮身体的滋补品、易于病人吸收加快康复的营养品、老少皆宜且味道好的营养型饮料等。所以，新产品构想经筛选后，需进一步发展成更具体、更明确的产品概念。

确定了最佳产品概念，并进行产品和品牌的市场定位后，就应当对产品概念进行试验。所谓产品概念试验，就是用文字、图画描述或者用实物将产品概念展示给一群目标顾客以观察他们的反应。新产品测试的具体内容包括两个主要方面：一是新产品概念的可传播性和可信度，即测试消费者对该产品概念所提供的利益是否清楚明白，是否相信该新产品概念所能提供的利益；二是潜在消费者对新产品概念的需求水平，即测试消费者对该新产品概念的需求程度。消费者需求愿望越强烈，新产品概念成功的可能性越大。与此同时营销人员对每个产品概念都要进行定位，以了解同类产品的竞争状况，优选最佳的产品概念。

4. 初拟营销规划

对于经过测试的产品概念，企业要制订一个初步的营销计划，这个营销计划将在以后的阶段中被不断地完善发展。营销计划一般要描述目标市场的规模、结构，消费者的购买行为，产品的市场定位，以及对前期的销售量、市场占有率、利润率的预测等；也要描述该产品预期价格、分销策略及第一年的营销预算；还要描述预期的长期销售额和利润目标，以及不同时期的市场营销组合策略等。

5. 商业分析

商业分析的任务是在初步拟订营销计划的基础上，对新产品概念从财务上进行分析，主要从经济效益方面分析，分析新产品概念是否符合企业目标，其主要包括预测销售量和估计成本与利润。对销售量的预测，需要通过市场调研，采用科学的方法，并且根据新产品的特征来预测可能的销售量。企业决策者要估计新产品的销售量是否能够使企业获得满意的利润。此外，企业还要根据营销战略计划分析各种费用，如广告费用、促销费用、财务费用、管理费用、生产成本、开发成本等，结合暂定的产品价格计算出每年的预计利润和亏损，从而对产品概念在商业上是否可行做出判断。

6. 新产品研制

经过商业分析后选定的新产品概念必须转送到研究开发部门或技术工艺部门试制成为产品模型或样品，同时进行包装的研制和品牌的设计。这是新产品开发的一个重要步骤，只有通过产品试制，投入资金、设备和劳力，才能使产品概念实体化，然后发现不足与问题，改进设计，进而证明这种产品概念在技术、商业上的可行性。研究与开发部门根据产品概念的主要特征，在预算的制造成本范围内，将产品模型或样品制作出来后，为了保证技术上可行和消费者满意，通常要进行多种测试。既要对产品功能进行实验室内或实际使用中的操作和安全实验，也要请消费者对原型的试用和评价结果进行考察。

7. 市场试销

对于新产品开发来说，市场试销是一个不可或缺的环节。尽管从新产品构想到新产品实体开发的每一个阶段，企业开发部门都对新产品进行了相应的评估、判断和预测，但这种评价和预测是否能与市场的实际情况一致，是否能得到消费者的认可，企业并无把握。而通过将新产品投放到有代表性的、小范围的目标市场进行测试，企业则可能真正了解该新产品的市场前景。市场试销是对产品的全面检验，可为新产品是否全面上市提供全面、系统的决策依据，也可为新产品的改进和市场营销策略的完善提供启示。

案例 7-11　　控制试销的经典案例

一家美国制药公司研究出一种将抗酸剂与镇痛剂特点结合起来的抗酸镇痛结合剂。在产品试验中，营销人员向一组顾客大力宣传服用这种药剂不需同时喝水的特点，从而发现他们中的绝大多数人都从几种竞争产品中选用这种新产品。于是，公司在大规模广告的支持下在一定数量的试销市场上推出该产品。宣传影响分析表明，广告吸引了数量可观的消费者。但是销售量却出乎意料的低，以至于公司在数月内不得不放弃这项产品。随后的研究结果表明，试销中出现的重大的错误是强调服用这种产品不需水，但是过去人们服用此镇痛药时感到水对于治疗疼痛是必要的。

资料来源：http://wiki.mbalib.com/wiki/%E6%8E%A7%E5%88%B6%E8%AF%95%E9%94%80.

新产品试销面临许多问题，在试销前营销人员要全面考虑试销的地区范围和地点、试销的时间、试销要收集的信息、试销的营销战略和进一步的战略行为等。

在试销之后，营销人员要根据试销结果考虑下一步采取什么行动，一般以市场占有率和重复购买率的高低来判断该产品是进入商业化生产，还是重新设计或是完全停止发展。一般来说有以下几种结果（见表 7-3）。

表 7-3　试销结果及其策略

试用率	重复购买率	策略
高	高	商业化生产
高	低	重新设计产品或停止发展
低	高	加强广告宣传和促销活动
低	低	停止发展

8. 商业化

一旦新产品试销成功，企业就可以正式批量生产新产品，将其全面推向市场。这时企业要支付大量费用，而新产品投放市场的初期往往利润微小，甚至亏损。因此，企业在此阶段应建立相关的信息资料库，在产品投放市场的时机、区域，目前市场的选择和最初的营销组合等方面做出慎重决策。

四、推进新产品的传播

市场营销人员一定要明确新产品开发出来只是完成了产品开发策略的第一步，只有在新产品获得了良好的市场反应，使企业实现其最初的产品开发目的时，产品开发才能算作基本获得了成功。但是，有些新产品需要经过一个比较长的过程才被大多数消费者所接受，所以推出新产品，一定要先分析影响消费者采用新产品的各种因素，并据此采取合适的营销策略。影响消费者采用新产品的主要因素有以下几个方面。

（一）根据顾客差异进行市场扩散

在新产品的传播过程中，由于受社会地位、消费心理、产品价值观、个人性格和偏好等因素的影响，不同的消费者对新产品的反应具有很大的差异。根据消费者接受新产品的差异，我们可以将采用者划分为五种类型。

表 7-4　新产品采用者分类

类型	特征
创新采用者	特征：极富创新精神，收入水平、社会地位和受教育水平较高，一般为年轻人，交际广泛而且消息灵通
早期采用者	特征：大多是在群体中具有很高威信的人，受到周围朋友的拥护和爱戴，常常收集有关新产品的各种信息资料，成为某些领域里的舆论领袖，多在产品的介绍期和成长期采用新产品，对后来采用者影响较大
早期的大多数采用者	特征：深思熟虑，态度谨慎；决策时间较长；受过一定的教育；有较好的工作环境和固定收入；对舆论领袖的消费行为有较强的模仿心理
晚期的大多数采用者	特征：多疑；信息多来自周围的同事和朋友，很少借助宣传媒介收集所需信息；受教育程度和收入水平相对较差；从不主动采用或接受新产品，直到多数人都采用且反应良好时才行动
落后采用者	特征：思想保守，拘泥于传统的消费行为模式；极少借助广告宣传，其社会地位和收入水平一般较低；直到产品进入成熟期乃至衰退期后才会采用

1. 创新采用者

他们是首先接受产品者，占所有接受这种产品人数的 2.5%。这一类消费者迫切地想要尝试新产品和接受新观念，他们有较好的经济基础，富有个性，勇于革新冒险。他们很少依赖于群体标准，非常自信。由于受到过良好的教育，他们更容易从科学性来源和专家那里获得信息。

2. 早期采用者

早期采用者是指紧接着创新者接受产品的消费者，他们占全体消费者人数的 13.5%。他们对新事物比较敏感，具有较强的适应性。他们一般是某个群体中有较高威信的人，经济状况良好。同革新者相比，他们更依赖于道德标准和价值观。早期采用者比创新者更容易成为潮流领导者，因为他们与集体有着更为密切的关系。

3. 早期的大多数采用者

早期的大多数采用者是指随后接受产品的 34% 的消费者。这一类人在接受某一件新产品之前要权衡利弊，深思熟虑。与早期采用者相比，他们乐于收集更多的信息以及比较、评估更多的品牌，因此他们所需要的接受过程较长。他们依赖于群体来获得信息，但自己却不善于成为领导潮流的人。由于他们处于早期采用者和晚期采用者之间，所以他们是新产品传播过程的重要环节。

4. 晚期的大多数采用者

晚期的大多数采用者是指接下来的 34% 的接受者。他们对新产品多持怀疑或观望态度，往往在产品成熟阶段才加入购买。这类人接受新产品是因为他们的大多数朋友已经接受了。由于他们也依赖于群体标准，所以他们是迫于服从大多数的压力而接受的。这类人往往年纪较大且收入和教育水平低于平均水平。他们的信息来源主要靠口头交流而不是大众传媒。

5. 落后采用者

落后采用者是指最后接受新产品的 16% 的消费者。与创新者一样，他们也不依赖于群体标准。他们的思想保守，往往对新产品持怀疑态度，与高速发展的社会相疏远。到落后采用者开始接受产品的时候，产品很可能已经过时或被其他的产品所替代了。例如，他们也许在彩色电视机已经广泛使用以后才开始购买他们的第一台黑白电视机。

所以，企业在推出新产品的过程中，应特别重视对创新采用者和早期采用者的识别，并通过有效途径与他们沟通，将营销重点先集中在他们身上，并通过他们的影响，促进新产品的市场扩散。对于早期的大多数采用者，研究他们的心理状态、消费习惯对企业加速新产品扩散具有重要意义。

（二）产品特点与接受速度

除了个人特性因素外，产品特征对采用率也有很大的影响。产品的复杂性、相容性、相对优势、可视性、可试性等特点可以用来预测和解释一个新产品的接受程度与传播速度。

（1）复杂性是指了解和使用一个新产品的困难程度。产品越复杂，传播得越慢。例如，35毫米照相机，在许多功能实现自动化以前，主要是被摄影爱好者和专业人员使用，因为对大多数人来说，学习如何操作它实在是太复杂了。

（2）相容性是指新产品与现有价值观、产品理解、过去的经验和目前需要的一致性程度。不一致的产品比一致的产品的传播速度要慢得多。

（3）相对优势是指一个产品被认为优越于现存替代品的程度。例如，由于微波炉缩短了烹饪的时间，因此它同传统的炉具相比具有一个明显的相对优势。

（4）可视性是指使用某一产品的好处或使用它可以被其他人看到或了解的难易程度。例如，服装和汽车的视觉形象强，比个人护理品更容易被注意到。

（5）可试性是指一个产品可以在有限范围内试用的程度。试用新牙膏或早餐食品要比试用新汽车或微型计算机容易得多。展厅里的展览与试驾和在家里的试用是截然不同的。为了刺激人们试用新产品，营销人员可以开展赠送免费样品、品尝展示商品和出售小包装商品等活动。

除了上述因素之外，产品的初始成本、运行成本、风险等因素都会影响产品的接受速度。企业在设计新产品和制订营销方案时，应综合考虑所有因素，并将重点放在那些影响潜在顾客采用的主要因素上。

第四节　如何在产品的不同生命周期制定营销策略

一、了解产品生命周期的划分

企业不能期望自己的产品永远畅销，因为一种产品在市场上的销售情况和获利能力并不是一成不变的，而是随着时间的推移发生变化的，这种变化经历了产品的诞生、成长、成熟和衰退的过程，就像生物的生命历程一样，所以称之为产品生命周期。所谓产品生命周期，就是产品从进入市场到最后退出市场所经历的市场生命循环过程，一般可分为导入期、快速成长期、成熟期和衰退期四个阶段。而根据前面章节的详细阐述可知，典型的产品生命周期如图 7-7 所示。

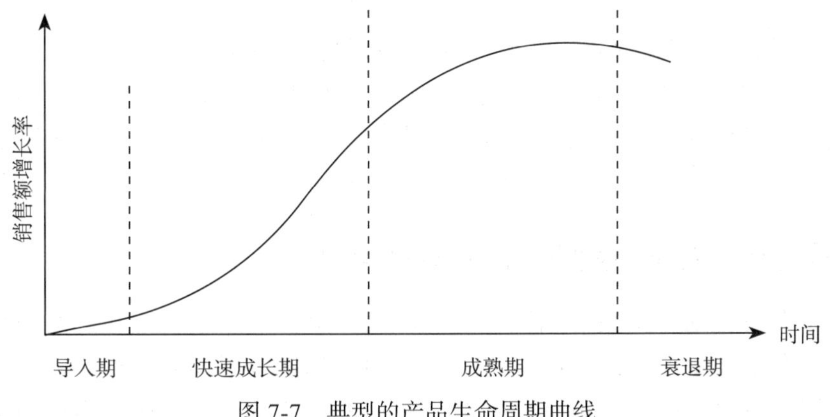

图 7-7　典型的产品生命周期曲线

一般的产品生命周期表现为典型的 S 形生命周期曲线，如图 7-7 所示。但并不是所有的产品生命周期曲线都是 S 形，还有其他变形的产品生命周期性形状（见图 7-8）。

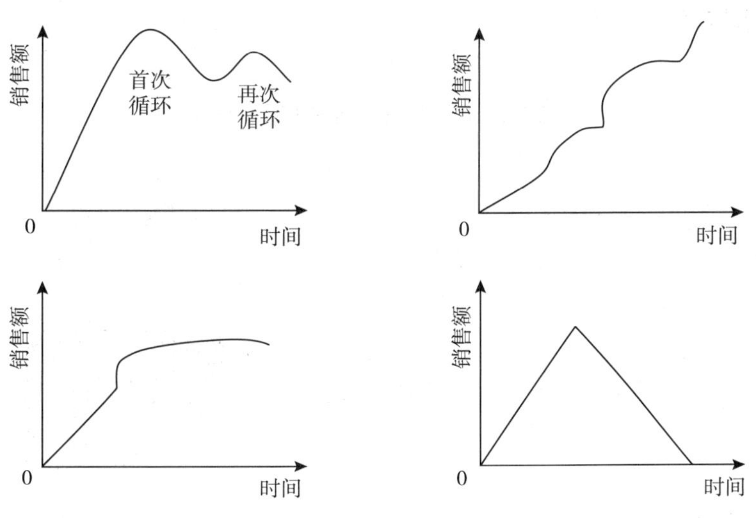

图 7-8　产品生命周期曲线的不同形式

（1）循环 – 再循环。产品在市场中经过一个周期衰退以后，过一段时期又重新兴起，开始第二个周期。这种现象产生的原因是企业采取了各种不同的市场营销策略，使产品生命周期出现再循环的现象。如在医药产品的生命周期曲线中最具代表性的就是循环 – 再循环型。

（2）扇形。这是在产品进入成熟期以后，在产品销量未下降以前，由于发现了新的产品特性，找到了新的用途，或者找到了新的市场，使得产品的需求成阶梯式向上发展。如尼龙刚开始被用于制造降落伞，后来被用于生产袜子、衣服和地毯等，从而使其需求大幅增长。

（3）时尚型。时尚型产品是指其某一方面的特性已经被消费者普遍接受的产品。其产品生命周期与正常产品生命周期类似，都要经历产品生命周期的几个阶段。消费者购买这类产品的动机是追求一致性，一旦消费者的购买兴趣发生转移，其产品生命周期马上就结束。

（4）新潮型。新潮型产品是一种存在时间周期极短的流行时尚产品，产品生命周期曲线形状与一般的时尚产品不同。这类产品在某一段时间内非常流行，产品迅速进入市场并很快达到销售顶峰，然后又迅速衰退，产品生命周期相当短，如呼啦圈从风行到衰退不到半年的时间。这类产品的发展情况难以预测，经营风险较大。

二、采用适合产品生命周期各阶段的营销策略

通过产品生命周期各阶段的划分，我们可以看出，快速成长期和成熟期是获利较多的阶段，并且在不同阶段，产品的销售量、利润等都具有不同的特点。因此，企业应了解产品生命周期各阶段的主要特征，并对其进行准确的判定，在产品生命周期的不同阶段采取不同的营销竞争策略，缩短导入期，延长快速成长期和成熟期，推迟衰退期的到来，以实现产品在整个生命周期中的利润最大化。

（一）导入期的营销策略

案例 7-12 **史玉柱是如何把“脑白金”做火的**

1998 年，史玉柱正式推出脑白金。面对信任度极低的保健品市场，史玉柱选择了“软性攻势”，就是主要通过大量新闻式的软文来传播产品信息。

脑白金在江阴市和常州市，进行了长达一年的试销。其间，它尝试了各种推广、广告、销售手法。为广告创意提供了足够的依据。“保健礼品营销”的方式和 10 年不变的广告语就来自这些试销活动。

脑白金的广告词“今年过节不收礼，收礼只收脑白金”则成为当时中国知名度最高的广告词之一。史玉柱说：“不管消费者喜不喜欢这则广告词，你首先要做到的是给人留下深刻的印象。能记住好的广告最好，但是当我们没有这个能力时，我们就让观众记住坏的广告。观众看电视时很讨厌这个广告，但买的时候却不见得，消费者站在柜台前，面对那么多保健品，他们的选择基本上是下意识的，就是那些让他们印象深刻的。”脑白金电视广告从 1999 年开始在全国各地方台播出，2001 年以后改在各地卫视和中央电视台播放，仅 2001 年的广告费用投入就达 1 亿多元，这些广告集中在中央电视台等一些强势媒体高密度投放，每天在黄金时段、亚黄金时段滚动播出，专题片、功效片、送礼片三种版本的广告相互补充，组合播放，形成了铺天盖地、狂轰滥炸的态势，产生了不同凡响的传播力度。

高空广告要想起效，必须有终端落地的配合。史玉柱就是“如洪水猛兽一样”地抓终端落地执行与线上广告配合。脑白金时代，史玉柱在全国的200多个城市设置办事处，3 000多个县设置代表处，全国有8 000多名销售员。

脑白金的定价策略大致是高价战略。在高价战略下，企业对产品的要价相对于价值来说过高。所以脑白金产品在推行自己价格的同时，也不断推出：“脑白金里有金砖”一系列优惠活动。

资料来源：http://www.chinaz.com/manage/2015/0706/419851.shtml.

导入期是产品首次投入市场的最初销售阶段，该阶段的主要特点是：消费者对产品不太了解，销售量低，且增长缓慢，往往很多新产品在向市场投放以后，还没有进入成长期就被淘汰了；由于产品开发和投放市场的成本高，利润往往为负；一般没有竞争者。这时企业的营销目标是使产品顺利进入市场，建立分销渠道，加强消费者对产品的了解，促使那些具有超前意识和创新精神的消费者购买产品。

因此，企业应综合考虑产品、价格、渠道和促销等因素，做好产品的整体营销策划，特别要处理好价格与促销的关系。企业可根据不同产品的特点，选择“价格 – 促销组合矩阵”的不同策略，促使新产品顺利进入市场。“价格 – 促销组合矩阵”提出了四种不同的营销策略（见图7-9）。

图 7-9 价格 – 促销组合矩阵

（1）快速掠取策略。以高价格和高促销水平的方式推出新产品，即企业制定一个高于预期的价格，将产品投放市场，以便尽快获取高额的利润；同时通过大量的促销来吸引目标顾客购买，以加快市场渗透。该策略的使用条件是：产品为具有较高科技含量的专利型新产品，目标市场上的大部分消费者不了解该产品，也无法估算产品的成本；产品对目标市场消费者具有较强的吸引力，顾客愿意支付高价；竞争者难以模仿，不易在短期内进入市场。该策略的使用有利于企业快速进入市场，尽快回收投资，获取利润，建立品牌偏好，且具有较大的主动权和降价空间，但也具有较大的风险。

（2）缓慢掠取策略。以高价格和低促销水平的方式推出新产品。这一策略的促销费用低，企业可以获得较高的利润。该策略的使用条件是：产品是消费者所期待并有所了解的产品，如具有高性能的新一代产品，消费者愿意支付高价。

（3）快速渗透策略。以低价格和高促销水平的方式推出新产品，以求达到最快速的市场渗透和最高的市场份额。这种策略的使用条件是：市场容量足够大，消费者不了解这种新产品但对价格反应敏感，潜在竞争很激烈，产品成本将随生产规模的扩大和学习经验的增加而下降。

（4）缓慢渗透策略。企业以低价格和低促销水平的方式推出新产品。这种策略可以在市场容量大、市场上该产品的知名度较高、购买者的价格弹性大而促销弹性很小、存在某些潜在竞争的情况下采用。

（二）快速成长期的营销策略

当出现产品的销量快速升高，消费者对该产品的认知度增加的情况时，说明导入期的任务已经基本结束，产品要进入快速成长期。快速成长期是产品已经打开销路并迅速扩大市场份额的阶段。该阶段的主要特点是：消费者已了解该产品，销售量和利润迅速增长；生产规模扩大，生产成本下降；已建立稳定的分销渠道，单位促销费用大幅度下降；竞争者开始加入，市场上同类产品增多，竞争逐步加剧。这一阶段营销的重点为抓住时机，扩大市场份额，树立品牌形象，尽可能维持高速的市场增长率，延长快速成长期的时间。此时，企业可采取以下策略。

（1）改进产品，提高产品质量和性能，增加花色品种，体现本企业产品的差异性，以提高产品的竞争力。

（2）努力寻求和开拓新的细分市场，开辟新的分销渠道。

（3）促销的目标应从建立产品知名度转移到树立产品形象，使消费者建立品牌偏好上来。

（4）企业在适当的时候要降低价格，以吸引对价格敏感的潜在购买者。

（三）成熟期的营销策略

产品经过快速成长期的迅速增长，销售增长的速度会开始下降，产品进入成熟期。成熟期的特点是：慎重购买者多已加入了购买的行列，市场需求渐趋饱和，产品销售量达到最高点；产品的生产技术成熟，批量大、成本低、薄利多销，利润达到最高点；很多同类产品进入市场，市场完全被开发，竞争对手最多，企业的市场占有率呈巅峰状态；行业中竞争激烈，更新的产品陆续出现，销售增长缓慢，成熟后期，销售增长趋于零，甚至出现负数。成熟期的营销重点是建立品牌忠诚，巩固市场占有率，并设法延长产品的生命周期。这一时期可采用以下主要策略。

（1）调整目标市场，放弃一些已达到饱和、不具有比较优势的市场；寻找一些具有发展前景的新兴市场。

（2）努力改进产品质量性能和品种款式，以适应消费者的不同需求。

（3）改进市场营销组合，积极开展促销活动；适当采取价格竞争手段；调整渠道成员。

（4）积极发现产品的新用途或改变促销方式来开发新的市场。

（5）保持老顾客对品牌的忠诚，吸引新用户，提高原有用户的使用率。

（6）适时研制和开发新产品，准备产品的更新换代。

案例 7-13 **"诺基亚"的衰退**

诺基亚品牌曾是欧洲人的骄傲，但现在大家谈到这家手机制造商时，更多的却是伤感。20 世纪末 21 世纪初，诺基亚是全球最大的手机制造商，也是消费者首选的手机品牌。不过在达到顶峰后，诺基亚开始慢慢走向衰落。

据互联网数据中心发布的数据显示，诺基亚在 2012 年 10 月

跌出全球五大智能手机厂商行列，这也是自2004年来，诺基亚首次跌出前五名。为了挽回颓势，诺基亚采用了新的战略，该公司决定放弃经营多年的Symbian系统，转而投入微软的Windows Phone生态系统。尽管这一战略转变取得了初步成效，但这依然很难使诺基亚重回昔日的辉煌。

5年前，诺基亚在移动硬件和软件市场中还处于领导地位，而时至今日，诺基亚再也无法掌控自己的命运。诺基亚在面对互联网企业的冲击时变得反应迟钝，没有清楚理解数据时代将取代语音成为移动通信领域的新趋势。

相关数据表明，无论是从其市场份额或是公司利润分析，诺基亚此时均处于衰退期。诺基亚CEO埃洛普曾在内部备忘录中大呼："我们的平台正在燃烧，我们落后了，我们错过了主要潮流，我们丧失了时间优势。当时，我们认为自己在做正确的决定，但如今，我们却发现已落后数年之久。"

资料来源：美国科技博客（TechCrunch）。

（四）衰退期的营销策略

尽管企业在努力延长产品的成熟期，但大多数产品最终还是要进入衰退期。这一阶段的主要特点是：产品的销售量急剧下降，利润也迅速下降甚至出现亏损；消费者的消费习惯发生改变或持币待购；市场竞争转入激烈的价格竞争，很多竞争者退出市场。此时主要的工作是处理好处于衰退期的产品，确定引入新产品的步骤。主要的策略有以下几个。

（1）放弃策略，即放弃那些迅速衰落的产品，将企业的资源投入到其他有发展前途的产品上。企业既可以选择完全放弃，也可以部分放弃。但企业在使用该策略时应妥善处理现有顾客的售后服务问题，否则企业要停止经营该产品，原来用户需要的服务得不到满足，会影响他们对企业的忠诚。

（2）维持策略。在衰退期，由于有些竞争者退出了市场，市场留下一些空缺，这时留在市场上的企业仍然有盈利的机会。如将企业资源集中于最有利的细分市场，维持老产品的集中营销。待到适当时机，便停止该产品的经营，退出市场。

（3）重新定位。通过产品的重新定位，为产品寻找到新的目标市场和新的用途，使衰退期的产品再次焕发新春，从而延长产品生命周期，甚至使它成为一个新的产品。这种策略成功的关键就是要正确找到产品的新用途。

案例7-14　　特劳特定位与东阿阿胶

2006年秦玉峰接任东阿阿胶公司总裁的时候，该公司面临很大的瓶颈：业务多而分散；核心产品阿胶的价格低，严重背离了价值，主流高端人群不消费，品类边缘化；养驴经济效益低，驴皮资源短缺，阿胶产业不可持续。

2002年，特劳特中国公司成立，其将定位实践引入中国。它帮助东阿阿胶制定了

"单焦点、多品牌"的发展战略。首先是聚焦阿胶品类，强化主业竞争优势。其次是打造多品牌，做大阿胶品类：东阿阿胶从"补血"重新定位为"滋补国宝"，启动价值回归，在滋补市场中开创高端顾客，带动阿胶品类回归主流；复方阿胶定位"气血双补"，开创气血保健市场；阿胶糕定位"吃出来的美丽"，开创美颜零食市场。

11年来，东阿阿胶公司的市值从2005年年底的22亿元，上升到了2017年4月初的426亿元。特劳特中国公司给东阿阿胶插上了发展的翅膀。

资料来源：《南方航空》，2018年2月。

此外，产品生命周期具有区域差异性。同一产品在不同地区，其生命周期处于不同阶段，如发达国家和发展中国家、城市和乡村等。在实际运用中，企业必须考虑地区因素。

关键词

产品	新产品	产品生命周期	整体产品	消费品
产业用品	产品组合策略	产品线	产品项目	新产品开发

本章小结

1. 产品的开发与生产是企业经营活动的实质内容，是企业获得良好经济效益的基础，也是市场营销策略组合中的首要问题。从市场营销学的角度来看，产品应当是能够满足一定消费需求并能通过交换实现其价值的物品和服务。

2. 产品是一个整体的概念，它由五个层次组成：核心产品、形式产品、期望产品、附加产品和潜在产品。

3. 产品有消费品和工业品两大门类。消费品根据购买行为特征又可分为便利品、选购品和特殊品三种类型；工业品则有原材料和零部件、生产设备、供应品和商业服务等分类。

4. 一个企业所提供给市场的全部产品线和产品项目的组合或结构被称为产品组合。产品线是产品组合的一大类，是能够满足同类需要、相互间密切关联的一组产品。产品项目是在产品线中具有不同规格、品种、质量和价格的特定产品。

5. 新产品的开发必须按照一定的科学程序来进行。这一过程一般可以分成构思、筛选、产品概念、商业分析、市场分析、产品试制、市场试销和批量上市八个阶段。

6. 产品生命周期是产品从进入市场到退出市场的周期性变化过程，可分为导入期、快速成长期、成熟期、衰退期四个阶段。这种周期性变化是由消费者接受新产品的过程差异所造成的，企业应根据各阶段的特征灵活调整营销策略。

思考题

1. 产品整体概念是什么？产品整体概念的营销意义是什么？
2. 产品组合是什么？如何优化产品组合？
3. 新产品是什么？新产品有哪几种类型？
4. 新产品开发要经过哪些主要管理阶段，每个阶段需要解决的主要问题是什么？
5. 新产品开发策略主要有哪些？
6. 产品生命周期是什么？产品生命周期各阶段有哪些市场特征？
7. 阐述产品生命周期中导入期和成熟期的市场策略。

案例作业

“互联网 +”背景下，三只松鼠的产品策略

安徽三只松鼠电子商务有限公司（简称三只松鼠）成立于2012年，是一家以坚果、干果、茶叶等森林食品的研发、分装及网络自有B2C品牌销售为主业务的现代化新型企业。三只松鼠主要是以互联网技术为依托，利用B2C平台实行线上销售，迅速创造了一个快速、新鲜的新型食品零售模式，开创了中国食品利用互联网进行线上销售的先河。三只松鼠从一开始就将自己定位成一个纯互联网食品品牌，并以碧根果作为突破口成功打开市场后再逐步完善产品种类，将产品定位于消费频次高、市场容量大的休闲食品市场。

在“互联网 +”时代下，涌现出了很多电商企业，虽然电商企业间竞争激烈，但同时也为电商企业塑造品牌带来了机会。产品是企业销售的核心内容，所以产品策略十分重要。产品是一个广义的概念，并不是单指有形的交付给顾客的物品，它涵盖了所有能够满足顾客需求的东西，既包括有形的商品，也包括无形的服务。三只松鼠作为一个电商零食品牌，提供的主要产品可以分为两部分：一是顾客收到的实物商品，即顾客购买的零食；二是作为电商特有的服务——客服。

（1）三只松鼠的目标顾客群体以80后、90后为主，这部分顾客在零食的选择上除了满足味蕾的需求外，对情感化的需求更值得关注，三只松鼠很好地通过产品将两种需求融合，严格控制产品的新鲜程度，保证食品的口感与味道，通过客服提供个性化服务，与消费者达到高度情感沟通。基本产品是企业给顾客提供的用以满足其需求的实际产品，包括产品本身的特色、质量、包装等各直观可以感受到的内容。三只松鼠提供给顾客的基本产品即消费者

收到的购买的零食。一方面，三只松鼠的零食质量是有严格把控的，它向消费者承诺：只卖15天内生产的新鲜坚果！让消费者对产品质量放心。另一方面，三只松鼠为了使食品保持出厂时的新鲜程度，采用“牛皮纸+铝箔纸”的双层包装，而在包装的设计上考虑到与消费者之间的情感沟通，选择了可爱的动漫松鼠形象，使其与目标顾客群体的内心更贴近。企业除了可以提供核心产品与基本产品来满足顾客需求外，还可以提供所有能够帮助满足顾客需求的其他附加产品，例如必要的小配件、安装说明、售后服务等。三只松鼠的产品设计非常周到，主要体现在附加产品上，在顾客拿到包裹时，在包装外提供了开箱器，在每个包裹中都配有湿巾、开壳器、封口夹、垃圾袋等零食必备小物件，这些附加产品的提供都是为了更好地满足顾客的需求，让顾客可以欢畅地享受吃零食的过程。虽然这些包装和小赠品增加了一些成本，但却打动了大量消费者的内心。三只松鼠的各个产品层次都体现着三只松鼠与顾客的情感交流，产品、包装、服务达到了统一。

（2）服务策略。电商企业有一项必不可少的服务，即客服，三只松鼠在客服上采取了差异化策略，与其他电商形成明显区别，突出了品牌个性。“主人”是三只松鼠对它的顾客的独有称呼，与大部分淘宝卖家的“亲”比起来显得更加亲切，更加使顾客感受到尊重。当消费者点击进入三只松鼠的旗舰店后会发现，客服都是以“鼠某某”命名，组成了一个松鼠家族，打开旺旺，“主人，您好我是松鼠家鼠某某，听到主人的呼唤……”等一句暖心的问候语映入眼帘，松鼠们不仅会为“主人”们解答有关产品交易的各种疑惑，还会接受“主人”们时不时地“撩鼠”行为。在这里各种类型的松鼠都有，或重口味，或小清新，满足不同“主人”的偏好，松鼠们能够轻松应对“主人”们抛出的各种话题。三只松鼠客服的宗旨就是陪每个“主人”聊到开心、满意。这样的消费服务体验刚好迎合了80后、90后这部分人群的特点，使很多消费者在消费的基础上与松鼠们建立起了友谊，达到了情感上的共通，再次消费自然成了顺理成章的事。

（3）产品品类拓展。三只松鼠通过对市场的分析，发现坚果在市场上并没有较好的品牌，高端坚果更是如此，而消费者对碧根果的热度持续走高，这成了三只松鼠进入市场的一个切入口，但只有坚果并非是章燎原的终极梦想，他要为三只松鼠的“主人”们去寻找各种优质的“森林食品”，倡导天然、新鲜以及非过度加工的食品，打造享誉全国，甚至有一天能成为全球闻名的互联网食品品牌。2015年之前，三只松鼠都是以坚果为主要产品，这一年，团队通过对数据的分析，发现坚果类的交易增幅趋于平缓，但与坚果类相关的果干类和肉铺类的交易指数攀升速度很快，并且它们的受众十分相似，市场前景看好。于是，三只松鼠开始增加产品品类，尝试向全品类发展。目前，三只松鼠已经有九大产品线。

资料来源：https://www.xzbu.com/8/view-8264527.htm

讨论题

1. 从产品整体概念角度阐述三只松鼠是如何满足消费者需求的？
2. 三只松鼠采用了什么策略来调整其产品组合？
3. 三只松鼠产品策略及新产品决策是如何制定的？
4. 使用产品生命周期相关理论阐述现今坚果类产品的特点及营销策略。

参考文献

[1] 方少华. 市场营销咨询方法、工具与案例 [M]. 北京：经济管理出版社，2008.

[2] 刘永炬. 赢市场 [M]. 北京：机械工业出版社，2009.

[3] 柳延奇. 赚钱的手段 [M]. 北京：世界知识出版社，2010.

[4] 吕一林. 市场营销学 [M]. 北京：中国人民大学出版社，2014.

[5] 吴健安. 营销管理 [M]. 北京：高等教育出版社，2017.

[6] 菲利普·科特勒. 市场营销管理 [M]. 洪瑞云，等译. 北京：中国人民大学出版社，1997.

[7] 兰姆，海尔，迈克·丹尼尔. 营销学精要 [M]. 王慧敏，译. 北京：电子工业出版社，2007.

[8] 布恩，库尔茨. 当代市场营销学 [M]. 赵银德，等译. 北京：机械工业出版社，2005.

[9] 菲利普·科特勒. 营销管理 [M]. 何佳讯，于洪彦，等译. 上海：上海人民出版社，2016.

[10] 张景智. 国际营销学教程 [M]. 北京：对外经济贸易大学出版社，2003.

第八章 制定有效的价格策略

内容提示

在前面我们已经掌握了如何制定品牌及产品策略，但这仍然只是营销的基础工作，对企业而言均是投入阶段，只有制定有效的价格策略才能获得企业收入，价格策略也是企业面对竞争的重要手段。作为一名企业营销管理人员，不仅需要了解价格策略在市场营销组合中的地位和作用，更有必要掌握市场营销中定价的理论依据，深刻认识制约定价的各种因素，合理制定企业的定价目标，能够灵活运用定价策略与方法来应对激烈的市场竞争。本章首先为你介绍企业定价目标和影响定价的因素，使你掌握以成本为中心、以需求为中心和以竞争为中心的定价方法，能够结合企业自身特征和环境条件制定企业产品定价策略，了解企业价格调整方式并能够根据竞争者价格变动做出合理的反应措施。

专业词汇

价格策略（Pricing Policy）
定价目标（Pricing Objectives）
成本加成定价（Cost-Plus Pricing）
盈亏平衡定价（Break-even Pricing）
需求导向定价（Demand-driven/Orientated Pricing）
理解价值定价（Perceived-value Pricing）
竞争导向定价（Competition-driven/Orientated Pricing）
定价策略（Pricing Strategy）
撇脂定价（Skim Pricing）
满意定价（Neutral Pricing）
心理定价策略（Psychological Pricing）
产品组合定价（Product-mix Pricing）
总成本（Total Cost）
成本导向定价（Cost-driven/Orientated Pricing）
目标利润定价（Target Return Pricing）
边际贡献定价（Contribution Margin Pricing）
需求差异定价（Differentiated Pricing）
新产品定价（New Product Pricing）
渗透定价（Penetration Pricing）
产品生命周期（Product Life Cycle）
折扣定价策略（Discount Price Policy）
价格调整（Pricing Adjustment）

营销管理人员应该深刻地体会到，价格是营销组合中唯一能够直接创造收益的因素，其他因素都代表着成本。价格也是营销组合中最灵活的因素之一，与品牌和产品不同，价格会很快地发生变化，因此，定价和价格调整是许多营销人员所面临的共同难题。

开篇案例

跳一下 2 000 万元，贵吗

2018 年 3 月 1 日，在微信中玩跳一跳的玩家忽然发现游戏中会出现印有耐克标识的方盒子。然而，就是这样一个不起眼的小盒子，却价格不菲，据知情人透露，这一植入广告价值 2 000 万元，而且只是 3 天的价格。不少玩家感叹，一个鞋盒子居然要 2 000 万元，真是太不值了。

耐克的算盘是怎么打的呢？

首先，跳一跳游戏与耐克鞋产品定位高度一致，会产生非常好的情景联想。游戏玩家除了在耐克鞋盒上多得 20 分外，还会联想到耐克的泡棉、高弹、气垫技术，无疑是在潜移默化中提升了耐克的品牌好感度。

其次，跳一跳游戏受众面极广，以年轻人居多，一般广告形式无法比拟。据统计，跳一跳游戏的每小时在线人数就高达 2 800 万人，任何其他形式的广告均无法拥有如此庞大的受众群体。

最后，也是最重要的，“第一个吃螃蟹的人”往往会比第二个吸引更多的媒体和公众的关注度，再加上耐克独有的营销策划，“2 000 万元的鞋盒子”迅速在网络和各种媒体上引起强烈反响，获得了空前的关注度。

如果这个广告收费 20 万元，你觉得耐克还会做吗？

资料来源：作者根据网络资料整理。

第一节　定价时需要考虑的因素

价格的形成与波动是商品经济中最复杂的现象之一，除了价值这个形成价格的基础因素外，现实中的企业在价格的制定和实现中还受多方面因素的制约。制定合理的营销价格，不能单纯地依据生产或服务成本，还需要根据企业的实际情况，围绕企业总体战略目标，综合分析影响定价的各种因素。

一、市场需求状况

企业营销产品定价，应充分考虑影响产品价格的一个重要而又难以把握的因素——市场状况，它决定着产品的最高临界点，价格再高不能高到无人买的程度。市场状况包括市场商品供求状况、商品需求特性、竞争者的产品和价格以及企业自身的其他因素。

（一）市场商品供求状况

一般情况下，商品的成本影响商品的价格，而商品的价格影响商品的需求。由经济学原理可知，如果其他因素保持不变，消费者对某一商品需求量的变化与这一商品价格变化的方向相反，如果商品的价格下跌，需求量就会上升，如果商品的价格上涨，需求量就会相应地下降，这就是商品的内在规律——需求规律。需求规律反映了商品需求量变化与商品价格变化之间的一般关系，是企业决定自己的市场行为，特别是制定价格时必须考虑的一个重要因素。

（二）商品需求特性

商品需求特性对价格的影响表现为三个方面。

（1）对流行度或品质威望具有高度要求的商品，价格仍属次要，如设计欠佳的服装不会因价格便宜而畅销；购买机器设备，首先考虑的是货物的品质，价格仅在货与货比较时才觉得重要；在耐用消费品方面，商品的威望直接和价格相关；某些消费品如糖、卷烟、罐头等，在难以与竞争厂家、品牌抗衡时，稍稍降价，销量即可增大，定价对促销甚为有利。

（2）购买频率大的日用品，有高度的存货周转率，适宜薄利多销；反之，周转率低或易损易腐蚀商品则需要有较高的毛利率。

（3）需求价格弹性，对无价格弹性的商品降价，于促销无益；对需求弹性大的商品，价格一经调整，即会引起市场需求的变化。一般来讲，普通商品的代用品多，价格弹性大；特殊商品的代用品少，价格弹性小。

二、产品成本

在很大程度上，需求为产品的价格确定了上限，而企业的成本是价格的下限。一般来说，商品价格必须能够补偿产品生产及市场营销的所有支出，并补偿商品的经营者为其所承担的风险支出。成本高低是影响价格的一个重要因素，以成本为导向的定价方法至今仍被很多企业采用。然而，对不同成本概念的界定、区分与估算却经常被营销人员忽略。

（一）总成本费用

总成本费用是指在某一时期内，应由企业的某种产品承担的所有生产成本及期间费用的总和，包括与该产品直接相关的成本费用，也包括通过一定的计算方法分摊到该产品上的所有间接费用。

（二）固定成本及单位固定成本

固定成本是指成本总量不随产量或销量的变化而变动的那部分成本，如企业固定资产的折旧费、管理人员的工资等。即使在企业的产品一件都没有销售出去的情况下，这一部分成本仍然会发生。而且，当企业的产量或销售量在一定范围内波动时，固定成本的总额也不会发生变化，单位固定成本则与此相反，由于它等于固定成本额除以产量或销量，所以它的数值往往与产量或销量成反比例关系。正是这一原因使得大批量生产及销售可以降低单位固定成本从而降低产品的单位成本，达到规模经济效应。

（三）变动成本及单位变动成本

与固定成本相对应的一个成本概念是变动成本，它的总量会随着产量或销量的变化而变动。变动成本往往是产品的直接成本，如消耗的原材料成本、与商品直接相关的运输费用等。单位变动成本是总变动成本与产量或销量的商，如果总变动成本与产销量成正比例关系，那么单位变动成本在一定范围内会是一个常量。

（四）边际成本

边际成本是指企业生产或销售最后一个产品导致成本增量，这一成本概念在定价策略的制定中有重要作用；当产品的单位变动成本是一个常量时，边际成本与单位变动成本在数值上是相等的。

（五）制造成本和使用成本

实际上，消费者在使用产品时，也会支付很多费用，如使用汽车需要支付汽油费，使用家用电器需要支付电费。这一类成本被称为使用成本，它已经成为影响商品价格和需求的重要因素。一般地，在同类商品中，由于使用成本低的商品的需求弹性较弱，因此该类商品的售价则可以定得较高，越来越多的企业认识到这一问题，并将低使用成本作为一种产品差异化的手段。

三、竞争者的产品和价格

市场需求和企业成本分别为产品的价格确定了上限和下限，而竞争对手的成本、价格和可能的价格反应则影响企业确定最终的价格。如图 8-1 所示，企业必须要充分关注竞争者的情况。

图 8-1　关注竞争者的情况

企业必须采取适当的方式，了解竞争者所提供的产品质量和价格。企业在获得这方面的信息后，就可以与竞争产品比质比价，从而更准确地制定本企业的产品价格。如果二者的质量大体一致，则二者的价格应大体一样，如果定价太高，则本企业的产品可能卖不出去；如果本企业的产品质量较高，则产品价格也可以定得较高；如果本企业的产品质量较低，那么产品价格就应定得低一些。有时，出于市场竞争的需要，当企业产品的质量与竞争产品大体一致时，也可将价格定得低一些。例如，格兰仕在国内市场率先推出的数码光波微波炉既可单独使用光波，也可以单独使用微波，还可以组合使用，使产品的热效率和热均匀性较传统微波炉有极大提高。2000 年，由美国通用电气公司推出的光波微波炉在美国市场的售价折合人民币 10 000 多元，而格兰仕光波微波炉的售价仅 1 000 多元，有效提高了产品的吸引力和市场竞争力。

另外，竞争者也可能随机应变，针对本企业的产品价格而调整其价格；可能不调整其价格，而调整市场营销组合的其他变量，与本企业争夺顾客，这是一个动态博弈的过程。因此，对于竞争者价格的变动，企业营销人员也要及时掌握有关信息，并做出明智的反应。

案例 8-1　　猫狗大战进入战略相持阶段

“双 11”不仅仅是一场消费者的购物狂欢节，也是电商企业重新排座次的重要节点，在“双 11”前后，我们基本可以看到各种“锁后台”“二选一”等绑定拉拢商家的消息，刘强东也公开站出来谴责友商二选一，当然京东也并非绝对“干净”，苏宁方面也抨击了京东的二选一，且是“30 年闻所未闻”。

如今，我们以目前掌握的信息来分清楚孰对孰错几乎是不可能的，但在商业角度，多方确实正在结合自身传统优势项目来构筑竞争壁垒。

在“618”电商大促结束后，七格格、裂帛、韩都衣舍、江南布衣、太平鸟、真维斯等多家国产知名服装品牌官方旗舰店已从京东平台上消失，而海澜之家官方旗舰店也只剩下为数不多的男鞋。就在“618”之后，京东与天猫曾经有一场服饰品牌的二选一口水仗，最终事实的真相究竟是怎样的我们尚不得而知，但品牌离开京东，背后有天猫的原因，这一点基本是确定的。

在“双 11”期间，我们也可以看到京东和友商以及品牌商在“全品类全型号供货”规则下的一轮轮博弈，多方均要获得厂商的全力支持，厂商又不愿意得罪渠道，胶着在此。

就目前的情况来看，无论是阿里巴巴、苏宁还是京东，都已经深知自身的优势和对方的短板，都想用釜底抽薪的手段来解决对手。

2017 年“双 11”，天猫宣布实现销售额 1 682 亿元，京东则宣称销售额超 1 200 亿元，数字刚一公布，双方均立刻置疑对方数字的核算方法和准确性，掀起了新一轮的口水战。

资料来源：作者经网络信息整理。

四、企业自身的其他因素

除上述因素外，企业自身的状况，如企业的生产经营能力、企业经营管理水平及广告宣传策略等都会对产品定价产生一定的影响。不同的企业由于规模和实力不同，因此采取的广告宣传策略也不同，销售渠道和信息沟通不同以及企业营销人员的素质和能力的高低，对价格的制定和调整应采取不同的策略。影响企业定价的因素，如图 8-2 所示。

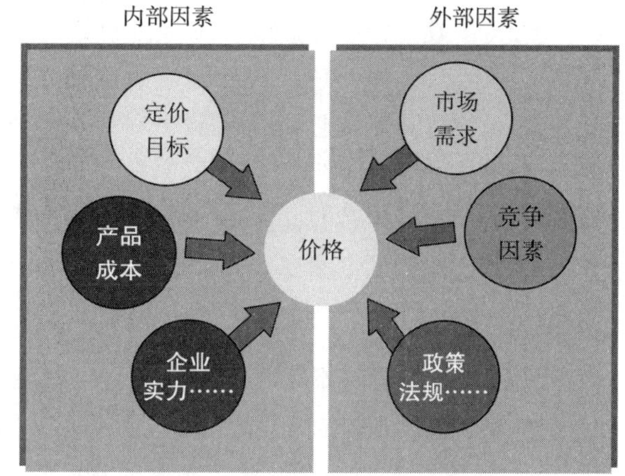

图 8-2 影响企业定价的因素

第二节 定价时可以采用的方法与策略

一、可供选择的定价目标

在定价以前，营销人员先要考虑一个与企业总目标、市场营销目标一致的定价目标，并作为确定价格策略和定价方法的依据。一般来讲，营销人员可以参考以下几类定价目标（见图 8-3）。

图 8-3 可以选择的企业定价目标

（一）以利润为定价目标

利润是企业从事经营活动的主要目标，也是企业生存和发展的源泉。在市场营销中，不少企业就直接以获取利润作为制定价格的目标。具体来讲，以利润为定价目标又可分为以获取投资收益为定价目标、以获取最大利润为定价目标和以获取合理利润为定价目标，企业可以根据自身实际情况加以选择。

案例 8-2 **“9 块 9 包邮”的秘密**

相信很多有网上购物经验的朋友都一定在各种网络平台上，看到过“9 块 9 包邮”的低价促销商品，抱着不买就亏了的想法，拼了命想买，可转念一想，我们平时寄快递都要 10 元、8 元，加上商品的价格，这种活动真的能赚钱吗？接下来，就来为你揭秘“9 块 9 包邮”的真相。

秘密一：商品成本

绝大多数“9块9包邮”的商品都是冲量的，拿货价很低，一两元钱的袜子，三五元钱的T恤在电商平台上比比皆是，所以只要销量高是足够盈利的。如果你做过大规模产品批发或者去市场调查过，你会发现，原来价格还可以这么低，低到这种程度。如果卖家的货源是库存积压的产品，那么进价就更低了。所以，一些小商品的成本价格远远低于你的想象！

秘密二：快递成本

在看到“9块9包邮”的时候，大多数人都有困惑，平时寄快递时随便寄一张纸也需要10元钱啊。其实，对于淘宝卖家来说，他们一般都会与快递公司签订协议，邮费成本可以控制为3～4元，前提是量大和与固定的快递签订合作协议。

秘密三：薄利多销

综上分析，假设商品的成本为3元，快递成本为4元，如果只卖一件商品，卖家就赚到2.9元，但因为9.9元多为日常用品，买家一般会多买几件，因为是同一个包裹，第二件开始每件可赚6.9元，即薄利多销，如果每天卖到1 000、2 000、5 000单呢？积少成多，让销量遍布全国，也会产生高额的销售额。

此外，通过低价抢占的市场，还可以积累大量的销量与评价，通过销量与评价多的优势可以继续吸引客户购买其他商品，因此依然会继续提升销售额。

资料来源：作者根据网络资料整理修改。

（二）以市场占有率为定价目标

这种定价目标是指企业希望获得某种水平的销售量或市场占有率而确定的目标。提高市场占有率，维持一定的销售额，是企业得以生存的基础。市场占有率是企业经营状况和企业产品在市场上的竞争能力的直接反映，对于企业的生存和发展具有重要意义。所以，有时企业把保持或扩大市场占有率看得非常重要。因为市场占有率一般比最大利润容易测定，也更能体现企业努力的方向。一个企业在一定时期的盈利水平高，可能是由于过去拥有较高的市场占有率的结果，如果市场占有率下降，盈利水平也会随之下降。因此，许多资金雄厚的大企业，喜欢以低价渗透的方式来获得一定的市场占有率。一些中小企业为了在某一细分市场中获得一定的优势，也十分注重扩大市场占有率。

（三）以应对市场竞争为定价目标

以应对市场竞争为定价目标是指企业主要着眼于在竞争激烈的市场上以应付或避免竞争为导向的定价目标。在市场竞争中，大多数竞争对手对价格很敏感，在定价以前，一般要广泛搜集信息，把自己产品的质量、特点和成本与竞争者的产品进行比较，然后制定本企业的产品价格（见图 8-4）。如我国通信行业的运营商移动和联通公司，不仅很多产品的功能相似，而且价格也非常接近。

图 8-4　针对竞争对手的定价目标

企业在遇到同行业的价格竞争时，常常会被迫采取相应对策。诸如，竞相削价、压倒对方；及时调价、价位对等；提高价格、树立威望。在现代市场竞争中，许多企业经营者认识到，价格战容易使双方两败俱伤，风险较大，所以，悄然地开展非价格竞争，如在产品质量、促销方面苦下功夫，以巩固和扩大自己的市场份额。

（四）以产品质量为定价目标

以产品质量为定价目标是指企业要在市场上树立产品质量领先地位的目标，而在价格上做出的反应。优质优价是一般的市场供求法则，研究和开发优质产品必然要支付较高的成本，自然要求以高的价格得到回报。从完善的市场体系来看，高价格的商品自然代表着或反映着商品的质量及其相关的服务质量。采取这一定价目标的企业必须提供高质的产品以及优质的服务，如国内很多医院推出的高级病房，仅床位费就是普通病房的 10 多倍，但是由于其提供了高于普通病房几个等级的硬件条件以及相应的高质量服务，满足了部分顾客对医疗服务的多样化需求，从而稳定地占据了一定的市场份额。

案例 8-3　　**京东 PLUS 会员服务**

京东为了向核心客户提供更优质的购物体验，推出了京东 PLUS 会员服务，根据用户等级的不同，PLUS 会员每年都要向京东支付 109 ～ 149 元的服务费。PLUS 会员享受的特权包括多个方面，包含购物回馈、自营运费补贴、畅读电子书、退换无忧、专属客服和专享商品等权益。2017 年 12 月，京东宣布普通注册用户的 PLUS 会员年服务费上涨至 299 元 / 年。

资料来源：作者根据网络资料整理修改。

（五）以维持企业生存为定价目标

当企业遇到生产能力过剩或激烈的市场竞争，或者要改变消费者的需求时，它要把维持生存作为自己的主要目标。为了保持工厂继续开工和使存货减少，企业必然要制定一个低的价格，并希望市场是价格敏感型的。生存比利润更重要，不稳定的企业一般都求助于大规模的价格折扣，为的是能保持企业的活力。对于这类企业来讲，只要它们的价格能够弥补变动成本和一部分固定成本，即单价大于单位变动成本，它们就能够维持企业的运作（见图 8-5）。例如，我国迅猛发展的公路客运，凭借其快速及价格上的优势，对我国铁路运输尤其是短途铁路运输产生了巨大冲击，一贯以“铁老大”自居的铁路运输业也开始推出多种价格优惠措施以维持地方铁路的生存。

图 8-5 维持企业生存的定价目标

此外，也有企业为了维系分销渠道，在定价时充分考虑中间商的利益，保证中间商有合理的利润，促使中间商有充分的积极性去推销商品。例如，在 20 世纪 70 年代，日本 MAZDA 汽车公司为应对因石油危机而引发的汽车市场低迷，规定每销售一辆汽车给予中间商 500 美元的回扣奖励，这种方法使该公司保持了完整的销售渠道，保证了 1976 年向市场投放新型车的销售获得成功。表 8-1 列出了一些知名公司的定价目标。

表 8-1 一些知名公司的定价目标

公司名称	定价主要目标	定价相关目标
阿尔卡公司	投资报酬率（税前）为 20%；新产品稍高（税后投资率约为 10%）	对新产品另行制定促销策略；追求价格稳定
美国制罐公司	保持市场占有率	应付竞争（以替代产品成本决定价格）；保持价格稳定
两洋公司	增加市场占有率	全面促销（低利润率政策）
杜邦公司	目标投资报酬率	保证长期的交易；根据产品生命周期对新产品定价
埃克森公司	合理的投资报酬率目标	保持市场占有率；追求价格稳定
通用电气公司	投资报酬率（税后）为 20% 销售利润率（税后）为 7%	新产品促销策略；保持全国广告宣传产品的价格稳定
通用食品公司	毛利率为 33.3%（1/3 为制造，1/3 为销售，1/3 为利润）；只希望新产品完全实现目标	保持市场占有率
通用汽车公司	投资报酬率（税后）为 20%	保持市场占有率
固特异公司	应付竞争	保持地位；保持价格稳定
国际收割机公司	投资报酬率（税后）为 10%	保持稍低于统治地位的市场占有率
海湾公司	根据各地最主要的同业市场价格	保持市场占有率；追求价格稳定
琼斯－曼维尔公司	投资报酬率高于过去 15 年的平均（约为税后 15%）；新产品稍高	市场占有率不大于 20%；保持价格稳定
堪尼科特公司	稳定价格	目标投资报酬率（税前）为 20%
科如捷公司	保持市场占有率	增加市场占有率

二、定价方法

在确定定价方法时，营销人员要充分考虑产品成本、市场需求情况和竞争情况三个主要因素。下面分别按照这三个因素来介绍价格的确定方法。

（一）成本导向定价法

成本导向定价法是以产品的总成本为中心，分别从不同的角度来制定对企业最有利的价格。成本导向定价法由于较为简单，是企业最基本、最普遍和最常用的定价方法。它可分为以下几种。

1. 成本加成定价法

成本加成定价法是以成本为基础，加上预期的利润来确定产品的售价。成本加成定价法的计算公式为：

产品单价＝单位产品完全成本 ×（1+ 预期利润率）

公式中的预期利润率可以由企业根据市场环境及企业营销实力确定。成本加成定价法的优点是计算简便，有利于核算，同行业之间可以比较，以及给人以买卖公平的感觉；缺点是只考虑生产者的个别成本与产品的个别价值，未考虑市场需求，未考虑价格是否为市场所接受，不能随着市场需求的变化而相应地改变价格。

2. 目标利润定价法

目标利润定价法是指根据估计的销售量来制定价格、保证企业达到预期的见效报酬的一种定价方法。如通用汽车公司使用目标利润定价法，把汽车价格定在使它的投资能取得 15% ～ 20% 利润的水平上。这种定价方法也被公共事业单位所使用，这些单位受到对于它们的投资只能获得一个公允报酬的限制。目标利润定价法的计算公式为：

产品单价＝单位产品变动成本＋（固定成本＋目标利润）÷ 预期销售量

如果企业的成本与预测销售量都能计算得很准确，就可以采取目标利润定价法，实现预期利润。

3. 盈亏平衡定价法

盈亏平衡定价法又称收支平衡定价法。它是应用盈亏平衡原理进行的一种保本定价方法。首先计算盈亏平衡点，公式如下：

盈亏平衡点产量＝固定成本 ÷（单位产品价格 − 单位可变成本）

当企业的产量达到盈亏平衡点产量时，企业不盈不亏，收支平衡，保本经营。保本定价的计算公式如下：

保本定价＝固定成本 ÷ 盈亏平衡销售量＋单位产品变动成本

如果企业把价格定在保本定价点上，只能收回成本，不能盈利；若高于保本定价点便可获利，获利水平取决于高于保本定价点的距离；如果低于保本定价点，企业则无疑是亏损的。因此，我们也可将盈亏平衡定价法理解为，它规定了在产量一定的情况下，哪个价格是保证企业不亏本的最低下限价格。

4. 边际贡献定价法

这种定价方法是企业仅计算成本中的变动成本，不计算固定成本，而以预期的边际贡献适当地补偿固定资本。所谓边际贡献是指预计的销售收入减去变动成本后的收益。

如果这个边际贡献不能完全补偿固定成本，就会出现亏损。但在某些特殊的市场情况下，即使企业停产、减产，也得如数支出固定成本，倒不如维持生产，只要产品销售价格大于单位变动成本，就有边际贡献，若边际贡献超过固定成本，企业还能盈利。此种方法的计算公式为：

单位商品销售价格 =（总的变动成本 + 边际贡献）÷ 总销量

这种定价方法，一般是在市场竞争激烈时采用。因为这时如果采用成本加成定价法，那么必然使价格太高从而影响销售，出现产品积压。而采用这种方法，价格要低于成本加成定价，有利于迅速扩大市场。这种定价方法，在产品必须降低价格出售时特别重要，因为只要售价不低于变动成本，就说明生产还可维持，如果售价低于变动成本，生产得越多，亏得就越多。

（二）需求导向定价法

需求导向定价法是指企业在制定商品价格时，主要根据市场需求的大小和消费者反应的不同，分别确定商品价格。其特点是灵活有效地运用价格差异，对于平均成本相同的同一产品，价格随市场需求的变化而变化。以需求为导向的定价法，主要有以下几种。

1. 理解价值定价法

理解价值是指消费者对某种商品价值的主观评判，它与产品的实际价值常常发生偏离。理解价值定价法是指企业以消费者对商品价值的理解度为定价依据，运用各种营销策略和手段，影响消费者对商品价值的认知，形成对企业有利的价值观念，再根据商品在消费者心中的价值来制定价格（见图 8-6）。采用这种定价方法，显然需要企业能比较自己的产品与竞争者的产品在市场上被消费者理解的程度，从而做出恰如其分的估计。因此，准确而充分的营销调研是理解价值定价法的先决条件。

图 8-6 理解价值定价法

2. 需求差异定价法

根据不同的市场需求制定不同的商品价格，是定价中极为普遍的一种定价法。这种定价的基础是顾客心理差异、商品式样差异、出售时间和地点的差异等。

可以采取以下几种形式进行差别定价。

一是以顾客为基础的差别定价。同样的产品和服务，对于不同的顾客可制定不同的价格。例如，同样的建筑材料，卖给经常采购的建筑单位要比卖给一般用户的价格低一些。

案例 8-4 **伦敦 M1NT 俱乐部的需求差异定价**

M1NT 俱乐部是在伦敦最高级的地段开设的最豪华的俱乐部，M1NT 俱乐部不仅仅是一个传统观念上的会员俱乐部，事实上，M1NT 俱乐部为大都会精英带来了注重隐私又极其豪奢的顶级时尚生活享受，它将私人会所、酒吧、屋顶露台和全球顶级餐厅结合为一体。M1NT 最著名的超大型水族缸中游弋着 M1NT 俱乐部标志性的珍稀鲨鱼。

M1NT 俱乐部宣称不是为富人，而是专为最富的人开办的奢华俱乐部，这里最便宜的饮料是 140 美元一杯。想成为 M1NT 俱乐部的会员那可不容易，至少得拥有对直升机或者兰博基尼车这类奢侈品说买就买的能力。

对于知名人物，俱乐部审查后采用免费模式。知名人物不但可以在俱乐部中免费玩乐，还可以在年底分红，前提只有一个：每年必须到店消费达到规定以上次数才能拥有资格。2009 年，M1NT 俱乐部伦敦总部拒绝了贝克汉姆的入会申请，原因之一是他在西班牙踢球，大部分时间不在英国国内，不可能定期来俱乐部娱乐。

对于普通富豪，则要求付费享受会员资格，最低为 5 万美元，最高为 50 万美元，之后申请人要留下指纹，填写申请表，详细讲述自己的各种情况，最后由俱乐部管理者和其他所有人决定是否为这位大富翁发放会员卡。

二是以产品式样为基础的差别定价。同等质量和规格的产品，式样老的可定低价，式样新的可定高价；高档产品和低档产品，价格也可拉开差距。

三是根据出售的地理位置和时间差别定价。例如，商品在旺季时价格可定高一些，在淡季时可适当降低价格；有些商品和劳务甚至根据不同的时间规定不同的价格，例如，电报、电话等公共事业，在白天、夜晚、节假日等时间段都有不同的收费标准。

采用需求差异定价法的条件是：市场要能够细分，而且不同的细分市场要能看出需求程度的差别；差别价格不会引起消费者的反感。

案例 8-5 **大数据“杀熟”，可以接受吗**

对于大数据，大家首先想到的就是它给人们生活带来的便利，然而你的数据还有可能被互联网公司利用。出门在外自然少不了要订票、订酒店，通过各种网络票务平台解决这些问题已成为多数人的选择。海量的消费信息也在购物的同时被记录下来，你的偏好和习惯在不经意间就可能被他人获知，这些数据也为某些人提供了“便利”。

有网友在微博上自述了被大数据“杀熟”的经历。据了解，他经常通过某旅行服务网站预订某个特定酒店的房间，长年的价格为 380 ～ 400 元。偶然一次，通过前台他了解到，淡季的价格在 300 元左右。他用朋友的账号查询后发现，果然是 300 元，但用自己的账号去查，还是 380 元。

上述微博发出后，瞬间转发破万次，网友纷纷吐槽各自“被宰”的经历。“我和同学打车，我们的路线和车型差不多，我要比他们贵五六元。”“选好机票后取消，再选那个机票，价格立马上涨，甚至翻倍。”2000 年，亚马逊的差别定价就曾引起争议。那时，一名亚马逊的用户反映，在他删除了浏览器的 cookies 后，之前浏览过的 DVD 商品的售价从 26.24 美元降到了 22.74 美元。

经济学中有一个概念叫价格歧视，通常是指商品或服务的提供者在向不同的消费者提供相同等级、相同质量的商品或服务时，给出不同的销售价格或收费标准。互联网公司就是利用消费者日常的消费轨迹，通过分析得出他们是经常使用人群，就开始对消费者“杀熟”。

不过也有网友表示，这可能是互联网公司为了鼓励新用户，给予新用户价格补贴导致的。这个问题我们不得而知，通过优惠券等公开补贴方式已经屡见不鲜，可暗中调低价格的方式是否存在，是有疑问的。

资料来源：东方网，作者晓兰看天下，内容经作者修改。

3. 逆向定价法

逆向定价法是指企业依据消费者能够接受的最终销售价格，计算出自己从事经营的成本和利润后，逆向推算出商品的批发价和出厂价。这种定价方法不以实际成本为主要依据，而是以市场需求为定价出发点，力求让价格能为消费者所接受。

例如，通过市场调查，某企业获悉绝大多数消费者愿意用 280 元购买一套本公司品牌西装，零售商毛利要求 15%，批发商的批发毛利要求 5%，企业以此为准计算，西装的出厂价要定在 232 元左右，才能保证批发商、零售商和消费者都能接受。由于价格是既定的，因此企业要获利，就必须在节约成本、提高劳动生产率方面下功夫。

（三）竞争导向定价法

企业在制定价格决策时，主要以同类竞争对手的定价为依据，而不是过多地考虑成本及市场需求因素，这就是通常所说的竞争导向定价法，使用这种方法定价的企业往往对竞争对手的价格变动较为敏感，一旦竞争对手采取降价策略，它们会积极地反击。竞争导向定价法主要包括随行就市定价法和投标定价法。

1. 随行就市定价法

大多数以竞争为导向进行定价的企业采用随行就市定价法。企业往往按同行业的市场平均价格或市场流行价格来定价，在完全竞争市场中，由于任何企业都无法独立影响市场价格，它们定价时只能随行就市；在垄断竞争市场中，一些产品没有显著差异的中小企业经常根据在市场中担任“价格领袖”的大企业的产品价格来定价，它们没有实力与大企业竞争，只能扮演市场追随者的角色；而在寡头垄断市场中，各竞争厂商相互比较了解，各企业在长期的互相试探中可能形成一定的价格默契，任何一家企业都不会贸然地改变价格，以避免可能产生的恶性竞争。

随行就市定价法具有以下优点。首先，流行价格水平代表了整个行业或部门中所有企业的集体智慧，在成本接近、产品差异小、交易条件基本相同的情况下，采用这种定价方法可以保证各企业获得平均利润。其次，各企业的价格保持一致，易于与同行竞争者和平相处，避免价格战和竞争者之间的报复，也有利于在和谐的气氛中促进整个行业的稳定发展。最后，在竞争激烈、市场供求复杂的情况下，单个企业不易了解竞争者对价格变化的反应，采用随行就市定价法既可为企业节约调研时间和费用，又可避免因价格突然变动而带来的风险，是一种较为稳妥的定价方法。

2. 投标定价法

投标定价法是指采购机构在报刊上登广告或发出函件，说明拟采购产品的品种、规格、数量等具体要求，邀请供应商在规定的期限内投标。采购机构在规定的日期内开标，选择报价最低、最有利的供应商成交，并签订采购合同。某供货企业如果想做此笔生意，就要在规定的期限内填写标单，在上面填明可供应产品的名称、品种、规格、价格、数量、交货日期等，然后密封送给招标人（即采购机构），这叫作投标。企业在投标时必须充分权衡竞争对手的情况以及自身的综合实力，然后进行报价。

三、定价时可以采用的策略

需要注意的是，前面介绍的有关定价方法，只是制定价格的一些基本手段。在市场环境复杂多变、市场竞争日益激烈的条件下要使之收到良好效果，还必须灵活地运用如图 8-7 所示的有关定价策略与方法，将易于实现已定的定价目标。

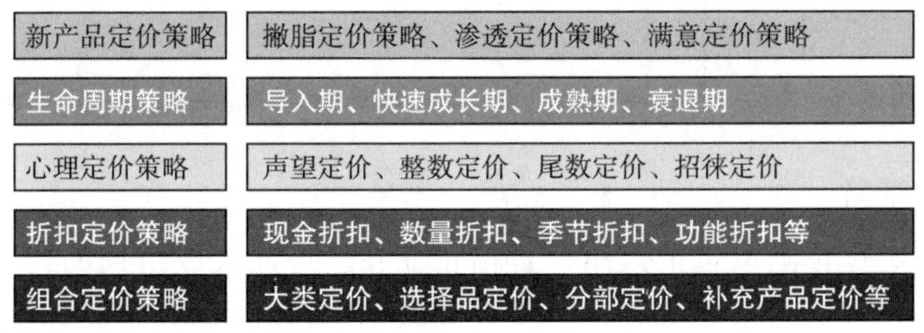

图 8-7　可以采用的定价策略与方法

（一）新产品定价可以采用的策略

1. 撇脂定价策略

撇脂定价也称奶油定价法，是指在新产品刚刚进入市场阶段采取高价策略，价格远高于成本，以尽快提取新产品效益的精华，就像在牛奶中撇取奶油一样。

撇脂定价法不宜任意采用，而需要一些如下的基本条件。

第一，该产品是新产品，无类似替代品。

第二，新技术尚未公开，竞争对手难以进入市场，企业是独家生产。

第三，购买者属于非价格敏感型，需求相对无弹性，制定高价仍有大量购买者。

第四，高价能给人以高质量的印象，能刺激顾客购买而不致引起顾客反感。

第五，企业生产能力一时难以扩大，如定价过低市场需求量过大，企业难以保证供应。

第六，制定高价将减少市场需求和企业产量，从而提高单位产品成本，但单位产品成本的提高将不会抵消高价所带来的高额利润。

撇脂定价策略有以下几个方面的优点。

第一，有利于生产者尽快收回并获得较高利润，以迅速扩大生产，满足市场需要。

第二，产品导入期的主要销售对象是革新者和早期采用者，与其他群体相比，这些人较少关心价格高低，属非价格敏感型，高价一般不会影响销售。

第三，价格本身留有余地。如果预先估计有错误，高价影响了销售量时，可以降价销售。如果原先制定低价，以后再提价，就不那么容易了。

第四，在生产初期，价格高一些，使市场需求不至于发展过快，企业生产能力可从容应付。

该策略的主要缺点是：由于定价过高，有时渠道成员不支持或得不到消费者的认可；同时，高价厚利会吸引众多的生产者和经营者转向此产品的生产与经营，引起市场竞争。

案例 8-6　一台电视顶一套房子

2015 年 10 月，某公司推出了 120 英寸的 49.9 万元的天价电视。当媒体听到 49.9 万元电视售价的时候，都觉得该公司疯了，因为这个价格足以在三线城市买一套房子，一辆汽车可能也不会超过这个价格。

然而，该公司有自己的算法。他们的预期是，目前国内处在金字塔尖的用户，也就是国内的千万富翁群体至少有 100 万人，即使这些人中有 1% 的人购买该款电视，也会达到 50 亿元的销售额，最保守的销售额目标也会达到 10 亿元，即 2 000 台左右的销量。

2. 渗透定价策略

渗透定价策略也称渐取定价策略，是指企业在新产品投放市场的初期，将产品价格定得相对较低，以吸引大量购买者，获得较高的销售量和市场占有率。这种策略同撇脂定价策略相反，是以较低的价格进入市场，具有鲜明的渗透性和排他性。

渗透定价策略实质上是一种薄利多销策略，这种定价策略的适用条件是：

新产品的需求价格弹性较大。

新产品存在规模经济效益。

产品市场规模较大，存在着普遍的竞争。

采用渗透定价有许多优点：产品能迅速渗入市场，打开销路，增加产量，使成本随着生产的发展而下降；低价薄利，使竞争者望而却步，从而获得一定的市场优势。

不足的是定价太低，不利于企业尽快收回投资成本，甚至产生亏损，有时也可能引起消费者对产品质量产生怀疑。

案例 8-7　　小米的渗透定价策略

小米手机一向以优质低价著称，几乎每季度的销量均在千万台以上，内部消息称2018年小米销量目标是过亿台。为什么小米敢于在激烈的竞争中采取渗透定价呢？

小米产品刚上市的时候，正是移动互联网刚刚兴起的时候，巨大的增量市场，让小米必须采取渗透定价。彼时，一方面智能手机刚兴起，绝大多数人仍使用功能机，另一方面苹果的高昂价格让年轻人望而却步，这里蕴含着巨大的增量市场。年轻人收入较低，对价格极为敏感，一款高性价比的手机能撬动巨大的增量市场，还有什么比跑马圈地更重要的吗？

另外，成本利润结构的改变，让小米敢于进行渗透定价。

过去：手机成本＝生产成本＋渠道＋广告＋门店

互联网时代：手机成本＝生产成本

移动互联网时代的来临，带来了一个显著的变化，就是去中心化。任何一个用户，都可以通过微博、微信等方式影响周围的用户。换句话说，只要做好自传播，广告成本是可以省去的。同时，网购已经成为年轻人的主流购物方式，如果小米采取电商直销，则可以省去渠道和门店的成本。

当手机销量达到一定规模后，还可以采用捆绑软件的方式收取软件厂商的服务费，这也是一笔不小的利润来源。

渗透定价为小米带来了巨大成功，在小米的打压下，千元机市场的一些中小规模竞争者纷纷退出了竞争，小米则靠低价策略跻身手机销量世界前5名，仅用7年就完成了市值过千亿元的目标。

针对不同的市场情况和不同的企业目标，企业在渗透定价策略和撇脂定价策略中进行选择时，需要考虑各种因素的特性及影响作用（见表8-2）。

3. 满意定价策略

当营销人员面对撇脂定价策略与渗透定价策略无从选择时，也可以采取满意定价策略。这是一种介于撇脂定价策略与渗透定价策略之间的一种价格策略。所定的价格比撇脂价格低，比渗透价格高，是一种中间价格。这种定价策略由于能使生产者和顾客都感到比较满意而得名。有时又被称为“君子价格”或“温和价格”。

表 8-2　渗透定价策略与撇脂定价策略选择标准

渗透定价策略	低	市场需求水平	高	撇脂定价策略
	不大	与竞争产品的差异性	较大	
	大	价格需求弹性	小	
	大	生产能力扩大的可能性	小	
	低	消费者购买力水平	高	
	大	市场潜力	不大	
	易	仿制的难易程度	难	
	较长	投资回收期长短	较短	

满意定价策略既可避免撇脂定价策略因价高而具有的市场风险，又可以避免渗透定价策略因价低带来的困难，因而既有利于企业自身，又有利于消费者。它适用于那些产销比较稳定的产品，不足的是有可能出现高不成、低不就的情况，对购买者缺少吸引力，也难以在短期内打开销路。

（二）在产品生命周期的不同阶段可以采用的定价策略

产品生命周期定价策略是指在“产品经济生命周期”分析的基础上，依据产品生命周期不同阶段的特点而制定和调整价格。

在产品导入期，可参考新产品的定价策略，对上市的新产品则采取较高或较低的定价。

在产品快速成长期，消费者接受了新产品进入市场时的产品价格，销售量增加，如果竞争者不多，企业就应该采取稳定价格策略，一般不贸然降价。但如果产品进入市场时价格较高，成批生产后成本下降较快，市场上又出现了强有力的竞争对手，企业为了较快地提高市场占有率，也可适当降价。

在产品成熟期，消费者人数、销售量都达到最高水平并开始出现回落趋势，市场竞争比较激烈，一般宜采取降价销售策略。但如果竞争者少，也可维持原价。

当产品进入衰退期，消费者兴趣发生转移，销售量剧烈下降，一般宜采取果断的降价销售策略，甚至销售价格可低于成本。但如果同行业的竞争者都已退出市场，或者经营的商品有保存价值，那么也可维持原价，甚至提高价格。

各类产品在其产品生命周期的某个阶段一般具有共同的特征，但由于不同种类产品的性质、特点及其在国计民生中的重要程度、市场供求状况不同，对不同的产品采取的定价策略要实事求是、机动灵活。

（三）如何迎合消费者心理进行定价

心理定价策略是指企业针对消费者心理活动和变化进行定价的方法和技巧，该策略一般在零售企业中对最终消费者应用得比较多。要想正确使用心理定价策略，就必须对不同消费者的不同心理特征有所了解（见表 8-3 至表 8-5）。

表 8-3　不同性别的消费者的心理特征

消费者类型	心理特征	消费者类型	心理特征
男消费者	购买动机常具有被动性	女消费者	购买动机具有冲动性和灵活性
	有目的、有理智地购买		商品的挑选比较细致
	商品以质量为准，价格其次		购买行为易受情绪与外界因素的影响
	自信消费，不喜欢服务员介绍		选择商品时注重外观，质量、价格其次
	交易迅速，缺乏耐心		

表 8-4　不同年龄的消费者的心理特征

消费者类型	心理特征
青年消费者	对时尚消费品敏感，喜欢购买时髦的商品
	购买具有明显的冲动性
	购买动机易受到外界影响

（续）

消费者类型	心理特征
青年消费者	购买商品时最先考虑的是外观，其次是价格和质量
	是新产品的第一批购买者
中年消费者	属于理智型购买者，较为自信
	购买的商品以经济实惠为主
	喜欢购买被别人证明经济实用的新商品
老年消费者	喜欢购买经常购买的商品
	购买习惯稳定，不易受到外界影响
	希望购买方便舒适
	对健康实惠的产品比较敏感

表 8-5　不同身份的消费者的心理特征

消费者类型	心理特征
工人、农民	喜欢经济实惠、坚固耐用的商品
学生	喜欢购买稀奇的、没见过的商品
军人	大多是为帮别人购买，或按计划购买，有时会请他人帮忙选购
知识分子	大多喜欢造型雅致、美观大方的商品
文艺工作者	大多喜欢造型优美、别具一格、具有艺术美感的商品

具体的心理定价策略主要有以下几种。

1. 声望定价和整数定价

声望定价和整数定价是指企业利用消费者仰慕名牌产品或名店的声望所产生的某种心理来制定产品的价格，故意把价格定成整数或高价。质量不易鉴别的产品的定价最适宜采用此法，因为消费者有崇尚名牌的心理，往往以价格判断质量，认为高价代表高质量。但价格也不能高得离谱，使消费者不能接受。有报道称，在美国市场上，手工做的布鞋很受欢迎，但质量好、价格低的中国货却竞争不过质量相对差、价格却高的韩国货，其原因是在美国人眼里，低价就意味着低档次。

在现代社会，消费高价位的产品是财富、身份和地位的象征。因此，对于非生活必需品及具有民族特色的手工产品，应采取极品价格形象。设计极品价格形象，主要强调产品品牌的著名、质量的上乘、包装的精美与豪华，以及给消费者精神上的高度满足。提到领带，人们都会想到金利来；提到运动鞋，人们会想到阿迪达斯、耐克。这些名牌产品不仅以优质高档而闻名于世，更以其价格高昂而引人注目。

案例 8-8　巧用互联网辅助定价

使用互联网来辅助定价有很大的优势，非常灵活，要比线下容易得多。比如某个产品以 20 元销售 5 天，以 18 元销售 5 天，以 16 元销售 5 天，然后分别计算销售额和利润额来比较三种定价的优势。或者利用网站优化工具，让一半的用户看到的价格是 20 元，另一半看到的价格是 16 元，比较销售额和利润可以快速得出结论。另外，互联网上的销售并不意味着低价，有时价格虽然低但是总销售额并不见得高，很多产品也都会存在一个无差异区间，在这个区间内，价格的高低对销售额或利润并没有很大的影响。

2. 尾数定价

尾数定价是在商品价格中有意识地留有尾数、避免整数的定价方法。心理学家和销售部门发现，在定价中有意识地使用尾数可以给人以便宜的感觉，而且顾客往往认为有尾数的定价是经过认真核算的，是真实可靠的。比如，一件毛衣的定价为 99 元而不是 100 元；一个面包的定价为 4.8 元而不是 5 元；一块香皂的定价是 3.98 元而不是 4 元。事实上，100 元与 99 元相差不过 1 元，但在消费者心中却迥然不同。据北京某商场业务部实践证明，采用一分价钱一分货的价值定价策略的商品的毛利率在 30% 以下，而采用心理定价策略的商品的毛利率却能达到 50% ～ 60%，而且消费者更能获得精神上的满足。

3. 招徕定价

招徕定价是指零售商利用部分顾客求廉心理，特意将某几种产品的价格定得较低以吸引顾客。某些商店随机推出降价产品，每天、每时都有一两种产品降价出售，吸引顾客经常来采购廉价产品，同时也选购了其他正常价格的产品。

（四）如何利用折扣进行定价

折扣定价策略是利用各种折扣吸引经销商和消费者，促使他们积极推销或购买本企业产品，从而达到扩大销售、提高市场占有率的目的。这一策略能增加销售的灵活性，给经销商和消费者带来好处，因而在现实中经常被企业采用。常见的折扣定价法主要有现金折扣定价、数量折扣定价、季节折扣定价及功能选择折扣定价等。

（五）如何利用产品组合进行定价

当产品只是某一产品组合的一部分时，企业必须对定价方法进行调整。这时，企业要研究出一系列价格，使整个产品组合的利润实现最大化。因为各种产品之间存在需求和成本的相互联系，而且会带来不同程度的竞争，所以定价十分困难。常见的产品组合定价法有以下几种。

（1）产品大类定价。例如，松下公司设计出五种不同的彩色立体声摄像机，简单型的只有 2 千克多，复杂型的有 5 千克多，包括自动聚焦、明暗控制、双速移动目标镜头等。产品大类上的摄像机通过依次增加新功能，来获取高价。

（2）选择品定价。例如，许多饭店的酒价很高，而食品的价格相对较低。食品收入可以弥补食品的成本和饭店其他的成本，而酒类则可以带来利润。

（3）补充产品定价。例如，一些厂商给刮胡刀架的定价很低，而通过昂贵的补充品刀片来赚取利润。

（4）分部定价。例如，电话用户每月都要支付一笔基本使用费，如果使用次数超过规定，还要再交费。

第三节　如何应对价格调整

产品价格制定以后，由于情况变化，经常需要进行调整。企业调整产品的价格，主要有两种情况：一种情况是由于客观条件发生变化，企业感到需要调高或调低自己产品的价格；另一种情况是由于竞争者调整价格，自己不得不跟着调整。前者称为主动调整，后者称为被动调整。无论是主动调整还是被动调整，价格调整策略的形式不外乎降价和提价两种。

一、降价策略

降低价格是企业在经营过程中经常采用的营销手段。导致企业降价的原因可能来自宏观环境的变化，也可能来自行业及企业内部条件的变化，主要有以下几个方面的原因。

（1）存货积压占用了大量资金。企业可能会因为对市场的预测不准确或是产品销售旺季已过等原因出现一定量的存货积压。为了解决企业对资金的迫切需求，尽快回笼资金，企业经常会将积压的存货降价处理。这种现象在生产及销售服装的企业中尤为常见，每当季节更替时，消费者都可以看到大量降价处理的服装。

（2）行业及企业的生产能力过剩，形成了供大于求的局面。随着科技的进步，产品的生命周期越来越短，由于替代品的出现而导致生产能力过剩的情况也越来越多，例如，在手机市场上，每一款新型号的手机在推出 6 个月后，都会面临大幅度的降价。

（3）应对价格挑战，保持市场份额。很多企业降低产品价格并不是出于自愿，往往是因为竞争对手率先降价而不得不跟进以保持现有的市场份额。

（4）成本优势。企业在经营过程中很可能会由于某些生产及管理技术的革新而降低了成本，掌握了成本优势。为了利用这一优势扩大销售额及市场份额，企业会主动降低价格。降价引起的销售额增加会进一步导致成本降低，从而使企业进入良性循环。所以，发挥成本优势的主要手段就是降低产品价格。

（5）宏观政治、法律、经济环境的影响。宏观环境的变化也会导致企业的降价行为。有时政府为了保护消费者，控制某个行业的利润，会通过政策和法令限制这个行业的利润率，从而导致该行业中的产品价格下调。例如，2001 年中国政府为了保护广大消费者的利益，就通过政策及法律手段迫使药品生产企业较大幅度地降低产品的价格。此外，宏观经济环境的变化也会直接导致企业产品降价，在市场疲软、经济萧条时期，由于币值上升，价格总水平下调，因此企业的产品价格也会随之降低以适应消费者的购买力水平。

案例 8-9　　O2O 模式助力企业降成本

O2O 是指将线下的商务机会与互联网结合，让互联网成为线下交易的前台。作为一种降低成本的有效方式，O2O 模式已经快速在市场上发展起来。

对于线下销售方式而言，实体店需要支出高额的渠道建设费用，如与客户吃饭、给客户做返利、奖励以维系客户。而网购平台的维护则相对容易很多，商业模式比较简单，通过网络沟通、达成合作、付款、发货几个步骤就可以完成。大客户需要的是实惠的价格，而中小客户只要有稳定的线下渠道，他们就能维系较高的忠诚度。

现在越来越多的行业选择采用 O2O 模式进行营销，健身房、加油站、干洗店、理发店、超市纷纷利用微店、App 进行线上销售，甚至连海底捞火锅也开始了 O2O 外卖模式，你觉得还有哪些行业需要利用互联网来改变命运呢？

二、提价策略

虽然价格上涨会引起消费者、中间商和企业推销人员的不满，但是一次成功的提价活动却会大大增加企业的利润，所以企业只要有机会，就可以适当提升价格。导致企业提价的原因主要来自以下几个方面。

（1）由于通货膨胀、物价上涨，企业的成本费用提高，因此不得不提高产品的价格。

（2）企业的产品供不应求，不能满足其所有消费者的需要。在这种情况下，企业就必须提价，这样不但能平衡供需，还能使企业获得高额利润，为企业进一步扩大生产做好准备。

（3）配合竞争者的涨价行为。尽管许多国家禁止价格同谋的行为，但是在寡头垄断市场中，由于竞争者数量有限，所以它们较容易达成价格默契。当市场上有一家厂商率先提价时，其他企业很可能会随后跟进，以配合价格领袖的行为。

案例 8-10 **华为手机的另类提价策略**

华为自推出荣耀系列手机后，打出的高性价比招牌引来市场一片好评，特别是突破价格冰点仅售 798 元的荣耀 3C 手机很快出现了供不应求的局面。有专业人士称，这个价位已十分接近产品成本，企业几乎无利可图。

为了兑现“不售期货，只为降烧而生”（以饥饿营销、搞抢购著名的小米手机的口号是“只为发烧而生”）的承诺，华为手机在产品定价上做足了文章。

针对 798 元价格，华为仍然承诺无须预约，直接购买，但几乎每批产品均因“产能有限”而迅速被抢购一空。同时，华为推出了 998 元的荣耀 3C“高配”版，以及价格为 999 元的荣耀 3C“低配套装”版，捆绑耳机、贴膜等配件进行销售，几乎从未因“产能有限”而断货，可在网上自由购买，且不受购买数量限制。

三、购买者对调价的反应

企业的价格调整会直接影响购买者的利益，直接影响购买者的购买决策，因此分析他们对调价的反应，是企业在制定价格调整决策时应当关注的问题。

研究消费者对调价的反应，多从消费者的价格意识入手进行定性分析。价格意识是指消费者对商品价格高低强弱的感觉程度，直接表现为顾客对价格敏感性的强弱，它不受价格本身的影响，而受消费者的知识、经验、需求、兴趣和收入等个人因素的影响。价格意识是掌握消费者态度的主要指标和重要依据，也是解释市场需求对价格变动反应的关键变量。

价格意识强弱的测定，往往以购买者对商品价格回忆的准确度为指标。一般来说，购买者对于价值高低不同的产品价格的反应也有所不同。对于那些价值高、经常购买的产品的价格变动较敏感，而对于那些价值低、不经常购买的小商品，即使单位价格较高，购买者也不大注意。此外，购买者虽然关心产品的价格变动，但是通常更关心取得、使用和维修的总费用，如果总费用较低，那么它就可以把这种产品的价格定得比竞争者高一些，取得较多的利润。相关研究也表明，价格意识和收入呈负相关关系，即收入越低，价格意识越强，价格的高低和涨跌会直接影响商品的购买量。由于广告经常使消费者注意价格的合理性，同时也给价格对比提供了方便，所以它对消费者的价格意识也起到了促进作用，使他们对价格的高低更为敏感。

购买者对于企业某种产品的降价行为可能会有以下几种理解。

（1）这种产品的式样过时了，将被新型产品所代替。

（2）这种产品有某些缺点，销售不畅。

（3）企业财务困难，难以继续经营，产品售后服务可能受到影响。

（4）价格还要进一步下跌。

（5）这种产品的质量下降了。

购买者对于企业某种产品的提价也可能会产生如下几种理解。

（1）这种产品很畅销，供不应求，价格可能会继续上涨。

（2）提价意味着产品质量的改进，这种产品更有价值。

（3）卖主想尽量获得更多利润。

（4）各种商品的价格都在上涨，提价很正常。

四、企业对竞争者调价的反应

企业主动调价一般都会经过深思熟虑，但是当竞争对手准备实施调价行为时，企业却往往并不知晓。为了避免被竞争对手打个措手不及，企业不仅应该密切关注竞争者的行为，而且还应当在平时就计划好对竞争者价格变动应做出的反应，以便在受到价格攻击时尽快做出决策。

在做出调价反应时，企业应该考虑以下问题。

（1）竞争者调价的目的是什么？

（2）竞争者调价是长期行为，还是短期行为？

（3）竞争者调价将对本企业的市场占有率、销售量、利润、声誉等方面有何影响？

（4）同行业的其他企业对竞争者调价行动会有何反应？

（5）企业有几种反应方案？竞争者对企业每个可能的反应又会有何反应？

在回答以上问题的基础上，企业还必须结合所经营的产品特性确定对策。一般来说，在同质产品市场上，如果竞争者削价，企业必须随之降价，否则必然会失去大部分顾客；如果竞争者提价，本企业既可以跟进，也可以暂且观望。因为如果同行业中的大部分厂商都维持原价，率先涨价者很可能会受到损失。

在异质产品市场上，由于各企业的产品在质量、品牌、服务、包装等方面有明显的不同，所以面对竞争者的调价策略，企业有更大的选择余地。对于竞争者的涨价行为，企业可以根据具体情况采取跟进或观望措施，而对于竞争者的降价行为，则可以在以下行为中选择。

（1）不采取任何反应，维持原价不变。企业可能由于自身产品具有较大的差异性而使得消费者对本企业产品的需求价格弹性较弱，此时企业完全可以利用差异性优势来维持原价不变。这样既不会过多影响企业的市场份额，也不会减少企业利润。

（2）价格不变，但加强非价格竞争手段的投入。例如，提高产品质量、强化售后服务、追加广告投入、增加销售网点，或者在包装、功能、用途等方面对产品进行改进。有些企业会在保持原品牌产品价格不变的同时，专门推出一个低价品牌与竞争对手抗争。

（3）降低原来的价格。企业往往为了维持原有的市场份额，不得不跟随竞争者降价甚至降价幅度超过竞争者，尽管这一行为可能会引起价格战的爆发而导致两败俱伤，但在市场中却屡见不鲜。

（4）在跟随竞争者降低价格的同时，积极采取一些非价格竞争手段。企业经常使用价格手段与非价格手段相结合的方式进行竞争，非价格手段的投入可以增加企业产品的差异性，以避免产品的过度降价。

企业在对竞争者调价做出反应时，还要考虑本企业在行业中的定位，因为处于不同市场地位的企业在行业中所起的作用是不同的。例如，市场领先者可以对中小企业的率先降价置之不理，但一旦市场领先者主动降价，中小企业却不得不做出反应。

案例 8-11　　× 日化公司的价格策略

× 日化公司是美国著名的家庭洗涤用品生产公司。2015 年，日本的一家小型日化公司宣布即将进军美国市场，以一种新专利技术的洁厕液打头阵。该新型洁厕液的价格低廉，洁厕效果比传统产品有明显改进，日本的小型日化公司对该产品充满信心。

× 日化公司感到来者不善，于是立刻组织营销人员商量应对策略。很快，× 日化公司在 3 天内发动了前所未有的市场促销攻势。× 日化公司的大包装洁厕液在半价销售的基础上再买一赠一，还可获赠代金券用于下一次商品购买。很快，× 日化公司的洁厕液就堆满了消费者的橱柜，销售量足以满足消费者一年使用。这次降价活动虽然使 × 日化公司损失了巨额利润，却使日本的小型日化公司的新产品销量几乎为零，难以维系市场运营成本，不得不在 3 个月后撤出了美国市场。

关键词

价格策略　定价目标　定价方法　成本导向
需求导向　竞争导向　价格调整

本章小结

1. 影响定价的因素主要有市场需求状况、产品成本、竞争者产品和价格以及企业自身的其他因素等。

2. 企业定价目标一般有：利润、市场占有率、市场竞争、质量、生存及保持分销渠道。

3. 定价方法有成本导向定价法、需求导向定价法及竞争导向定价法。

4. 定价策略一般可分为新产品定价策略、产品生命周期定价策略、心理定价策略、折扣定价策略、地区定价策略和产品组合定价策略。

5. 企业在采取降价策略或提价策略进行价格调整时，必须考虑购买者及竞争者对调价的反应。

思考题

1. 搜集一些经典的价格营销案例（如国产千元价位的智能手机价格战），并进行小组讨论。

2. 价格战略与营销战略的关系如何？

3. 影响企业定价的因素有哪些？

4. 企业定价目标主要有哪几种？它对于正确定价有什么作用？

5. 可供企业选择的定价方法有哪些？具体计算方法是什么？

6. 如何对新产品进行定价？

7. 企业在进行价格调整时应考虑哪些因素？

案例作业

如何评价 iPhone8 的定价

2017 年 9 月 22 日，苹果宣布新款产品 iPhone8 正式上市，4.7 英寸的 iPhone8，64GB 内存的官方售价为 5 888 元、256GB 内存的售价为 7 188 元。与以往历代 iPhone 上市不同的是，相比于 iPhone6、iPhone7 上市时炒翻倍的价格，iPhone8 在首发当天就跌破了原价，最高甚至跌了 200 元，让人大跌眼镜，也令一向眼光毒辣的大批黄牛党损失惨重。然而，也有部分业内人士在 iPhone 上市前就不看好这款产品，市场反应也验证了这些专家的看法。

讨论题

根据上述材料，广泛搜集相关背景资料，阐述你对苹果这款手机定价策略的看法。

参考文献

[1] 菲利普·科特勒 . 市场营销：原理与实践 [M]. 北京：中国人民大学出版社，2015.
[2] 刘治江 . 市场营销学教程 [M]. 北京：清华大学出版社，2017.
[3] 王方华，等 . 市场营销学 [M]. 上海：复旦大学出版社，2005.
[4] 陈水芬，等 . 现代市场营销学 [M]. 杭州：浙江大学出版社，2002.
[5] 李农勤，等 . 市场营销学 [M]. 北京：清华大学出版社，2006.
[6] 李奇，毕传福 . 大数据时代精准营销 [M]. 北京：人民邮电出版社，2015.
[7] 李军 . 移动互联网营销完全攻略 [M]. 北京：清华大学出版社，2014.

CHAPTER 9

第九章 构建传递顾客价值的渠道网络

内容提示

在确定定价策略之后，就需要构建营销的渠道网络。众所周知，要致富，先修路。对于一个制造商而言，要想迅速成长壮大，最重要的是将自己生产的产品或服务销售出去，进而获得市场的认可。渠道就好比致富之路一样，渠道建设的好坏直接影响产品或服务的销售业绩。在本章中，我们将主要阐述以下几个方面的问题：价值网络和营销渠道是什么？渠道策略包含哪些部分？传统的渠道如何管理？新型渠道——网络营销渠道如何构建与管理？

专业词汇

营销渠道（Marketing Channel）
专营性营销（Exclusive Distribution）
密集型营销（Intensive Distribution）
零售（Retailing System）
批发（Wholesaling System）
多渠道营销（Multichannel Marketing）
一级渠道（One-level Channel）
二级渠道（Two-level Channel）
三级渠道（Three-level Channel）
第三方物流（The Third Part Logistics，3PL）
价值网络（Value Network）
直销（Direct Marketing Channel）
选择性分销（Selective Distribution）
垂直营销系统（Vertical Marketing）
水平营销系统（Horizontal Marketing）
市场物流（Market Logistics）
垂直渠道冲突（Vertical Channel Conflict）
水平渠道冲突（Horizontal Channel Conflict）
多元渠道冲突（Multichannel Conflict）
网络营销渠道（Network Marketing Channel）

开篇案例

中石化的销售渠道重组

中石化是中国最大的一体化能源化工公司，它是中国最大的石油产品和主要石化产品生产商与供应商，也是第二大原油生产商。中石化参照国际模式，构筑了公司的架构，建立了规范的法人治理结构，实行集中决策、分级管理和专业化经营的事业部制管理体制。中石化有全资子公司、控股和参股子公司、分公司等共80余家企业，包括石油企业、炼油及化工企业、销售企业及科研、外贸等单位，其生产资产和主要市场集中在中国经济最发达、最活跃的东部、南部和中部地区。

1999年以来，中石化为增强市场调控能力，在新建、改建、收购加油站方面累计投入资金400多亿元，其销售网点增加到28 000余个，初步建成了覆盖长城以南各省的加油站零售网络，为提高市场调控能力、改善销售结构夯实了基础。如广东石油分公司，2000年以前只有651个加油站，网点占有率仅为13.6%；自2000年以来，该公司累计投入资金59.6亿元，新增加油站1 430个，网点占有率提升到42.1%。但是，在中石化各销售公司大规模扩张的背后，弊病也是不容忽视的。首先，下属的地市级分公司被赋予过多管理职能，甚至县经营部作为地市公司的派出机构也在管理市场，从而造成管理层次过多、市场反应缓慢的弊病；其次，由于这些公司都是以行政区划为基础设立的，油品配送经常会出现流向冲突的不经济行为，这成为中石化销售公司运营成本居高不下的重要原因。

面对此形势，2004年3月中石化参照国际通行做法，从改革销售管理体制入手进行渠道的大变革。中心思路是实行专业化管理和区域公司重组，在管理层次上，将原来的多级管理变为两级管理。跨国石油巨头在油品营销管理上通行的做法是以成品油中心库为圆心，划定相应的配送半径，以此为基础成立基本管理单位，它的管辖地域是以油品配送成本最低为原则划定的，不受行政区划的限制。基本管理单位下设片区经理，片区经理管理临近的几个加油站，加油站设站长。这种管理模式不但可以降低运营成本，而且效率很高，可以针对随时变化的市场及时做出反应。

中石化销售渠道重组的总体思路就是按照"区域化、专业化、扁平化"的原则，以优化物流配送和强化成品油市场营销为重点，充分利用现代高科技技术，对物流、零售、直销实行专业化管理，建成"管理层次扁平、业务专业垂直、岗位权责明确、市场反应灵活"的新型经营管理体制。

在管理层次上，由原来的多级管理逐步减少为总部对区域资源配送和市场营销的两级管理；在运行模式上，实行资源配送和市场营销两条线运行。在资源配送这条线中，按照区域经济流向，建立区域配送中心，实行资源统一运作、设施统一管理、物流统一优化、配送统一组织，进一步降低成本，提高盈利空间，增强市场竞争力；在市场营销这条线中，按照专业化分工，零售实行零售管理中心→片区经理→加油站的专业垂直管理，直销实行商业客户中心→客户经理→客户的专业垂直管理，加强市场营销，适应外部市场变化的需要。

在实施步骤上，云南石油分公司和广东石油分公司作为先期试点单位样板，首先进行管理体制改革，即在这两个分公司内部建立省级物流中心，由它对全省范围的物流实行统一管理和运作，实现物流与商流的分离；同时选择部分地市公司进行跨区域重组，并在区域公司内按照零售中心、商业客户中心、结算中心三条线向下垂直管理到经营网点，并撤销县经营部。通过此次改革，省级销售公司的管理职能得到了空前强化，与之相对应的是地市级公司更多地被赋予冲锋陷阵、开拓市场、提高销量的重任。省级公司一方面可以通过专业化业务中心强化其决策中心的地位，使公司的决策更加快速准确到位；另一方面又可以通过省级物流中心合理规划油品流向，即由省级公司物流配送中心安排向加油站、大客户的油品运输供应的调度，它以油库为中心，并制定合理的配送半径，避免造成不必要的损耗。而地市级公司各业务部门只需专注于目标市场的开拓和相应的市场管理工作，通过专业化的分工和区域公司重组，实现了责权分明、贴近市场的目的。

资料来源：http://fanwen.wenku1.com/article/47222593.html.

第一节　如何理解营销渠道和价值网络

一、什么是价值网络和营销渠道?

要成功地创造价值需要成功地传递价值。我们在通过高效价值网络向顾客传递价值的过程中，一般包括四个流。

（1）商流，泛指商品的买卖活动。

（2）物流，指商品买卖活动带来的物品流动。

（3）信息流，商品流动所伴随的情报资讯，如周转最快的商品是什么？哪些产品最能引起客户的兴趣？每日每月的商品销售量等。

（4）资金流，指金融体系在商品流通过程中的配合应用，如信用卡、银行转账等。

所有的这些“流”都需要一个载体和通道，这个载体和通道便是渠道。渠道一词来源于拉丁文的 canalis，意思是运河。因此，渠道会让人想起河流，如长江、黄河等重要的商业渠道；渠道也会使人想起电视频道，如 CCTV-1、CCTV-9 等，是传送特定电视节目的通路。总之，渠道含有通道的意思，渠道是水和其他内容的流动，是具有动感的概念。

著名的营销大师科特勒对营销渠道的解释为：在生产者和最终用户之间有一系列的营销机构执行不同的功能。这些中介机构就被称为营销渠道，也被称为分销渠道和贸易渠道。

案例 9-1　　**宝洁公司的渠道策略**

宝洁公司（Procter & Gamble Company，P&G）是 1837 年由威廉·普罗克特和詹姆斯·甘布尔两人在美国俄亥俄州辛辛那提创办的主要生产肥皂和蜡烛的公司，两人的姓氏作为公司的名称一直沿用至今。宝洁公司的全球员工近 110 000 人。2008 年，宝洁公司是世界上市值第 6 大公司，世界上利润第 14 大公司，同时是《财富》500 强中第十大最受赞誉的公司。

宝洁在进入中国市场的开始阶段选择了传统的分销方式，即借助分销商完成全国的网络覆盖。这种模式下，分销商承担了所有零售终端的供货，所以哪种产品的利润高，分销商就会卖力推广哪种产品。鉴于这种情况，宝洁进行了渠道变革。宝洁一改此前经由分销商向零售商供货的方式，逐渐开始向重点零售商直接供货。它打破了华南、华北、华东、西部四个销售区域的运作模式，改为分销商渠道、批发渠道、主要零售渠道和大型连锁渠道以及沃尔玛渠道。

资料来源：http://fanwen.wenku1.com/article/47222593.html.

二、如何认识营销渠道的功能和流程及层次

麦当劳为什么购买牛肉和鸡肉来生产汉堡，而不自己办养鸡场或者养牛场呢？这说明企业应该集中力量办自己的优势产业。于制造商而言，将销售的工作委托给分销机构，不仅可以从中间机构获得很多好处，而且采用中间商还能够更有效地推动商品广泛地进入目标市场。如图 9-1 所示，利用中间商是节约成本的一个主要源泉。图 9-1a 表示三个制造商利用直销分别联系 3 个顾客，这种方式需要 9 次交易。图 9-1b 表示 3 个生产者通过同一个分销商和 3 个顾客发生联系，而这种方式只需要 6 次交易。相比较而言，采用中间商的方式减少了工作量。

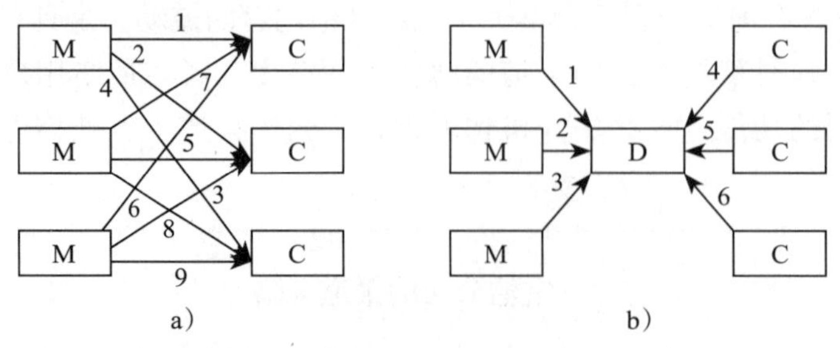

图 9-1　中间商的经济作用

注：M 为制造商，C 为顾客，D 为分销商，图中数字 1 ～ 9 表示制造商、分销商、顾客之间的交易数。

1. 营销渠道的功能

营销渠道的功能包括：①收集信息；②促销；③协商；④订货；⑤融资；⑥风险承担；⑦实体分配；⑧付款；⑨所有权的转移。例如，我们现在分析一家电冰箱经销商，它在市场销售过程中会发现顾客的需要，像保鲜、节电功能等需求，同时也可收集到市场中其他厂家的同类产品的特点。这家经销商向电冰箱制造商进行反馈，这就显示了渠道收集信息的功能；然后，当经销商发现顾客有购买的意思后就会说服其购买，在这一过程中，经销商（渠道）就可以实现厂家的促销功能；下一步经销商和购买者之间就会根据价格、服务等达成协议，实行所有权和占有权的交换，经销商（渠道）又实现了厂家的协商功能；下一步经销商会向厂家进行订货、购买、运输等，再下步就会涉及融资、风险承担、实体分配、付款及所有权的转移功能。

2. 营销渠道的流程

营销渠道的流程由实物流、所有权流、付款流、信息流和促销流五部分组成（见图 9-2）。我们结合一个电脑制造商的例子来考察。

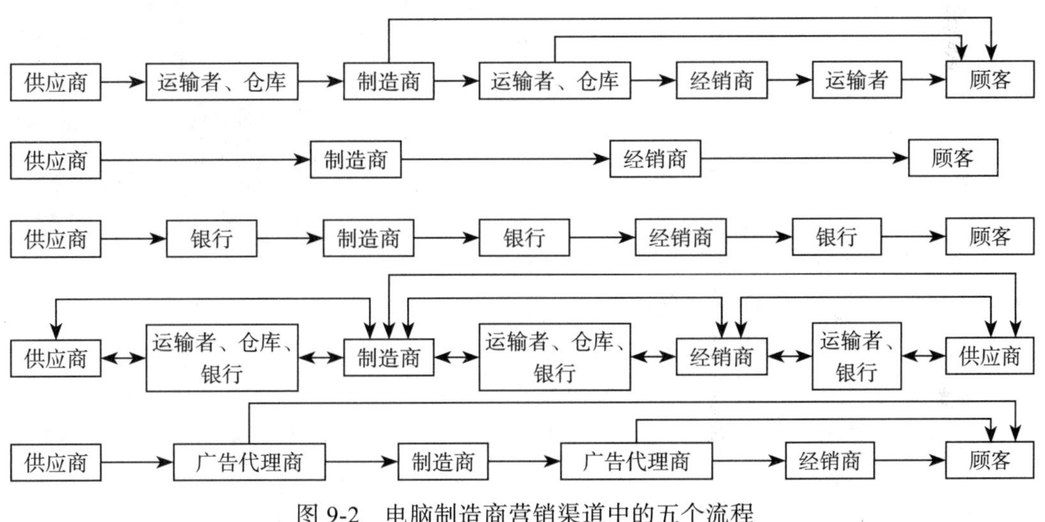

图 9-2　电脑制造商营销渠道中的五个流程

（1）实物流。实物流是指实体产品从原材料到最终顾客的流程。如电脑制造商，从供应商那里购买的原材料、零部件，通过运输公司运送到自己的仓库，然后运到经销商那里，最终销售给顾客。

（2）所有权流。所有权流是指商品所有权从一个营销机构向另一个机构的实际转移。如电脑制造商从供应商那里购买了零部件等，其所有权也由供应商转向电脑生产者。后面的流程以此类推。

（3）付款流。付款流是指电脑购买者通过银行和其他金融机构将货款付给经销商，经销商再付给电脑制造商，制造商再付给供应商。

（4）信息流。信息流是指渠道成员相互传递信息，如电脑制造商、电脑经销商等。

（5）促销流。促销流是指促销信息从系统的供应方向生产者、顾客方转移。

案例 9-2

晨光文具：渠道制胜

作为本土制笔企业的代表，晨光文具的发展势头很猛，在文具这个不起眼的市场里，硬是依靠价格为 1.5 ～ 3 元的书写产品取得了年销量 13 亿元的成绩。

晨光文具的创办人陈升明出身为普通推销员。17 岁时，陈升明找到的第一份工作就是推销文具用品，他一干就是 10 年。1999 年的金融危机让他所在的公司倒闭了，于是他自起炉灶，在上海奉贤买下 6 亩地建造厂房，生产文具用品。

10 年的推销生涯，使陈升明对渠道的特点和操作手法有着很深刻的体会。他认识到，如果沿用以前聘用众多销售员到全国各地跑业务的做法，不仅开支大，效果也不见得好，而且很难完全覆盖全国市场。再加上单品价格不高，利润微薄，并不是过多的投入就能有高额的回报。要在较短的时间内以最少的人力取得最好的渠道铺设效果，陈升明想到了借力。他将快速消费品的渠道分销模式引入文具行业，结合保险行业的直销模式，创造性地推出了"快速消费品大流通模式 + 直销模式"，构建了一个伙伴金字塔式的销售网络。

在具体执行上，晨光文具先是以省级为单位培育一级市场经销商，通过学习、培训、指导、辅助等方式将一级市场经销商培育成单一品牌经销商。在站稳一级市场之后，由一级市场经销商培育二级市场经销商。层层递进之后，陈升明用了 6 年建立了一个蜘蛛网般的营销网络。在全国建立了 30 个分公司，分公司下设立省级代理，省级代理下发展市级代理，市级代理下是县级代理，直到乡镇的销售终端，分销渠道分为四个层级。

目前，晨光文具拥有 28 个省级配送中心，1 800 多个二、三级渠道合作伙伴，3.5 万个直控零售终端。同时，晨光文具与家乐福、沃尔玛、乐购等大型超市和便利店建立了长期合作关系。强大的营销网络确保晨光文具的产品能够在 7 天内抵达中国的每个城市。可想而知，要管理这么庞大的销售渠道并不容易，然而晨光文具的管理团队却只有五六十人，他们不必经常到各个区域出差，因为一、二、三级经销商会自行做好渠道拓展工作。

资料来源：http://fanwen.wenku1.com/article/47222593.html.

3. 如何认识营销渠道的层次

生产者和最终顾客是每个渠道的组成部分。我们主要从中间机构的级数来说明营销渠道的层次。图 9-3a 举例说明了几种不同长度的消费市场营销渠道。

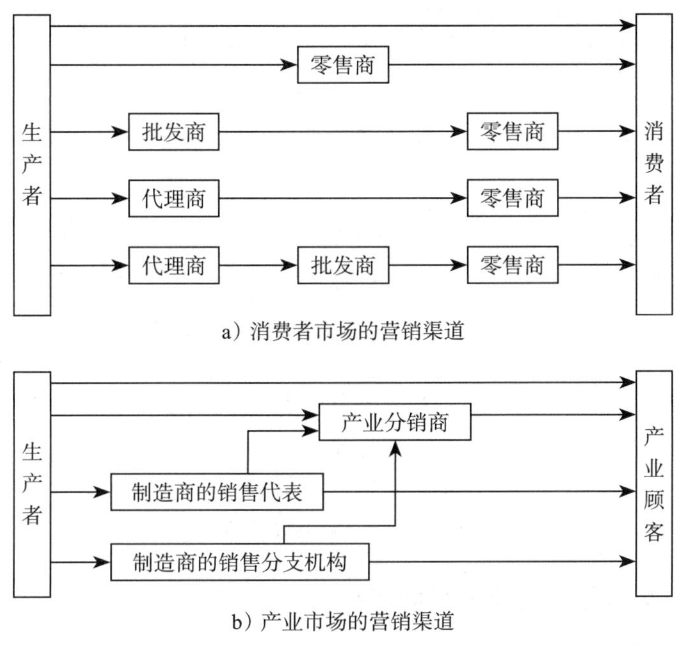

a）消费者市场的营销渠道

b）产业市场的营销渠道

图 9-3　消费者和产业市场的营销渠道

零级渠道又称直接营销渠道，即大家熟悉的直销形式，是由生产者直接销售给最终顾客的一种形式，直接营销的主要方式是上门推销、家庭展示会、邮购、电话营销、电视直销、互联网销售和厂商直销。安利公司的销售代表几乎都是通过上门推销其产品，当当网在网上销售图书，戴尔选择在网上出售自己的电脑。

一级渠道，包括一个销售中间商，如零售商。二级渠道包括两个中间商。在消费者市场，他们一般是一个批发商和一个零售商。三级渠道包括三个中间商。然而，从制造商的观点看，渠道级数越高，获得和控制最终用户信息也越困难。

图 9-3b 表示产业市场常见的营销渠道，生产者可利用销售人员直接销售给顾客，也可以利用产业分销商销售给顾客。一般而言，零级、一级和二级营销渠道在产业营销渠道中颇为常见。

第二节　如何设计营销渠道策略

一、如何设计营销渠道

口香糖等日常消费产品的营销渠道肯定不同于普拉达手袋等特殊商品的营销渠道。制造商在建立新公司后，通常会想办法销售自己的产品或服务，那么选择通过何种渠道来进行呢？是直销，还是选择经销商，还是采用代理商等。在这里我们面临着一个营销渠道如何设计的问题。一个新型渠道的设计过程如图 9-4 所示。其目的主要是在考察自己的渠道建设和竞争者的渠道建设中，找出自己的不足，寻求一种差异化战略，从而超越竞争，为顾客传递更多更好的价值，从而赢得市场。

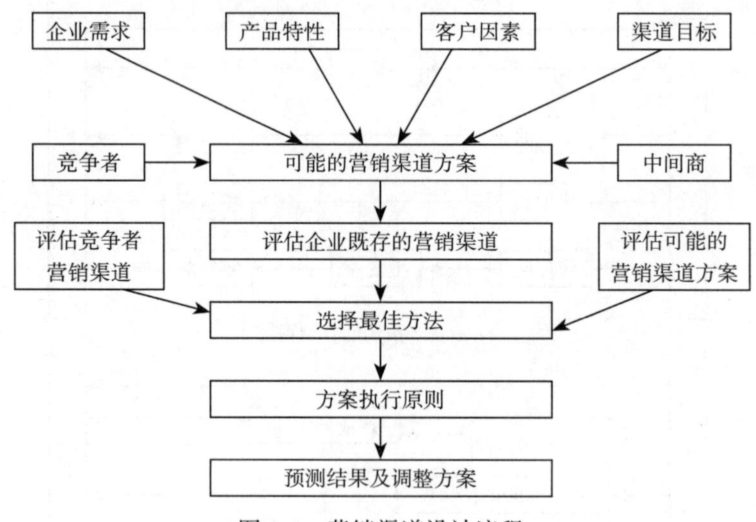

图 9-4　营销渠道设计流程

（一）第一步：营销渠道方案的前期准备

在制订一个可能的营销渠道方案前，我们会考虑六个方面的因素。

（1）企业需求。例如，一个婴儿奶粉的制造商这样陈述其营销目标："我们的营销目标就是确保所有初为父母者只要来到食品店、商店、超市、大卖场，就有机会购买这些产品。"又如，一个中年女装品牌的生产商对于其产品线制定了以下营销目标："我们的营销目标就是确保 40 ～ 59 岁的愿花 150 ～ 400 元买一件大衣的太太们，每次逛街时至少能在一个店里看到我们的服装。"

（2）产品特性。如鲜肉、蔬菜、活鱼等易腐商品应该尽可能地采取短渠道，以免重复搬运和耽误时间而造成产品变质。如春秋时装、帽子饰品等时尚产品也应该尽可能缩短分销在途时间，尽早上柜以免错过流行季节。如水泥、矿石、谷物、饮料及啤酒等体积笨拙、沉重的产品应减少运输距离和重复搬运次数。对非标准产品则最好由企业销售代表直接销售，便于安装和指导使用。

（3）客户因素。我们应该主动分析顾客的需求，从而为顾客创造更好的价值。

1）批量大小。批量大小是营销渠道允许典型顾客一次购买的单位数量。例如，在购买可口可乐时，家乐福偏爱大批量购买的渠道，而单个家庭倾向于少量购买的渠道。

2）等候时间。等候时间是顾客等待收到货物的平均时间。顾客一般喜欢快速交货渠道。

3）空间便利。空间便利是营销渠道为顾客购买产品所提供的方便程度。空间便利的用途被直接营销进一步强化。例如，现在很多大卖场就提供免费的停车场，如果是开车购物的顾客在相同条件下就会选择有免费停车场的商场。又如在中国，工商银行的网点是最多的，这就会为顾客提供更大的空间便利。

4）花色范围或产品品种。产品品种是营销渠道提供的商品花色品种的宽度。一般来说，顾客喜欢较宽的花色品种，因为这使得实际上满足顾客需要的机会更多。例如，宝洁公司旗下拥有海飞丝、潘婷和飘柔三大护发洗发系列，三大品牌之下又有各种功能的产品，如潘婷的卷发系列、直发系列以及护理系列等。

5）服务支持。服务支持是渠道提供的附加服务，其包括信贷、交货、安装、修理，服务支持越强，渠道提供的服务工作越多。

（4）渠道目标。例如，当经济形势较好时，生产者总是要求利用多渠道将其产品推入市场，并且会降低产品的价格或者提高产品的服务。

（5）中间商。营销渠道在选择中间商时，我们应考察三个方面的问题：一是中间商的类型，二是中间商的数目，三是每个中间商之间的条件和相互责任。

1）中间商的类型。公司应该弄清楚能够承担其渠道工作的中间商类型，举个例子，有一家生产无线电产品的公司，决定生产汽车调频收音机，在选择营销渠道时，有以下几种可选方案。一是汽车经销商市场。将公司的产品销售给各种汽车经销商，作为备件使用。二是汽车部件零售商，通过汽车零部件零售商，向公众推销收音机。三是邮购市场，公司可以将收音机广告登在邮购商品目录上。当然，制造商还可以寻求更富有新意的营销渠道。

2）中间商的数目。制造商营销渠道的每一层次选择使用多少中间商，这决定了渠道的宽度。科特勒认为有三种战略可供选择：专营性分销、密集型分销和选择性分销。

专营性营销，其特点是严格限制中间商数目。这种经营方式适合销售新型汽车、某些主要家用电器和女士服装品牌以及重要器械的销售。

密集型分销，其特点是制造商尽可能多地在商店里销售商品或服务。该战略一般用于方便品的销售，如香烟、肥皂、口香糖、洗衣粉等日常用品应该采取密集型分销。

选择性分销，即生产制造商在一定的地域范围内根据中间商的能力、条件，选择少量中间商分销自己的商品。如高档化妆品和名牌服饰常在一个地区选择几家声誉好的大商场销售，公司不必在过多的销售点上耗费自己的精力。

3）每个中间商之间的条件和相互责任，制造商应制定加盟其营销渠道的成员条件，明确权利、义务和责任。例如，肯德基向加盟的特许经销人员提供房屋、促销支持、记账制度、人员培训和一般行政管理与技术协助。而反过来，该特许经销人必须在物资设备方面符合公司的标准，对公司新的促销方案予以合作，提供公司需要的情报，并向特定的卖主购买食品。

案例 9-3　　奥妮借新品牌整合经销商

奥妮是重庆的一家生产洗发用品的企业。在中国，它也曾经名噪一时。它的几则广告曾经给人留下了深刻印象，如“长城永不倒，国货当自强”的广告，奥妮首乌洗发露的“梦中情人篇”，请周润发拍摄的“百年润发”和具有异域风情的西亚斯“印度歌舞篇”更是广受欢迎。

之后几年奥妮遇到了很大的困难，导致奥妮销售始终在低迷徘徊的主要原因是它的渠道策略。多年来，奥妮几乎不用经销商，都是通过零售商销售产品。这种策略在奥妮刚起步时还起作用，但随着产品品牌的增加，尤其是市场竞争的加剧，这种策略的弊端就显现出来了。2002 年，奥妮的销售业绩不尽如人意，迫使企业开始酝酿重组。2003 年 5 月，奥妮正式交由重庆市江北区管理。此时的奥妮已经不是国有企业，而是由香港海润国际投资控股有限公司、香港新成丰国际控股有限公司、重庆化妆品厂几家股东控股的新公司。新公司也迎来了新的执行总裁王某。

王总上台以后，很快就推出了新的黄连除菌产品。除了大做广告以外，他还提出了一个新的“共胜营销”的理念。对于这个概念，王总解释说：“我们现在要让经销商参与我们的市场活动，而且还不是一般的参与。包括市场管理、终端网络建设、地方媒体投放等，我们都希望经销商参与合作。以前我们的销售经理做的很多工作是卖场工作，但是他们现在最大的工作是帮助经销商赚钱。”至此，奥妮的渠道策略已经很明确了。黄连除菌不只是奥妮的新品牌、新产品，更是其拉拢经销商、吸引经销商、改变渠道策略的一个工具。

经销商看中的是利润，而奥妮看中的是经销商手中的分销网络和多年市场打拼的终端经验与关系网。对于奥妮，此次的渠道策略调整是前所未有的，而对于经销商，他们则认为奥妮此次渠道策略调整的力度还不够大。一些经销商想利用自己手中的药店网络经销黄连除菌产品，但还没有得到奥妮的同意。

资料来源：http://www.wenku1.com/news/BA0BB68CF12B4E65.html.

（6）竞争者。这里我们主要考察拟采用的营销渠道同主要竞争厂商的渠道差异比较，如表 9-1 所示，以便了解本公司在业界中所处的地位。

表 9-1　营销渠道设计的竞争者分析表

项目		本公司	竞争者 A	竞争者 B	竞争者 C
营销渠道方式					
营销渠道数量	分公司				
	经销商				
	零售店				
合计					
所占比率					
优点分析					

（二）第二步：评价主要渠道

在评价主要渠道时，我们需要以经济性、可控制性和适应性三种标准来评估。经济性标准是指生产者比较渠道方案所能带来的最大利益，以便最后确定利益大的渠道。如图 9-5 所示，在 Sb 点的销售额，两条渠道的成本是相同的。当销售额较低，位于 Sb 点左边时，最好选择销售代理商；当销售额较高，位于 Sb 点右边时，最好选用企业的销售人员渠道。使用代理商要考虑控制问题，销售代理商是一个独立的公司，它关心的是本公司的利润最大化。代理商会注意那些购买商品最多的顾客，而不关心谁购买了某个特定制造商的产品。此外，代理商的推销人员可能没有掌握有关公司产品的技术细节，或者不能有效地运用它的促销材料。适应性标准是指渠道对环境变化的适应性，也就是生产者在渠道中能否灵活应用渠道功能适应环境的变化。当然，经济标准是首要标准。

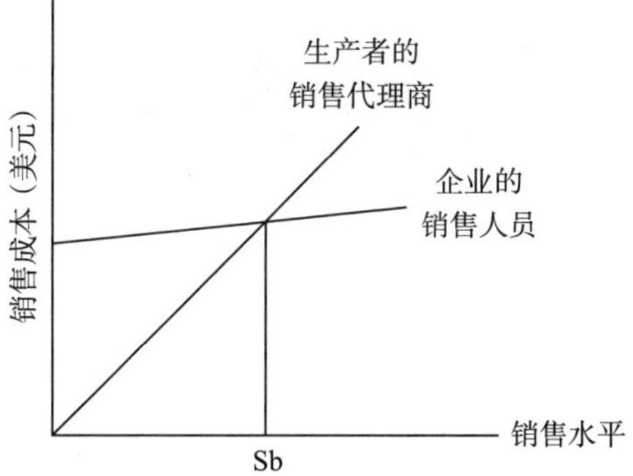

图 9-5　企业人员推销与代理商分销的损害临界成本图

（三）第三步：选择最佳方法

一是财务方法，由兰伯特于 1960 年提出，其基本观点是影响渠道结构选择的一个最重要的变量是财务。因此，选择一个合适的渠道结构类似于资本预算的一种投资决策。二是交易成本分析方法，最早由威廉姆森提出，其基本观点在于公司要完成其营销任务而进行的必要交易成本耗费。因此，我们应该针对自身的渠道结构来选择一个最佳方案。

（四）第四步：方案执行原则

在执行方案时，我们应该遵循可操作性、可实践性、经济性和可控制性的原则。可操作性和可实践性，即设计好的渠道利于实施，操作简单方便；经济性，即设计好的渠道实施的成本较低；可控制性是指设计好的渠道易于管理，产生的冲突易于解决。

（五）第五步：预测结果及调整方案

我们应该充分运用前面提到的方法及时预测结果，并根据运行环境进行方案的调整。

二、如何管理营销渠道

在营销渠道设计完成后，我们必须着手建立渠道成员。在这一过程中，科特勒认为将面临如何选择、如何培训、如何激励及评价和改进的工作，如图 9-6 所示。

图 9-6　管理营销渠道

（一）第一步：渠道成员的选择

对于顾客，渠道就意味着公司的形象。不妨想象，如果肯德基、丰田和中石油的一个或多个网点的经销商表现得邋遢、低效或闷闷不乐，那将会给顾客留下怎样的负面印象。

案例 9-4 **飞利浦和 TCL 的渠道合作**

飞利浦电视在中国的渠道模式经历了很长的一段辗转之路。1997 年之前，飞利浦在华南市场一直是采取直接建设，掌控主流渠道，再向终端铺货的方式，年销售额始终徘徊在 700 万元左右。由于在国外飞利浦代理制的普及和普遍成功，因此从 1997 年年底开始，飞利浦决定在华南市场实行区域总代理制。

1997 ～ 1999 年，由于飞利浦充分给予代理公司优惠的代理政策，使飞利浦代理区域的销售直线上升，销售额也连年翻倍，1999 年达到 2.3 亿元，飞利浦“两广”市场占有率一路上升至 10%。这一阶段总代理制为飞利浦取得了丰硕的业绩，应该说是一个双赢的阶段。

随着国内彩电市场竞争加剧，整体价格大幅下滑，飞利浦的盈利开始回落。2001 年，飞利浦开始酝酿渠道收复、产品升级行动，其目的就是以低点毛利要挟代理商，降低渠道成本，增进零售价格的竞争力。

2002 年，飞利浦更换代理商，由双方共同出面来管理市场。然而作为外资企业，飞利浦的人员成本和市场管理成本居高不下，因此仍然无法扭转微利的局面。最终，飞利浦决定将华南 7 省区域渠道代理委托给 TCL。2003 年 8 月，飞利浦与 TCL 宣布，两大品牌公司将在中国 5 个省市的市场进行彩电销售渠道的合作。这意味着，飞利浦彩电将搭乘 TCL 的销售网络，进一步实现覆盖中低端的二级市场的目标。

2004 年年初，飞利浦设在广州的视听产品华南办事机构正式解散，飞利浦华南 7 省彩电销售业务彻底转交给国内彩电巨头 TCL 代理。飞利浦由此前的厂商共同管理渠道变成由 TCL 独立进行渠道和销售管理，双方更广泛和更深入的渠道合作正在展开。

资料来源：http://fanwen.wenku1.com/article/47222593.html.

（二）第二步：培训渠道成员

福特通过以卫星为基础的“福特之星网络”向它的 6 000 多个经销点发送训练程序和技术信息，每个经销商的服务工程人员坐在会议桌旁观看监视器中播放的内容，其中，教师正在向他们解释一些程序，比如如何修理车载电子设备，并向他们提问，之后给出问题答案。福特正在逐渐加强对经销商的互联网培训计划。

案例 9-5

可口可乐公司的渠道成员培训

可口可乐公司是一家大型的快速消费品公司，其营销渠道结构也是一个复杂的结合体。概括地说，就是以间接渠道和宽渠道为主要形式，且多级渠道并存的多渠道组合。

可口可乐采用密集型分销渠道，这种分销渠道能增大产品的市场覆盖面，网点密度高。可口可乐公司的产品出现在百货公司、连锁超市、便利店、自动售货机等地方。总之，在任何地方人们只要想买饮料，就能买到可口可乐公司的产品。这种十分密集的渠道策略，增强了可口可乐公司的竞争力，为可口可乐公司提供了广阔的市场覆盖面。

可口可乐公司的用人策略，最为独特的一点就是"本土化"。其精髓就是：在市场当地设立公司，所有员工都用当地人；销售方针、人员培训由总公司统一负责。

（1）基础培训，主要包括入职的简单培训、公司规章制度培训、公司企业文化培训、个人激励培训等。通过这些培训，员工可以了解到可口可乐公司的发展历史、企业精神和文化等。

（2）技能培训，就是根据公司发展所确定的各种岗位工作的需要，对在岗人员进行业务技能培训。培训的目标是着重提高在岗职工实际工作能力或劳动技能，使之在岗位上成才，满足岗位要求，适应企业发展需要。这样能让企业的职员具备一定的基础技能。对专业人员进行管理技能培训，即对好的业务人员进行持续不断的教育，锻炼他们的管理能力，让企业更加高效地运作，主要有知识扩大型培训和知识更新型培训。

资料来源：https://wenku.baidu.com/view/559150214b73f242336c5ff0.html.

（三）第三步：激励渠道成员

从制造商的角度看，对中间商的激励主要有以下几种。

（1）利益激励，是指增加中间商的直接利益，激励效果明显，主要有：①返利制度；②职能付酬方案；③补贴政策；④放宽汇款条件。

（2）参与激励和关系激励，是指制造商通过和渠道成员及时交流信息，加强沟通，让渠道成员参与到渠道计划工作中来，并共同制定渠道发展规划，明确生产厂家和中间商在渠道发展中的责权利关系，同时进行经常性的感情交流，发展长久的紧密关系，能够对中间商起到良好的激励作用。参与激励和关系激励主要表现在以下几方面：①建立经常性的磋商和沟通机制或组织；②定期的高级和中级领导层会谈；③建设成功的渠道关系；④开展情感性的情感沟通活动。

（3）发展激励主要是指中间商参与到渠道工作中来，进行一定的渠道投入，他们不仅希望获得短期利益，还希望事业能长期发展，自己能不断成长。发展激励主要表现在以下方面：①帮助中间商成长；②共同开发新的市场机会；③提供成长激励的好途径。

案例 9-6　美的家电产品营销渠道激励

美的产品初期主要销售给总经销商和批发大户，再通过它们发展二三级分销渠道。2012 年，美的致力于打造扁平化敏捷型组织。这使得美的对渠道的控制能力更强，对突发情况的反应速度加快，同时也使得美的产品有了更多的机会出现在消费者面前。

一、对渠道成员的激励

在多种激励政策的带动下，美的实现了企业及渠道成员的双赢。

（1）回款奖励。对销售分公司来说，最关键的无非是中间商的回款。雄厚的资金支持不仅能够给旺季的销售做好准备，而且能够为公司淡季家电销售做足货源的准备。美的通过实施奖励措施来提高中间商的回款。

（2）进货奖励。美的根据中间商进货的数量、提货的机型不同而采取不同的奖励措施。若中间商主推美的产品给顾客，则给予其优惠的进货条件。

（3）促销支持。根据销售计划的不同时期，对渠道经销商给予不同程度的支持。帮助中间商掌握主要技术、开展技术服务、加强广告宣传等来使得消费者对产品的印象升级。这样不仅中间商能从促销活动中获得利润，而且也可以提高其品牌知名度。

（4）销售奖励。奖励额度与中间商业绩直接挂钩，这样可以提高中间商的销售积极性，譬如美的的一些分公司每年会根据销售业绩按一定的标准对中间商进行返利。

（5）合作奖励。奖励那些积极主推美的家电产品的中间商。对销售进度完成较好的中间商给予支持，奖励那些能达到销售目标的中间商。

（6）补贴。对一些大卖场给予政策性的补贴，这样那些滞销、难销、卖场获利较低的产品也能够得到较好的销售推进，能够提高卖场的积极性。

二、渠道成员的调整

为了使市场的覆盖率更高，美的通常会增加渠道成员的数量；反之，如果渠道成员超出市场需求数量，则要进行更新替换，甚至淘汰。

资料来源：http://fanwen.wenku1.com/article/47222593.html.

（四）第四步：评价渠道成员的业绩

生产商必须定期按一定标准衡量中间商的表现，检查的标准通常包括销售配额完成情况、销售增长情况、产品的销售范围及占有情况、平均存货水平、向顾客交货时间、对损坏和遗失商品的处理、与公司促销计划和培训计划的合作情况、对顾客服务的表现。在这些标准中，销售情况是最为生产商所关注的。

（五）第五步：渠道改进安排

例如，经过 115 年由“雅芳女士”直接向顾客推销的方式后，随着雅芳公司的产品和名气的扩大，雅芳公司有必要改进自己的渠道安排，于是就出现了 2001 年，与西尔斯和彭尼两家百货公司商讨在它们的商场内销售本公司化妆品的计划。雅芳计划推出商场美容中心，类似于小型沙龙和典型的化妆品柜台。

三、如何整合营销渠道

在这一部分，我们会为大家阐述最近发展的垂直、水平和多元化渠道营销系统，以及这些系统之间的合作、冲突和竞争。

（一）垂直营销系统

垂直营销系统是由生产商、批发商和零售商所组成的一个联合体，包括三种类型：公司式、管理式和合同式。

（1）公司式垂直营销系统。公司式垂直营销系统由同一个所有者名下的相关生产部门和分配部门组成。例如，海尔拥有苏宁电器 50% 的股份。

（2）管理式垂直营销系统。该类系统的特点是生产和分销由规模大、实力强的渠道成员出面组织。例如，宝洁、柯达等寻求非同寻常的合作。

（3）合同式垂直营销系统。合同式垂直营销系统有三种形式：一是批发商倡办的自愿连锁组织，二是零售商合作组织，三是特许经营组织。

（二）水平营销系统

在水平营销系统中，两个或两个以上的没有关联的公司可以整合各方资源或方案共同开发一个营销机会。许多连锁超级市场与当地银行订立协议，在超市内提供银行业务。这些公司缺乏资本、技能、生产或营销资源，独自进行商业冒险，或者承担风险。公司间的联合行动可以是暂时性的，也可以是永久性的，还可以创立一个专门公司。

（三）多元化营销系统

当一个公司利用两个或更多的市场营销渠道以接触一个或更多的顾客细分市场时，就出现了多渠道营销。例如，戴尔本来是在网上进行直销的，但是在中国，它也有经销商，也就是说它采用的是多渠道营销。莫里亚蒂和莫兰建议使用混合方法来计划渠道建设，如表 9-2 所示。表 9-2 描述了只使用一个营销渠道是得不偿失的原因。考虑到只使用直接销售队伍，那么一个销售员必须先发现市场需求，再进行资格审查，然后进行售前服务，最后完成销售，提供售后服务和客户增长管理。但是，如果由公司来完成前期的任务，销售员直接完成销售的工作，销售行为将比前面更有效。公司的营销部门应该通过电话、直接邮寄、广告和贸易展览会的方式发现市场需求，应用资格审查技术等来拓宽营销渠道。多元化营销渠道建设不仅有利于优化市场覆盖面、定制和控制顾客，同时有利于成本和市场冲突最小化。

表 9-2　多元化营销渠道建设

<table>
<tr><th colspan="10">需求产生的任务</th></tr>
<tr><th colspan="3"></th><th>引导需求产生</th><th>审查资格</th><th>售前服务</th><th>完成销售</th><th>售后服务</th><th>客户管理</th><th></th></tr>
<tr><td rowspan="9">营销渠道和方法</td><td rowspan="9">买卖主</td><td>互联网</td><td></td><td></td><td></td><td></td><td></td><td></td><td rowspan="9">顾客</td></tr>
<tr><td>全国客户管理</td><td></td><td></td><td></td><td></td><td></td><td></td></tr>
<tr><td>直接销售</td><td></td><td></td><td></td><td></td><td></td><td></td></tr>
<tr><td>电话销售</td><td></td><td></td><td></td><td></td><td></td><td></td></tr>
<tr><td>直接邮寄</td><td></td><td></td><td></td><td></td><td></td><td></td></tr>
<tr><td>零售店</td><td></td><td></td><td></td><td></td><td></td><td></td></tr>
<tr><td>分销商</td><td></td><td></td><td></td><td></td><td></td><td></td></tr>
<tr><td>经销商和增值再售商</td><td></td><td></td><td></td><td></td><td></td><td></td></tr>
<tr><td>广告</td><td></td><td></td><td></td><td></td><td></td><td></td></tr>
</table>

（四）如何解决渠道冲突

这里我们主要讨论两个方面的问题：在渠道中产生了哪些类型的冲突？怎样才能解决渠道冲突？

1. 渠道冲突的类型

渠道冲突的类型可分为四种：水平渠道冲突、垂直渠道冲突、多渠道冲突和同质冲突（见图 9-7）。

（1）水平渠道冲突。水平渠道冲突是指存在渠道同一层次的成员公司之间的冲突，主要是分销商之间、批发商之间及零售终端之间的冲突，分销商之间的冲突主要表现在越区销售。

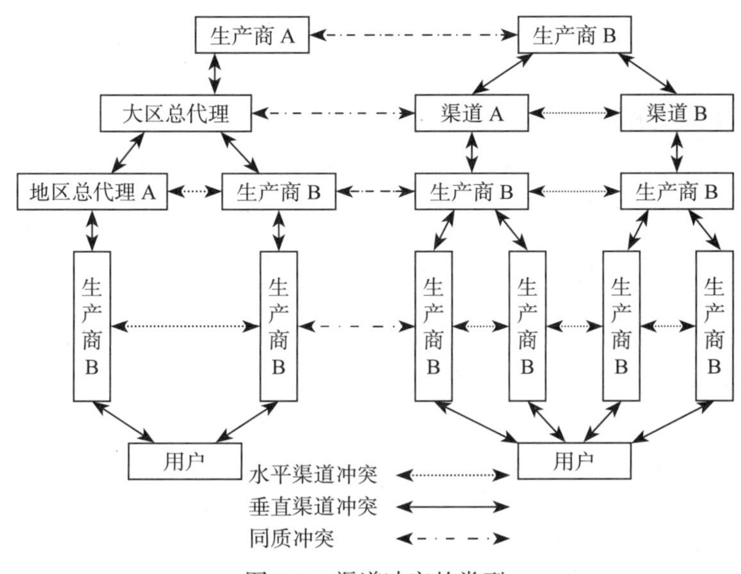

图 9-7　渠道冲突的类型

（2）垂直渠道冲突。垂直渠道冲突是指同一渠道中不同层次之间的冲突，主要表现为生产厂商和分销商、分销商与批发商及零售终端之间的冲突。一般情况下，它在同一区域内发生。

（3）多渠道冲突。多渠道冲突产生于制造商已经建立了两个或更多的渠道，并且它们向同一市场推销时产生的竞争。目前，对于多渠道冲突最主要的争论是公司能够增加电子商务渠道。

（4）同质冲突。同质冲突是指在一个宏观环境的市场中一家企业的分销渠道与另一家企业的分销渠道在同一水平上的冲突，它是一种广义上的渠道冲突，往往与市场竞争有关。

案例 9-7　　美的家电产品营销渠道冲突

渠道冲突是在渠道运行过程中，渠道成员出现“不协调”的状态，它与一般的渠道竞争不同，有时可能会提高渠道的效率，有时可能会损害渠道的利益。出现渠道冲突实属正常现象，美的家电产品在销售过程中也存在渠道冲突。

1. 垂直渠道上的冲突

美的采用的营销渠道模式是：批发商带动分销商。但是在现实经营中，批发商常常做了分销商的事情，因为批发商与分销商存在产品的价格差异，许多顾客会绕过分销商直接向批发商购买产品，导致批发商和分销商在这个垂直渠道结构上发生对立和矛盾，而分销商会抱怨批发商甚至制造商定价过低而影响其利润，这就出现了垂直

渠道上的冲突。

2. 水平渠道上的冲突

美的家电的分销商、零售商属于同一渠道层次，在不同的时间、区域，每个门店或代理商间也存在产品价格差异，因此在利益驱动下，各个区域、门店会发生窜货现象。顾客为了省钱，宁愿跑到比较远的门店或商场购买家电，而使负责本地的零售商损失利益。因此本地分销商也会采取降价措施，只顾眼前利益盲目打价格战。在一定程度上，这种价格战会使销量剧增，但不是长久之计。从长远利益来看，这是一种隐藏的危害，比如，①削弱了分销商或代理商的销售积极性；②对上级批发商甚至制造商失去信心；③扰乱了美的在家电市场上的价格体系；④影响美的对自身品牌的定位（降低品牌档次）等。

资料来源：http://fanwen.wenku1.com/article/47222593.html.

2. 如何管理渠道冲突

问题的关键不是消除这种冲突，而是如何更好地管理冲突。以下是几种有效管理冲突的机制。

（1）采用超级目标。渠道成员有时会以某种方式签订一个他们共同寻找基本目标的协议。该协议的内容包括生存、市场份额、高品质或顾客满意。

（2）在两个或两个以上的渠道层次上互换人员。例如合作，包括参加咨询委员会和董事会等，这对一个组织赢得另一个组织领导的支持是有效的。

（3）许多冲突可以通过贸易协会之间的联合来解决。例如，中国电器行业协会代表大多数电器行业的营销协会进行合作。

（4）协商。发生冲突的渠道成员，通过面对面地交流来解决冲突。

（5）仲裁。征求双方的同意，将冲突的解决交给中立的第三方，双方接受第三方的处理结果。

第三节　如何构建网络营销渠道

英特尔的董事长格鲁夫曾说过：“5 年内，所有的公司都必须面临这样的选择——要么依靠互联网而生存，要么灭亡。”这句话貌似有些耸人听闻，但我们所看到的事实却在不断印证它正确的一面。电子商务是最近几年兴起的，为营销渠道的创新与发展增添了新的活力。

案例 9-8　　凡客诚品时尚服装的网络营销

凡客诚品是国内比较突出的时尚服装品牌，它在中国市场出现的时间比其他品牌要晚很多。对于时尚服装营销而言，想在一个新市场中抢得一席之地，即使有大量的营销投入，也未必能实现目标。纵观凡客诚品的营销策略，应该说它很懂市场，它所做的事情，完全符合市场切入的需要与开展营销的必要条件。关注凡客诚品整合营销的环节，你可以对凡客诚品所做的策略进行深入的观察。

（1）网络病毒营销。互联网是消费者学习的最重要的渠道，在新品牌和新产品方面，互联网的重要性第一次排在电视广告前面。凡客诚品采用广告联盟的方式，将广告遍布大大小小的网站。因为采用试用策略，所以广告点击率比较高；因为采用大面积网络营销，所以其综合营销成本也相对较低，并且营销效果和规模要远胜于传统媒体。

（2）体验营销。凡客诚品采用“VANCL 试用啦啦队”“免费获新品 BRA——魅力 BRA 试穿写体验”等活动策略，用户只需要填写真实信息和邮寄地址，就可以拿到试用装。当消费者试用过凡客诚品的产品后，就会对此进行评价，并且和其他潜在消费者交流。

（3）口碑营销。消费者对潜在消费者的推荐或建议，往往能够促成潜在消费者的购买决策。铺天盖地的广告攻势，媒体逐渐有失公正，已经让消费者对传统媒体广告的信任度下降，口碑传播往往成为最有力的营销策略。

（4）会员制体系。类似于贝塔斯曼书友会的模式，消费者订购凡客诚品商品的同时自动就成为凡客诚品的会员，无须缴纳任何费用。凡客诚品的会员还可获赠 DM 杂志，这成为凡客诚品与会员之间传递信息、双向沟通的纽带。采用会员制大大提高了凡客诚品消费者的归属感，拉近了凡客诚品与消费者之间的距离。

互联网对凡客诚品最大的促进有三个方面：①降低了营销成本；②大幅度提高了品牌占有市场的速度；③消费者通过互联网对潜在消费者进行有效的口碑营销。

资料来源：http://www.wenku1.com/news/2D284CEC2DBD6A13.html.

一、什么是网络营销渠道

什么是网络营销渠道呢？举个例子，作为消费者，小 M 需要一台笔记本电脑，考虑到网上产品价格低、购物方便等原因，他决定从网上购买。首先他登录了戴尔公司的网站，查看了产品目录并选择自己偏好的笔记本电脑，填写订单，然后通过网上银行进行支付，接下来就是等待戴尔公司送货上门。而作为生产厂家，戴尔公司负责发布产品信息，处理订单，然后按照客户的订单要求，备货配送至客户手中。在整个的过程中，产品从戴尔公司到小 M 手中所涉及的像订货和配送等所有中间环节就是一个网络营销渠道。一个完善的网络营销渠道由三部分要素组成：订货系统、结算系统、物流配送系统。

案例 9-9 **麦包包破茧成蝶快字诀**

1. 轻装上阵，破茧而出

随着“魔方包”的成功运营，麦包包品牌在淘宝上迅速走红，成为“淘品牌”大家庭中的一员。但麦包包并没有止步于“淘品牌”，它进一步发挥淘宝网信息受众面广的优势，将自己的独立B2C平台和品牌通过淘宝网平台双双推向市场，借船出海，成功“出淘”，成为中国最大的箱包B2C公司。

2. 快时尚：打造快速时尚新模式

麦包包在ZARA模式的基础上进行了微创新，每天推出30个箱包新品，库存周期为6周，致力于打造箱包界的快速时尚新模式，为中国消费者提供高性价比的时尚箱包。

3. 快营销：打响全网营销大战役

麦包包奉行遍地开花的“Anywhere”政策，官方渠道与淘宝网渠道并不存在主次之分，两者发挥着同等重要的出货功能。与此同时，麦包包还与麦考林、乐酷天、当当网等一系列网上商城合作，牢牢占领着各大线上的咽喉要道。除了搭建四通八达的出货渠道外，麦包包还开通了官方博客和“麦芽糖”时尚论坛。官方博客以图文并茂的形式向信息受众传播快时尚品牌理念，而“麦芽糖”时尚论坛则是麦包包粉丝的根据地。“麦芽糖”们在这里可以及时了解时尚界的最新资讯，掌握潮流动态。麦包包通过这种形式与“麦芽糖”们分享生活，共赏时尚，加强了与“麦芽糖”们在情感上的联系，提高了消费者对麦包包这一品牌的黏着度。

4. 快速供应链：开发订单驱动新系统

麦包包结合沃尔玛QR模式和自身特点，创造了一套独有的基于网络订单驱动生产管理的供应链模式，从采购、生产、仓储到配送等各环节都由网络订单驱动。目前，麦包包平均每月的库存占比不超过1%，库存周期也由原来的12周缩短到6周。麦包包的一款产品从放上网页、客户下单一直到物流，每份订单的处理时间不超过10分钟。

资料来源：https://www.lookmw.cn/doc/subrni.html.

二、如何构建网络营销渠道结构

传统营销渠道，按照有无中间商可以分为直接分销渠道和间接分销渠道。直接分销渠道就是不通过中间商，生产者直接把商品销售给最终用户的营销渠道。而包括一个以上中间商的营销渠道则称为间接分销渠道。直接分销渠道没有中间商，可称为零级渠道；间接分销渠道可根据中间环节的多少分为一级、二级、三级甚至更多级的渠道（见

图 9-8）。

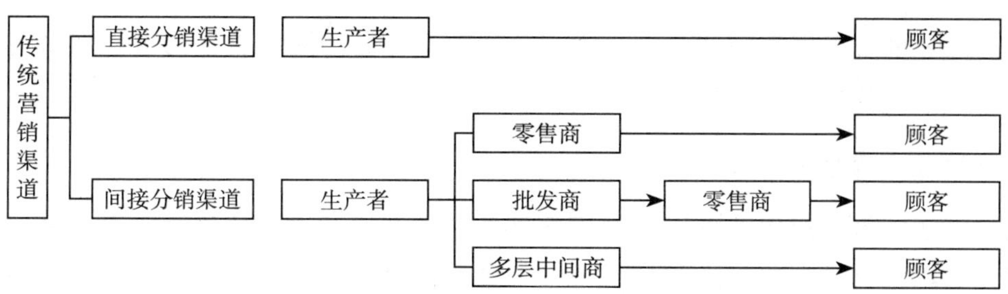

图 9-8 传统营销渠道的体系结构

网络营销渠道也可根据有无中间商分为直接分销渠道和间接分销渠道。但与传统营销渠道相比较，网络营销渠道的体系结构要简单得多，如图 9-9 所示。

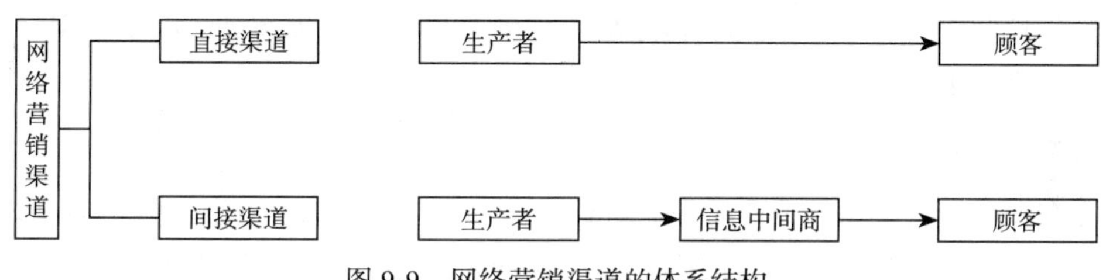

图 9-9 网络营销渠道的体系结构

案例 9-10　　李宁品牌网络渠道的构建

李宁主要以运动产品为主，每年新品多达 8 000 多个。其中运动装、鞋类非常适合在网上销售。2008 年年初，李宁在涉水电子商务之前做的一项调研结果显示：淘宝网上的李宁产品网店已达 700 余家，而 2007 年李宁产品在淘宝网上的销售流水已达 5 000 万元。在此环境下，李宁于 2008 年 4 月在淘宝商城上开设了自己的直营店铺，接着通过直营和授权的形式开设了多家网络店铺。随后，李宁于 2008 年 6 月推出了官方商城。

进入李宁官方商城后，人们可以看到，网页的设计在用色上主要是黑白红的组合，给人以购买的冲动。顶部导航条依次是首页、我的李宁、主题活动、产品地带、兑换礼品、特价区、企业 VIP。网站主要有三大功能系统。

（1）信息系统。信息系统主要进行李宁产品的信息发布和消费者信息采集等。

（2）购物系统。购物系统主要展示产品信息、提供支付方式链接，记录购物车信息以及配送方案选择。购物系统是网络直接营销渠道的核心部分，网络消费者在进入购物系统后，吸引消费者的首先是其产品的色彩和款式，所以此时产品的图片布局和效果都非常重要。

（3）数据库系统。数据库系统主要记录系统传递的信息，并与外部接口（银行系统、认证机构、物流配送中心）连接，同时将实时数据传送至企业内部各个系统，供企业实施相应的内部管理、客户资源管理等。

资料来源：http://www.ebrun.com/online_marketing/20364.html.

三、如何设计网络营销的分销渠道

在网络环境下，根据中间商的有无，分销渠道可分为网络直接销售和网络间接销售两种。

（一）网络直接销售

网络直接销售是指生产者通过网络直接把产品销售给顾客的营销渠道，是一种利用网络媒体手段的直销，可分为两种：一种是企业拥有自己的网站，由专人从事网络营销活动并处理有关产品的销售事务；另一种是企业委托信息服务商在其网点发布信息，企业利用有关信息与客户联系，直接销售产品。

（二）网络间接销售

网络间接销售主要是指通过网络商品交易中介机构来销售商品。简单来说，网络分销商可以分为以下几种。

1. 行业在线分销商

行业在线分销商是面向行业的企业对企业（B2B）模式的，有时也被称为垂直门户或者行业门户网站。例如，易创化工网是中国化工网行业功能最完善、信息最全面的互联网在线交易网络，为用户提供一个开放式、全天候中外化工供求交流的平台，用户除了可以在公告板上免费发布商业信息外，还可以开设在线拍卖和在线招标两种双向竞价模式。

2. 传统网上零售商

传统网上零售商是一种“鼠标 + 水泥”的模式，例如，世界著名的零售巨头沃尔玛从 2000 年 1 月开始在网上开设网上商店，向网络消费者提供多种商品的在线零售服务。

3. 新兴网上零售商

随着网络的发展，出现了一些新兴的网络零售商。它们一般没有实体店铺，面向网络消费者，纯粹地进行网络零售，是一种企业对消费者（B2C）模式，例如国外的亚马逊网上书店、国内的当当网等。

4. 网络信息服务商

阿里巴巴全球贸易信息网为买卖双方提供了信息发布平台，促成交易集会，并为用户提供网上交流的条件。这类网络信息服务平台对企业有极大的好处：一是增加市场机会，二是比较供货渠道，三是促成项目合作，四是宣传企业品牌。

5. O2O 模式

线上到线下（Online To Offline，O2O），是指将线下的商务机会与互联网结合，让互联网成为线下交易的前台。O2O 模式，早在团购网站兴起时就已经开始出现，只不过消费者更熟知团购的概念，团购商品都是临时性的促销，而在 O2O 网站上，只要网站与商家持续合作，那么商家的商品就会一直“促销”下去，O2O 的商家都是拥有线下实体店的，而团购模式中的商家则不一定。也有观点认为，O2O 是 B2C 的一种特殊形式。

案例 9-11

最顺畅的 O2O：绫致

绫致时装是丹麦 BESTSELLER 在中国的全资子公司，于 1996 年进入中国。BESTSELLER 于 1975 年始建于丹麦，创始人为 Troels Holch Povlsen。

作为最早进入中国的服装企业，绫致旗下的 ONLY 、JACK & JONES 、VERO MODA 、SELECTED 一直在中国市场上拥有很高的销量，在中国覆盖 300 多个城市，有 6 000 多家门店。自 2012 年起，绫致遭遇了店铺客流量下滑明显、客户体验单一、客流转化率低的问题。因此，绫致借助与腾讯微信的合作，大玩了一把 O2O。

微信给予绫致场景和底层数据上的支持——移动位置服务（Location Based Service，LBS），将人流导向店铺，然后再通过服装吊牌上的二维码，打通用户与线下商铺之间的通路，客户关系管理系统、库存管理等数据管理模块被激活。

某位用户是不是会员，他之前买过或“扫”过哪些货品，更偏爱立领还是圆领，条纹控还是格子控……一系列的划分都会传送到导购员手机的导购客户端上，如此，导购员可以适时地介入，提供针对性的建议。同时，用户也可以在手机上查看推荐的搭配，自娱自乐。当会员感到满意时，可以在手机上下单；若有犹豫，也可将相关资料收藏，回家再请家人、密友参考，最终再决定买或不买。

用户在店铺中的 5 ～ 15 分钟成为决定购买的关键时间段。从引流、驻流到转化，二维码是连接买卖的语言，数据是贯通买卖的主线。这段时间，通过各种手段，极力使顾客满意。买卖不成情义在，只要用户的微信链接在手，数据在手，品牌还可以进行个性化导购、促销、预约试衣。总之，是将人粘在品牌的平台上，感情线通了，不怕没有销量。

资料来源：https://wenku.baidu.com/view/7ec4f0026294dd88d1d26b05.html.

案例 9-12

最变革的 O2O：佐卡伊

佐卡伊，珠宝品牌。佐卡伊之名源于比利时著名珠宝设计大师 Dirks ZOCAI，其平生喜欢游历，灵魂高度专注地游离于纯净自然与艺术文明之间，并以此为灵感，每年手绘出 300 多款珠宝设计的臻品，献给每个执着于为爱寻觅永恒信物的人。

佐卡伊，作为国内首家在网络上进行珠宝销售的电商，也是最具口碑的钻石电商之一。2004 年，美国 Blue Nile 在纳斯达克上市，

宣告了钻石珠宝业电子商务模式的成功。这一年，佐卡伊开始了电子商务体验销售，积累了丰富的经验。

2008年，佐卡伊开始延伸线下体验服务。经过长期反复的试验，完成了客户关系管理系统和企业资源计划系统的整合对接，解决了O2O形成的内在要素。通过互联网进行精准营销，精细网络展现，多渠道合作，扩大线上浏览量，每天千万级的页面浏览量（PV）增强了品牌知名度。再加上各大城市线下体验店的建立与微应用技术的成熟，形成了由外向内、再由内及外的闭环，打通了线下和线上的诸多关键因素，实现网上预约，线下体验，线上线下互为辅助。

资料来源：https://wenku.baidu.com/view/7ec4f0026294dd88d1d26b05.html.

案例 9-13　最全渠道 O2O：上品折扣

上品折扣（SHOPIN）是中国都市型百货折扣连锁店旗舰品牌，囊括8家实体店和1家电子商务网站——上品折扣网。其包括600余个国内外知名品牌、近10万款商品，门类涵盖百货业态的主要商品品类，包括各种知名品牌的服装、服饰、鞋、运动用品、休闲户外用品、儿童用品、家居生活用品、皮具箱包、化妆品、钟表、珠宝等。

上品折扣依托移动端和微信开通的服务号联动线下进行O2O试水。虽然上品折扣的线下店铺数量并不多，但这也为其O2O改造和优化体验带来了极大的便捷。

通过为导购员配备手持终端进行商品录入及收银，构建商品信息数据库，实现线上线下商品库存及物流信息的实时传输和共享，实现了联营框架下的单品管理。通过腾讯微生活优化客户关系管理系统，解决与供应商的利益协调。在O2O的全渠道经营阶段，除了要向线上线下拓展外，还要保证各个触点的良好体验，如购物入口、商品挑选、下单支付、物流配送以及售后服务。此外，上品折扣在运营后台的建设及优化方面夯实基础，使其业务流程能够承受多渠道购物压力。

资料来源：https://wenku.baidu.com/view/7ec4f0026294dd88d1d26b05.html.

案例 9-14　最硬气的 O2O：居然之家

居然之家已在全国大中城市开办了69家分店，营业面积达300万平方米，年销售额超过250亿元，连续7年蝉联“北京市十大商业品牌”称号，在家居建材流通业处于行业领先地位。

居然之家
Easyhome

虽然有天猫的围追堵截，但居然之家这样的传统企业也狡猾地学会用高筑墙的方式来抵御外来袭击，容不得侵袭者将家居卖场的销售轻易拿走。

以O2O的模式切入，按地区设立分站点，秉承同一经营主体、同一产品、同一价格、同一服务的四同原则，居然之家毅然决然地要让电商与线下家居卖场之间发生真正的化学反应。

让居然之家更为底气十足的，是家居类目绝对强势的话语权，这也令其长时间在行业内翻手为云覆手为雨。这种自给自足的电商模式，或许能够成为家居领域O2O模式的标杆。

资料来源：https://wenku.baidu.com/view/7ec4f0026294dd88d1d26b05.html.

第四节　如何管理网络营销渠道

一、第一步：渠道成员的选择

（一）选择网络分销商

在选择网络分销商时，我们应该从成本、信用、覆盖、特色和连续性等方面进行综合考虑。这五个因素，也称为5C因素。

1. 成本（Cost）

成本是使用网络中间商必需的费用。这种费用包括：生产企业给中间商的价格折扣、促销支持费用等；网络中间商建立主页的费用；维持正常运行的费用。对这些费用，维持成本是主要的，也是经常的，并且各个中间商之间有较大的差别。

2. 信用（Credit）

这里的信用是指网络中间商信用度的高低。由于网络的虚拟性，网上交易存在不确定性，买卖双方也缺少安全感。所以，信誉就是网络虚拟市场中质量、服务和安全的保证。生产企业只有通过信用好的中间商才能在消费者心中建立品牌信誉和服务信誉。

3. 覆盖（Coverage）

覆盖是指网络中间商所能影响的地区和人数，往往由网站知名度决定。对于企业而言，不仅要看网络中间商覆盖面的广度，还要看覆盖面是否与自己的目标市场相吻合，是否能够给企业带来真正的经济效益。比如，选择那些与自己的目标市场相吻合的专业性网站，覆盖面可能比较窄，但访问这些站点的网民可能正是企业需要的潜在客户。

4. 特色（Character）

电子商务营销体现了一种个性化服务，更多地满足网络消费者的个性化需求。每个站点受企业文化、经营理念、经济实力的影响会呈现各自不同的特色。生产企业在选择分销商时，就必须选择与自己的目标顾客群的消费特点相符合的特色网络分销商，才能真正发挥网络销售的优势，取得良好的经济效益。

5. 连续性（Continuity）

网络站点和网络中间商的寿命长短不一。企业必须选择具有连续性的网站和网络中间商，以便在用户与消费者中建立品牌信誉和服务信誉。

（二）通过电子网络选择渠道成员

在寻找或了解潜在合作伙伴时，最简便的方法就是通过门户网站（如百度、搜狐等）的搜索引擎，键入关键词（比如企业名称或商品名称），按照网站、网页、商品、行业、黄页等方式进行搜寻、查找和阅读。企业将获得大量的相关信息，包括潜在合作者的候选名单、候选者的基本资料、媒体对一些候选者的报道等。这些信息将有助于企业甄别候选者，缩小选择范围。

再比如，如果候选者是上市公司，企业很容易在网上找到候选者的年报。通过对年报资料的分析，企业能够更为详细地了解候选者的经营情况、战略目标、发展战略以及未来的发展趋势，从而做出正确的判断和选择。

另外，与候选者接触，也可以先通过网络进行，如通过在网上发广告征寻代理商或通过电子邮件与候选者进行一对一的沟通。当双方达成初步意向以后，再面对面接触和商谈，这样做能节约合作双方的洽谈成本。

二、第二步：确定物流配送

自营物流配送系统、普通邮政寄送、借助第三方物流企业是目前电子商务通常采取的三种物流配送方式。在制定物流决策时，我们应考虑以下几个要素。

（1）商品的品种。前面讲过，有些产品适合在网上销售并在网上传输，但对一些实体产品来说，必须借助传统的运输手段来进行传送。

（2）消费者的地区分布。虽然互联网的覆盖面极为广泛，但网络所及的区域不都是网上销售的区域。在大城市，由于各方面的条件比较优越，订货量也相对比较集中，可以按照较高的标准组织送货；对于偏远地区的订单则要进行集货，送货期限相对较长，各种服务也可能较大城市差一些。

（3）物流成本。从理论上讲，由于电子商务营销中的物流借助网络技术，其物流成本应当比传统物流成本要低，可在实际中，并非完全如此。由于网络营销中物流的多品种、小批量、多批次、短周期的特点更加明显，所以在某些状况下很难单独考虑物流的经济规模，物流成本反而上升。因此，在制订物流方案时，要综合考虑物流成本。

（4）物流方式。如果物流子系统在企业战略上处于重要地位，能形成企业的核心竞争力，在企业自身资源允许的前提下，企业应该选择自营物流；如果它对企业战略影响不大，那么就在顾客服务水平和成本之间进行权衡，并对自营物流和第三方物流的成本做比较。只有在企业的相对成本较低的情况下，选择自营物流才有利，否则就应该实行物流外包。例如，中国境内的跨国公司在开展网络营销时，物流业务一般都外包给中国当地的第三方物流服务商，因为这样的顾客服务水平和物流成本比最佳。

案例 9-15　京东的物流配送

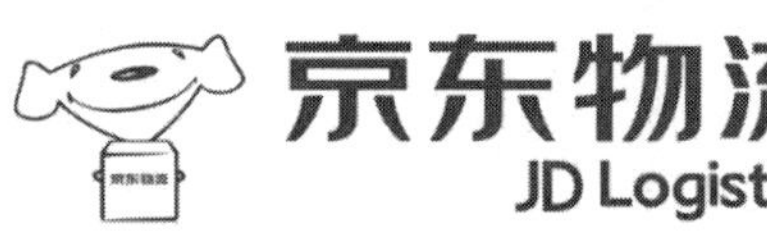

京东商城并没有像其他 B2C 企业那样完全将物流外包，而是创办了自己的物流体系。目前，京东有两套物流配送体系：一套是自建的，另一套是和第三方合作的。

1. 京东商城自营物流配送模式

自 2007 年 8 月开始，京东商城先后赢得今日资本、DST 和老虎基金等共计三轮融资，金额高达 15 亿美元，每一轮融资都给京东商城带来了蓬勃的发展动力。2009 年年初，京东商城就斥巨资成立了自己的物流公司，分别在北京、上海、广州、成都、武汉设立了自己的一级物流中心，随后在沈阳、济南、西安、南京、杭州、福州、佛山、深圳 8 个城市建立了二级物流中心，这些城市的顾客是京东商城的主要顾客。以华东物流中心——上海为例，每日能正常处理 2.5 万个订单，日订单极限处理能力达到 5 万单。目前，京东商城正在筹建一个新的项目——“亚洲一号”，即在上海嘉定购置 260 亩⊖土地用于打造亚洲最大的现代化 B2C 物流中心。“亚洲一号”将至少支持百万级的 SKU(Stock Keeping Unit)，目标是适应未来 5 ～ 10 年的发展。正是有了如此大规模的自营物流体系的支持，京东商城才有能力在 2010 年 4 月正式推出“211 限时送达”服务，即指每天上午 11 点前下订单，下午送达；晚上 11 点前下订单，次日上午送达。

⊖ 1 亩 = 666.66 平方米。

2. 京东商城的外包物流配送体系

京东商城在自营配送到达不了和订单量相对较少的区域内，选择与专业快递公司合作，这样使得京东商城不仅减少了物流成本的支出，还让京东商城回归到自己的核心业务上，专注于自身的业务发展。

资料来源：https://wenku.baidu.com/view/434aec2f67ec102de2bd8934.

三、第三步：网络结算系统

在选择结算方式时，我们考虑到目前的实际发展状况，应尽量提供多种方式方便消费者选择，如可以与银行结算联网，开发网络结算系统，将网上消费的结算与银行转账系统联网，使消费者能够轻松地在网上购物、网上结算。同时，我们还要考虑网上结算的安全性。

案例 9-16　　支付宝的第三方支付

支付宝网络技术有限公司是国内领先的、独立的第三方支付平台，由阿里巴巴于2004年创办。支付宝用户覆盖了C2C、B2B领域，截至2017年12月31日，支付宝注册用户达到5.2亿人，日交易额达到106亿元，日交易笔数达到1 000万笔。

目前，除淘宝网和阿里巴巴外，支持使用支付宝交易的商家已经超过100万个，涵盖了虚拟游戏、数码通信、商业服务、机票等行业。这些商家在享受支付宝服务的同时，也拥有了一个极具潜力的消费市场。

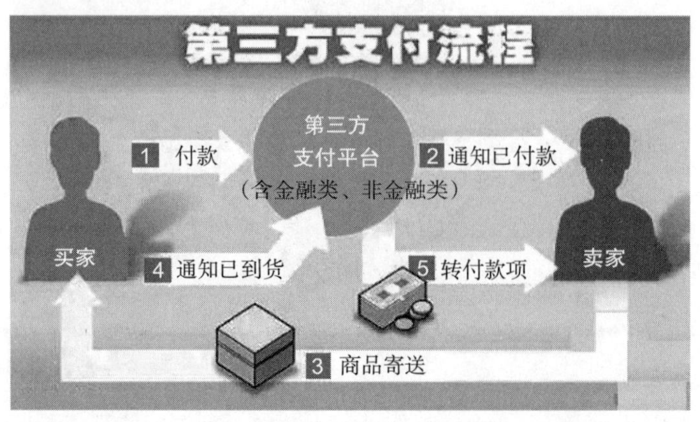

支付宝以其安全、诚信赢得了用户和业界的一致好评。2003 年 10 月 18 日，淘宝网首次推出支付宝服务。2004 年，支付宝从淘宝网分拆独立，逐渐向更多的合作方提供支付服务，发展成为中国最大的第三方支付平台。2005 年 2 月 2 日，支付宝推出“全额赔付”支付，做出“你敢用，我敢赔”承诺。2008 年 2 月 27 日，支付宝发布移动电子商务战略，推出手机支付业务。2008 年 10 月 25 日，支付宝公共事业缴费正式上线，支持水、电、煤气、通信等缴费。2010 年 12 月 23 日，支付宝与中国银行合作，首次推出信用卡快捷支付。2013 年 11 月 30 日，12306 网站支持支付宝购买火车票。2016 年 9 月，支付宝宣布自 2016 年 10 月 12 日起，将对个人用户超出免费额度的提现收取 0.1% 的服务费，个人用户每人累计享有 2 万元基础免费提现额度。2017 年 10 月 10 日，支付宝宣布上线信用租房平台，在上海、北京、深圳、杭州、南京、成都、西安、郑州 8 个城市率先推广信用租房，有超过 100 万套公寓正式入驻支付宝。不同于押一付三这种租房时最常见的付款方式，芝麻信用分超过 650 分的用户，通过支付宝 App 租公寓，可以免押金，房租可以月付。2017 年 10 月 30 日，首批接入支付宝的的士车身上贴着“香港也用支付宝”的标语，从香港大球场出发开始运营。

资料来源：http://www.docin.com/p-1488059681.html.

四、第四步：网络渠道的管理

当电子网络渠道与传统渠道共存于一个生产制造企业时，就可能在目标、领域以及认知等方面发生不同渠道之间的冲突。Coughlan 等将其分为 3 种情形：①生产制造商自建电子网络直销渠道，从而产生网络直销渠道与传统渠道之争；②生产制造商通过原有渠道之外的网络中间商销售，从而产生网络中间商渠道与传统渠道之争；③生产制造商的产品被原有的某些中间商在网上销售，于是出现传统渠道中使用网络渠道的成员与未使用网络渠道的成员之间的争斗。当然以上 3 种情形还可能以组合的方式出现。

这 3 种情形或其组合，会在生产制造商与传统渠道成员之间诱发各种各样的冲突。比如在第①种情形下，首先会引发目标冲突。生产制造商希望通过各种渠道（包括网上渠道）实现利润最大化。当网上渠道会给生产制造商提供相对于传统渠道更高的毛利时，生产制造商更愿意让消费者直接从它的网站上购买，而不是通过传统渠道购买，这就与传统渠道中的成员（如商店）的目标相冲突。

其次，会引发领域冲突，导致一些成员的搭便车行为。比如，一个想购买一台冰箱的消费者光顾了一家家用电器专卖店，向店员询问一些关于冰箱的问题，在确认价格以后，以更低的价格通过生产制造商的网络下订单。在这种情况下，零售商承担了促销费用，但却没有从中得到任何利益，这显然违背了公平原则。

最后，还可能存在认知冲突。生产制造商通常认为，它们建立网上渠道，只是为了扩大市场，增加销售，使那些不愿意或不能够从其他渠道中购买商品的消费者买到产品，且不会侵害渠道合作伙伴的利益。但渠道合作伙伴却不这样认为。它们认为那些建立了网上渠道的制造商，是在争夺原本属于它们的生意。

总之，当生产制造商从事电子商务以后，无论是自己建立网上直销渠道，还是通过网络中间商进行网上销售，都会增加引发渠道冲突的概率。那么，应该怎样解决这些冲突呢？Coughlan 等人从制造商的角度，给出了解决这些冲突的一些对策。如网上直销，同时给传统的渠道成员提供一些企业网站上没有的优惠；利用产品线差异化，保持传统渠道成员的市场地位；运用奖励权力，与传统渠道成员分享销售成果等。

案例 9-17　　李宁品牌网络渠道的管理

2008 年 4 月 10 日，李宁在淘宝商城上开设了第一家直营网店，接着在新浪商城、逛街网、拍拍、易趣上通过直营和授权的形式相继开设了网店。可以看出李宁刚开始选择的渠道是网络商城模式，而后又自建官方商城，2008 年 6 月，李宁推出了自己的官方商城——李宁官方商城。

1. 网络渠道推广

（1）和门户网站的合作。李宁在网易首页上投放的旗帜广告直接链接到官方网店以及和新浪网合作开设的某俱乐部板块。

（2）通过搜索引擎推广。李宁购买了谷歌的相关关键字广告。例如在谷歌搜索李宁，李宁的官方直营店排在第一位。

（3）通过主题活动方式推广。在李宁的官方网店里有一个主题活动栏目，它会不定期地举办一些活动，例如注册会员送 500 积分、购买奥尼尔的战靴赠送“大鲨鱼”玩偶等。

2. 渠道协调

（1）在销售的商品上进行区分。李宁在线下各专卖店以销售正价新品为主，而在专门的打折店中以销售库存产品为主。网上商城主要以销售正价新品和限量商品为主，包括明星签名的商品，这些商品瞄准的是少数消费者。而淘宝网店则进行一部分库存商品的销售。

（2）网络渠道和传统渠道的产品价格一致。李宁把各种网店纳入自己的价格体系中。在 B2C 方面，李宁沿用地面渠道与经销商的合作方式，与网上 B2C 平台签约授权李宁的产品销售；在 C2C 方面，李宁虽然没有与之签订正式的授权协议，但通过供货、产品服务以及培训的优惠条件，将其纳入自己的价格体系中。据李宁电子商务部人员林力介绍，目前已有 400 余家 C2C 网店纳入了李宁的管理体系。

（3）整顿网络渠道和传统渠道。为了协调好网络营销渠道和传统渠道之间的关系，李宁对很多网店及传统渠道进行了一次整顿，目的是杜绝线下经销商、制造商违规出货。

资料来源：http://www.ebrun.com/online_marketing/20364.html.

关键词

营销渠道	垂直营销系统	水平营销系统	多渠道营销系统
网络营销渠道	B2B	B2C	渠道冲突

本章小结

1. 大多数生产商都不是向最终用户出售商品，因此需要一个或更多的营销渠道，其执行着不同的营销功能并且是公司管理当局面临的最重要的决策。

2. 公司利用营销渠道是为了节约成本，以及更有效地推动商品进入更广泛的市场。

3. 有效的渠道策略包括设计、管理和整合营销渠道三个部分。

4. 有效的渠道管理要求做好中间商的培训，激励它们并与之建立良好的合作关系，营销渠道会随着环境的变化而变化，且因目标的不一致会导致渠道的冲突，管理办法是寻求超级目标，一起合作。

5. 网络营销渠道就是借助计算机网络，尤其是互联网，将产品从生产者那里转移到消费者手中所需的中介环节，它与传统营销渠道有着很多不同点。

6. 在网络环境下，根据中间商的有无，分销渠道可分为网络直接销售和网络间接销售两种。

思考题

1. 在我国流传着一句古话“酒香不怕巷子深”，请问现在这句话是否正确，请用营销学的知识解释。

2. 大家都知道戴尔一般实施的是网上直销模式，但在中国戴尔也有专卖店的营销渠道。那么，如果你是戴尔中国区的营销总监，你会如何管理这种渠道模式呢？

3. 美国天美时钟表公司原来准备通过传统的珠宝商店，出售它的价格低廉的天美时牌手表，可是遭到很多珠宝商店的拒绝。公司只得寻找其他渠道并设法通过大众化商店出售它的手表。由于大众化商店的迅速发展，结果大获成功。请简评天美时钟表公司在营销渠道策略上取得成功的原因。

4. 网络营销渠道与传统营销渠道有哪些异同？

5. 举例说明网络分销商有哪些类型。

6. 如何构建一个企业的物流配送系统，以及应注意哪些问题？

7. 阐述构建网络营销渠道的一般步骤和问题。

案例作业

由强生引发的网络渠道及延伸思考

强生已发展成为有180多个分公司、近10万名雇员的世界大家庭，其网络营销也做得有声有色。强生选择婴儿护理品为其网站的形象产品，选择以“您的宝宝”为站点主题，整个站点就成了年轻网民的一部“宝宝成长日记”，所有的营销流程就沿着这本日记展开。将一家拥有百年历史，位居《财富》500强企业的站点建成“您的宝宝”网站，变成“记录孩子出生与成长历程的电子手册”，强生就像一位呵前护后、絮絮叨叨的保姆，不时地提醒年轻父母关注宝宝的睡眠、饮食、哭闹、体温，以及如何为他洗澡。年轻父母突然发现，在奔波繁忙中，身边确实需要这类角色的不断指点。当强生产品随之而来时，家长也早已把它当成孩子的必需品。一个站点做到这样，能说它不成功吗？

整个网站设有宝宝的书、宝宝与您、小儿科研究院、强生婴儿用品、咨询与帮助中心、母亲交流圈、本站导航、意见反馈等栏目。事实上，育儿宝典的服务有孕期保健、孕期胎儿发育、娱乐与情绪控制、旅行与工作、产前准备、婴儿出生、母婴保健，使用者按时序记录婴儿的发育进展。站点不断提供各类参考文章，涉及婴儿的知觉、视觉、触觉、听力系统、对光线的反应、如何晒太阳、疾病症状等。各项操作指导，可谓细致周全。一个网站认真到这种地步，使人不得不叹服其“对服务负责”信条的威力，相信其进入《财富》500强绝非偶然。

如今，强生网站上除了保留原来的交流版块外，相关科研动态与信息也能帮助顾客解决问题。强生网站提供服务时，客户输入的数据也进入其网站服务器。这是一笔巨大的资产，将对企业经营起着不可估量的作用，这也是对其认真服务的回报。借助互联网络，强生开辟了丰富多彩的婴儿服务项目；借助婴儿服务项目，强生建立了与网民家庭的长期联系；借助这种联系，强生巩固了与这一代消费者间的关系，同时又培养出了新一代的消费者。强生这个名字，必然成为最先占据新生幼儿脑海的第一品牌，该品牌可能将从其记事起，伴随其度过一生。

资料来源：https://m.book118.com/html/2017/0630/119165920.shtm?from=singlemessage.

讨论题

1. 从强生的案例可见，网络销售已渐成趋势，那么网络销售能否替代渠道扁平化趋势呢？
2. 网络销售应该如何进行改进和创新？
3. 线上线下渠道之间是相互竞争还是相互促进呢？线上线下应该如何结合？

参考文献

[1] 闫涛尉，郝渊晓，梁文玲，等.电子商务营销[M].北京：人民邮电出版社，

2003.

[2] 王耀球，万晓 . 网络营销 [M]. 北京：清华大学出版社，2004.

[3] 孔伟成 . 网络营销学 [M]. 杭州：浙江大学出版社，2005.

[4] 庄贵军，周筱莲 . 电子网络环境下的营销渠道管理 [J]. 管理学报，2006：443-449.

[5] 李凤媛 . 网络社会中的企业分销渠道设计 [J]. 商业研究，2000（8）：64-65.

[6] 菲利普・科特勒 . 营销管理（亚洲版）[M]. 梅清豪，译 . 北京：中国人民大学出版社，2005.

[7] 吕一林 . 市场营销教学案例精选 [M]. 上海：复旦大学出版社，1998.

[8] 吴晓云 . 市场营销管理 [M]. 天津：天津大学出版社，2001.

[9] 吕一林 . 市场营销学 [M]. 北京：科学出版社，2005.

第十章 整合营销传播沟通策略

内容提示

如果一个企业设计开发了特色的产品，并制定了合理的价格，又组织了有效的渠道将产品送达给消费者，那么这些信息如何让消费者了解和熟知呢？通过本章学习，我们会掌握整合传播沟通的概念、整合传播沟通设计、整合传播沟通决策，熟悉广告、公共关系、销售及人员推销等策略的应用，明确整合传播沟通策略的设计与管理，营销者如何通过整合传播沟通实现企业营销目标。网络时代的整合传播沟通，正在从以前传统广告媒体直接“骚扰用户”的模式逐渐演变成让用户主动参与并愿意与他人分享的方式，从而焕发出更强的生命力。

专业词汇

整合营销（Integrated Marketing）
促销组合（Marketing Portfolio）
销售促进（Sales Promotion）
公共宣传（Public Information）
兴趣（Interest）
行动（Action）
任务（Mission）
整合营销传播（Integrated Marketing Communication）
衡量（Measurement）
广告（ Advertising）
广告媒体（Advertising Media）
公共关系（Public Relation）
注意（Attention）
需求（Demand）
重复购买（Repeat）
资金（Money）
媒体（Media）
信息（Message）
心理抵触（Psychological Resistance）
逻辑抵触（Logical Resistance）

开篇案例

农夫山泉，完胜 2017

2017 年上半年，农夫山泉没有再推出像茶 π 一样火爆的新品，却一直活跃在大众视线中。

一、加大营销，扩大市场份额：力推三大新品

1. 茶 π 推新口味，继续联合 Bigbang

一直以来，茶 π 的四种口味：柚子绿茶、西柚茉莉花茶、蜜桃乌龙茶、柠檬红茶备受关注。2016 年，茶 π 让 Bigbang 代言，明星效应凸显，而且火爆了整个夏天。为了进一步布局饮品市场，吸引更多消费者的关注，2017 年，茶 π 新推出一款全新口味——玫瑰荔枝红茶。新时期农夫山泉继续让 Bigbang 做品牌代言，在新的一年中继续高歌猛进。

2. 维生素水换新装，冠名现象级网络综艺节目

同年 4 月，营销专家农夫山泉释放重磅炸弹推出了全新包装的维他命水——V。自 2011 年面市以后，这一系列首次摇身一变，作为新晋“名人”与大家见面。维生素水冠名《中国有嘻哈》，节目一经播出就成为现象级 IP，借此维生素水又火了一把。

3. 果味水联合 IP，玩转二次元

农夫山泉给果味水制定了颇具特色的宣推策略。不同于茶 π 选择将明星作为代言人，农夫山泉这次选择的是跨界与二次元手游进行合作。而所选的手游，则是 2016 年下半年出现的现象级手游阴阳师。果味水新装上市后受到年轻人的热捧，借势热门游戏 IP 来做营销，农夫山泉技高一筹。

二、会议 + 后厨 + 家庭用水齐发力：拓展用水渠道

2016 年开始，农夫山泉大举进攻家庭、后厨和会议用水市场，不仅作为 G20 会议和国宴用水，更推出了 5 升装新品来加大渠道投入力度，借势 G20 会议的热度推出了国宴用水广告大片。

2017 年，农夫山泉继续亮相国际顶级会议——“一带一路”峰会，这是 G20 会议后农夫山泉高端瓶装水的又一个胜利。农夫山泉玻璃瓶装水作为一款有着深厚文化内涵的高端水，在国内的饮用水市场上独树一帜，作为“一带一路”峰会用水在另一方面更好地展现了中华文化。

随后农夫山泉又推出了一个情怀广告——煮饭仙人，意图很明显，剑指家庭用水市场。农夫山泉一边在深化布局高端会议用水的市场，另一边却跳出红海竞争，寻求家庭及后厨用水市场，寻求新的增长点。此次，农夫山泉推出煮饭仙人大片，再次强调其餐饮的适用性——“煮饭”“泡茶”“煲汤”“冲奶”，农夫山泉的这一举动力图撬开更大的市场宝藏。对于亿万个家庭用水和强大的餐饮渠道需求这块处女地，农夫山泉会开发到什么规模，我们拭目以待！

三、农夫山泉：一瓶会哭的矿泉水：加码情怀营销

网易云音乐和农夫山泉宣布达成战略合作，联合推出限量款“乐瓶”，精选30条用户乐评印制在4亿瓶农夫山泉饮用天然水瓶身上，让每瓶水都自带音乐和故事，在全国69个城市首发。农夫山泉再次戳中无数人的情感共鸣，阐释了如何用情怀售卖产品。

相比可口可乐的歌词瓶、昵称瓶、表白瓶，一样的是瓶身形式，不一样的是味道和玩法，可口可乐换装不换味儿，农夫山泉却不再是“有点儿甜”，因为“乐瓶”的故事让水有了辛酸的味道。熟悉的情怀，搭配新鲜的载体，让这一事件无限发酵……

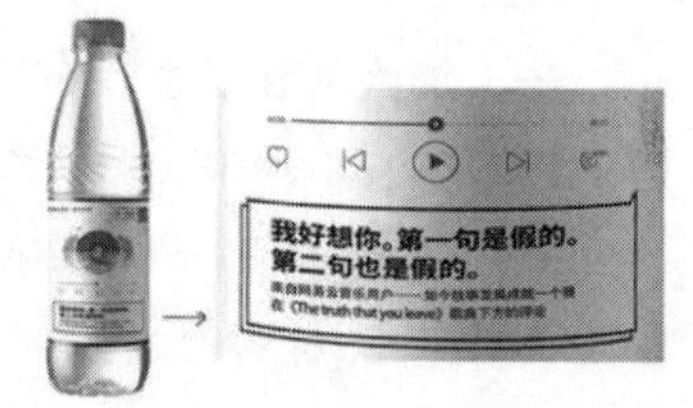

我好想你。第一句是假的。第二句也是假的。

我离天空最近的一次，是你把我高高地举过了你的肩头。

好怀念做早操时，总是会偷看自己喜欢的人。

……

有句话叫“有情饮水饱”，这款“乐瓶”身上的那些文案，当那些心中有故事的人看了以后，应该会被撩动吧？以营销功力见长的农夫山泉，这一次又大赚了一笔。

资料来源：微信公众号食业家，发表于2017年8月29日。

第一节 如何制订整合传播沟通方案

一、可以采用的整合传播沟通组合

每个公司都不可避免地担当着传播者和促销者的角色。对于大多数公司来说，问题不在于是否要传播，而在于说什么、怎样说、对谁说和隔多久说。大多数销售部门为打入目标市场在制定营销策略时，一般需要综合使用几种营销工具——广告、公共关系、销售促进、人员推销，这几种工具的结合使用就叫作整合传播沟通。

案例10-1　　佰草集获“最佳内容营销整合传播案例奖”金奖

2016年5月31日，以“超级内容时代”为主题的“2016中国内容营销盛典暨金奖颁奖典礼”在北京JW万豪酒店盛大开幕。佰草集太极丹凭借“49天宠爱之旅”整合营销斩获最佳内容营销整合传播案例奖金奖！

颁奖当天，佰草集公司的副总经理刘晔在论坛现场发表演讲，与大家共同分享了此次佰草集太极丹系列整合营销案例。太极丹是佰草集的高端明星产品，2015

年推出了太极丹4.0版本，配方、功效、包装全面升级，同时将消费年龄层更加具体化与细分，分别推出针对25岁以上轻熟龄肌的青春丹和35岁以上熟龄肌的还幼丹，满足不同年龄层消费者的全效护肤需求。

与此同时，太极丹整合营销通过电视、网络、杂志广告等媒体精准投放；依托年轻群体喜好热点进行内容营销；与权威机构合作，提升品牌权威性；万人试用活动为线下店铺成功引流；举办明星发布会和路演活动为品牌造势。

与世界中医药学会联合会合作发布《美颜白皮书》，佰草集成为世界中医药学会唯一认证的古方化妆品品牌。同时与故宫合作推出佰草集限量版太极丹，佰草集成为首个与故宫合作的化妆品品牌！

借着《花千骨》的热潮，佰草集邀请“杀姐姐”的扮演者马可作为“49天宠爱之旅”的发起者及证言人，还邀请其来到发布会现场，结合现场高科技裸眼3D视觉效果等为活动成功造势，扩大品牌影响力。

此外，佰草集尝试用年轻人喜爱的媒体去沟通，内容为王，不断推动品牌年轻化。佰草集锁定目标消费群体，在主流视频网站、女性垂直网站、百度鸿媒体全方位覆盖，精准投放。成功打造强势品牌IP“方圆太医”，通过漫画“太医很忙”和宫斗H5小游戏等新颖方式，拉近佰草集与年轻消费者的距离，很好地增加了年轻消费群体的黏度，实现了事半功倍的效果。

此次整合营销传播覆盖人数达到7亿人次，品牌认知度提升10%，品牌市场份额增加四个点，太极丹线下销售同比增长297%，购买转化率也高于行业平均水平。

资料来源：微信公众号河北天龙美业，发表时间为2016年6月7日。

1. 广告

几乎所有的企业在推销产品或者提供服务时都会使用某种形式的广告。传统媒体如电视、收音机、报纸、杂志、书籍、邮件、户外广告牌等，这些都是最常用的广告传播媒体。随着社会的发展和科技的不断进步，营销人员正在寻找新的途径传播广告信息，如商场或超市中的互动音像以及日益繁荣壮大的网络媒体。

2. 公共关系

公共关系有助于企业与消费者、供应商、股东、政府官员、公司职员以及所在的社区进行沟通。使用公共关系，制造话题与事件，这样不但可以保持良好的企业形象，还可以让公众了解企业近期目标和远期目标、介绍新产品以及对销售活动提供支持。

3. 销售促进

销售促进通常是刺激需求迅速增长的短期手段。其具体的形式包括免费样品、贸易展示、优惠券、奖励等，大型的促销活动可能同时使用几种销售促进工具。

4. 人员推销

最新的人员推销观念更强调营销人员和买者之间建立的关系，这在商业品和工业品的买卖中体现得更为典型。这种观念更加重视实现那些在长期的买卖中能够使双方共同受益的目标。它通过与顾客建立长期持久的联系来创造顾客的积极参与和忠实的态度，而不是仅仅追求销售速度和暂时激增的销售量。

案例 10-2　立白洗衣液《我是歌手》整合传播项目

2013 年，立白洗衣液赞助了湖南卫视的《我是歌手》节目，通过线上线下整合传播，在消费者心中形成了品牌与节目的关联，并初步在洗涤市场上树立了产品“洗护合一”的功能卖点。2014 年，立白洗衣液冠名《我是歌手Ⅱ》，继续借势传播，深化立白洗衣液“洗护合一”的功能卖点。同时立白洗衣液产品线向中高端转移，推出立白精致衣物护理洗衣液系列产品，希望借此机会，推广精致衣物护理洗衣液，并在消费者心中树立品牌高端形象，推动终端销售。

（1）情感营销。以情感为载体，结合社会热点，塑造情感话题，充分发挥明星效应，与节目的官方微博共同推出大受欢迎的“合一体”，首先是为歌手创造了属于他们风格的“合一体”，在网络上引起讨论热潮，接着通过微博发起“爱情合一宣言”，鼓励每对情侣晒出自己的爱情合一体照片，最后通过拯救都市精致女人的落地活动落到产品的洗护合一功能上，让消费者在参与话题讨论的过程中逐步理解并认同“洗护合一”的含义。

（2）内容互动。立白将主要的传播阵地定位于官方微博，辅助配合微信的圈子营销，在微信活动发酵的时候再将消费者引流到微博上进行讨论，两者之间形成了很好的配合传播效应；不仅如此，根据项目的进展搭配报纸、杂志、论坛等资源，同时吸纳了大量意见领袖的参与，包括明星、草根达人等，他们的互动参与进一步提升了 UGC 内容的质量与活跃度。

立白洗衣液赞助《我是歌手Ⅱ》，使立白高端系列在整体销量中的占比，由原来的 10.74% 左右提升到了 25% 以上。据 CTR 品牌与广告效果研究报告最新数据显示，立白洗衣液自冠名《我是歌手Ⅱ》后品牌知名度上升到行业第二名。另外，由百度指数数据得知，立白洗衣液在节目播放中的搜索量提升了 67%，并且成功带动其他品牌关键字的搜索。

资料来源：微信公众号立白洗衣液发表时间为2016年4月3日。

二、如何进行整合传播沟通设计

有效的整合传播沟通设计，要求市场营销者必须做出如下决策：确定目标沟通对象、确定沟通目标、设计沟通信息、选择信息沟通渠道、制定沟通预算和建立信息反馈渠道。

（一）第一步：确定目标沟通对象

有效的整合沟通过程要求营销沟通者必须首先确定其目标沟通对象。在整合沟通中，目标沟通对象一定是对传递来的产品及其相关信息感兴趣的人或组织，他们可能是企业产品的潜在购买者或现实使用者，也可能是购买决策过程的决定者或影响者，还可能是特殊公众或一般公众。

（二）第二步：确定沟通目标

在决定购买某一产品之前，顾客大多会经过一系列的准备阶段，如认识阶段、情感阶段和行为阶段，相应地也形成了一系列的认识、情感和行为反应层次。因此，从消费者完整的购买决策过程与消费者在购买过程中所处的位置来看，确定营销沟通目标，即为确定如何把沟通对象从他们目前所处的购买过程的层次推向更高的准备购买阶段或状态的层次。

（三）第三步：设计沟通信息

有效的信息设计必须引起消费者的注意，提起其兴趣，唤起其欲望，导致其行动。设计营销沟通信息需要解决四个问题。

（1）确定信息内容，即企业必须了解对消费者、用户或社会公众说些什么才能产生预期的认识、情感和行为反应。

（2）确定信息结构，包括提出结论、论证方式以及表达次序三个问题。

（3）确定信息格式，即选择最有效的信息符号来表达信息内容和信息结构。

（4）确定信息源，是指那些直接或间接传递销售信息的人。

（四）第四步：选择信息沟通渠道

信息沟通渠道可分为两大类：人员信息沟通渠道和非人员信息沟通渠道。人员信息沟通渠道是指两个或两个以上的人相互之间直接进行信息沟通。他们可能面对面，可能通过电话、电视媒介，甚至通过邮寄个人函件等形式进行信息沟通。非人员信息沟通渠道是指无须人与人的直接接触来传递信息或影响的媒体。其包括印刷媒体（报纸、杂志、直接邮寄）、电子媒体（广播、电视、互联网）和展示媒体（广告牌、招牌、招贴等）等；或是为产生或加强购买者对购买产品的了解而设计的环境；为了给目标沟通者传递特别信息而特别设计的活动，如举办新闻发布会、开业庆典等。

（五）第五步：制定沟通预算

沟通预算是企业为从事沟通活动而支出的费用，关系着沟通活动的实施以及沟通活动效果的大小。企业在决定沟通预算时，普遍采用的方法主要有量入为出法、销售百分比法、竞争对等法和目标任务法。这些方法既适用于编制总的沟通预算，也适用于编制分项预算，如广告预算。

（六）第六步：建立信息反馈渠道

营销沟通者把产品信息传播到目标购买者之后，整个传播过程并未结束，还必须通过市场调研，调查这些信息对目标沟通对象的影响。这种调查通常需要与目标沟通对象中的一组样本人员接触，询问他们对信息的反应、对产品的态度和购买行为的变化等。营销人员根据反馈的信息，再决定是否需要调整整体整合传播沟通战略或某个方面的营销策略。为了提高信息传递的效果，企业在传递信息的过程中应当防范各种可能发生的干扰或失误。这些干扰或失误有可能导致目标受众的怀疑、困惑甚至反感。

案例 10-3　　美团外卖“三周年盛典”整合传播

美团外卖“三周年盛典”用符合品牌格调的戏剧化方式演绎核心信息“送啥都快”，并以实时竞价强有力地支撑品牌的核心立足点——快，形象地传达其“将世界送到你手中”的美好企业愿景。

执行过程与媒体表现

几乎演艺圈的一半的人都在微博上发来三周年盛典邀请函，召集粉丝一起嗨翻美团生日聚会，引爆微博；人气最盛组合成员演绎国民美食的视频在B站等OTV平台上投放后引起热烈的回应，平面版海报在微博中再次引起粉丝热议；餐饮圈的知名媒体、业内名人召集吃货粉丝，网罗美团外卖现有及潜在用户群体，传递三周年促销信息；美团平台多家优质商户联合发布，突出外卖小哥的形象，生动、视觉化地传达美团外卖把优质餐点送到消费者手中的信息；爱奇艺、高德地图、斗鱼直播等不同品类平台也纷纷送来三周年庆生蛋糕，通过跨界合作，在微博上互相声援，实现新客导流并在不同接触点上增加老客使用美团频次；汇集棒！约翰、权金城、汤城小厨等多家知名美食品牌老板、主厨的庆生海报，让行业的领导者先行，带动用户。

随后，制作 MV，通过 B 站首发，引发了粉丝大讨论，弹幕刷屏，然后通过微博及秒拍扩散发酵。同时，制作 H5 广告投放微信朋友圈，并基于朋友圈的特点定制竖屏形式，与平台完美融合又吸足眼球，让观众有与视频内容互动的感觉，大幅提升趣味性以及促销内容的吸引力，引发观众自主传播。

营销效果与市场反馈

日订单量实现 400 万～900 万单的突破性飞越；品牌 TVC 及 MV 在 SNS 平台上共收获 1.3 亿次的阅读量、22.6 万次的讨论量，朋友圈曝光 9 932 万次，互动达 253 万次，视频播放 92 万次；三周年 Campaign 双微平台播放量达 4 351 万次，官方双微活跃度显著增加，最高互动量提升超过 100 倍；“百万大咖约你开趴”庆生海报在微博上收获 1.6 亿次曝光、1.1 亿次的阅读量、1.4 亿次的讨论量。

资料来源：https://mp.weixin.qq.com/s/uDN7ilZ3VV1peyan2HRyZQ.

第二节 如何进行广告营销

一、如何理解广告及其功能

有这样一个故事：某公司的 CEO 欲哭无泪地说：“我知道我广告的一半是有效的，我只是不知道是哪一半！”好，如果你想知道真实情况，那么可以告诉你，那个 CEO 的抱怨是正常的。第一，广告是“有效”的，在哪方面有效？广告活动的目标是什么？第二，现实是虽然不是所有的广告都是好广告，但它们中的很多是好广告。毕竟这些是专业的！因此，什么是广告，为什么我们需要广告，以及我们怎样把广告做好？

广告是由广告主有偿使用传播媒体，向目标市场传播经济信息的促销行为。广告承担了以下基本功能。

（1）告知。广告使消费者知晓新的品牌，向消费者传递有关品牌的特征，树立品牌形象。由于广告是一种能够以相对较低的单位成本接触到大量受众的高效沟通方式，因此对新品牌的推出十分有效，并可通过提高消费者对成熟产品中现有品牌的首选认知而增加对现有品牌的需求。

（2）劝说。有效的广告会劝说消费者试用广告宣传的产品和服务。有时这种劝说能创造对整个产品大类的需求，但是更多的时候，广告更有助于促进消费者对某个特定公司的产品的需求。

（3）提示。广告有助于帮助一家公司的品牌在消费者的记忆中历久常新。好的广告能有效维系消费者对一个成熟品牌的兴趣，增加消费者重复购买该品牌的可能性。

（4）增值。广告通过影响消费者的感知为品牌增加价值。有效的广告能使品牌看起来比竞争对手的产品更优越，因此能够帮助增加企业产品的市场份额和利润。

（5）促进。广告是营销沟通中促成公司其他沟通活动的助攻者，帮助公司将人们的注意力吸引到公司的其他沟通手段上来。如公司计划开展某项营销推广活动，可以通过广告吸引消费者来参与。在销售代表与潜在客户直接接触前，广告还可以为销售代表提供有价值的介绍，起到预先推销公司和产品的作用。

案例 10-4　　可口可乐的广告营销

可口可乐制作的广告，其特点非常鲜明。

1. 广告歌拉近与消费者的距离

Hilltop 是可口可乐公司在 1971 年推出的广告片，从这部片子开始，可口可乐的口号开始变为“It’s the Real Thing!”。广告一经播出，可口可乐公司收到约 10 万封热情的来信。这首由罗杰·格林纳威（Roger Greenaway）和罗杰·库克（Roger Cook）作曲的主题曲也成了当时最流行的时髦曲子，人们争相打电话到电台点播，这首歌洋溢着和平、温馨之意，给人带来无限的希望。

2. 可口可乐让世界认识圣诞老人

正是 Haddon Sundblom 让世界看见了想象中的圣诞老人，并赋予圣诞老人可亲的性格，恰如其分地表现了可口可乐的形象内涵。圣诞老人的“现身”不仅仅是可口可乐的商业行径，更重要的是其背后的文化价值。他的出现不仅满足了成千上万人的好奇心，更是创造出一个文化符号，一个介于宗教和神话间的文化产物。以有故事、有历史、有内涵的人物为品牌宣传，绝对是可口可乐的英明之举，强化了消费者对圣诞老人和可口可乐的联想记忆度，将两者紧密捆绑在一起。

3. 可口可乐的激情体育情怀

体育竞技永远是可口可乐广告的一大主题，其中一个非常重要的原因，就是可口可乐作为碳酸饮料，目标受众是激情澎湃的年轻人，他们大都热爱体育运动，关注世界重大事件。另外，从产品特性而言，可口可乐赞助体育事业有着更深远的意义。如今随着饮料品类的逐渐丰富，饮料早已不再仅仅停留在解渴的浅层面，更多的是提倡一种健康的生活方式和态度。

音乐、圣诞老人、体育……所有这些在可口可乐广告中的主题元素无不洋溢着一种富有感染力的快乐。可口可乐是针对年轻人的碳酸饮料产品品牌，必然少不了利用幽默拉动受众的快乐神经。

资料来源：微信公众号 360 媒体网，发表时间为 2016 年 2 月 5 日。

在制订广告方案时，市场营销经理首先需要确定目标市场，明确购买者的动机。在此基础上，市场营销经理才能做出制订广告方案所需的五项决策，即所谓的 5M：任务（Mission）、资金（Money）、信息（Message）、媒体（Media）、衡量（Measurement）。它们分别了回答了下面五个问题：广告的目标是什么？可用的费用是多少？应传送什么信息？应使用什么媒体？如何评价广告的效果？这些决策如图 10-1 所示，在下面的内容中我们将对其具体内容做进一步的阐述。

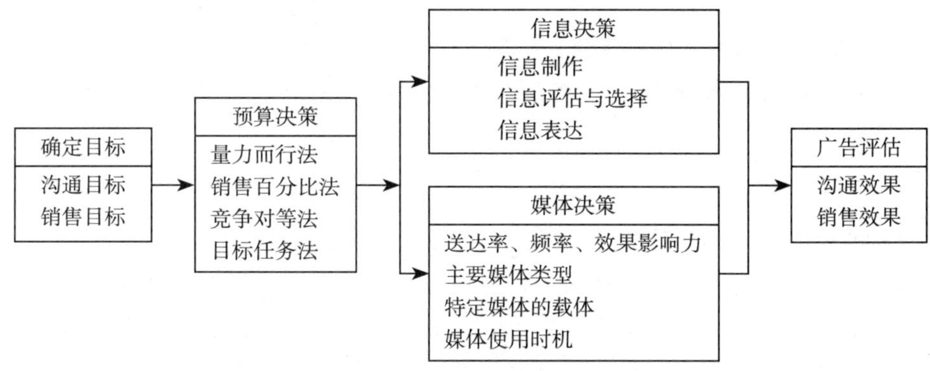

图 10-1　广告方案的五项决策

二、如何进行广告方案设计

（一）第一步：广告目标决策

广告目标可分为提供信息、说服购买和提醒使用三种，由此产生了下面三类广告。

1. 信息性广告

信息性广告主要用于产品的市场开拓阶段，此时的目标是建立初步的需求。例如，在中国，钻石的广告目标是年轻女士，她们的母辈是只戴金首饰的。DE BEERS 钻石的广告则强调“钻石恒久远，一颗永流传”，用钻石是婚姻永久的象征来教化这些消费者。

2. 说服性广告

在产品的成长期和竞争阶段，广告的目标是加深对产品的认识，培养顾客的消费动机和购买欲望，促进产品的选择性需求。例如，企业在速溶咖啡的销售过程中发现，很多家庭主妇在购买咖啡时之所以选择传统咖啡，并不是因为产品的品质，而是主要担心被认为是懒惰的主妇，因此公司在后期的广告中主要强调速溶咖啡的时尚、效率。

3. 提醒性广告

在产品的成熟期和衰退期，广告的目标是强化顾客对产品品牌的情感，提醒顾客关注该品牌，促进产品的习惯性需求，如脑白金的广告“今年过节不收礼，收礼还收脑白金”！

案例 10-5　**必胜客如何把午餐变成了一件很燃的事情**

2017 年春夏之交，“丧文化”突然火爆蔓延，丧茶、没希望酸奶、爱无能小酒馆的定制文案中透露出的生活无力感一下子击中了很多消费者的内心。在这样的时间和营销环境下，追随“丧”热点一定会带来不少的流量和关注度，但有一个品牌却在号召人们跳出负能量情绪，反其道而行，它请来了《奇葩说》中的咆哮帝欧阳超拍了两则画风不太一样的广告，让午餐变成了一件很燃、很热血的事情，它就是必胜客。

1. 丧点切入燃点转折，挖掘人生正能量

这次必胜客并未简单地套用丧文化，广告中“工作永远忙不完，但再忙也要好好吃饭”“生活每天都在重复，午饭不该天天重复”等概念，都以丧点切入，但落脚在燃点上，用反转创新为消费者传递出正向的引导。

2. 找到年轻消费者的午餐痛点，提出“好好吃午饭”概念

必胜客依据“路边摊吃着不放心、饭店等餐时间长、午餐花费半天工资、来来回回只有那么几道菜”这些日常洞察，抓取出“不健康、慢、贵、品种单一”这些年轻人吃午餐时的四大痛点。结合这些痛点，必胜客精准发起“好好吃午饭”的话题，在广大会依赖食物治愈自己、在意人与食物关系的年轻人心中，这无疑是一个很博好感的行为。

3. 依据真实洞察，将产品卖点一一对应

必胜客的工作日午餐卖点正是针对四个痛点一一对应提出的，用餐环境好、食物健康、上餐快、超值和种类多四个卖点完美应对痛点。因为解决了消费者在现实生活中真正遇到但难以改变的那些问题，所以在产品的接受上也自然水到渠成了。

必胜客一直在针对上班族这一消费群体营造工作午餐的场景，虽然是工作间隙中简简单单的一顿饭，但必胜客从中发掘出了人和食物之间那层舒适、平衡的关系，在“好好吃午饭”的概念中，真正把午餐变成了一件很燃、很热血的事情……

资料来源：https://mp.weixin.qq.com/s/0Yr6yjNdEMyBaSAW1yljYg.

（二）第二步：广告预算决策

在进行广告预算时，企业营销人员应考虑以下影响广告预算的因素。

（1）产品生命周期。在产品生命周期的不同阶段，广告投入量及侧重点都有所差别。在导入期，为了提高广大消费者的认知度和记忆度，企业需要投入较多的广告；在快速成长期，广告的频率可以放慢且促销有所侧重；在成熟期，需要投入一定的广告，以维持产品的市场地位；在衰退期，一般应大量削减广告费用。

（2）目标市场状况。在目标市场上，消费者对产品的认知及熟悉程度、消费者的地域分散程度，都会影响广告的投入。

（3）竞争者动向。竞争是企业与竞争者互动的一个过程。主要竞争对手的广告策略及广告投入，必然会影响企业自身的广告策略及投入。

（4）促销组合。广告是促销组合系统中的一个组成部分，广告预算的多少应由促销组合战略的总体安排来决定。

（5）广告媒体。广告媒体的价格不同，因此选择不同媒体的广告预算会有所不同。

（6）广告频率。把品牌信息传达给消费者所需要重复的次数也决定着广告预算。

（三）第三步：广告信息决策

作为企业营销人员，为了实施有效的广告活动，有必要了解广告设计的基本要求、广告创意与广告表达。

1. 广告设计的基本要求

尽管广告设计会因产品而有所变化，但基本要求是共同的。

（1）注意。广告设计就是要力求使消费者的无意注意转化为有意注意。增加刺激、突出重点、扩大对比、强化目标等手段，都能达到促使消费者注意的目的。

（2）兴趣。强调产品的利益，从而引起消费者的关注和好奇，而这是引发消费者兴趣的关键。此外，目标顾客的文化、职业、收入、年龄等因素也直接影响他们的兴趣。

（3）动机。在广告设计中，企业营销人员要认真研究消费者的生理需要和心理需要，恰当地将消费者的需要表达出来，深刻触动消费者的内在诉求，引发其购买动机。

（4）记忆。广告设计中要通过差别化和重复化广告，强化消费者的记忆，固化消费者的购买动机。

（5）行为。广告设计的最终目的是促使消费者产生购买行为。因此，广告应根据营销重点，建立品牌形象，提示和强化购买的收益，促进消费者购买。

案例 10-6　　农夫果园，一“摇”三“鸟”

两个身着沙滩装的胖父子在一家饮料店前购买饮料，看见农夫果园的宣传画上写着一句“农夫果园，喝前摇一摇”，于是这对父子举起双手滑稽地扭动着身体，美丽的售货小姐满脸狐疑地看着他俩；(镜头一转）口播：农夫果园由三种水果调制而成，喝前摇一摇；(远景）这对继续扭动屁股的父子走远。

这是一个伟大的创意。“摇一摇”形象直观地暗示消费者它是由三种水果调制而成，摇一摇可以使口味统一；另外，更绝妙的是无声胜有声地传达了果汁含量高——因为我的果汁含量高，摇一摇可以将较浓稠的物质摇匀这样一个概念。“摇一摇”的背后就是“我有料”的潜台词。

在农夫果园打出这句广告词之前，许多果汁饮料甚至口服液的产品包装上均会有这样一排小字——“如有沉淀，为果肉（有效成分）沉淀，摇匀后请放心饮用”。这排小字看似是要消除一种误会——有了沉淀并不是我的产品坏了，摇匀后喝就行，但其实是一个很好的卖点——它证明产品的果汁含量高，但这样的语言在各种包装上已经有很多年了，从来没有人关注过角落里的“丑小鸭”。农夫果园发现了这只白天鹅，并把它打扮一新包装成了明星——一句绝妙的广告语“喝前摇一摇”，变成了一个独特的卖点。

同时，在感性认知上，“摇一摇”使得宣传诉求与同类果汁产品迥然不同，以其独有的趣味性、娱乐性强化消费者记忆。

资料来源：微信公众号内蒙古分众传媒，发表时间为2014年9月30日。

2. 广告创意

成功的广告，必定经由一个独特的广告创意充分演绎而来。这就需要广告设计人员精心思考和策划，运用艺术手段，将广告所要表达的主题准确、充分、集中、生动地表达出来。广告创意是创造性的思维活动。从表面上看，创意似乎是凌空而来的灵感，是不可捉摸的巧妙构思。事实上，这种灵感和构思，来源于对产品有关资料的全面收集、咀嚼、消化，也来源于广告设计师长期的广泛学习和个人积淀。

3. 广告表达

广告表达的基本要素有语言、构图、色彩、音响、体态。通过这些要素的有机组合，形成一个具体的广告作品。广告表达的方式主要有以下几种。

（1）直陈式。在广告中直接说明产品的品牌、特点、用途、价格、生产者以及操作要领等。

（2）实证式。现身说法，展示产品使用后顾客的评价及获奖情况，从实际效果上证明产品的品质和价值。

（3）示范式。通过展示产品的操作过程以及消费者使用后获得的利益，来说明产品的功能和作用。

（4）明星式。聘请演艺界、体育界的社会名流作为产品形象代言人，利用明星效应宣传和推荐产品。

（5）比较式。将产品与同类产品进行比较，彰显产品自身的优势和特色。不过，目前有很多国家的广告法明确规定，企业在进行广告宣传时，不得贬低其他生产经营者的商品或者服务。

（6）悬念式。营造有关悬念，激发消费者的好奇心，引起社会的广泛关注，进而推出答案，给消费者留下深刻印象。

（7）幽默式。通过幽默人物或幽默情节推介产品。

（8）恐惧式。利用消费者恐惧不利于自身身心健康、追求美好生活的心理，推广有利于身心健康的产品。

具体产品的广告表达设计往往是根据媒体的特征、广告预算的要求，综合运用多种方式。

案例 10-7　　百度、金龙鱼花式吊胃口，悬念式营销玩得巧

当“悬念”运用于品牌营销时，这种充满神秘感的广告就能够吊起消费者的胃口，勾起其好奇心。悬念式营销玩得巧，往往也会给品牌带来意想不到的效果。

百度搜 F7

2017 年 8 月初，在东莞、佛山、珠海、深圳等城市的繁华路段的户外广告牌上，出现了“百度搜 F7”的字样，同时深圳交通台持续重复广播“百度搜 F7”，这成功地吸引了人们的注意力。一时间，“百度搜 F7”占据了城市广告牌、地铁、报纸、微博、微信朋友圈，成了人们茶余饭后的聊天话题，而“F7 究竟是什么”成为很多人心中最大的疑问。话题激起了广大网友的兴趣，全网开始搜索 F7；网友们创意十足，衍生了诸如战狼 F7、月球 F7、F7 武器、葫芦七兄弟 F7、七个小矮人 F7、小米 F7 等五花八门的 UGC 内容，实现了二次传播。8 月 15 日，延续此前悬念广告，《南方都市报》首版终于揭秘，原来广告背后的金主正是福美来 F7。“百度搜 F7”这一种悬念营销在短时间内赢得了较高的关注，相关微博话题的阅读量突破了 4 000 万次，讨论量高达 16 万多次，可以说是赚足了眼球和话题。

金龙鱼：一瓶油两万元

2017 年 8 月 16 日，《深圳晚报》刊登了一则只有 8 个字的头版广告：“一瓶油两万，谁干的！”新闻一出，随即引起广泛关注。同时这则新闻也吸引了《中国新闻周刊》、江南春等微博知名人士的转发关注，大家纷纷惊呼“天价油”，这一举动自然引爆了互联网，网友们纷纷开启霸屏式议论。这则广告在短短两天时间内就引发千万级围观，话题热度持续上涨。而正当广大消费者疑惑之际，金龙鱼站出来大方表示“一瓶油 2 万，我干的！”。至此，这场由 8 字文案引发的 8 000 万次关注量的悬念式营销终于揭开了神秘的面纱。据悉，这是金龙鱼为即将上市的“双一万”稻米油而策划的一场造势营销活动，“一瓶油 2 万”是指油中谷维素和植物甾醇含量双双突破 10 000ppm。广告中的“一瓶油 2 万”与“双一万”品质稻米油无缝衔接。悬念式营销在吊人胃口、吸引关注的同时，也合理解释了一瓶油 2 万的隐含意义，实现了创意与品牌的紧密结合。

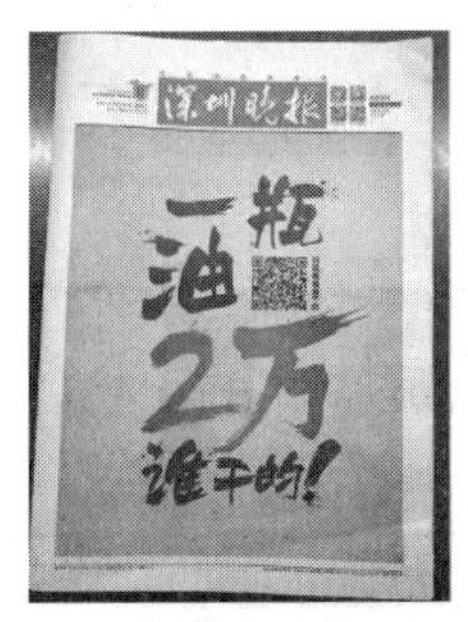

资料来源：https://mp.weixin.qq.com/s/WWZDkuV_BExtDp4zIiLCrQ.

资料 10-1　　**悬念式营销应知道**

悬念式营销的吸睛点何在

悬念式营销之所以能够在短时间内迅速成为网络爆点，主要原因还是品牌本身营造的一种神秘感，这种神秘感巧妙地抓住了消费者的猎奇心理，通过制造悬念，使消费者原来呈纷乱状态的心理在一定时间内围绕该特定事件集中起来，这就为接受广告内容创造了比较好的感受环境和心理准备。神秘的话题只要成功地抓住了消费者的胃口，就会在用户的二次传播以及网络的放大作用下，成为全民热议的话题，赚足眼球。

悬念式营销技能

近年来，悬念式营销这种方式渐渐受到了许多品牌的青睐，例如，“papi 酱跑了”的话题分分钟上热搜；“绝不说透”成了广告主擅长并爱玩的宣传方式，比较常见的悬念设置方式还有“自黑体”“苍白体”“不懂体”等，它们都能在短时间里聚焦不少流量。但是，悬念式营销如果操作不当，往往就会徒劳无益。那么品牌在悬念式营销的过程中，应注意哪些问题呢？

（1）加强品牌关联性。悬念式营销要对产品特征恰当地展开，每个侧面、每个相关联想都要能够引出悬念。在金龙鱼的案例中，“一瓶油 2 万”这个悬念点就和“双一万”稻米油巧妙衔接，增强了品牌的联想度，这有利于加强消费者对品牌的印象。

（2）媒体投放连续性。成功的悬念式营销要在短时间内迅速集中大众焦点，在选择合作媒体时，必须使媒体适合自身形式且具有连续性；从线下引流到线上，传统媒体和新媒体相结合，形成媒体传播闭环，从而最大程度地传递品牌信息。

（3）时间把握准确性。悬念式营销是从设疑到解疑的过程，因此在这个过程中要把握好时机，不要过早地点明结局，要让一些神秘的东西悬而未决，否则一旦神秘面纱被揭开，就起不到吸引注意力的作用了；同样，精彩的创意一定要重复出现或稳定保持，以便人们仔细揣摩；与此同时，时间延续也不宜过长，否则会很容易挫伤消费者的热情。

资料来源：https://mp.weixin.qq.com/s/WWZDkuV_BExtDp4zIiLCrQ.

（四）第四步：广告媒体决策

广告媒体是广告主为推销商品，以特定的广告表现将自己的意图传达给消费者的工具或手段。

1. 主要传统广告媒体的特点

传统的广告媒体包括报纸、杂志、电视、广播、户外广告等。不同的媒体有各自的特性，在进行媒体选择决策时，企业营销人员需要充分考虑这些因素，如表 10-1 所示。

表 10-1　各类媒体及特性

媒体	优点	缺点
报纸	灵活、及时、广泛、可信	不易保存、表现力不高
杂志	针对性强、保存期长	传播有限、不及时

（续）

媒体	优点	缺点
电视	感染力强、触及面广	针对性不足、成本较高
广播	速度快、传播广、成本低	只有声音、不易保存
户外广告	展露时间长	缺乏创新

（1）报纸。报纸可在很短的时间内插入或取消广告，并有从小分类广告到多页广告的多种广告尺寸。报纸的广告空间不像电视和广播那样受限制，广告页可增可减。报纸可用来覆盖整个城市，如果有区域版，还可选择区域版报纸。客观地讲，报纸媒体的成本相对低廉。报纸媒体的局限性在于保存性差、传递率低以及广告版面太小而易被忽视。

（2）杂志。与其他媒体的成本相比，杂志广告的单位接触成本通常很高，但单位潜在顾客成本可能低得多。因为杂志通常是面向特定目标群体的，所以可以接触到更多的潜在消费者。杂志的印刷质量高，可覆盖到全国市场，保存时间相对较长，可大量传阅。但杂志的出版时间没有很大的弹性，通常要求广告在发行前数周递交上来。杂志很难发布时效性强的广告信息，难以引发冲动式购买决策。在杂志上做广告频率最高的产品包括汽车、服装及电脑。

（3）电视。电视是一种视听媒体，因此它为广告客户提供了很多创意空间。电视媒体结合了动作、声音和特殊视觉效果，能给观众不一般的视听感受。电视媒体不但可以展示产品，还可以做产品说明。电视媒体的覆盖范围广，且广告播放时间的弹性高。但是，电视广告稍纵即逝，不适合传播复杂的广告信息。电视媒体可能是较为昂贵的一种媒体，但拥有广大的观众。

（4）广播。由于覆盖范围广，广播媒体是成本较低的一种媒体。值得注意的是，广播听众的注意力通常比较低，因为他们通常是在工作、驾驶、读书时收听电台广播。但对家庭主妇、老年人、农村人和一些特定人群，情感倾诉互动节目，老年保健品、农药等一些专题节目的附带广告却很有效。

（5）户外广告。户外或室外广告是灵活的、低成本的和可采取多种形式的媒体，如露天大招贴牌、巨大的充气球、商业街和候车厅中的迷你广告牌、体育竞技场中的标语、公共汽车终点站和机场的霓虹动画广告，以及在汽车、卡车、公共汽车车身上的油画广告。户外广告可将信息传递到广大而分散的市场。因此，它通常仅限于促销方便的产品和选择性产品，如商务服务、汽车等。户外广告区别于其他媒体的主要之处是暴露频率很高，而且竞争广告的干扰很低。

（6）其他媒体。其他媒体还包括直邮信函、电话分类广告、互动式媒体等多种形式。直邮信函只传送给广告主想要接触的潜在客户，传统的直接信函还可寄送样品。电话分类广告（电话黄页）为大部分消费者所熟悉，分类目录是消费者做出购买决定时所用的信息来源。但是，分类广告不够明显且信息往往夹在很多竞争信息中。互动式媒体是指一项广告的信息接收者可以使用同一媒体立即予以回应，例如，收到电子邮件的人点击鼠标即可回复信函。

为了在众多的传统媒体中寻找新的途径，广告客户正寻求新的媒介工具。其他可用的工具包括计算机屏幕保护程序、电梯间、光盘、百货商店的交互式售货亭、电影和录像播放前的广告。实际上，任何东西都可以作为广告的载体。比如，在中国和法国，一些小餐馆和咖啡店正在把它们的桌面变成一些企业产品与服务的广告牌。有一些航空公司甚至在它们的行李传送带上设置广告，这样一来，这些乘客将有充足的时间看这些不断转动的广告至少 8 次。

案例 10-8　　“地铁广告”花样刷屏，创意打动用户才是王道

陌陌：用视频认识我

2016 年，陌陌发布了“用视频认识我”系列品牌广告，并在北京、上海、广州等城市的地铁站中进行了大规模投放。“周一早上，刷牙都很有使命感”“今天的我被播放了 26.2 万次”“我吃薯条是要蘸冰激淋的”等风趣幽默的口语，让看过的用户不自觉地“脑补”自己的生活片段画面。“用视频认识我”是一种全新的社交行为，准确地把握住了当下年轻用户的习惯，不再拘泥于文字和图片，而是通过短视频全面生动地展示自己。陌陌选择在地铁站里大量投放平面广告也是对年轻上班族的人群定位，将品牌信息广泛传播给年轻人。

网易新闻：越孤独越热闹

2016 年的最后一天，网易新闻在上海人民广场的地铁站通道内投放了长达 12 米的巨幅广告，它由 10 000 个可以撕掉的磁贴拼接而成。每个磁贴上印着二维码，下面还会有一个注释——这个城市中的孤独有 1 万种，扫描磁贴寻找和你相同的那一个。而在深圳机场，“一个人旅行不孤单，心里藏着一个人才孤单”“行李比我还幸福，至少有人等他”等孤独语录轮番播放，见证着千万名来来往往的旅客内心的“孤独独白”。

豆瓣：我们的精神角落

2016 年，成立了 11 年的豆瓣，终于做了一次广告。豆瓣品牌影片的平面广告在北京地铁里投放，豆瓣以一种文艺手法向用户传递它的品牌价值信息——“一个能满足个人情感精神需求的乌托邦”。而“我们的精神角落”围绕着对个体精神需要的满足而展开，“我张开双臂拥抱世界，世界也拥抱我”“有时，我只想一个人”这样内心独白式的广告文案，能够触动人们的情感世界。

资料来源：https://mp.weixin.qq.com/s/LGHp7gFgQn32bXHonpOzNw.

资料 10-2

地铁广告的成功要素

内容即广告

随着移动互联网的发展，用户依靠社交应用，快速建立起前所未有的庞大社交网络，用户被集中到社交网络里。传统的商业广告仅仅能够单向传达产品信息，而在互联网时代，无论是线上还是线下的广告，都开始重视用户的参与感，体现用户的意志。

一直以来户外广告十分注重广告的技术手段，而地铁广告将重点放在用户体验上，并将用户体验具化为一个个适合不同场景、针对不同目标受众、具有故事性和观赏性的内容。地铁的内容型广告是一种全新的内容型广告，广告本身即内容，内容本身即广告，是受众能产生共鸣并且愿意参与其中的广告。

借力地铁引爆话题关注

地铁本身就是人流量相对集中和密集的城市基础设施，自带高爆性和话题性。由于地铁媒体与移动互联网之间的天然互补性，因此地铁广告案例与移动互联网尤其是社交媒体的结合越来越密切，大量的地铁广告案例成为社交媒体上的热门话题。

国内跨境电商达令曾包下北京东单站北换乘通道，打出长度超过百米的“鹿晗请假条”，利用线下引流直接促成线上的购买率。

使用视觉冲击

地铁聒噪的环境使得地铁中很少出现有声广告，大部分地铁广告都是以画面和文字吸引人。在地铁环境中，广告设计和创意常常利用某些位置，营造具有冲击力的广告效果，让人们感受到足够强烈的刺激，从而加深印象，提升记忆效果。最常见的是利用地铁走道、站台以及车厢，通过色彩丰富的画面、3D效果图甚至是实物的方式，营造视觉冲击力。

2017年情人节，在北京西单地铁站里，优酷为其热播剧《三生三世十里桃花》营造了一个桃花主题的过道，并通过抽桃花签和领鲜花礼品等活动吸引人们关注。

地铁作为一种传统的户外媒体，大多数人只是匆匆一瞥，因此广告需要强烈的直接信息，才可能被用户捕捉到。流量与关注度是品牌投放广告的重要参照点，单一的传播渠道已经很难产生效果，当品牌广告的触角开始伸展到生活的隅隅角角时，品牌必须用创意打动用户，同时品牌创意也是品牌核心的外在体现。

资料来源：https://mp.weixin.qq.com/s/LGHp7gFgQn32bXHonpOzNw.

2. 网络广告媒体的优缺点

随着社会发展和科技进步，新兴的网络广告媒体在企业的促销活动中扮演着越来越重要的角色，如网络、数字媒体等。网络广告媒体有自己的优缺点。

（1）优点。

1）强烈的交互性与感官性。网络广告媒体与传统广告媒体最大的不同就在于它给消费者提供了与广告直接互动的机会。对商家而言，广告的目的不仅仅是发布信息，更重要的是建立良好的客户关系，提高公司和品牌的知名度。互动性可以带来趣味性，也可以提高品牌信息的亲和力，并可产生移情作用，增强受众对产品的好感。

2）传播范围的广泛性。网络广告的传播范围极为广泛，可以通过互联网把广告信息 24 小时不间断地转播到世界各地，不像传统广告往往局限于一个地区、一个时间段。网络广告传播范围广的特性可使品牌信息持续不断地到达目标受众，让品牌突破地域限制，与现有的消费者维持稳定而长久的关系，同时不断开拓新市场，为建立国际性品牌搭建坚实的平台。

3）灵活的时效性。在传统媒体上发布广告后很难更改，即使可改动往往也必须付出很大的经济代价。而在互联网上做广告可按照需要及时变更广告内容，当然包括改正错误。这样，经营决策的变化也能得到实施和推广。此外，网络广告可以是大众传播，但当以电子邮件方式传递个性化的信息时，网络广告又成了人际传播。这种多样性使网络广告极富弹性，可简单也可深入，不受版面或时间段限制，既可以在大量的消费者中激发品牌知名度，又可以对特定的目标消费者实行一对一的传播，强化其忠诚度，展开多层次的品牌塑造。

4）目标明确性。通过 IP 地址及 Cookie 技术，网络广告商可以根据个体差别将受众分类，以细分化的有差别的市场策略，确立品牌位置，将广告信息准确地发送给目标用户，以求得最佳效果，同时避免广告费的浪费。

5）非强迫性传送咨询。众所周知，报纸广告、杂志广告、电视广告、广播广告等都具有强迫性，都是要千方百计地吸引你的视觉和听觉，强行将广告灌输到你的脑中。而网络广告则属于按需广告，具有报纸分类的性质却不需要你彻底浏览，它可以自由查询，将要查找的资讯集中呈现，这样既节省了时间，也避免了无效的、被动的注意力集中。

6）效果的可测性。利用传统媒体做广告，很难准确地知道有多少人接收到了广告信息。而网络媒体则能即时监测特定品牌进行传播活动的效果，并对品牌传播策略加以调整，以保证品牌发展的每一步都沿着正确的方向前进，少走弯路，使品牌投资收益最大化。

（2）缺点。

网络广告媒体也有局限性，即广告面积太小，因而广告信息量有限。另外，网络广告的表现形式较为单调，不能很好地吸引受众。网络广告媒体与传统广告媒体相比具有不可比拟的优势，但也不可避免地存在某些不足或劣势。

1）受硬件环境的限制。首先，性能优越的计算机是使用网络广告媒体必须具备的硬件条件。其次，网络自身的基础建设目前还存在稳定性、安全性、线路宽窄和畅通与否、数据传输过度等问题，这在一定程度上制约了网络广告媒体的发展。最后，电脑操作人员的文化水平相对要求较高，这也在一定程度上制约了网络广告媒体的发展。

2）被动性。网络广告媒体与传统广告媒体不同。它需要消费者主动进入互联网，主动点击广告，广告信息才会展现在受众面前。广告投放到网站上后还需要访问者把它“拖”出来才行，访问者完全可以选择看或是不看，网络广告媒体的这种被动性也会影响广告的收视率、达标率。

3）效果测评标准尚未确立。网络媒体广告效果测评一般是通过点击率来体现的，但一般网页上的各种图标、链接都产生点击，一个网页常常会产生多次点击，服务器接到的每一次请求都会生成点击次数，但点击次数与网站访问人数之间的差别是巨大的。此外，真正能够揭示广告是否有效的既不是点击率，也不是点透率，而是访问者点击广告之后对目的页面所表现出来的兴趣和受到的影响。

4）上网需付费。虽然互联网上的大部分信息资源是免费的，但访问互联网的用户还是需要支付一定的费用。尽管上网费用已大幅下调，但与传统媒体相比，浏览网络广告还是要付出相当高的费用。

5）网络管理法规尚未完善。网络本身有无限制的发展空间，使得目前对网络广告媒体的管理不像对传统广告媒体的管理那样有严格的法规可遵循。由于目前尚无网络广告管理法规对网络广告进行监督和限制，因此一些在传统广告媒体上受严格控制的广告在网络中得以自由发展。

案例 10-9　　宝洁：新媒体营销的“初学者”

日化巨头宝洁，全球广告业大金主，在这个互联网飞速发展的好时代却陷入了窘境：采用了诸多措施进行战略转型，销售业绩依然苍白。很多人指摘昔日品牌之王宝洁的营销过时，守住传统媒体，没有跟上互联网的步伐。事实上，宝洁在营销层面一直积极拥抱新兴媒体，随着互联网的飞速发展，它一度非常偏爱互联网广告，但最终结果都不理想。

早在 2008 年，宝洁就开始开发和测试名为鹰眼的精准广告投放项目，这是一个大工程，宝洁需要预先购买互联网媒体流量，之后通过鹰眼在这些流量中进行跨品牌、跨媒体的精准和优化投放。后来该项目也被应用到了中国市场，然而我们现在几乎已经听不到这个项目的声音了。

经历了连续两年业绩下滑之后，在 2016 年 8 月的年度财报会议上，宝洁表示要在 2017 财年增加广告投入。过去两年宝洁大刀阔斧地削减广告费，已经影响到了业绩增长。同时，宝洁终于认识到它在将大量广告预算投入到以 Facebook 为代表的精准广告上的这一策略方向上走得太极端，于是缩减这部分广告预算规模，开始重新把目光转移到传统电视上。

而在 2017 年年初，宝洁又对 Facebook 等互联网媒体发起了挑战。曾经表示充分理解、不断尝鲜的宝洁看来对新兴互联网媒体的容忍已经达到了极点。宝洁宣布，将给数字营销费用加以限制条件：采用 MRC 广告可见性标准；平台必须支持第三方验证；向“透明的代理合同”迈进以及合作伙伴必须获得 TAG 认可。如果它们不这样做呢？宝洁将收回媒体采购费用。

经历了尝试、兴奋、寄予厚望、失望、愤怒之后的宝洁，采取这种一刀切的激进方法，就像是在对互联网巨头喊话：“你们这些让人眼花缭乱的新兴平台，经过多年尝试，我仍然看不清，还是用我老套的电视方法论来统一标准吧。”听起来，这是一个让人沮丧的故事。宝洁进入了一个陌生、似乎不属于它的新战场，艰难前行。

资料来源：https://mp.weixin.qq.com/s/01vpDnb6P8vTvIxcIXIEJA.

3. 影响广告媒体选择的因素

（1）广告目的。例如，如果广告主的目的是让销售人员有拜访客户的机会，那么企业可能会采用直接信函；如果广告主想要引发消费者的快速行动，那么其所使用的媒体可能就是报纸或电视。

（2）目标受众覆盖率。依据产品分销的区域范围，广告主所选择的媒体应该能够接触到它们想要接触的潜在客户类型，以免造成不必要的广告投入。

（3）广告信息传播要求。例如，杂志能提供高质量的视觉效果，读者能仔细阅读有关信息，比较适合 B2B 广告。而电视广告能将动作、声音、形象等综合展现，适合传达更复杂的信息。

（4）购买决策的时间与地点。如果广告主的目的是刺激购买，广告媒体就应该在客户即将决定购买的时间与地点接触他们。这个影响因素更能突显购物场所广告的影响力，它能够在购物时点上接触到客户。

（5）媒体成本。广告主需要考虑可用广告资金预算与各种媒体的成本以及媒体的覆盖范围与发行量。为了比较各种媒体，广告主采用千人成本法来评估媒体成本，千人成本就是特定广告每接触到 1 000 人所投入的成本。

除了这些一般因素之外，广告主还需要评估所选择媒体的广告特色，因为适合某产品的媒体并不一定适合另一种产品。

（五）第五步：广告效果评价

广告效果是通过广告媒体传播之后所产生的影响。这种影响可以分为广告沟通效果和广告销售效果。

1. 广告沟通效果

测定广告沟通效果的方法主要有广告事前测定与广告事后测定。广告事前测定是在广告作品尚未正式制作完成之前进行各种测验，或邀请有关专家、消费者小组进行现场观摩，或在实验室采用专门仪器来测定人们的心理活动反应，从而对广告可能获得的成效进行评价。广告事前测定的具体方法主要有消费者评定法、组合测试法和实验室测试法。广告事后测定主要用来评估广告出现于媒体后所产生的实际效果。广告事后测定的主要方法是回忆测定法与识别测定法。回忆测定法是由接触广告的目标顾客回忆所接触到的广告，并复述广告中出现的企业及产品名称的内容，借以测量广告的注意度和记忆度。识别测定法是由目标顾客辨认并指出所接触过的广告，以测量广告的影响力度。

2. 广告销售效果

目前，人们普遍采用历史分析法和实验设计分析法两种方法来进行广告销售效果的测量。历史分析法是由研究人员根据同步或滞后原则，利用最小平方回归法求得企业过去的销售额与企业过去的广告支出二者之间关系的一种测量方法。实验设计分析法是通过在不同的地区投放不同支出水平的广告，观察不同广告支出对促进产品销售的影响。如选择一些地区进行比平均广告水平强 50% 的广告活动，在另一些地区进行比平均水平弱 50% 的广告活动。从 150%、100%、50% 三类广告水平地区的销售记录中，我们就可以看出广告活动对企业销售究竟有多大影响。

第三节 如何进行公共关系营销

案例 10-10　三星为减轻危机付出了代价

2016 年 9 月中旬，三星旗舰 Galaxy Note 7 发布仅几周后，开始收到智能手机充电时发生起火的消息。初步分析指出，发生起火事件的原因是电池过热，因此韩国三星公司建议顾客将手机返回购买地点进行交换或退款，致使危机延伸到像 Verizon 和 AT&T 这样的运营商。当起火事件在其他设备上继续发生时，三星决定回收所有 Galaxy Note 7 并停产。

客观来看，这一事件第一是制造危机，第二是公关危机。但随着灾难的发展，两者逐渐交织在一起。虽然三星公司对这种情况的反应相对较快，但它一路上犯了很多错误，似乎低估了问题的规模。

三星公司最初小心翼翼地处理危机时，应该更直接和透明。三星公司最开始是在网站上通知消费者，使用的是一个很容易被忽视的选项卡。实际上，考虑到情况的严重性(人们的安全风险)，将这个重要的新闻放在三星公司网站的主页上显示更加合适和有效，并应发送警报到消费者的所有社交渠道上，而公司在几天后才做了这一切。

另外，三星公司错误地执行了召回，没有遵守美国消费品安全委员会的指导方针，并在中国香港发表声明，告诉客户他们的手机不在该制造故障之内，而当三星公司发现情况不属实时，只有撤回这一消息。由于行动传递了错误信息，三星公司的品牌声誉被质疑，移动业务的盈利状况暴跌高达 96%。

三星公司应该通过立即向所有利益相关者发布一份声明，表明已经意识到问题的严峻性，关心用户的福祉，并正在努力迅速解决这一问题，从而最大限度地减少事件的打击。三星首先需要做的应该是厘清事实，而不是发布错误信息。

资料来源：微信公众号广告公关的那点事，发表时间为2016年12月22日。

案例 10-11　“爆粗口”还圈粉，肯德基的这次危机公关，给我们上了一课

经常有一些企业在应对危机公关时很茫然，把小事情搞成大事情。肯德基曾经不仅把一件糟糕的大事情给化解了，还吸引了粉丝……它是如何做品牌危机公关的？

THE CHICKEN CROSSED THE ROAD, JUST NOT TO OUR RESTAURANTS...
WE'VE BROUGHT A NEW DELIVERY PARTNER ONBOARD, BUT THEY'VE HAD A COUPLE OF TEETHING PROBLEMS - GETTING FRESH CHICKEN OUT TO 900 RESTAURANTS ACROSS THE COUNTRY IS PRETTY COMPLEX!
WE WON'T COMPROMISE ON QUALITY, SO NO DELIVERIES HAS MEANT SOME OF OUR RESTAURANTS ARE CLOSED, AND OTHERS ARE OPERATING A LIMITED MENU, OR SHORTENED HOURS.
SHOUT OUT TO OUR RESTAURANT TEAMS WHO ARE WORKING FLAT OUT TO GET US BACK UP AND RUNNING AGAIN.
KFC UK & Ireland
@KFC_UKI
The Colonel is working on it.
8:27 PM - Feb 17, 2018
1,380　1,000 people are talking about this

2018年年初，英国民众经历了一场天翻地覆的“恐慌”，肯德基在英国居然没有鸡肉原料了。原因是英国肯德基换了新的送货公司，在供应链上产生了问题，才使得鸡肉供应不足。肯德基在推特上解释了关闭门店的相关原因，并以一句“上校正在解决它”来表示公司正在全力解决鸡肉短缺的问题。肯德基的公关功力在这里得到了第一次体现。①速度，危机公关如同灭火，一旦发生立即出动。②态度，表明原因，更主要的是指出，“我们不会在质量上妥协，所以我们才选择关闭部分门店”。一切为了消费者的态度，在化解危机的同时，还进一步建立消费者对肯德基炸鸡品质的信任感。③用英国式幽默化解消费者的情绪，既表明正在解决问题，又用幽默来打感情牌，感觉心里很亲切、舒服，同时还引发了网友的幽默细胞，在推特上开启了调侃模式。有人在网上发出警察带走一位“麦当劳叔叔”扮演者的照片，戏称“肯德基关门的罪魁祸首已被抓获”。

接着，在被迫停业近一周之后，英国的肯德基店陆续恢复营业。肯德基开启了它的第二次公关。23日，肯德基在推特和英国《太阳报》《地铁报》上刊登了关于这次“鸡荒”的道歉说明。道歉海报以鲜红色为背景；海报上有一个只剩残渣的空空的炸鸡桶；桶上标志性的KFC被改成了FCK！道歉以“我们对不起”为标题，大意是：“作为一家炸鸡餐厅却没有鸡，这确实很尴尬。现在对我们亲爱的顾客们致以最真挚的道歉，尤其是那些不远千里赶来'吃鸡'却发现门店关了的顾客。同时，肯德基的员工和特许经营合作伙伴们不知疲倦地工作以改善状况，对此我们也表示无尽的感谢。这一周是地狱，但我们取得了进步，每天都有越来越多的新鲜鸡肉运往我们的餐厅。感谢你的宽容。"态度与幽默一如既往。用空桶来表示曾经发生了什么，用自嘲的方式表达自己深深的歉意。

肯德基的道歉方式得到了广大网友的认可。网友在社交媒体上表示对道歉广告"买账"，写道："接受道歉！""KFC 的广告绝了"……不推诿、坦率回应、打感情牌、英国式自嘲……一次教科书级的公关不仅成功扭转了危机，还吸引了粉丝……肯德基给我们上了一课！

资料来源：广告导报。

从案例 10-10 和案例 10-11 中我们可以看出，公共关系是一种重要的营销沟通工具，它的职责包括为公司建立良好的形象，消除不利于公司的流言和传闻，以及使公众对公司产生好感等。公共关系能够以比广告低得多的成本增进公众对公司及其产品的了解，公司对各种媒体提供的宣传空间或时间不付任何费用。

运用公共关系能增强宣传内容的可信度，人们对待广告和公关宣传的态度往往不同，因为媒体为公司发布的任何消息是不收报酬的，公众更多的是接受消息的客观性，而不去注意实际上是由公司直接或间接地促成了这种宣传。公共关系曾被形容为营销的继子，如今，它和传统的广告及营销部门之间已形成相辅相成、互补合作的新型关系。许多公司的公关部门正在把为公司形象、产品或服务项目创造最佳大众印象作为管理其所有活动的指导思想。

一、如何理解公共关系及其职能

在整合传播沟通组合中，公共关系是以非付费的方式，通过大众媒体传播企业及产品信息的促销活动。公共关系这一要素可以评估公众的态度、识别可能引发公众关注的事件、执行可赢得公众理解和认可的方案。类似于广告和销售促进，公共关系是企业整合传播沟通中的关键环节。营销人员制订具体的适应整体营销计划的公共关系方案，努力维持并不断提升企业在公众心中的积极形象。

公共关系部门可履行下列任何一种或全部的职能。

（1）媒体关系。在新闻媒体中发布积极的、有新闻价值的信息，吸引对某一产品、服务或与企业和协会有关的人士的注意。

（2）产品宣传报道。宣传报道特定的产品或服务。

（3）企业沟通。创造内外部信息，加强树立企业的积极形象。

（4）公共事务。建立并保持与全国或当地的社区关系。

（5）游说。影响立法者和政府官员推进或废弃法律和规章。

（6）劳资关系。在组织中保持与雇员、股东及其他关系人的良好关系。

（7）危机管理。对不利的宣传报道或事件做出反应。

二、如何进行公共关系决策

（一）公共关系宣传的主要工具有哪些

企业进行公共关系宣传的方式或工具有很多，主要有以下几种类型。

（1）新闻报道。企业要努力与大众传媒保持良好关系，争取大众传媒多发布有利于企业的新闻报道；必要时应及时召开新闻发布会，邀请有关的新闻单位参加，进行广泛宣传；企业自身也可以通过深入挖掘对企业、产品和人员有利的新闻，精心组织稿件或视听材料，争取被大众传媒录用，达到宣传的目的。

（2）重要事件。企业要善于发现重要事件的宣传价值，通过庆典、竞赛、讨论会、展览会等重要事件，展示企业风貌，引起社会广泛关注。

（3）公益活动。企业进行公益活动，有利于展示企业关心社会、回报社会的社会责任感。一方面，企业要积极参与公益活动，如义务植树、免费咨询等活动；另一方面，要围绕企业形象的塑造，进行公益赞助活动，如赞助教育、文艺、体育等活动。

（4）公开出版物。企业可以通过公开出版物来接近和影响消费者。这些公开出版物包括年度报告、小册子、文章、视听材料等。

（5）形象识别媒介。企业可以通过标识、招牌、业务名片、建筑物等一系列形象识别媒介从而加强消费者的印象，求得广泛关注。

资料 10-3　**年度盘点：2015 年饮用水行业成功公关营销事件**

着眼公益，恒大开启“中国公众健康饮水”调研

2015 年 11 月底，恒大冰泉在广州启动了其“中国公众健康饮水蓝皮书”项目，在媒体上发起抽样调查问卷。之前将公益作为着眼点，这种公关营销手法虽然传统，但百试不爽，特别是在饮用水这个与民生息息相关的行业。这种通过问卷调查的方式，倡导饮用水安全常识，潜移默化地传播恒大冰泉品牌，可以说是恒大冰泉年底的一个漂亮的收官。

娱乐营销，野 · 芭蕉新秀崛起

2015 年最成功的娱乐营销当属野 · 芭蕉天然泉水的“一城一世界，亦野亦芬芳”的大型选秀。野 · 芭蕉天然泉水是九台集团旗下的高端瓶装水品牌，算是瓶装水市场新秀中的黑马，一亮相便声势浩大。2015 年 9 月，著名韩星金秀贤与九台集团签约，成为沈阳“One World 世界城”的形象代言人，以此为契机掀起野 · 芭蕉天然泉水的选秀之路。回顾这次娱乐营销，九台集团选择了正当红的影星，明星自己的粉丝形成了一个巨大的传播矩阵。另外，通过选秀产生的冠军可以和金秀贤一起拍摄“One World 世界城”形象宣传片，有足够的理由吸引美女参与。这次娱乐营销既有热点又有看点，迅速让野·芭蕉天然泉水引起关注也不足为奇。

细分市场，农夫山泉新包装成功逆袭

以卖平价瓶装水出道的农夫山泉开始转向高端市场，细分市场。在这个“看脸”的时代，外观包装成为消费者完成购买行为的重要因素，全新亮相的农夫山泉的包装设计经历了相当长的时间。包装升级后的农夫山泉顺势推出了高端水、学生水和婴儿水，包装以长白山的生灵、植物、天气为主题，通过手绘和插画表达农夫山泉的原生态理念。无论瓶内的水是否与高端的瓶身设计相符，但不得不承认，农夫山泉借助全新包装进军高端水市场是成功的，瞬间改变了农夫山泉的品牌形象。

资料来源：微信公众号东北快速消费品经理群，发表时间为 2015 年 12 月 29 日。

（二）公共关系决策流程

公共关系宣传决策流程包括确定公关宣传目标、选择公关宣传信息与工具、实施公关宣传方案、评估公关宣传效果等几个环节。

（1）确定公关宣传目标。公关宣传的具体目标主要有：建立知晓度、树立可信性、帮助销售队伍和中间商降低促销成本。企业应根据产品的特点确定公关宣传的具体目标。

（2）选择公关宣传信息与工具。企业要充分挖掘能够支持其市场定位的宣传题材，并通过与之相适应的公关宣传工具有效地表达和传播。

（3）实施公关宣传方案。密切与大众传媒的联系，研究各种大众传媒的特点及其对题材的需求，使尽可能多的宣传内容为传媒所采用。

（4）评估公关宣传效果。由于公关宣传常与其他促销工具一起使用，因而单独评估公关宣传效果是一项较为复杂的工作。一般而言，企业可以根据展露次数、知晓—理解—态度方面的变化、销售额和利润贡献等来评估公共宣传效果。

第四节　如何进行销售促进

案例 10-12　　保健品降价促销的失败

K 药店是一家旗舰单体药店，一直以来经营着自主品牌的营养素系列，而且销量不错，价位为 100 ～ 200 元。因为有较好的利润，因此也有一定的分成给到门店。从售价来看，员工销售成功一例，可以得到几元钱的奖励，虽然不多，但是也能带动该品类的销售。

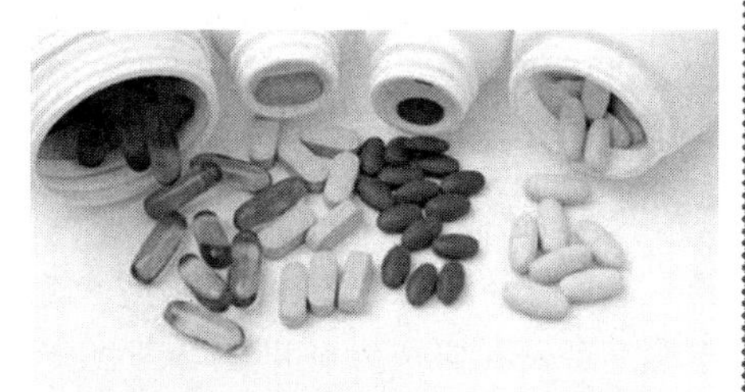

然而转折点发生在一次降价之后，K 药店考虑改善自己在老百姓心中的定位，想以

这一系列营养素为切入点，大幅降价，让利老百姓，价格降至原先的30%左右。如此一来，虽然一时间吸引了曾经购买的顾客回头来“抢”了，但是随着时间的推进，这些老顾客觉得一直是这个价，就不再“感兴趣”了。后来，该系列营养素的销售并没有因为降价而增加，反倒失去了很多……

资料来源：微信公众号四川粤通医药有限公司，发表时间为2016年12月9日。

一、如何认识销售促进及其特征

销售促进，也称营业推广，是企业通过短期诱因刺激需求，鼓励迅速购买的促销方式。与其他促销方式不同，销售促进对需求的刺激属于强刺激，对于鼓励迅速购买具有十分明显的效果。但是，销售促进方式如果运用不当，则会造成产品贬低的状况，损害企业的形象。因此，大量的销售促进在一定程度上会削弱顾客的品牌忠诚度，增加顾客对价格的敏感度，淡化品牌意识，形成短期行为取向。

销售促进较其他促销方式有以下鲜明的特征。

（1）非连续性。广告、人员推销、公共宣传的促销往往是一个长期的、连续的过程，而销售促进则往往是短期内专门开展的一次性促销活动。

（2）强烈性。销售促进对需求的刺激具有强烈的特征。

（3）多样性。销售促进是除广告、人员推销、公共宣传以外的促销方式的集合，其促销的方式多种多样。

（4）即期性。由于销售促进的强刺激作用，因此销售促进传递的信息是立即购买和当期购买的暗示。

案例 10-13　　玩转销售促进

星巴克：用星说

“谁来请我喝杯星巴克？”

这是很多人在微信朋友圈转发“用星说”时的发文。

在2017年的情人节活动中，星巴克用它的App“用星说”很专心地过了一次节。微信用户可以通过“用星说”这个社交礼品平台送朋友一杯咖啡，对方凭收到的微信卡券就可以在门店里扫码得到咖啡。伴随着一杯咖啡或星礼卡，消费者不仅可以在线写下祝福，同时也能在送礼的同时附上一张有回忆的照片或一段视频。

海底捞：折星星抵菜钱

“有一次在海底捞等位，服务员拿来一堆彩条纸说可以折星星抵菜钱，一个星星抵五角钱，瞬间没人玩手机了。大家拿出毕生的功力跟时间赛跑，立誓要把海底捞折破产！”

等位本是顾客去餐厅吃饭时最厌烦的事之一，这位网友却乐在其中，并分享到网上，评论里很多人都跃跃欲试，想去海底捞吃火锅，更有人信誓旦旦地表示可以折 100 多个。

湘江壹号：爱的约定

歌手陈升曾经提前一年预售了自己演唱会的门票，仅限情侣购买，一人的价格可以获得两个席位。但是，一份情侣券分为男生券和女生券。恋人双方各自保存属于自己的那张券，1 年后，两张券合在一起才能奏效……

而这样浪漫又考验爱情的约定，在红花树湘江壹号餐厅也可以体验到。情人节当天，情侣新办理零花钱会员卡及续卡储值达 1 000 元，如果第二年的情人节，你们仍能够牵手来店用餐，则当天可免费享用餐厅精心为你推出的超级浪漫情侣套餐。

资料来源：https://mp.weixin.qq.com/s/KqCCQ7ZBEnGVe-RGjSrYTw.

二、销售促进的方式

销售促进的具体方式多种多样，除广告、人员推销、公关宣传之外的所有促销活动，都属于销售促进的范畴。从类别来看，销售促进的具体方式或具体工具，可分为五大类。

（1）示范推广，主要方式有陈列、示范、会展。陈列，即企业通过橱窗、柜台或流动设施，突出陈列特定商品的特色以促进产品的销售。示范，即企业通过对产品的操作示范，打消顾客的疑虑，展示产品的独特性能，刺激顾客购买。会展，即企业通过展览会、订货会，陈列产品并进行操作示范，挖掘新顾客，维系老顾客，达到促销的实际效果。

（2）免费推广对促销对象的刺激最大，特别是在新产品上市、促使顾客购买新品牌时，作用比较明显。免费推广的方式包括赠品、免费样品、赠品印花等多种。

（3）优惠推广的具体做法包括折价券、折扣优惠、付费赠送、退款优惠、合作广告等。

（4）竞赛推广，消费者竞赛与抽奖、推销竞赛、中间商竞赛等都是常用的做法。

（5）组合推广，是组合运用多种销售促进的因素和手段，主要方式有联合推广、按揭推广、服务推广、俱乐部推广等。

案例 10-14　　屈臣氏的促销创新战术

屈臣氏经营的产品可谓包罗万象，来自20多个国家，有化妆品、药物、个人护理用品、时尚饰物、糖果、心意卡及礼品等25 000多个品种。因此，屈臣氏在促销方面不得不采取不同的招式。

（1）加1元多一件。这种促销活动非常令顾客心动，近乎买一送一，卖场挂满了黄色圆圈标识，写有“¥1，多一件”字样，非常引人注目。

（2）超值换购。在每期的促销活动中，屈臣氏都会推出3个以上的超值商品，在顾客一次性购物满50元时，加多10元即可任意选其中一件商品。

（3）独家优惠。在推出促销商品时，屈臣氏经常避开其他商家，别开生面，给顾客更多新鲜感。

（4）买就送。买一送一、买二送一、买四送二、买大送小；送商品、送赠品、送礼品、送购物券、送抽奖券，促销方式非常灵活多变。

（5）加量不加价。这一方法主要是针对屈臣氏的自有品牌产品，屈臣氏经常会推出加量不加价的包装，用鲜明的标签标示，以加量33%或加量50%为主，对消费者非常有吸引力。

（6）优惠券。屈臣氏经常在促销宣传手册或者报纸海报上设计剪角优惠券，顾客在购买指定产品时，可以给予一定金额的购买优惠。

（7）套装优惠。屈臣氏经常会向生产厂家定制专供的套装商品，以较优惠的价格向顾客销售。

除此之外，屈臣氏常用的主题促销活动也很多。

（1）春之缤纷。“炫色春时尚”展示春天时尚用品；“三月浓情关爱女性”展示绿色女性用品；“唤醒春之容颜”提供大量春天彩妆系列；“逍遥享春风”推荐清醒系列用品；“春节健康心选”提供系列有益的保健食品。

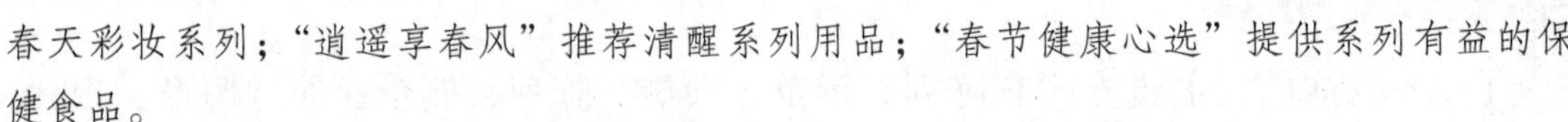

（2）健与美大赏。屈臣氏根据产品受消费者的欢迎程度，在数千种产品中，挑选出各个组别中的最佳产品，有“至尊金奖”“银奖”“铜奖”“最具潜质新产品奖”“最佳部门销售奖”“最佳品类大奖”等，伴有《健与美群英榜》，给顾客以消费指引。

资料来源：《洗涤化妆品周报》，发表时间为2014年5月。

三、如何进行销售促进决策

销售促进的主要决策过程包括确定销售促进目标、选择销售促进工具、制订销售促进方案、预试销售促进方案、实施与控制销售促进方案、评估销售促进效果等几个环节。

（一）第一步：确定销售促进目标

企业对消费者进行销售促进的具体目标主要有刺激试用新品牌、扩大市场份额、鼓励大量购买等几个方面。企业对中间商进行销售促进的具体目标主要有促使中间商参与企业的促销活动、刺激中间商购买、帮助中间商改善营销工作等几个方面。企业对推销人员进行销售促进的具体目标主要有促使本企业推销人员积极推销、促使中间商的推销人员积极推销等方面。

（二）第二步：选择销售促进工具

销售促进工具有五大类：示范、免费、优惠、竞赛及组合推广。随着竞争的深入，新的工具还在不断地被发展出来。选择适当的销售促进工具，应充分考虑市场类型、销售促进目标和竞争状况等因素。

案例 10-15　　加多宝开创场景营销新模式，打造“不怕上火”的饕餮盛宴

一场小龙虾风暴席卷南京玄武湖——由《扬子晚报》、江苏城市频道、荔枝新闻网共同打造的“2017 江苏虾王风云榜之加多宝龙虾嘉年华”盛大开幕。近万名消费者齐聚莲花广场，尽情享受“嗨吃小龙虾不怕上火”的饕餮盛宴。

加多宝联动线上线下，打造超豪华小龙虾饕餮盛宴

龙虾嘉年华活动面向全体市民开放，同时邀请权威媒体嘉宾。现场设有小龙虾售卖点，消费者可以一边畅饮加多宝，一边吃小龙虾，既可以参与趣味互动，还能见证虾王风云榜最终结果，满足了大家对小龙虾的全部幻想。对于不能亲临活动现场的消费者，加多宝与京东生鲜贴心开启线上小龙虾狂欢节，满减、秒杀等专属优惠不断，足不出户也能吃到优惠又美味的小龙虾。线下有南京，线上有京东生鲜，加多宝打造的小龙虾饕餮盛宴绝对称得上是盛宴中的极品。

区域活动遍地开花，成就加多宝与小龙虾的专属夏天

2017 年 6 月，加多宝第 6 次入驻盱眙国际龙虾节，与主办方一起为吃货寻找最地道的小龙虾味道。仅 6 月 13 日一晚，近 4 万名宾客就吃掉近 50 吨小龙虾，喝掉超过 10 万罐加多宝凉茶。加多宝在全国选取北京、合肥、南京、武汉 4 个小龙虾消耗重点城市，携手当地权威自媒体和龙虾店，共同打造了龙虾迷福利月。活动中消费者盲眼剥虾、挑战无

敌辣龙虾等互动环节，结合时下大热的直播形式，让现场乃至全国消费者体验加多宝与小龙虾的化学反应。

随着饕餮盛宴活动落下帷幕，加多宝2017年夏季营销也圆满收官。回顾整个夏天，2.3亿个现金红包贯穿始终，抽中999元超大红包的幸运儿每天都在诞生；龙虾节、吃货节、区域活动、饕餮盛宴依次展开，节奏紧密。既有接连不断的福利派送，又有走近消费者的超前意识，使加多宝成为最令人难忘的品牌之一。

资料来源：https://www.chinanews.com/m/cj/2017/08-29/8316734.shtml.

（三）第三步：制订销售促进方案

在第三步中，我们主要应对以下几个方面进行决策。

（1）激励规模。一般而言，销售促进的投入当然会激励消费者购买，但是当这个投入继续增加到一个临界点后，对消费者的激励会呈递减的趋势。所以，要确定一个最佳的激励规模，即投入最低而效率最高。

企业的激励规模的确定，涉及一个产品和一组产品的问题。当一个产品推出时，要确定投入费用与取得效果的最优比例；当一组产品推出时，并非所有产品都一定进行销售促进，可以考虑将销售促进的费用投入到某些产品，从而带动一组产品的整体促销。

（2）激励对象。激励对象的决策涉及销售促进的激励范围。一般而言，销售促进意在激励那些有可能成为长期顾客或忠诚顾客的人，对不能成为长期顾客或忠诚顾客的人是有所限制的。

（3）送达方式。企业要针对具体的销售促进工具，确定最佳的传送到顾客的方式。例如，免费样品就可以选择采用邮寄、逐户分送、定点分送等送达方式。

（4）激励期限。企业要确定销售促进的最佳期限。如果时间太短，可能会使一些顾客无暇重购，错过获得激励的利益，达不到预期的效果；如果时间太长，则会增加费用支出，降低刺激购买的力度，并且可能会造成产品贬低的结果。

（5）激励时机。确定推出销售促进的时机，营销人员应考虑消费需求的时间特点并与整体的市场营销战略相配合。

（6）预算分配。确定销售促进预算的方法有参照法、比例法、总和法。其中参照法是参照上期销售促进的费用，结合本期的变化因素确定本期的销售促进费用；比例法是从总的促销费用中确定一定比例的销售促进费用；总和法是逐项确定销售促进的费用，然后汇总得出销售促进的总费用。

（四）第四步：预试销售促进方案

预试销售促进方案主要有消费者测评和实验测评两种途径。消费者测评是邀请消费者对方案进行分析、比较、评价，使企业择优而行。实验测评通过选择有限的地区市场进行实验，积累经验或调整方案后再全面展开。

（五）第五步：实施与控制销售促进方案

企业要为销售促进方案的实施和控制确定一个计划。这个计划必须包括前置时间和销售延续时间。前置时间是开始实施方案前的准备时间，包括最初的计划工作、设计工作、推广信息的传播、材料的邮寄和分送、销售现场的陈列等。销售延续时间是从开始实施方案起到大约 95% 的促销品已到达消费者手中的时间。

对于实施方案的控制分为两个方面：一是程序控制，即考查是否按计划进行；二是非程序化控制，即对实施中的不测事件进行及时的处理和调整。

（六）第六步：评估销售促进效果

评估方法主要有销售绩效分析和消费者调查两种。其中销售绩效分析是对销售促进方案实施前、实施过程中和实施后的销售额或市场份额进行比较分析。消费者调查是通过对消费者的调查，了解有多少消费者能对销售促进产生记忆，如何评价，受益如何以及对他们品牌选择的影响。

第五节 如何进行人员推销

一、如何设计人员推销流程

人员推销是一门涉及各个领域的古老艺术。营销人员的成功除了要有天分外，还涉及许多其他因素。如今很多企业每年花费大笔的资金对营销人员进行培训，试图将营销人员从一个被动的订单承接者转变为积极地为顾客解决问题的订单争取者。一个积极的订单争取者要学会如何聆听和识别顾客的需要并提出有效的解决方法。

案例 10-16 **卖苹果的“门道”**

老太太去买菜，路过四个水果摊。

商贩一：“我的苹果特别好吃，又大又甜！”老太太摇摇头走开了（只讲产品卖点，不探求需求，都是无效介绍，做不成买卖）。

商贩二：老太太问：“你的苹果是什么口味的？”商贩措手不及地说：“我早上刚上的货，没来得及尝尝，看红红的表皮应该很甜。”老太太二话没说扭头就走了（对产品亲自体验出的感受才是卖点，只限于培训听到的知识，应对不了客户）。

商贩三：旁边的商贩见状问道：“老太太，您要什么苹果，我这里种类很全！”老太太说：“我想买酸点的苹果。”商贩答道：“我这种苹果口感比较酸，请问您要多少斤？”老太太说：“那就来 1 斤吧。”（客户需求把握了，但需求背后的动机是什么？丧失进一步挖掘的机会，属于客户自主购买，不能将单值放大）。

商贩四：老太太问："你的苹果怎么样啊？"商贩答道："我的苹果很不错的，请问您想要什么样的苹果呢？（探求需求）""我想要酸一些的。"老太太说。商贩说："一般人买苹果都是要大的甜的，您为什么要酸苹果呢？（挖掘更深的需求）"老太太说："儿媳妇怀孕了，想吃点酸的苹果。"商贩说："老太太您对儿媳妇真是体贴啊，将来一定能给您生一个大胖孙子（适度恭维，拉近距离），几个月以前，这附近也有两家要生孩子，就是来我这里买苹果（讲案例，第三方佐证），您猜怎么着？这两家都生了个儿子（构建情景，引发憧憬），您想要多少？（封闭提问，默认成交，适时逼单，该出手时就出手）""我来2斤吧。"老太太被商贩说高兴了（客户的感觉有了，一切都有了）。商贩又给老太太介绍其他水果："橘子也适合孕妇吃，酸甜还有多种维生素，特别有营养（连单，最大化购买，不给对手机会），您要是给儿媳妇来点橘子，她肯定开心！（愿景引发）""是嘛！好！那就来3斤橘子吧。""您人可真好，媳妇要是摊上了您这样的婆婆，实在是太有福气了！（适度准确地拍马屁，不要拍到马蹄子上）"商贩称赞着老太太，又说他的水果每天都是几点进货，天天卖光，保证新鲜（将单砸实，让客户踏实），要是吃好了，让老太太再过来（建立客户黏性）。老太太被商贩夸得开心，说："要是吃得好让朋友也来买。"提着水果，老太太满意地回家了（老客户转接新客户，客户满意，实现共赢）。

资料来源：微信公众号博思嘉业，发表时间为2014年3月18日。

没有在任何情况下都通用的方法，但大多数营销职业培训方案都认为有效的人员推销过程需要完成几个主要步骤。

（一）第一步：挖掘潜在顾客

企业可以通过多种渠道识别潜在顾客的信息，比如现有顾客推荐、查询工商企业名录、广告、信函、电话以及互联网等手段。找出潜在顾客以后，企业应着手评估这些潜在顾客的购买意愿以及资金实力，然后加以确认。

（二）第二步：顾客分析

顾客分析，包括他们需要什么样的产品，谁参与购买决策过程，以及采购人员的个性及购买方式等。这一阶段的另一个任务是确定接下来的访问目标以及访问方法和访问时机。访问目标可以是确定潜在顾客是否够资格，也可以仅仅是为了收集他们的信息，还有可能是立即达成交易。访问方法多种多样，如亲自拜访、电话访问或信函访问。至于访问时机则要避开顾客可能会非常忙碌或者不便接受访问的时间段。

（三）第三步：接触

在这个阶段，营销人员应该了解如何会见顾客，并使双方关系有一个良好的开端。这时，得体的仪表和开场白显得尤为重要。

资料 10-4　**什么决定客户转化率**

拜访的“真诚”决定客户转化率

日本企业家小池出身贫寒，20岁时在一家机器公司当推销员。有一段时间，他推销机器非常顺利，半个月内就同25位顾客做成了生意。有一天，他突然发现他现在所卖的这种机器比别家公司生产的同样性能的机器贵了一些。他想：“如果顾客知道了，一定以为我在欺骗他们，会对我的信誉产生怀疑。”于是深感不安的小池立即带着合约书和订单，逐家拜访客户，如实地向客户说明情况，并请客户重新考虑选择。他的行动使每个客户都很受感动。此举也给他带来了良好的商业荣誉，大家都认为他是一个值得信赖的正直的人。结果，不但25人中没有一个解除合约，反而又给他带来了更多的客户。

拜访的“信心”是成败的关键

克尔曾经是一家报社的职员。他刚到报社当广告业务员时，对自己很有信心。因此他给经理提出不要薪水，只按广告费抽取佣金的请求。经理答应了他的请求。

他列出一份名单，准备拜访一些很特别的客户，他们都是以前没有洽谈成功的。公司里的业务员都认为那些客户是不可能与他们合作的。在去拜访这些客户前，克尔把自己关在屋里，站在镜子前，把名单上客户的名字念了10遍，然后对自己说：“在本月之前，你们将向我购买广告版面。”于是他怀着坚定的信心去拜访客户。第一天，他和20个“不可能的”客户中的3个谈成了交易；在第一个星期的另外几天，他又成交了2笔交易；到第一个月的月底，20个客户中只有一个还没买他的广告版面。

在第2个月里，克尔没有去拜访新客户。每天早晨，那位拒绝买他广告版面的客户的商店一开门，他就进去请这个商人做广告。而每天早晨，这位商人都回答说：“不！”每一次，当这位商人说“不”时，克尔就假装没听到，然后继续前去拜访。对克尔已经连着说了30天“不”的商人说：“你已经浪费了一个月来请求我买你的广告，我现在想知道的是，你为何要坚持这样做？”克尔说：“我并没有浪费时间，我等于在上学，而你就是我的老师，我一直在训练自己坚韧不拔的精神。”那位商人点点头，接着克尔的话说：“我也要向你承认，我也等于在上学，而你就是我的老师。你已经教会了我坚持到底这一课，对我来说，这比金钱更有价值，为了向你表示我的感激，我要买你的一个广告版面，当作我付给你的学费。”

资料来源：微信公众号销售解密，发表时间为2016年8月4日。

（四）第四步：销售演示

营销大师菲利普·科特勒指出，如今营销人员向顾客展开销售攻势时常采用两种方法：第一种方法是 AIDA 公式：争取注意（Attention）—引起兴趣（Interest）—激发欲望（Desire）—见诸行动（Action），即在销售过程中首先要争取顾客的注意，然后要引起顾客对产品的兴趣，接下来就要用适当的方法激发顾客的购买欲望，最后是促成交易行动。第二种方法是 FABV：特征（Feature）、优势（Advantage）、利益（Benefit）和价值（Value）。特征指的是产品的物理特点；优势描述了产品相对于同类竞争产品的优点；利益指的是使用该产品能为顾客带来的好处；价值则是指产品的综合价值，包括物质与非物质的（比如精神享受）。在产品推销的过程中常犯的一个错误是过分强调产品特点，而忽视了顾客的利益。所以有些企业要求营销人员在向顾客展示产品的时候要首先强调它对于顾客的利益（好处），以此来快速激发顾客的兴趣。

（五）第五步：处理异议

在产品推销过程中，顾客提出异议（反对意见）是非常普遍的现象。原因可能是心理抵触或逻辑抵触。心理抵触包括对外来干预的抵制、喜欢已建立的供应来源或品牌、对营销人员的偏见等；逻辑抵触包括对价格、交货期或者是某产品、某企业的抵制。更为麻烦的是有些时候顾客并不直接说出反对意见，营销人员必须采取积极态度，设法找出隐藏在背后的反对意见，并诱导顾客说出反对的理由。优秀的营销人员常常能够通过解释将拒绝和怀疑变成让顾客购买的理由。

（六）第六步：达成交易

在这一阶段，营销人员要懂得抓住机会，达成交易。这里的关键是识别顾客所发出的特定的成交信号，包括顾客的动作、语言、评论和提出的问题。达成交易有几种方法和技巧，如重新强调双方协议的要点；建议顾客下订单；询问顾客购买产品的具体品种、规格；提供购买的特殊理由（如特价、免费赠送额外数量的产品或是赠送其他礼品）等。

（七）第七部：跟进和维护

如果营销人员想保证顾客感到满意并能继续订购，跟进和维护是必不可少的。交易达成后，营销人员应马上确定交货时间、购买条款及其他事项，同时着手制订顾客的维护和成长计划，定期对顾客进行回访。这种访问还可以发现可能存在的问题，让顾客信任营销人员，并减少分歧的产生。

案例 10-17　　如何把胸罩卖给男生

有 5 位营销专业的应届大学生应聘到广东一家女性内衣公司。或许受了网络上流传的“可以把梳子卖给和尚吗”这个创意的启发，该公司对正式上岗前的业务员有这样一项测试：把公司的某品牌胸罩推销给在校的男生，并在规定时间内完成一定的销售任务。

第一个业务员悄悄走访了几个熟悉的小师弟，都遭到了拒绝。后来灵机一动，他自己掏钱买了10个胸罩，然后在规定的时间内回公司报到。

第二个业务员走访了很多男生宿舍，挨个问买不买胸罩，他的行为被很多男生斥责为“神经病！变态！”但他仍然天天坚持，最后终于感动了一个也是读营销专业的男生，出于对校友就业艰难的同情，掏钱买了1个胸罩。

第三个业务员反复思考了几套推销方案，最后决定发展一些小师弟成为其销售代表，并向他们的女同学推销产品。小师弟们缺乏必要的培训，尽管都很卖力，但总共只卖出了30个胸罩，而且大部分是卖给自己的女朋友。

第四个业务员回到母校找到原来的班主任，说要和下一届学生开展一个销售实践的交流活动。他强调与小师弟、小师妹互动和交流可以拓宽在校生的视野，到时他还要以一个生动的推销案例，在现场进行推销示范。班主任觉得有道理，便默认并支持了这个小活动。由于事先安排了几个“内线”，在几个铁哥们的踊跃带领下，终于感动了很多小师弟、小师妹，他们出于惺惺相惜的心理，每人掏钱买了一个胸罩。当时一共有80人在场，其中5个是“自己人”，所以该业务员一共卖出了75个胸罩。

第五个业务员经过充分的分析之后，回到母校找到颇有商业意识的学院主任，以给在校生增加工作实践为名，发起了一个颇有轰动效应的活动：“你能把胸罩卖给男生吗？——暨面对就业形势，某国际品牌营销专家实战训练专题讲座”。每个在校生都可以自愿参加，由于受训场地限制，每个参加者需支付60元的活动组织费用。讲座的最后一个环节是一项非常有挑战性的实战演练，即每位参加者负责在一个星期之内向男生推销2个胸罩（不再收费），推销收入作为购买入场券的补偿。由于就业形势严峻，对于这样一个集理论、技能以及社会实践于一体的富有创意的项目，在各班级引起了强烈反响。事后统计，该活动共有600人参加，一共卖出了1 000多个胸罩。公司的营销总经理也很重视这次树立公司形象的公关事件，亲自到场做了精彩演讲，参加的学生对本次活动都感到非常满意！

资料来源：微信公众号广告商圈，发表时间为2014年10月27日。

二、关于谈判与关系营销

（一）谈判战略

在营销活动中，营销人员有时需要就某些问题与顾客方进行谈判，为了使己方获得更多的利益（或损失更少的利益），这就需要运用一定的谈判技巧。营销人员除了要进行充分的谈判准备，还应具有以下素质：计划能力、语言表达能力、倾听技术、谈判主题的知识、快速反应能力、判断能力、说服能力以及耐心，这些素质都会在谈判过程中发挥作用。

关于谈判战略，有人喜欢“强硬”战略，有人喜欢“温和”战略。费希尔和尤瑞则提出了另一种战略，即“有原则的谈判”战略。在这种战略下，谈判双方都积极倾听对方的观点；关注利益而不是双方的人员差别和立场；寻找对双方都有利的备选方案；坚持评价解决方案的客观标准。费希尔和尤瑞还建议，如果在谈判过程中对方实力较强，那么最好的策略是寻找自己的最佳备选方案，这样就可以在难以达成协议的情况下，根据自己的最佳备选方案去衡量对方提出的其他方案，并进行进一步的谈判，从而避免企业被迫接受对自己不利的方案。

（二）关系营销

前面我们讨论的销售流程以及谈判都是以交易为导向的，因为它们的目标是达成交易，但是，在很多情况下，企业并不仅仅是寻求立即销售，而是为了建立和顾客的长期关系。企业希望顾客了解到它们可以为顾客提供越来越优质的产品和服务。营销人员努力与主要客户建立良好的个人关系，他们关心客户，了解他们存在的问题，并愿意以各种方式为他们服务，作为回报，顾客也会向营销人员倾诉自己遇到的问题并提供有价值的建议。

当关系营销方案在企业中得以实施以后，企业就应该像管理产品一样管理自己的客户。同时企业也应该认识到关系营销并不适用于所有顾客。因此，企业必须判断哪些细分市场和顾客能对关系管理做出有利于企业的反应，从而制定相应的关系营销策略。

关键词

整合营销　整合传播沟通　促销组合　广告　广告媒体
销售促进　公共关系　人员推销

本章小结

1. 促销或促进销售是企业通过人员推销和非人员推销的方式，与潜在顾客进行信息沟通，引发并刺激顾客的购买欲望，使其产生购买行为的销售过程，促销组合是企业对各种促销方式的综合选择、编配和运用。促销组合是一种战略举措和战略思想。

2. 促销战略是市场营销组合的重要组成部分。促销的方式也称促销工具。促销手段包括人员推销和非人员推销。非人员推销又包括广告、销售促进和公共关系三种促销方式。

3. 广告是广告主有偿使用传播媒体，向目标市场传播经济信息的促销行为。在市场营销活动中，广告作为重要的促销手段，对企业的竞争发挥着重要的作用。与此同时，广告作为一种大众传播活动，对广大社会公众在客观上也有着重要的影响作用。广告的根本目标是促进产品销售。

4. 销售促进的主要决策过程包括：确定销售促进目标、选择销售促进工具、确定销售促进方案、预试销售促进方案、实施与控制销售促进方案、评估销售促进效果。

5. 公共关系是以非付费的方式，通过大众媒体传播企业及产品信息的促销活动。与其他促销方式相比，公共关系有以下特点：宣传费用低、可信程度高、传播范围广、促销效果好。

6. 有效的人员推销流程需要完成七个主要步骤：挖掘潜在顾客、顾客分析、接触、销售演示、处理异议、达成交易、跟进和维护。

思考题

1. 简述整合传播沟通的含义。
2. 整合传播沟通决策的主要内容包括哪些？
3. 广告的具体目标有哪些？
4. 各主要广告媒体有哪些特点？
5. 如何评估广告效果？
6. 如何进行销售促进的战略决策？
7. 公共关系的主要方式有哪些？
8. 如何进行公关宣传的战略决策？
9. 人员推销流程一般应包括哪几个主要步骤？

案例作业

OPPO 手机的广告营销策略

OPPO 作为一家全球性的大型公司，其产品广布美国、欧洲、日本、韩国、东南亚等国家和地区。为了更好地将 OPPO 手机引入海外市场，构建覆盖全球的产品销售模式，OPPO 公司不仅在产品研发和产品创新上投入了大量的人力、物力资源，还在品牌打造和广告植入上投入了大量的资金。OPPO 公司通过技术战和广告战进行猛攻，终于将 OPPO 手机打造成国内一线大电子产品品牌，深得广大消费者的喜爱。

一、目标产品定位精准

改革开放以后，我国经济得到了飞速的发展，人们的生活水平日益提高，对电子产品的需求量和依赖性日益加强。据不完全统计，全国移动电话用户数量高达 9 亿户，且每年以高比例持续增加。这意味着在经济飞速发展的背景下，手机的受众范围被大幅度放大，其市场发展前景有着无限的潜能。因此，针对人群进行定位，从而突出产品的特色优势显得尤为重要。在卖方市场逐渐向买方市场完成过渡的当下，OPPO 手机的畅销与人群的划分和品牌的定位有着直接的关系，也为其后期的广告宣传打下了坚实的基础。比如，2008 年 8 月上市的 OPPO Real 系列的音乐手机，通过以其独立的音效芯片为特色不断地进行包装，同时用其优雅时尚的外观和大面积的广告铺开，在短时间内迅速得到了消费者的认可。Real 系列音乐手机也为其在 2009 年 12 月 Ulike 系列手机的推出做好了铺垫。Real 系列和 Ulike 系列的两款手机有着共同的目标受众，即年轻女性。虽然是同类商品，但依然存在着差异。继 Real 系列后期推出的 Ulike 系列手机的价格更高，而且 Ulike 系列在外观设计上也相对偏向于稳重成熟。Real 系列手机覆盖的人群是年龄较小、喜欢鲜艳明亮颜色的校园女生；而 Ulike 系列覆盖的是喜欢成熟设计感的职场女性。因此在年轻女性所规划的群体定位中，OPPO 产品实现了全覆盖。

二、广告投放模式新颖

随着通信技术、互联网技术的发展，OPPO 手机紧跟时代的列车，在智能手机上不断地进行研发和创新。OPPO 手机的 Find 系列应势而生，并将目标受众指向了年轻男性，由此不难总结出 OPPO 广告的推行特点是利用广泛的信息传播途径，以多元化的渠道，在激烈的市场竞争中迅速地让观众看到你、记住你。

第一，通过大量铺放广告，播放高品质的广告，将 OPPO 的品牌形象植入人心。在激烈的市场竞争背景下，OPPO 公司在广告宣传投资上可以说是大手笔。其广告主要投放在浙江卫视、湖南卫视、央视等主流频道的黄金时段。虽然广告成本高，但由于这几家王牌卫视在黄金时段拥有稳定且大量的收视群体，其产生的传播效果也要比二流卫视更胜一筹。OPPO 手机之所以选择浙江卫视、湖南卫视等主流卫视，还有一个原因是该主流卫视在观众心中具有较高的品牌地位，也有利于 OPPO 自身的品牌提升。在宣传过程中，OPPO 手机也能不断地对产品进行更新和创作，保持 OPPO 品牌的活力。为了达到更好的宣传效果，OPPO 品牌可以选用线上线下互动的全方位立体式广告轰炸，造成强大的舆论效果。

第二，OPPO 手机大量冠名国内较热门的王牌娱乐节目。比如，湖南卫视的压轴节目《快乐大本营》、江苏卫视的《非诚勿扰》、浙江卫视的《奔跑吧兄弟》等，都大量植入 OPPO 手机广告。国内火热的娱乐节目中均能看到 OPPO 手机作为道具和奖励产品出现。由于火爆的综艺节目能大量地覆盖住以年轻人为主的消费群体，这与 OPPO 手机对“美”进行不断追求的营销理念、品牌定位和目标受众相契合。因此，在以年轻人为核心收视群体的娱乐节目中大量冠名，从而形成了强大的传播态势，为 OPPO 手机的品牌形象定位打下了坚实的市场基础。

三、广告制作精美

OPPO 手机的广告制作和拍摄更注重对意境的渲染，通过独特的意境来感染受众。OPPO 手机的广告片质量可以与好莱坞大片相媲美。广告的传播固然能打造品牌的影响力，而广告片的质量将会是带动这一影响力不断扩大的根源。因此，OPPO 手机在对广告片拍摄的质量上进行层层把关，在广告的制作过程中不仅求“量”也求“质”。同时由于 OPPO 手机主要的受众群体是年轻人，所以 OPPO 手机广告在拍摄的过程中更注重对意境的把握，通过唯美的画面、优雅的音乐、轻柔的方式划过观众的视听和脑海。虽然没有强大震撼性的视听语言和视听效果，但却能巧妙地引起观众的共鸣，与受众的内心生活状态实现

碰撞。

2017年，OPPO手机的第一支广告是由杨洋主演的，这支名叫《小人国奇幻之旅》的新年广告在上线1小时后转发速度过万，无论是脚本、镜头、视觉还是后期制作都在强调“意境”这两个字的概念，带给观众的是梦幻大片的既视感。OPPO请到了曾为百事可乐、斯巴达等国际一线大品牌拍摄具有极强视觉和冲击画面的导演，该导演在业界享有光影魔术手的美誉。OPPO的这支《小人国奇幻之旅》广告，被该导演做出了行云流水般的效果。

OPPO品牌在国内迅速被消费者认同，是凭借其充电5分钟通话2小时的闪充特点。而这一次OPPO在闪充特点上不断延伸，并延伸出了“这一刻，更清晰”的高清拍照功能。在这支《小人国奇幻之旅》的广告中也可以发现，OPPO手机的美拍效果贯穿整部广告。而正片中的文案“你的那张新年照，又在等谁”与广告语“这一刻，更清晰”相呼应。以爱情为主线，将广告的意境美推向高潮，同时也实现了对OPPO手机由闪充特点到拍照功能提升的完美转身。

资料来源：康森．OPPO手机的广告营销策略[J]. 商业经济，2017（3）.

讨论题

1. OPPO手机成功的广告营销策略给你什么启示？
2. 尝试为OPPO手机的广告营销设计一个针对化的方案。

参考文献

[1] 舒咏平．广告传播学[M]. 武汉：武汉大学出版社，2006.

[2] 张景智．国际营销学教程[M]. 北京：对外经济贸易大学出版社，2003.

[3] 布恩，库尔茨．当代市场营销学[M]. 赵银德，等译．北京：机械工业出版社，2003.

[4] 吕一林．市场营销学[M]. 北京：科学出版社，2005.

[5] 吴健安．营销管理[M]. 北京：高等教育出版社，2004.

[6] 菲利普·科特勒，凯文·莱恩·凯勒．营销管理[M]. 何佳讯，等译．上海：格致出版社，2006.

[7] 刘宝成．营销学简明教程[M]. 北京：对外经济贸易大学出版社，2006.

[8] 唐·亚科布奇．营销管理[M]. 田志龙，译．北京：机械工业出版社，2011.

推荐阅读

书号	课程名称	版别	定价
978-7-111-61959-8	服务营销管理：聚焦服务价值	本版	55.00
978-7-111-60721-2	消费者行为学 第4版	本版	49.00
978-7-111-59631-8	客户关系管理：理念、技术与策略 (第3版)	本版	49.00
978-7-111-58622-7	广告策划：实务与案例（第3版）	本版	45.00
978-7-111-58304-2	新媒体营销	本版	55.00
978-7-111-57977-9	品牌管理	本版	45.00
978-7-111-56140-8	创业营销	本版	45.00
978-7-111-55575-9	网络营销 第2版	本版	45.00
978-7-111-54889-8	市场调查与预测	本版	39.00
978-7-111-54818-8	销售管理	本版	39.00
978-7-111-54277-3	市场营销管理：需求的创造与传递（第4版）	本版	40.00
978-7-111-54220-9	营销策划：方法、技巧与文案 第3版	本版	45.00
978-7-111-53271-2	服务营销学 第2版	本版	39.00
978-7-111-50576-1	国际市场营销学 第3版	本版	39.00
978-7-111-50550-1	消费者行为学：基于消费者洞察的营销策略	本版	39.00
978-7-111-49899-5	市场营销：超越竞争，为顾客创造价值 第2版	本版	39.00
978-7-111-44080-2	网络营销：理论、策略与实战	本版	30.00